学术中国文丛

历史研究的碎与通

桑 兵 著

广东高等教育出版社
Guangdong Higher Education Press
·广州·

图书在版编目（CIP）数据

历史研究的碎与通/桑兵著. —广州：广东高等教育出版社，2020.10
（学术中国文丛/张江，王兆胜主编）
ISBN 978－7－5361－6790－2

Ⅰ. ①历… Ⅱ. ①桑… Ⅲ. ①中国历史－近代史－文集 Ⅳ. ①K250.7－53

中国版本图书馆CIP数据核字（2020）第118186号

LISHI YANJIU DE SUI YU TONG
历史研究的碎与通

桑 兵 著　　　　　　　　　　　　　版权所有　翻印必究

总 策 划	黄红丽
项目统筹	靳　辉　常泽平
责任编辑	黄红丽　靳　辉
特约编辑	杨向群
装帧设计	陈智慧
责任技编	吴练武　王丽珍
责任校对	陈利群
营销总监	姚永清

出版发行　广东高等教育出版社
　　　　　地址：广州市天河区林和西横路
　　　　　邮政编码：510500　电话：（020）87554153　87551436
　　　　　http://www.gdgjs.com.cn

印　　刷	广东鹏腾宇文化创新有限公司
开　　本	787毫米×1 092毫米　1/16
印　　张	28.25
字　　数	405千
版　　次	2020年10月第1版　2020年10月第1次印刷
定　　价	98.00元

如发现印刷、装订质量问题，请与出版社联系调换。

"学术中国文丛"编委会

学 术 顾 问：陈春声
总 主 编：张 江
执 行 主 编：王兆胜
文 学 卷 主 编：陈剑晖
历史学卷主编：仲伟民
哲 学 卷 主 编：赵培杰
经济学卷主编：张宇燕
编 委（按姓氏笔画排序）：
  丁 帆 王兆胜 仲伟民
  张 江 张宇燕 陈春声
  陈剑晖 赵培杰 南 帆
  黄红丽 彭玉平

总　序

张　江

习近平总书记在哲学社会科学工作座谈会上的讲话指出，当代中国正经历着我国历史上最为广泛而深刻的社会变革，也正在进行着人类历史上最为宏大而独特的实践创新。这种前无古人的伟大实践，必将给理论创造、学术繁荣提供强大动力和广阔空间。这是一个需要理论而且一定能够产生理论的时代，这是一个需要思想而且一定能够产生思想的时代。

习近平总书记的重要论述是对思想理论发展规律的科学论断，也是对哲学社会科学工作者的殷切期望。当前中国处于近代以来最好的发展时期，世界处于百年未有之大变局，两者同步交织、相互激荡。一方面，当代中国比历史上任何时期都更接近中华民族伟大复兴的目标，比历史上任何时期都更有信心、有能力实现这个目标。另一方面，当代世界全球化潮流滚滚向前，逆全球化趋势暗流涌动，各种思潮相互激荡，各种文化相互交融，各种观念相互碰撞，多样性、差异性、复杂性、不确定性正在成为这个世界越来越突出的特征。

这样的时代条件，既为我们的哲学社会科学研究带来许多新问题和新挑战，也为思想理论的创新发展增添了强劲动能，开拓了宏阔空间。在这样的时代条件下，不断推进学科体系、学术体系、话语体系建设和创新，努力构建一个全方位、全领域、全要素的哲学社会科学体系，是坚持和发展中国特色社会主义的一项重要任务，也是当代哲学社会科学的重大使命。在中国特色社会主义进入新时代的今天，中国故事需要更好地被全世界所理解，中国经验需要更好地被现代社会科学所表达，中国学术也要更好地被世界学术界所倾听。让世界了解"学术中的中国""理论中的中国""哲学社会科学中的中国"，构建哲学社会科学的"中国学派"，恰逢其时，大有可为。

理论的生命力在于创新。创新是哲学社会科学发展的永恒主题，也是社会发展、实践深化、历史前进对哲学社会科学的必然要求。学术创新离不开两样东西：一是必须立足源自于本土经验的学术传统和时代问题，二是必须牢牢把握世界学术发展的趋势和潮流。学术创新更要有批判精神，这是马克思主义最可贵的精神品质。不管是对传统的理论、范畴、体系，还是外来的概念、话语、方法，都要有分析、有鉴别、有汲取、有批判，不要盲目崇拜，不可生搬硬套。尤其是面对西方话语霸权，不应该满足于向"为西方思想作注，为西方学术致敬"，更不应该"以西方的是非为是非，以西方的标准为标准"，必须立足于中华优秀传统文化，立足于中国特色社会主义建设的伟大实践，在世界视野中发现问题，在中国经验中思考问题，让思想理论更具中国特色、中国风格、中国气派。

"学术中国文丛"正是在这样的现实语境和文化背景产生的。丛书希望通过对中国学术传统的资源挖掘与价值再发现，在构建"学术中的中国"方面有所作为，有所贡献。我们坚信，中华民族伟大复兴必将推动知识建构范式的革命，必将带来中国学派的诞生。"学术中国文丛"的历史使命就是要形成具有中国特色、解决中国问题的知识体系，并为人类发展提供中国智慧与中国方案。

"学术中国文丛"的出版，总体而言，具有开拓补白之功，它走的是"文化积累"与"学术建设""学科建构"的路子，其理论价值与现实意义，主要体现在以下几个方面。

一是响应时代主题精神，契合国家文化战略。"学术中国文丛"关注一流专家学者，反映中华人民共和国成立以来国内学术研究最高成果，它的出版对推动中国当代学术文化的发展繁荣，加强中外学术对话，在世界学术体系传播中国声音，展现中国学派，提升中国学术的世界地位，推进中国文化"走出去"，具有重要意义。

二是承接优秀传统文化，增强民族文化自信。文丛植根于中华优秀传统文化，通过深入挖掘中华优秀传统文化蕴含的思想观念、人文精神、道德规范，按照新时代精神，去粗取精，去伪存真，赋予新的时代内涵，对推动中华优秀传统文化的创造性转化和创新性发展，增强民族文化自信具有重要意义。

三是加强学术积累传承，推进高校学科建设。文丛广泛覆盖文、史、哲、经等学科，通过荟萃不同学科学派的经典名作，全面展现中国现代学术体系发展过程，促进学术体系和话语体系创新，推进人才培育，催生学术经典，为各领域研究者提供基础性的经典范本。

总之，"学术中国文丛"的出版，是构建"理论中的中国""学术中的中国"的一部分。中华民族伟大复兴为构建中国学派提供了丰厚的实践土壤，也提供了空前的历史性机遇。"学术中国文丛"的出版，正是将中华优秀传统文化当代化以及进行创造性转化的实践，是增进文化自信的有益尝试。

"学术中国文丛"具有权威性、经典性、时代性、中国性等特点。

一是在作者选取上坚持权威性。为了保证丛书的品质，作者一律选取国内各领域的顶尖学者，并且是资历深、水平高、广受认可、影响力大的作者，做到多中选好、好中选优、优中选精，从根本上保证丛书的高标准和权威性。

二是在内容组织上强调经典性。文丛的遴选标准首要是重视学术含量、学术价值，以学术史的眼光、经典性的标准，采用自选或精选的方法来确定图书内容。入选内容应是均为作者的开山之作、奠基之作、经典之作，必须站得住、立得稳，能成为学术标杆，能经得住历史考验，具有相当的文化积累意义和学术传承价值，在国内外具有较大影响。

三是在写作旨趣上契合时代性。在选材上，文丛优先考虑体现时代精神、富有宏大格局、与国家经济社会发展密切相关的研究成果。

以学术为出发点，以文化为立足点，以中国价值为落脚点，自觉承担起举旗帜、聚民心、育新人、兴文化、立形象的使命任务。换言之，就是要自觉关注时代主题、回应社会热点、着眼于国家战略、融入世界发展大势，不是单纯为学术而学术。

四是在关注焦点上体现中国性。文丛坚持立足中国、聚焦中国，把中国成就和中国经验等重大问题的历史经验和理论阐释作为重中之重，特别是关注反映当代中国经济、社会发展现状趋势经验的具有中国特色的学术成果，以便讲好中国故事，反映中国成就，传播中国声音，分享中国经验，展示中国形象。

"学术中国文丛"，值得期待。

2020 年 6 月 8 日

桑 兵 浙江大学文科资深教授，教育部长江学者特聘教授，广东省珠江学者特聘教授，中山大学逸仙学者讲座教授。国家清史编纂委员会委员，教育部哲学社会科学委员会委员。著有《晚清学堂学生与社会变迁》《清末新知识界的社团与活动》《国学与汉学：近代中外学界交往录》《孙中山的活动与思想》《晚清民国的国学研究》《庚子勤王与晚清政局》《晚清民国的学人与学术》《治学的门径与取法：晚清民国研究的史料与史学》《交流与对抗：近代中日关系史论》《走进共和：日记所见政权更替时期亲历者的心路历程》《历史的本色：近代中国的政治、社会与文化》《学术江湖：晚清民国的学人与学风》《旭日残阳：清帝退位与接收清朝》等。主编《清代稿钞本》等大型文献汇编和《近代中国的知识与制度转型》《孙中山史事编年》等集众著作。

历史研究，讲究整体之下研究具体，非碎无以立通，义理自故实出。

本书由49篇长短不一的文章组成，涵盖知识与制度转型、学术规范与取法、新史学与旧史学、辛亥革命、五四与新文化运动、孙中山研究、抗日战争、《论持久战》、大学与近代中国、法制史、传教史、教育史、地缘学术以及近代文献的编辑出版等不同时段和领域。重点是以专书或专题研究为依托凭借，跳出专家之学的局限，取法于通人，展现关于近代中国研究系列重大问题的思考与征实，憧憬虽不能至心向往之的高远意境，作为自勉，并与有心人共勉。

书名并非聚讼纷纭的碎与通的孰是孰非，取材虽然零碎，讨论的却是通古今之变的大节，在努力了解历史、认识现在和把握未来的同时，显示历史研究者超越具体研究之上的理想追求。

目 录

自　叙 /i

开创以复古为创新的文艺复兴
　　——近代中国的知识与制度转型研究主旨 /001

温故知新，实现文化发展的战略转折 /005

拿什么拯救世界 /009

先因后创与不破不立
　　——20世纪中国学术的轨迹 /012

盲人摸象与成竹在胸
　　——分科治学下学术的细碎化与整体性 /023

新史学与旧史学 /036

学术如何规范 /041

重写近代中国的大历史 /044

从中外之分到高下之别
　　——关于学术思维转换的思考 /047

万变不离其宗 /050

留日浙籍学生与近代中国 /054

辛亥革命研究的整体性 /070

辛亥革命的再认识 /084

知识、制度转型与辛亥革命研究 /092

如何扩张辛亥革命的史料与史学 /108

让学术的潜力无限 /112

两岸辛亥革命与孙中山研究交流的回顾与展望 /115

晚清史研究的问题与取法 /132

应加强清朝皇族的研究 /136

提升孙中山研究的取径 /139

搭建孙中山研究的新平台 /161

孙中山研究亟须注意版本问题 /165

编辑各方致孙中山函电与人物研究的取径 /188

孙中山民权主义二三议 /192

重提 1924 年孙中山大亚洲主义演讲之问 /197

纪念五四,弄清事实,再谈认识 /200

关键年代的小历史
　　——1919 年的事件与日常 /212

超越发现时代的民国史研究 /253

从刀耕火种到深耕细作
　　——民国史研究的取向 /260

民国文献出版应进入统编整合的新阶段 /263

抗日战争研究亟待提高门槛夯实基础 /270

抗日战争研究 40 年的得与失 /275

全面抗战前持久战思想的发生衍化 /281

"自由中国"的来龙去脉 /310

大学与近代中国 /347

大学品味之人才篇 /352

大学品味之高考篇 /354

大学品味之择业篇 /357

大学与大师 /360

问题与主义
　　——近代中国的知识与制度转型栏目解说 /363

比较与比附
　　——法制史研究的取径 /371

文本·教义·教史·信众
　　——中国宗教史研究的内外相济 /377

《教育公报汇编》解说 /382

教育统计解说 /385

"学报"解说 /389

近代广东学术因缘 /394

包容与融合
　　——珠海、澳门与近代中西文化交流 /399

古今一贯的书院、学堂、学校
　　——纪念时务学堂120周年 /401

《梁启超年谱长编》注释本中文版序 /403

征引文献 /409

桑兵主要学术著述 /419

自　叙

本来不愿意编自选集的我，这几年不得不编了不止一本自选集。在上一本自选集的自叙中，曾经说明不愿编自选的原因，是免得别人误会选进来的就是代表作，其余的等而下之。在下心中，凡是拿得出手可以见人的文章，都是一视同仁，各有主题而已，没有高下之分。当然，后写的文章或较之前有所进步，有所变化。至于别人怎样看，一则见仁见智，二则术有专攻，自然好恶不一，不能强求一律。

与上一本自选集不同的是，出版方希望尽可能避开已经整合到各种专书的篇章，尽量采用新作。可是从前发表的论文，基本都是在写成专书的整体布局下进行，绝大部分已经纳入各部专书，少部分则作为未来即将出版的专书的章节，签约给了其他出版机构，很难完全避开。为了成人之美，只好翻箱倒箧，搜罗出历年来为不同需求写下的各式短篇，与几篇近作长文搭配起来，颇有些选无可选的情非得已。当然，这些文字篇幅虽短，也是长考后的一得之见，只是没有详细的论证过程，而且无法纳入各本专书，并非随心所欲地信手拈来。学术随笔之说，总觉得有误人子弟之嫌。

不仅如此，这些短文有不少只是在不同场合的发言，本来没有准备发表，所以可以超越具体研究高谈阔论一些不必证也很难证的想法，多少有些讲宋学的意思。这次拿出来示人，文字有所调整，内容基本仍旧。因此，本书看起来有些驳杂，收录的各文长短不一，涉及的方面头绪很多，不能呈现专书的样子，所幸也就免于专家之讥，可以努力取法于通人。借此机会，还想进一步唱些虽不能至心向往之的高调，作为自勉，并与有心人共勉。所以书名并非聚讼纷纭的碎与通的孰是孰非，而在显示取材虽然零碎，讨论的却都是通贯的大节。

时下各行各业，乃至国家民族，都好排名，大学和学界尤甚。形形色色的排名，其实就是横向比较。世界上是否通行排名，不得而知，据说与大学相关的各种排名，就是常春藤名校定出来折腾其他学校的，目的是使得各校落入彀中，循着设定的轨道永远追赶不上。这听上去很像是冷战时美国弄垮苏联的星球大战计划的套路。果真如此的话，狼子野心何其毒也。当然，也有一些排名的办法是稍次的学校煞费苦心制定出来，试图通过改变规则，将名列前茅的大学挑落马下，从而实现登顶。诸如此类的阴谋论未必可以当真，但是空穴来风，事出有因，还是提高警惕的好。

排名这件事，并非始于当下，明治时期的日本即有此偏好。据说日本的统计学最初与排名关系匪浅，通过各式各样的统计，排列出日本在世界上的顺位，促使国民振奋精神，明确目标，赶超先进。晚清中国以日本为师，借由东学学西学，连带也搞统计排名，新政和预备立宪时期，五花八门的统计层出不穷，上下交争，唯恐落在人后，国殖人奴，亡国灭种。老大帝国动是动起来了，只是这一动，就迅猛不可挡，很快就把皇帝赶下台，连同皇权帝制也一股脑儿丢进了历史的垃圾堆。

其实，把制度、文化千差万别的国家民族按照一元化的统一体系排列起来，分出先进落后，是典型欧洲中心主义的泛滥。被丛林法则强行纳入世界体系的后发展国家被迫接受这样的认定，努力摆脱落后地位，想方设法学成先进，以求解决我如何成为他的问题。可是一旦梦想成真，真正困扰自己的反而是我如何才是我。陈寅恪很早就认定，中国人最讲实际，因而致富不过是迟早的事，但是要想引领世界，必须显出精神文化方面的出类拔萃，并且能够占领道德制高点。

俗话说，十年树木，百年树人，学术事业更是千秋万代的大事。

钱穆说，读书不必与人较，至少不与今人较，而与古人较。因为古人已经留了下来，今人未必留得下去。要想突破前人，绝不能一味敀创新学或填补空白，虽然附庸蔚为大国时有所见，横逸斜出偶尔也能成就正果，治学还是应该遵循大道正途，不要走梁山泊式杀人放火受招安的从江湖到庙堂之道。无论如何，读书治学，并不适宜横向比较。即便看似悬的甚高的"瞄准世界先进国际前沿"，清季以来，老师宿儒眼光向外大抵是俯视，一众青年却多仰视。无论向内还是向外，比来比去，说到底还是不自信的表现。真正自信的话，自己就是文化托命之身，何须与人较？

设身处地为行政或长校者着想，重视排名有其不得已的苦衷。既然非排不可，就有如何才能科学公正的问题。由于大学里的确有不少并非对学问有志向兴趣之人，而且中国又是人情社会，不敢放胆信任，只能制定种种防弊性的量化指标。加之学术进入专家化的侏儒时代，不承认权威甚至反权威，且滥用民主于学术评价，势必导致平庸化。

排名之类的办法，固然可以赶鸭子上架，逼着无心学问的人多出货，但是由此产出的东西在生产和消费双方都是味同嚼蜡般的无聊甚至痛苦之事。更有甚者，对于那些有心超越的读书种子而言，只会浇灭他们的万丈雄心，破坏超凡脱俗的梦寐以求，消磨成为凡夫俗子。庞加莱猜想的破解，显示出天才与优才的差距何止一步之遥。全世界的数学家都要绞尽脑汁弄清楚临门一脚到底踢进去没有，遑论一般业内人士，更何况莘莘学子和芸芸众生！

著书立说，如果一味追求叫得响，而不管是否传得久，与稻粱谋何异？纪念五四运动七十周年学术研讨会，北京大学治现代文学的王瑶先生在主席台上问与会诸公：民国时热卖一时的《上下古今谈》，在座的还有谁知道？众皆默然。今日不少人推许民国时期的学术，可是谈及民国学人，除了专题研究者，有谁关注哪一位是院士，哪一位是部聘教授，哪一位是讲座教授？谈及相关论著，谁知道是发表在哪一份刊物上，由哪一家出版社出版，获得过哪一级哪一等奖项？关键还在发表的究竟是什么，东西好自然不乏相知，不无传人。多年前有记者采访一位移席岭东的数学院士，问及老少咸宜与传之久远的问题，院士反问道：《史记》问世两千多年，不是还在不断再版吗？司马迁写书时想过什么？妙哉院士，不愧是数学行家。

学术的高下优劣，在作品自身，而非他人评价。即便因为当下流行排名，加之各种帽子满天飞，人们好将陈年故事翻出来作为映衬，但结果不免有些尴尬。例如宗教研究，历来教内外看法大相径庭。研究佛教能够同时得到僧俗两界认可的，屈指可数，而且仅涉及传教史和经典的文本比较。可是，如此保守的估计还是不免乐观。近年来找出民国时学术著作评奖的各种原始资料，如通信评议的审查报告等，才知道审查汤用彤的《汉魏两晋南北朝佛教史》两位评议人评价都不高，支那内学院出身的一位认为不能获奖，另一位认为即使获奖，最多只能三等。最终结果却与陈寅恪的《唐代政治史述论稿》同获国民政府教育部学术研究哲学类一等奖。其间是否存在程序问题，姑且不论，显而易见的是教内外意见截然相反。从传教史的视角看，该书的确出类拔萃，从信仰者的角度看，却存在不少隔膜。当然，中国的佛教颇有些儒学化倾向，是否契合天竺本义，另当别论。

由此可见，今日争来比去的种种排名，都将是过眼烟云。大浪淘沙，留得下去的才是真金。这些年因为编辑大型资料文献，突发奇想，觉得应该编一部历代书目，大概办法是依照时段编列当时人能见书和散佚书，进而研究那一时期人们可能看到的书所产生的影响，以及失传书籍的前因后果。一般而言，所有书都具有文化物种的价值，应该一视同仁，尽可能完整保存。可是各种书的水准相去甚远，能否留下去，除了特殊原因，还是优胜劣汰的天然法则起了作用。负筛选的情况不能说绝对没有，也不会是常态。正如有学人指出的，每年刊出的论著中，包含大量垃圾，不仅毫无价值，而且浪费资源，祸害读者，本来就不应发表，当然更无法传世。垃圾的制造者包括作者、评审和编辑，其中的问题如果是看不出，其愚可悯，若是明知故犯，其心可诛。但凭高度自律做保障的学术，一旦出现负筛选的情形，让宵小得逞，有志者寒心，才是危机将临的信号。好在还有时间的无情检验，留不下去实在是万幸，否则世世代代，丢人无穷尽焉，让同辈者情何以堪。

学术史上，曲高和寡是常情，从者如流是变态。"世上本没有路，走的人多了自然就成了路"这句话，放在学问上面实在是害人不浅。须知学问之事，本来就是少数人的志业，人走得多，不是歪门邪道，就是死路一条。否则，古往今来留下来的何止区区此数。

针对学术界垃圾太多的情形，或以为解决办法是取消量化，质量第一，提倡十年磨一剑的专精精神。不过，也不宜一概而论。首先，学问之事，整体之下研究具体，一味窄而深，未必一定专精，也可能跑偏。其次，近代学人中，严谨如二陈一王，著述的量也相当惊人，更不要说梁启超、章太炎、胡适、顾颉刚、钱穆、范文澜，以及事功大于学问的傅斯年和才情更盛的郭沫若。总之，成名学人大都当得起著作等身。考虑到时局动荡战乱频仍，如果是承平之世，创获更加难以估量。当然，也有太炎门下终身不著一书的嫡传弟子，以及著述虽多名声反而不佳的所谓"大师"。真正十年一剑磨成精品的成例其实并不多见。

学术发展史上的新陈代谢，未必都是长江后浪推前浪，一代新人胜旧人。古往今来，历朝历代的学术当然是层垒叠加，可是学问却不一定后来者居上。能够代表一代学术标高的，往往是不世出的高人。一个时代有无这样的天纵奇才，决定着这一时代学术的峰值。因此，每一时代的学术高度，并非按照时间的先后顺序逐渐提升，也不一定与成果的数量成正比。先秦、两汉、两宋、明清，可以说是中国学术繁荣的高峰期，而两宋尤其奇峰突起，具有一览众山小的气势。

放眼历史长河的滚滚流逝，当下的学术发展究竟达到什么高度，是一个值得每一位怀有学术抱负者认真思考的大问题。如果分门别类地考察各个学科的现况，几乎毫无疑问都达到了前所未有的高度，从而让专家们自信满满。可是放在整个历史脉络之中，不要说已经是宋以后的又一高峰，甚至很难说超越了前辈学人。那些以为民国大师多如鲫的说法当然是些外行话，可是质疑现在的大学不出大师，却是社会普遍的观感。大师与否，实为笑谈，所要传达的意思，正是对缺少学术大家的不满。

年过花甲，生前身后的名利早已化为镜花水月，浏览那些花样翻新的排名榜单，不免对坐困愁城的有司和惶惶不可终日的才俊滋生几分同情，同时也对学术发展的前景有些担忧。将眼光从域内海外转向古往今来，坐地日行八万里，何如上下五千年，提升当代学术的标高，当为有生之年的孜孜以求，以免让无尽的来者视为侏儒期。本书收录的各篇，包含了各方面努力于百尺竿头更进一步的片段思考，不妨作为留痕的凭据。尽管时下通行理工科重论文轻专著的评价标准，就人文学科而言，专著的学术含量远胜论文，而且有利于学人沉潜用心，更多地关注能否做得好留得住，而不是即时影响排名的各种因素。

追步前贤，冥想神游，若能与之并驾齐驱，岂非人生一大快事？

开创以复古为创新的文艺复兴
——近代中国的知识与制度转型研究主旨

近20年来，我们集众的学术工作总体目标可以概言之为推动新一轮以复古为创新的文艺复兴，具体包括两大方面，一是近代中国的知识与制度转型研究，二是国学与经学研究。两方面相辅相成，缺一不可。

中国的思想学术文化几千年一以贯之，其间不断与外部及外来文化接触融合，基本态势是取珠还椟，吸收内化。晚清以来则不然，中西新旧与先进落后相对应，大张旗鼓地输入新知，实际上是被外化。而用夷变夏的途径不仅是中西融合，更加入东学的影响。明治日本借鉴汉语，理解西学，创立了一整套知识与制度的观念体系，几乎根本改变了中国人的思维和行为方式，并规定了东亚各国直到今天的发展形态。其影响之深远广大，迄今为止认识仍然远远不够。

这样的影响往往被视为近代化，所产生的作用却未必当然具有现代性。其负面效应是，一方面造成中国人对所谓西学的附会，另一方面则导致对中国固有文化的隔膜。也就是说，无论对中东西学，现在的中国人都很容易误读错解而不自觉。上述的转变以及由此产生的问题，不仅中国有，东亚各国也有，可以说世界上后发展国家及文化系统普遍存在，只不过有的坚持固有，有的全盘外化，情况较为简单。而欧洲自身的古今变化，也有近代重新被条理化系统化的问题。用现在的观念看希腊古典，同样隔膜，且有附会之嫌。

中国很早就意识到学问历代传衍，难免变异，胡适等人认为中国从宋代起就开始文艺复兴，深究古代经义，考证辨伪，清代考据学也被放入文艺复兴的轨道。所谓文艺复兴，其实是受外部或外来文化的影响，质疑当下，返诸本原，以吸收创新。宋代的疑古辨伪旨在吸收佛学，创新理学即新儒学。清儒虽不免过于泥古，但也回到诸子，实际上是受耶稣会士潜移默化的影响，有些科学化的味道。

近代中国屡屡有人提出仿效欧洲开展以复古为创新的文艺复兴运动，《国粹学报》的复古，是要恢复到先秦诸子百家的状态，打破经学独尊，以便接受西学；胡适等人的整理国故以及傅斯年等人的新潮，则是附会西学的知识系统，重新梳理建构中国的思想学术；而马一浮以六艺统摄所有，却是希望改变用西学统中学，回到中国学问的本相，并且进而以中学统西学。各人的态度主张相去甚远，或隐或显的共通意向，是在中外思想学术文化冲突融合大变局的背景下，究竟如何理解和安放中学、西学、东学才能得其所哉，既要适应世界变化的潮流而不落伍，又要符合中外学术思想文化的本相而不失真，甚至希望发扬光大中国固有文化的精要，为中国的将来乃至人类的未来领航。

与前贤的旨意相通，近代中国的知识与制度转型研究与国学经学研究相辅相成，旨在掌握理解传统、认识过程、了解现在和把握未来的钥匙。与后现代的解构不同，希望在指陈通行认识不当的同时，呈现（或建构）历史本来的系统及意涵的渊源流变。不仅要以汉还汉，而且要以西还西、以东还东，真正把握古今中外的实情及其演变。

为达此目的，21世纪之初我们开始实施近代中国的知识与制度转型研究，计划用15年左右的时间，训练和聚集一批理念相通、潜力可观的学人，围绕主题，各选相关题目，做出50本系列学术专著，为研究的进一步铺开提供人员、材料、取径及方法的准备和示范。

从2005年起，围绕教育部重大攻关项目"近代中国的知识与制度转型"的展开，我们相继在几家学术期刊开辟专栏，发表相关成果，并先后与北京的生活·读书·新知三联书店以及社会科学文献出版社长期合作，出版同名的系列专著。随着研究领域的拓展和深化，研究理念、取径和做法不断清晰，力求做到切实可行、行之有效。由此引导，后续各项研究日益精进，表述话语逐渐成形，转变观念和做法后的暂时性失语状态显著改善，可望达到深入而不琐碎，具有整体联系，宏观而不宽泛，可以信而有征的理想境界，争取对相关研究产生长期前瞻性的导向影响。

与国内外其他研究类似问题的机构或学人的做法有所区别，我们主张在整体关照下研究具体，因而并不局限于概念、学科、观念或制度的某一领域或层面，力求将人的思想行事合为一体，回到本来的状态。最初的设计，是以系列专著的形式为最终成果，因为本研究旨在以新的理念、取径、做法和表述，在清代学者梳理历代文献以及近代学人用域外观念系统条理文本史事的基础上，重新梳理解读中国历史文化及其近代转型的利弊得失。按照分科治学的现状，范围几乎涉及所有社会人文学科乃至自然科学，可能衍生出难以预计的众多课题，因此并非开辟什么特别的方面或领域，所关注的着重于怎样做，而不是做什么。其终极目标，是得其所哉地重新展现近代以来国人关于中国与世界的知识以及相应的思维行事，进而去除以进化论为主导的欧洲中心式世界一体化观念，重现各文化系统思维行为的本意本相。

根据统一规定，重大攻关项目的最终成果由一套丛书改为一部集众的专书。虽然要求参与者提供各自专著的浓缩版或最具显示度的部分，力求通过每一具体个案展示整体联系，既保证研究的深度，以免流于空泛，同时又不失之零散，以便一般读者把握相关章节与背后支撑的专著之间，以及各章节之间的整体联系，毕竟篇幅有限，要舍弃不少方面，很难完全吻合初衷。加以出版等方面难以为外人道的原因，效果不大理想。现在版权到期，遂将历年来各专栏刊发的文章以及重大攻关项目各篇重新编辑，按照概念、制度、文化、教育、学科、学术、法政、中外等八个主题，分别结集，编成一套丛书，由我负责统稿，并撰写总说和分说。各编各章作者于总说分说所述理念的领悟各有千秋，取径做法也别具特色，为了相互照应，贯通一气，于文字有所增删，以求一贯。

作为集众的研究，既不做一般通史的泛论，也避免彼此隔断的窄而深，旨在分科治学的时代，超越分科、专门、古今、中外等界域，借鉴中古制度研究的有效良法，避免先入为主的成见，将知识与制度研究合并，按照历史发展的时序，同时考察观念与行为的变化及其相互影响制约，探究概念引进、思想传播、体制建立等全过程各层面外来影响与本位知识、制度体系的冲突融合呈现对应、移植、替代、调适、更新的不同情形，梳理西学、东学影响下中学由旧学转向新学的轨迹大势，以及各级各类政治法律、社会经济、教育文化等制度体系的变革与变异，深入认识中华民族崭新智能生成与运作机制形成的进程、状态和局限，使得概念、思想、学科、体制各阶段各层面各角度的内外复杂关系完整体现。力求沟通古今中外，更加全面深入地把握知识与制度转型的渊源流变和各个层面的内在联系。在实证研究的基础上，形成一套相互沟通的理念、行之有效的方法、具有统系且不涉附会的解释系统和恰如其分的表述话语，为超越分科局限的知识与制度转型研究提供切实可行的新取径和新做法。由此共同推动新一轮"以复古为创新"的文艺复兴，为应对人类文明进入多元化新纪元做好知识和人才的准备。

《近代中国的知识与制度转型》的编辑出版，将为近20年的近代中国的知识与制度转型集众研究提供阶段性成果显示，连同两套近代中国的知识与制度转型系列专著，以及专栏发表的其他论文和专栏以外各位参与者的论著，为相关研究的取径做法展示了大致的方向架构。只是相对于问题本身的繁复宽广，看似已经稍具规模其实仍然还是开篇。诸如此类的研究，的确需要国际合作与科际整合的持续接力。希望海内外有识之士以不同形式加入其中，使得后续研究进一步全面展开，并将由此获得的经验，运用于所有关于近代中国和东亚的研究之中。

温故知新，实现文化发展的战略转折

当前的世界格局，正在发生自17世纪以来最为重大深刻的变动。这一变动呈现出相反相成的两面，一方面，全球化导致各国的交往联系进一步紧密，300多年来欧洲中心的笼罩还有不断强化之势；另一方面，单一的西方强势霸权地位已经动摇，包括中国崛起在内的多元化成为新的发展趋向。由此引发了后发展国家重新认识自我和调整世界秩序的需求，不同文化系统的相互理解和接受变得更加重要，而沟通的理据却引起越来越多的反省和检讨。近代以来，在世界一体化的大趋势之下普遍发生的知识与制度转型，本来是各国赖以沟通理解的凭借，现在却造成许多的疑惑和困扰。以往后发展国家将接受欧洲中心衍生出来的一整套知识与制度作为体现人类发展共同趋向的公理，用以重新条理和解释既有的历史文化，进而改变自己的思维行为方式。西方社会也习惯于用后来体系化的观念制度看待异己文化，乃至回溯自身的历史。随着全球化的推进，经过观念与制度的所谓现代变革调适的国家民族之间，摩擦冲突仍然不断加剧，而人类发展的单一现代化取向备受质疑。世界一体化背景下的知识与制度转型对于各国社会发展与社会变革的长远制约，以及对于全球化趋势下国家民族相互理解沟通的影响，已经逐渐成为国际学术界众多学科关注的焦点，纷纷努力透过以欧洲中心为内核的世界一体化之后表面相似的观念和制度来理解把握各种社会文化差异，增进相互理解与沟通，同时注重不同文化之于世界多样性的价值意义。

作为重建世界格局一极的中国，同样处于发展取向的重要转折关头。作为普遍规律，在现代化进程的一定阶段，人们主要关注如何学习和追赶先进，努力成为他者，其主导问题是为什么不能像发达国家一样，以及如何实现这一目标。在进化论的一元框架之下，中国人一度以他为我的标准，追摹仿效。凡是人有我无的，都要移植；凡是人无我有的，都要革除；凡是形同实异的，都要改变。大到典章制度、知识系统，小到语言文字，乃至饮食结构，无一不以名为世界实则泰西为标准，大有非将中国人种彻底改造不足为功之势。而当现代化达到一定程度时，随着民族自信心的恢复增强，人们就会变换角度，重新认识自我，关注的重点开始转向"我何以是我"，即为什么在众多后发展国家中，本国能够脱颖而出，不仅摆脱贫困落后，而且有赶上甚至超越发达国家之势。如果说学习和追赶先进的时候主要是趋同，"我何以是我"的基本取向则是见异，因为只有从本国历史文化之中才能找出与众不同的种种因缘。

实现上述两大转折，对于中国未来的发展至关重要。根据少数赶超先进成功的国家已有的经验教训，如果不能适时做好必要的准备，一旦达到超越的高点，反而容易陷入精神迷茫，不仅不能为世界的多样性提供新的选择，而且很可能会失去前进的动力和方向。现阶段及时提出文化传承与创新，正是应对两大转折的历史使命，具有先见之明的重大课题。也可以说，必须解决文化传承与创新的问题，才能在实现中国发展转折的同时，打破精神文化领域欧洲中心的笼罩，展示中华文化作为人类共同优秀文化特殊基因的真正魅力，有力地推动世界格局的重构，从而使中华文化跃上崭新的发展阶段。世界上的文化形形色色，但是有可能成为引领全人类的主导性文化却屈指可数。如果说欧洲中心不可能永远笼罩，还有其他文化物种可能提示人类社会的不同发展方向，中国文化无疑是其中最具价值的选项之一。

然而，这样的根本性转折并非轻而易举就能够实现。因为尽管批判继承和输入新知，理论上是近代以来中国文化发展的并行双轨，在实际进程中，前一方面批判的成分明显多于继承，而批判的理据主要还是外来的新知。虽然有一些认识较深的中国人主张借鉴欧洲文艺复兴的做法以复古为创新，实行起来却是用外来系统条理本国材料，无形中成为欧化或西化的变相，使得中国人在认识民族文化方面深受西方知识的制约。在近代中外文化冲突融合的大背景下，为了因应千古未有的大变局，西学、东学、中学交相作用，人们用域外观念系统重新解读中国的典籍，条理中国的历史文化，进而进行制度建设，解决社会问题。中国的知识与制度经过沿革、移植、变更、调适的过程，发生了全面而重大的变动，使得中国人的思维方式与行为规范前后截然两分。除了少数"仍旧"或"全新"外，多数情况是"古已有之"而"变化多端"甚至"面目全非"，却"似曾相识"。转型促使近代中国人一方面能够面对西学的冲击重估固有文化的价值，重建民族自信（或是完全不自信）；另一方面则深陷日本式对应西学、解读中学的缠绕和困扰，在提供新的思维及行为方式以便进入世界的同时，也造成不少的误读和错解，使得对于中国的自我认识以及与世界进一步的沟通联系产生了越来越多的障碍。

经历了百余年以学习和追赶西方为导向的历史发展，外来新知已经浸入知识与制度的各个层面，变成民族新文化的组成部分。要想在转折中将两种取向有机融合，使之相反相成，一方面尽力吸收外来文化，一方面不忘本来民族地位，必须解决两大难题，一是文化发展的主导如何由输入新知更多地转向理解民族文化，二是在传承文化之时如何防止近代转型的格义附会所带来的种种误读错解，真正理解中华文化的本意精髓，显示中华文化的本来面貌。就此而论，研究近代中国的知识与制度转型，可以说是把握新的转折时期文化传承与创新的一大关键。要消除形似而实不同的误解附会，必须沟通古今中外，不以变化为进化，不以现在为现代，从多学科的视角，用不分科的观念方法，努力回到历史现场，从"无"的境界寻绎观念事物的发生演化，将知识与制度转型合为一体，探究近代中国的概念、思想、学科、制度转型的全过程和各层面，解析西学与东学对于认识中国历史文化所造成的误导错判，重建中国自己的话语系统和条理脉络，深入认识中华民族新的智能生成运作机制形成的进程、状态和局限，更好地认识世界一体化进程中东亚文明的别样性及其对人类发展提供多样性选择的重要价值，争取和保持对在世界文明体系中的位置日显重要的中国历史文化解释的主动和主导地位，为国内国际提供鉴古知今的新观念和思维方式，在去欧洲中心观的基础上增进世界各国的沟通和理解。

重新梳理解读中国历史文化及其近代转型的利弊得失，可以为应对人类文明转换以及中华文化发展变向的新纪元的到来，做好知识和人才的准备。在中学、西学、东学的架构下研究近代中国的知识与制度转型，能够有效地揭示并消除在此过程中逐渐附加于中国历史文化之上的种种格义附会，不以近人的说法为本来的事实，以求真正理解中国；不以舶来的陈货为创新的凭借，在文化平等的基础上重新认识世界，并且为世界提供有别于欧洲中心主义的文化选择，从而获得理解传统、认识变异、了解现在和把握未来的钥匙。

先因而后创，温故而知新，既是治学的大道正途，也是实现文化传承与创新的必由之路。应该继承古今中外学术大家的治学良法，注重历史发展的整体性，重新认识中国、东亚、世界在知识与制度相互影响的缠绕，梳理近代以来各种知识制度生成演化的脉络，理解其本意、流变以及由此产生的歧义，开辟中国研究新的视野、路径和方法。要用历史的方法探究人类社会各个文化系统所有知识与制度的渊源流变及其相互影响，在分科治学的时代，超越分科、专门、古今、中外等界域，不以实用为目的，而将人类知识作为整体来把握和运用，聚合与培养不受分科与专门局限的志向高远之士，为国际多元文化时代的到来积聚人才，准备学理。以重新理解中国的社会、历史和文化的本意、本相为凭借，超越17世纪以来欧洲对人类思维行为的垄断性控制，探索不同的思维和行为方式，使中华民族的文化精神为整个人类社会的发展提供新的思维取向和行为规则，进而建构全新的世界秩序和发展模式。

拿什么拯救世界

早有人预言（表述各异），21世纪是中国人的世纪。金融风暴之后，中国在世界上应该扮演什么角色，成为热门话题。迄今为止，中国可以与国际对话的，除了"制造"，还有财富。如果仅此而已，显然不足以改变数百年来欧洲中心笼罩的局面，将世界引入新的轨道。前贤于此思考极深，陈寅恪留美期间，曾对吴宓详细阐述：

> 中国之哲学、美术，远不如希腊，不特科学为逊泰西也。但中国古人，素擅长政治及实践伦理学，与罗马人最相似。其言道德，惟重实用，不究虚理，其长处短处均在此。长处，即修齐治平之旨。短处，即实事之利害得失，观察过明，而乏精深远大之思。故昔则士子群习八股，以得功名富贵，而学德之士，终属极少数。今则凡留学生，皆学工程、实业，其希慕富贵，不肯用力学问之意则一。而不知实业以科学为根本，不揣其本，而治其末，充其极，只成下等之工匠。境界学理，略有变迁，则其技不复能用，所谓最实用者，乃适成为最不实用。至若天理人事之学，精深博奥者，亘万古，横九垓，而不变。凡时凡地，均可用之。而救国经世，尤必以精神之学问（谓形而上之学）为根基。乃吾国留学生不知研究，且鄙弃之，不自伤其愚陋，皆由偏重实业积习未改之故。此后若中国之实业发达，生计优裕，财源浚辟，则中

国人经商营业之长技，可得其用；而中国人当可为世界之富商。然若冀中国人以学问、美术等之造诣胜人，则决难必也。夫国家如个人然，苟其性专重实事，则处世一切必周备，而研究人群中关系之学必发达。故中国孔孟之教，悉人事之学。而佛教则未能大行于中国。尤有说者，专趋实用者，则乏远虑，利己营私，而难以团结，谋长久之公益。即人事一方，亦有不足。今人误谓中国过重虚理，专谋以功利机械之事输入，而不图精神之救药，势必至人欲横流，道义沦丧，即求其输诚爱国，且不能得。①

这一意见值得反复揣摩，当时不少人乍听觉得匪夷所思，冷静思考之后佩服其远见卓识。到20世纪30年代，陈寅恪所指出的问题在学术领域显露无遗。1931年清华大学成立20周年纪念之际，陈寅恪全面表达了对于"吾国学术之现状及清华之职责"的看法，认为求本国学术独立为大学职责所在，考察全国学术现状，则自然科学领域，中国学人能够将近年新发明之学理，新出版之图籍，知其概要，举其名目，已经不易，只有地质、生物、气象等学，因为地域材料关系，有所贡献。西洋文学哲学艺术历史等，能够输入传达，不失其真，即为难能可贵，遑论创获。社会科学领域，则本国政治、社会、财政、经济状况，非乞灵于外人的调查统计，几无以为研求讨论之资。教育学则与政治相通，多数教育学者"仕而优则学，学而优则仕"。即使中国史学文学思想艺术，实际上也不能独立，能够对大量发现的中国古代近代史料进行具有统系与不涉附会的整理，还有待努力，而全国大学很少有人胜任讲授本国通史或一代专史。至于日本研究中国历史的著作，国人只能望其项背。国史正统已失，国语国文亦漫无准则。

80年过去，陈寅恪称之为关系"吾民族精神上生死一大事"的公案，无疑已经发生了不小的变化。可是，千变万化更多的是证明其当年预言的先见之明，而未能消除所指出的症结。自然科学方面，个别

---

① 吴宓：《吴宓日记》第2册，吴学昭整理注释，生活·读书·新知三联书店，1998，第102-103页。

领域外，大都不过人有我有，虽也难能可贵，但还谈不上以全人类为范围的真正创获。这在号称科学无国界的自然科学领域，已经见惯不惊，成为常态，可是如果以此为准的，懂规矩的人文研究者应该不敢出手，除非是说不同国家的事，而不能在不同的国家里说同样的事。今日谈及民国学术，津津乐道的话题，多为人文学科的学人及其学术，而当时所抱怨的，却是经费多被自然科学等实科占用，与今日的情形极为相似。社会科学方面，不少人还在囫囵吞枣，格义附会，达不到忠实输入的程度，尚不及前辈学人对相关领域的认知把握。虽然社会变迁提供了成功的经验，甚至各种调查统计也渐趋出色，在此基础上的理论总结却严重滞后。人文学问的外国一面改观不大，中国方面反而更加偏好用外来间架填充本土材料，对内不免愈有条理系统，去事实真相愈远的偏蔽；对外则成不过证明别人的高明，败适以暴露自己的无知，两头不讨好。就此而论，学界鼓励创新的种种举措和标准，至多推动应用，不仅很少原创，甚至浑然不知原创为何物。

中国或许是欧洲之外，少数能为人类整体的思维行为提供不同选择的文化之一。可是单凭富商工匠，不能在学问美术方面胜人一筹，尤其是提供思维方式和取径的脱胎换骨，则可以进入国际，甚至走在前列，却无法改变世界的面貌。强国的压力仍在，经世的目标尚远，民族精神的张扬与萎缩，悬于一线，有心人与当道者，都应该认真思考历史的使命和承担的责任。

先因后创与不破不立
——20 世纪中国学术的轨迹

一

　　学人之于社会，有着多方面的复杂联系，学术独立，绝非可以脱离社会人群。学人的学术思考及其眼光，无疑会受现实的制约影响，并力图回答或解决相关的问题。不过，学人的努力，还必须在学术规范的制约之下，除了其他的社会角色外，作为学人，首先应当以学术贡献于社会。学术浅薄，思想难以深刻。如果学术界集体浮躁，则民族的思维能力必然大受影响。此类常识，本来简单。然而对于近代中国学人，却遭遇中西新旧的复杂局面，一方面要延续中国（尤其是学术文化领域），一方面要认识世界，现实的压力迫使他们常常要在学术与时势之间两难选择。1937 年 2 月，张尔田复函杨树达，谢其以《小学金石论丛》见赠，并谈及近代学术流变，意思值得玩味。函谓：

　　凡学之立也，必先循轨道，而后方可以言歧创。公之学精确，而又能自开户牖，具创通之美，不待言也。而弟所尤佩者，则不坠乾嘉大儒家法也。今之缀学，知稗贩而不知深研，知捷获而不知错综。以此求异前辈，而不知适为前辈所唾弃。厄言日出，往而不返，则其能读尊书也亦无几人耳。弟少年亦尝究心声韵训诂，涉世为口,徒业乙部,斯道不谈矣。然能知公学之精博,自谓差不后人。天未丧文,延朴学之一线,其必在兹乎?

杨树达对此颇有共鸣,在日记中写道:"先因后创,余虽不克任,然治学次第当如此,则笃论也。余恒谓温故而不能知新者,其人必庸;不温故而欲知新者,其人必妄。亦孟劬此书之意也。"①

两人显然都对晚清民国的学风流变深致不满。不满的要因,则是这一时期学人大都并不遵循先因后创的基本轨则,而另有一套与时势相配合的不破不立法则。治学途则,一为先因后创,一为不破不立,前者可以得道,后者易于成名,恰如武侠小说中练习正宗武功与旁门左道之别。清季以来,学人多以打倒前人立异,然后借助根在外面的西学竖起标杆,以代际兴替之名,行派系分立之实,独树一帜,唯我独尊的大言之下,不过想争取一定的生存空间。以当下的时髦语,便是要取得话语权。而群雄并起,各不相下,均将一孔之见放大为整体趋势,反而导致乱哄哄你方唱罢我登场的局面,暴雨横潦,难得持久,易于过时。

近代学人善于以革命手法争取话语霸权者,首推梁启超,20世纪初年他在思想学术各个领域吹起的阵阵革命狂飙,不仅令广大青年感到振聋发聩,许多饱学之士也是耳目一新。早在1901年,梁启超受日本东洋史学的影响,以进化论的观念重新审视中国固有史学,按照其以泰西为中心的标准,中国旧史不过是记载事实,而且是人间一二有权力者兴亡隆替之事,与必须说明事实之关系与其原因结果,必探察人间全体之运动进步,即国民全部之经历及其相互之关系的近代史学相比,"虽谓中国前者未尝有史,殆非为过"②。这也就是后来引起一场争议的"中国无史论"③。

---

① 杨树达:《积微翁回忆录》,上海古籍出版社,1986,第129页。
② 梁启超:《中国史叙论》,《清议报》1901年9月3日第90册。
③ 王汎森:《晚清的政治概念与"新史学"》,载《中国近代思想与学术的系谱》,河北教育出版社,2001,第165-196页。

不过，梁启超并非真认为中国无史，在稍后的《新史学》一文中，他承认"于今日泰西通行诸学科中，为中国所固有者，惟史学"。只是他认为占旧籍十分之六七的史学书陈陈相因，不能为史界开辟新天地，不能普及民族主义于国民。刚刚放弃世界主义转向民族（国家）主义的他，从"欧洲民族主义发达，史学之功居其半"的现象出发，指出中国史学之所以不能作用于社会，是因为存在四蔽二病三恶果（"四蔽"即知有朝廷不知有国家，知有个人不知有群体，知有陈迹不知有今务，知有事实不知有理想；"二病"为能铺叙不能别裁，能因袭不能创作；"三恶果"为难读、难别择、无感触），要提倡民族主义，必须革新史学，"史学革命不起，则吾国遂不可救"。其指责旧史，是"以读西史之眼读之"，其创新史学，同样要比照西史。①

梁启超的这一套不破不立的法则，不仅涉及史学，而且囊括各个领域，要将旧学一举颠覆，非如此则难以在短时期内创新。这在旧学素养高深的学人那里固然不易取信，但在西学已经确立其坐标意义的当时，不少接受了进化论观念的趋新人士看来，却倍感新鲜。尤其是那些随着新式学堂的开办人数日益增多的青年学生，本来对于旧学就知之不多，在学校所学的知识系统，又已经是用西学改造过的。打倒旧学的现实好处，是容易增加其所拥有知识的社会价值。

其实，梁启超的不破不立，相当程度来自于他的老师康有为。后者有意打破中国固有学问和书籍的系统，颠覆正统，以便创建新的正统。梁启超虽然在今文经学等方面较康有为有所收敛，取径和做法却不无类似。梁启超的影响，不仅限于晚清，五四新文化运动前后，新派的主张虽然与梁启超不同，但其根本做法可以说大体一致。本来就想截断众流的胡适开始还提倡了一阵清学，以巩固其学术渊源，后来还是干脆放弃。近代中国史学的所谓三次革命，重心不一，内容各异，基本态度则一以贯之。

梁启超讲学术，不过是希望由此造成思想界的震动，目的并不在

---

① 梁启超：《新史学》，《新民丛报》1902年2月第1号。

于学术本身。即使后来的胡适等人,包括名噪一时的古史辨派,也是思想的作用远远大于学术的建树。对此王国维早已深致不满。他在《论近年之学术界》中批评康有为、谭嗣同借学术以言政论,"其震人耳目之处,在脱数千年思想之束缚,而易之以西洋已失势力之迷信。此其学问上之事业,不得不与其政治上之企图同归于失败者也。然(康)氏之于学术,非有固有之兴味,不过以之为政治上之手段"。"庚辛已还,各种杂志接踵而起,其执笔者非喜事之学生,则亡命之逋臣。此等杂志,本不知学问为何物,而但有政治上之目的,虽时有学术上之议论,不但剽窃灭裂而已。"他进而断言:"学术之所争,只有是非真伪之别耳。与是非真伪之外而以国家人种宗教之见杂之,则以学术为一手段,而非以为一目的也。未有不视学术为一目的而能发达者,学术之发达存于其独立而已。然则吾国今日之学术界,一面当破中外之见,而一面毋以为政论之手段,则庶可有发达之日欤?"①

王国维的批评,当时梁启超或许不以为然,但后来他却深自忏悔,在《清代学术概论》中有一大段语重心长的自我解剖:

> 启超之在思想界,其破坏力确不小,而建设则未有闻。晚清思想界之粗率浅薄,启超与有罪焉。……彼尝言:我读到"性本善",则教人以"人之初"而已。殊不思"性相近"以下尚未读通,恐并"人之初"一句亦不能解,以此教人,安见其不为误人。启超平素主张,谓须将世界学说为无制限的尽量输入,斯固然矣。然必所输入者确为该思想之本来面目,又必具其条理本末,始能供国人切实研究之资。此其事非多数人专门分担不能。启超务广而荒,每一学稍涉其樊,便加论列;故其所述著,多模糊影响笼统之谈,甚者纯然错误;及其自发现而自谋矫正,则已前后矛盾矣。平心论之,以二十年前思想界之闭塞委靡,非用此种卤莽疏阔手段,不能烈山泽以辟新局,就此点论,梁启超可谓新思想界

---

① 王国维:《王国维遗书》第三册,上海书店出版社,2011,第520-527页。

之陈涉。虽然,国人所责望于启超者不止此,以其人本身之魄力,及其三十年历史上所积之资格,实应为我新思想界力图缔造一开国规模;若此人而长此以自终,则在中国文化史上,不能不谓为一大损失也。①

梁启超的这一番话,悔其少作之余,也不乏针砭时势之意。五四新文化时期的胡适以及新文化派,在治学途径的大体方面显然步了梁的后尘。梁启超逝世后,缪凤林为文悼念,就直言不讳道:"今日者,不学逞臆之夫,肆其簧鼓,哗众取宠,亦且因缘时会,领袖群伦焉。吾人惓怀梁氏,尤歔欷慨叹而不能自已者。"② 这与学衡派批评新文化的意见大同小异。今人常常叹息学术不兴,并多方面查找原因,鄙意以为,与其说是借自外国或相关学科的框架不佳,不如反躬自省,主要问题恐怕还是出在百年以来学风流弊,治史者越来越不会研究历史。所谓邯郸学步,反失其本。

二

学术文化,不可能毫无根底。打倒旧学,还须另有所本。中学不足据,只好面向西学。梁启超不仅用读西史之眼读中国史书,更以进化论的观念审视一切中西学问,欲将固有的知识体系改造成西化的新学体系。在中西几乎成为新旧的同义词的语境之下,中学的固有被一律推翻或一概抹杀,温故自然变得毫无意义。所谓知新,就只能是眼光向外,从西学之中寻求。直到民国时期,"知稗贩而不知深研",依然是学界成名的终南捷径,而为众多后进者趋之若鹜。

可是,中西毕竟不能等同于新旧。因为整体上只是存在于东方人观念之中的所谓西学,亦有本源,亦分新旧。按照清季章太炎的看法,

---

① 梁启超:《饮冰室合集·专集》之三十四,中华书局,1989,第65页。
② 缪凤林:《悼梁卓如先生》,载夏晓虹主编《追忆梁启超》,上海人民出版社,1991,第119页。

当"世变亟,一国之学,或不足备教授,又旁采他方。他方之学,易国视之,若奇伟然。传授者亦钞次故言,未有增上,黠者或颠倒比辑之。幸弟子莫理其本,则窃他人以成己,东方之博士,皆是也(此虽著书满家,然法非己出,则非作也。无所增进,则非述也。与此土集策案者,正同列耳)。令此曹自疏国故,不为腐谈,则以空文敷绎,或以毫毛相似,引类傅会"①。这也就是后来梅光迪所批评的:其时中国"实无学术之可言","往者旧学,以有数千年之研讨经验,与夫师承传授,固亦常臻忧绝之境;通人大师,相望而起,学术之标准,亦操诸其手,享有特殊权威。于是门外汉及浮滑妄庸之徒,无所施其假冒尝试之技,冀以侥幸成功于一时。自欧化东渐,一切知识思想,多国人所未尝闻,又以语言文字之阻隔,而专门名家,远在数万里外,故今人为学者苦求师之难,盖百倍于往昔。所谓学术界者,遂成幼稚纷乱之象。标准未立,权威未著,不见通人大师,只见门外汉及浮滑妄庸之徒而已"②。

其实,国人竭平生之力以治中学,尚难识大体,游学海外,除陈寅恪等少数遍学者外,大都只得一端,甚至只得一学位而已,更不用说通过交流与国际接轨而来的道听途说,或读西书摸着石头过河的个人体验。盲人摸象,不得不以偏概全,又急于贡献于国人,只好放大本位,以欺世而自炫。即使侥幸遭遇学术主流,而以欧洲为中心的学术思维又大别为人本与科学两大流派,定期轮回,用于欧美得其所哉,移植中土则未必适宜。费孝通晚年回顾其经历的三大导师,反而对史禄国赞词稍多,决非意在同情弱者。③

以史为例,治史首要,在于史料与问题的配合恰如其分。就史料而言,应恰当把握新旧材料的关系。近代学人多偏于用新材料研究新问题,一味重视发现新材料,而置基本史书史料于不顾,难免离开大体,纠缠枝节,失之于隘,最终陷入凿空蹈隙的偏窘境地。只有熟悉

---

① 章太炎:《章太炎全集》第4册,上海人民出版社,1985,第137页。
② 梅光迪:《论今日吾国学术界之需要》,《学衡》1922年第4期。
③ 费孝通:《师承·补课·治学》,生活·读书·新知三联书店,2001,第92页。

既有史料、基本史实与研究对象的整体，才能将新史料安放于适当的位置，并据以判断研究的进展是否恰当。而没有新史料的发现，一味用后来外在的系统条理对现成史料与问题重新解释，也容易翻云覆雨，流于牵强附会。① 民国以来，学人多用外来系统重新条理固有材料，犹如将亭台楼阁拆散，按西洋样式将原有的砖瓦木石重新组装，虽也不失为建筑，可是材料本来所有的相互关系及其所起的作用，已经面目全非，其整体组合所产生的意境韵味，更加迥异。这类论著用外来成见取舍本土材料，即使所用条理系统，因根源在外，国人难以验证，认真追究，出入也相当明显。经历了近代史料大发现的时代，今人能够看到的材料远过于前人，读懂材料的能力则尚不及前人。而且史料的价值愈高，愈是难读，利用者反而日趋鲜少。以今日的情形而论，"做什么"当然不可忽视，"怎样做"更加重要；"看得到"即发现资料还需努力，"读得懂"更加迫在眉睫。否则，家有金山，沿门托钵，入山探宝，却拾得破铜烂铁的情况将愈演愈烈。

今人读史，常呈现一怪象，若不借助于后来外在系统，则几乎无法读懂材料，或者说不知材料有何意义。而一旦以后来外在系统为指导，又难免观念先行，肢解材料本身的联系与意思。也就是说，今人的问题意识，往往不从材料及其所记载的历史而来，而由后出外来的理论而生。对此学人有所争议，或以为凡问题皆后出，无所谓陷阱。不过，治史先要探究问题如何从无到有，并教人如何从无到有地去看，否则，一切史事皆只有必然性的一面。果真如此，治史于人类的自我认识将变得毫无意义。

导致上述怪象的要因之一，是中西冲撞下的社会文化变形，以及随着社会分工日趋精细而来的学术分科的日益细化。由细分化训练出来的学人中西两面均只得一知半解，甚至一科一段的知识也难免门户之见，更不用说望文生义的格义附会。而学人越是不识大体，越是敢于放大一孔之见，如同盲人摸象，坐井观天。细分化所造成的学术侏

---

① 桑兵：《陈寅恪与中国近代史研究》，载《晚清民国的国学研究》，上海古籍出版社，2001，第 161-191 页。

儒化，导致学术领域的无序竞争，各人既然难分高下，索性就不分高下，且自我开脱，美其名曰见仁见智。学不成则术大行其道，用种种非学术手法将有限的所知放大为整体，以误导判断力和鉴赏力不足的青年乃至资源掌握者。晚清以来的中国学术，不断趋时，又不断过时，症结之一，就在于此。这也正是"知捷获而不知错综"的流弊。

今人关于近代中国史的许多观念，建立在似是而非的史料史实之上，好比沙上筑塔，难得稳固。而历史教学又一味偏重于灌输知识，将教科书当作历史。实则若教以如何认识历史，则历史不仅丰富生动，而且富于智慧。否则索然无味，最多谈资而已。结果后学者学得不少套话，看不懂材料本身的意思，却讲了许多"言外之意"，翻来覆去，对历史的认识根本得不到深化。尝戏言以中国学人之众，若下功夫精研各自专攻，后人与外人恐怕难有下嘴的余地。可惜学人不愿下笨功夫，甚至不知如何下功夫，底盘不稳，又好高骛远，但以轻功高来高去，如天马行空，看似飘忽不定，实则原地踏步，进展甚微。加以学问以外的种种影响，令学人分心于术而不能倾心于学，成就难得较已有为大。或许人多畏苦，又欲名利，只好借助于术，于学反而有害无益了。由此圈内外人对于学术渐失敬畏之心，因为不知深浅，也就无所谓高低。

不知古今中外学术渊源流变的大势主体，凡事旁逸斜出，不妄者几稀。连技术层面的东西尚未掌握，就试图独辟蹊径，自习则误己，教人则害群，放言高论，更加自欺欺人。若自以为是，开卷即立意超越前人，不看前人书，或但以己意度之，以为有思想出新意，不知尚在前人笼罩之下，甚至未及前人已明之事理。所谓著述，不过将古文变成时文，以唾余为发明。

自晚清学人以"中国无史论"将既有史书打入另册①，中国似乎只有史料而无史书，只有官史，而无民史。在"新史学"的框架下，

---

① 王汎森：《晚清的政治概念与"新史学"》，载《中国近代思想与学术的系谱》，河北教育出版社，2001，第165-196页。

历朝历代之史均需重起炉灶，研究者似乎处于同一起跑线。可是，尽管新史学以不破不立将新旧学术截然分开，治学必须先因后创的轨则依然制约着学术发展的进程。整体而论，传统的人文学科较移植而来的社会科学程度略高；就史学而言，国史与外国史差别甚大。至于本国史，上古部分经历清代学人由经入史的全面整理，基础较为扎实；中古部分由海内外高明倾力相注，又得史料之多寡与立论之难易配合适当之便，很快走上正轨，养成循正途而守轨则的专业自律，虽然这两部分也存在不断用外来框架重新条理本土材料，以及褒之则附庸蔚为大国，贬之则婢作夫人的偏弊。而晚近史一方面背负繁重的史料，另一方面其发端又主要是为了解决学术以外的社会问题，结果对于史料的重视以及运用史料的慎重，反而有所欠缺。于是只能较多地依赖于外来的解释框架，以便将有限的材料组合成条理系统，解决材料纷繁和缓不济急的难题。如此一来，所建立起来的"大体"，难免存在与史料史实不相符合的诸多问题。

要克服此类弊端，一般以为应当求助于宏观，即变换解释系统。实则凡后来与外在系统，均与当时当地不相凿纳，强求则势必削足适履。这是近代以来欧洲以外文化系统普遍面临的不得不然的尴尬，如果没有充分自觉，容易误将后来认识当成历史的本相，进而本末倒置为研究的前提。当务之急，反而是不可操之过急，只有对大量史料史实进行具体研究积累到一定程度，才有可能归纳或总结出条理系统。今人常说治史不能仅仅求真，较高一级的目标当是寻找规律。其实二者本来统一。规律者，事物之普遍联系也。治史所凭借的天然时空联系，与逻辑联系往往一致，环环相扣，无限扩展。而且求真不仅要实事求是，更可以深入心境，探寻心路历程。求真的过程，适为不断延伸地解开个人、社会与自然连环相扣的普遍联系。在此过程中，规律将水到渠成地逐渐显现。

以此为准，中国近现代史可以拓展的空间十分广阔，即使过往重点研究的部分，也大有深入的余地。从学术史的角度看，近代中国号称史料大发现的时代，因此前贤提出以新材料研究新问题为预流。虽然就声势影响而论，甲骨、简牍与敦煌遗文最为显赫，但无论数量之多还是种类之繁，清代以来的晚近史料无疑最为巨大纷繁。除了数以万计的各种刊印书籍之外，还有中外公私藏档、报纸杂志、函札电稿、日记年谱、家族系谱、契约文书，等等，其数量远远超过历代文献的总和。其中相当大量的部分属于未刊，或是根本不欲示人的秘籍；有的虽曾刊行，但流通量小；有的当年流行一时，时过境迁，已成难得一见的稀世珍本。目前所据条理系统，是在这些史料大都未曾寓目的情况下，利用可见片断，依据后来外在理论的逻辑系统，发挥想象，以点成面，因陋就简勾勒而成。其因应时势需要的历史作用自然不可低估，但联想与历史是否吻合，还有待于史料的进一步发掘与解读。

前贤治史，讲究搜罗材料要竭泽而渔，治晚近史事者对此应当全力以赴，但真正做到恐怕绝难。历史人事的联系无限延伸，又难以完整保存，而史料愈近愈繁，公私收藏漫无边际，要想穷尽，再小的题目也无可能。因此，在具体研究时，掌握史料到何种程度方可出手，必然因事而异。这虽然是技术问题，却很难设立一定的科学尺度。时下将学问看得太过容易，著书立说，必看的相关资料尚未读过，已经放言高论者不在少数；有的虽然看过，却未必读懂；甚至有声明未曾读过，仍然要发表大通意见之人，高谈阔论，言不及义，全然外行话。

材料之于治史，有主料与辅料之分。主辅之别，虽然可以从材料的类型上大致分开，也不能一概而论，而要具体问题具体分析。小说稗史所记，时有正史所遗漏或掩饰的事实。而档案运用不当，无非官样文章。书信日记，号称个人隐秘，近代却不乏有意留作史料之用者，不仅当时留心权衡，事后更有所删改，每每关键之处便有缺漏。近代报刊众多，往往党派牵连，所报道开始常由道听途说而来，后来也不过一面之词。但小道消息，未必不实，冠冕堂皇的内政外交，有时反而是欺世的幌子。许多后来人视为秘档的文件，当时传媒早有披露。

乾嘉考据，讲究信而有征，近人治史，重视第一手资料。其实，实事往往难得实证，即使亲身经历的所谓当事人，因利害各异，关系不一，无论当时的记录还是事后的陈述，都难免偏见。即使主观没有成见，对相关人事的了解掌握，也受所见所闻的限制，只能反映其所见所闻的一面，而无法全面展示本相。通过参看立场不同的各种记录陈述，一方面可以认识其中真实反映的部分和程度，逐渐接近事实本相；另一方面可以了解各人为何如此记录陈述的原因，进而探讨相关各人与此人事的关系及对此人事的态度。所以，资料的主次轻重，从类型判断只能相对而言，关键是看反映事实的程度和怎样反映事实。而这只能出现在研究的结尾而非前提。

晚近史料繁复，如以能够自圆其说为标准，则但凡先立一说，大抵均能找到若干可以支撑的史料。成说固然容易，反证亦多。这种似是而非的论证，不足征信，适以乱真。久而久之，习以为常，似乎治晚近史事毫无规矩可言，也无训练的必要，信口开河，反而美其名曰见仁见智。研究历史，不仅所论必须有据，更重要的是，作为论据的材料首先应当经过内证与外证的一套复杂检验程序，而检验的目的，不单是判断该史料是否可信，还要具体把握其可信的方面与程度，即在哪些方面多大程度上反映了事实，以及为何这些方面近真，其他方面则不能，何以不能。断真伪之于历史研究，还是相对简单的问题。

盲人摸象与成竹在胸
——分科治学下学术的细碎化与整体性

近代以来，分科治学，已成体制，纵横两面，相互隔膜。所作学问，或许符合后出外来的学科规则，却不能理解前人的习惯做派。自诩为占领制高点的专家之学，渐成割据分封，画地为牢，而占山为王与落草为寇实无二致，视角不同而已。至于所谓跨学科，则往往坐井观天，踉跄跳跃，以局部求通论，以归纳代贯通，结果只能是以偏概全，看朱成碧。分科治学之下，学人的眼界日趋狭隘，没有成竹在胸，难免盲人摸象，无法庖丁解牛，刻舟求剑、缘木求鱼之事，日益习以为常，甚至天经地义。博而后约，以专致精，由精求通，整体之下探究局部，仍为治学取法乎上的不二法门。如此，才能接续前贤的未竟之业，以免日暮时分盲人骑瞎马行险道，将天边的浮云误认作树林，或以找漏洞寻破绽钻空子对着干为治学的正道坦途。

近年所治，一般以为所谓学术史，鄙意则宁可名之曰学人的历史。二者之间，分别显然。前者偏重于专门史的画地为牢，后者则力求破除分科治学的畛域，以及种种后出外来的条理系统的成见，将对象作为整体历史的一部分，不仅由学人见学术，也见其作为一般社会成员的活动及联系；前者以今意己意揣度前人言行及相关事物，后者尽可能约束因缘近代教育和知识转型而来、从习以为常变成天经地义的先入为主，努力回到时空特定的历史现场，把握各类乃至各个特定人物的思维行为方式，并以历时演化的态度方式看待前人前事及其相互关系。

研究晚清民国的学人与学术,缘由有三:

其一,了解前人已知,以及如何知,为何如此这般认知,避免以不知为无有,或拾人唾余,或重蹈覆辙,或以凿空捣隙为填补空白,或以横逸斜出为创新超越,以致无知者无畏。沿着前贤开辟的大道正途,接着往下做,以免盲目。如此取径,看似迂远艰难,放眼长量,恰是捷径坦途。

治学的大道,是继续前贤的未竟之业,聚沙积薪,继长增高,站在巨人的肩上,自然登高望远。所以接着做比找漏洞寻破绽钻空子对着干难度更大,也更具挑战性,却是治学的必由之路。历史上能够披沙拣金留下来的人物大都天赋异禀,兼有奇缘,又下苦功,读完书再做学问,功力深湛,体大思精,见高识远,接近理解诚非易事,常人难以望其项背,守成亦难,遑论超越。妄者不察,不能为己之后为人,先因而后创,存心以立异为捷径,一味读前人未见之书,治前人不治之学。看似开天辟地,实则趋易避难,而美其名曰创新,为突过前人,岂非贻笑大方。

社会变动的加剧加速,使得学术取径由先因后创转向推陈出新,标新立异成为哗众取宠以致众从的有效手段,学术难免偏离正道常轨。1919年3月,王国维写了《沈乙庵先生七十寿序》,认为清代300年间学术凡三变,国初之学大,乾嘉之学精,道咸以降之学新,国初、乾嘉之学的开创者为顾炎武、戴震、钱大昕等三人:

> 今者时势又剧变矣。学术之必变,盖不待言。世之言学者,辄怅怅无所归,顾莫不推嘉兴沈先生,以为亭林、东原、竹汀者俦也。先生少年,固已尽通国初及乾嘉诸家之说,中年治辽、金、元三史,治四裔地理,又为道咸以降之学,然一秉先正成法,无或逾越。其于人心世道之污隆,政事之利病,必穷其原委,似国初诸老;其视经史为独立之学,而益探其奥窔,拓其区宇,不让乾嘉诸先生。至于综览百家,旁及二氏,一以治经史之法治之,

则又为自来学者所未及。……夫学问之品类不同,而其方法则一。国初诸老,用此以治经世之学,乾嘉诸老,用之以治经史之学,先生复广之以治一切诸学,趣搏而旨约,识高而议平。其忧世之深,有过于龚、魏,而择术之慎,不后于戴、钱。学者得其片言,具其一体,犹足以名一家立一说。其所以继承前哲者以此,其所以开创来学者亦以此,使后之学术变而不失其正鹄者,其必由先生之道矣。①

王国维对沈曾植的学问别有评议,这番话更多的是夫子自道,借以阐述自己的治学理念和取径,希望循此继往开来。不知有心还是巧合,一个月前,胡适的《中国哲学史大纲》上卷刚刚问世,这本书被后来的学人指为开创了近代中国史学革命甚至学术的典范。无论此说是否成立,至少从接受的范围而言,胡著所展示的用西洋系统条理中国材料,比沈曾植提示的治学之道影响要广泛得多。王国维的有感而发,无力挽狂澜于既倒,后来者很少经由沈曾植所指示的治学之道,尽管王国维断言这是"学术变而不失其正鹄"的必由之路。

如果说沈曾植的淡出学术舞台,很大程度上受到五四新文化运动后世风与学风大幅度转移的影响,不能完全归因于学术本身的变动,无独有偶,治学几乎得到新旧各方一致推重的王国维本人,结局也是大同小异。陈寅恪盖棺论定,认为王国维以地下实物与纸上遗文互相释证,取异族故书与吾国旧籍互相补证,取外来观念与固有材料互相参证,所有论著"学术性质固有异同,所用方法亦不尽符会,要皆足以转移一时之风气,而示来者以规则。吾国他日文史考据之学,范围纵广,途径纵多,恐亦无以远出三类之外。此先生之书所以为吾国近代学术界最重要之产物也"②。

在为其他知己友好撰写序跋时,陈寅恪也不断借题发挥,表明其

---

① 王国维:《王国维遗书》第二册,上海书店出版社,2011,第 582—585 页。
② 陈寅恪:《王静安先生遗书序》,载陈美延主编《陈寅恪集·金明馆丛稿二编》,生活·读书·新知三联书店,2001,第 247—248 页。

治学理念，指示或力图传承古今中外治学的大道正轨。其《陈垣〈元西域人华化考〉序》称："今日吾国治学之士，竞言古史，察其持论，间有类乎清季夸诞经学家之所为者。先生是书之所发明，必可示以准绳，匡其趋向。然则是书之重刊流布，关系吾国学术风气之转移者至大，岂仅局于元代西域人华化一事而已哉？"1939 年为刘文典《庄子补正》作序，仍不忘针砭时弊："今日治先秦子史之学，与先生所为大异者，乃以明清放浪之才人，而谈商周邃古之朴学。其所著书，几何不为金圣叹胸中独具之古本，转欲以之留赠后人，焉得不为古人痛哭耶？然则先生此书之刊布，盖将一匡当世之学风，示人以准则，岂仅供治庄子者之所必读而已哉？"①

可是，陈寅恪所说的这些规则准绳，在相当长的时间内，并非后进普遍遵循取法的办法途径。而王国维、陈垣等人的影响，也远不及胡适等引领时趋之人。或许如钱穆《国史大纲·序》和《新亚学报发刊词》所指摘，为学术而学术的主张，不能领导思想潮流，对社会产生广泛影响。为此，钱穆有意标举高的，其著述"将勉奉以为诏示来学者之方向与准绳。自谓差免门户之见，或有塗辙可遵"②。可是，尽管钱穆努力扩大社会影响，其著作还是被认为程度太深，不适合中学生，③ 与胡适等人著作的影响层面范围不可同日而语。以今日港台学术界的时趋风尚，来者不能不慨叹，已经作古的钱穆遭遇到前贤同辈一样的尴尬。

也许学问之事，本来就是二三荒江野老的志业，无论社会全体还是学界内部，多好随波逐流，升降浮沉，只有少数沉潜者，愿意并且能够与古今中外的智者贤人心灵沟通。风物长宜放眼量，王国维、陈寅恪等人所谓转移风气，示来者规则正鹄、准绳途则的断言，若以"江山代有才人出，各领风骚数百年"的时空标准衡量，未必落空失效。而所谓影响，要看对哪些人在哪些方面起了何种程度的作用。所

---

① 均见陈美延主编《陈寅恪集·金明馆丛稿二编》，生活·读书·新知三联书店，2001，第 270、258 页。
② 钱穆：《新亚学报发刊词》，《新亚学报》1955 年第 1 期。
③ 来新夏：《我看国学》，《中国文化》2007 年第 24 期（春季号）。

谓典范，也是相对于何人何事而言。从者多寡，何足道哉？传媒时代的受众越广泛，个性越模糊。所以学术只能自由，不宜民主。若是多数取决，无疑越是等而下之者越是易致众从。因为学问之事，要求天赋、勤奋和机缘的巧合，途径方法越高明，理解运用应当越困难。后出的方法，果真能够超越前贤，必然吸纳融合已有的各种良法，学习运用，不仅必须循序渐进，不可躐等，而且能够进到哪一重境界，还要看各人的造化，不可强求。那些截断众流，号称多数人能够跨越式轻易掌握的方法途径，好也有限。一味针对少年后进，欲将金针度与人，无非自我标榜，挟众自重，到头来大都误人子弟，将来者教到不可再教的地步。

治学须温故知新，先因后创，守成有余，继以创新，历时久而艰辛甚，当然鲜为心比天高的新锐少年所甘愿忍耐，于是反其道而行之，不肯守拙，唯好取巧。能以不破不立始，以复归本位终，已属幸运。除了一辈子参野狐禅而不自觉者外，近代不少学人经历过年轻时前卫趋新，后来则沉潜守成的转折，高明如刘师培、王国维，甚至章太炎等也不能免俗，以致后来新进少年叩问他们早年所治趋新之学，往往亡顾左右，笑而不答。这一变化，若以进步与保守视之，断为倒行逆施，拉车向后，显然不得要领。根柢浅则随风摆，易趋附，大体基本茫然无知，而自诩取法乎上，岂非天方夜谭？一张白纸固然可以画最新最美的图画，但画者绝不能如一张白纸。白手起家的日新月异，不过起始初阶。如此，之于本人的新与之于全体的新，截然不同，若将小儿学语学行许为后来居上，青胜于蓝，同样不伦不类。

其二，由人而知学。历史的中心是人，而人有思维行为两面，言行的关联极为微妙。据说在海外攻读中国史的博士学位，若选不到适当题目，最后便择一前人未做过的人物，一流人物做完了，就选二三流替补。实则人物研究看似容易上手，做好却极难。历史人物形形色色，多为各自领域的出类拔萃者，亦即所谓人尖子，尤其是留名史册者，无论帝王将相、圣贤智哲，还是大奸大恶，均有非比寻常之处，要想具有了解之同情，实属难事。加之时空距离遥远，身份差若天渊，研究者大都没有相应的生活阅历经验，不了解习惯做派，不易体察其行为心境。于是人物研究，往往愈治而愈觉得对象高不可攀，遥不可及，以至于不知不觉中以其是非为是非，甚至以其好恶为好恶。所谓高山仰止，非但无法逐渐接近，反而日益疏远。而一味远观仰望，如何能够看得清楚，听得明白？所谓尽信书不如无书，不了解其人其事，论学论人，难免隔靴搔痒。其实，很少有历史人物经得起后人的反复研究。反差过大的原因，无非两种情形，其一，所选对象确系不世出的高人，难以接近；其二，研治者取径有误，南辕北辙。前者屈指可数，却无法抗拒，不妨另选适合自己程度的对象，而不必勉为其难。后者则需转换观念，改变方法，至少要方向正确，才能逐步靠近。

至于学人，尤其是通人异士，天赋、机缘、功夫，均不同凡响，若不能与之心有灵犀一点通，只得依据自己的"远近高低各不同"而"横看成岭侧成峰"，凿空逞臆地瞎猜乱点。近代以来，分科治学，各有专精，直入前贤的文本，无非见仁见智，难以心领神会，恰到好处。刻舟求剑，缘木求鱼，不但差之毫厘，失之千里，甚至看朱成碧，指鹿为马。

学问或有不受时空影响的至理，此节于思维可以形而上的文化系统或许无碍，而中国文化少有纯粹的抽象，论学讲道，多由具体语境而生。人的思维行为互为关联，研究学人的历史，不宜将学与行截然分开。以学人的历史包括其所治学术为事实，有一大难事，即所涉及的问题多为观念精神层面，看似虚玄，难以捉摸，非将思想还原为事实，以实证虚，不易把握。今人所写学术思想家评传，好将生平与学术思想分离，以为便于架构编排叙述，实则不过方便用后来外在系统，条理解释固有材料，无形中以今人观念揣度解释古人思想。即使治学向来不以严谨见长的梁启超也说："平心论之，以今语释古籍，俾人易晓，此法太史公引《尚书》已用之，原不足为病；又人性本不甚相远，他人所能发明者，安在吾必不能，触类比量，固亦不失为一良法。虽然，吾侪慎勿忘格林威尔之格言：'画我须是我'。吾侪如忠于史者，则断不容以己意丝毫增减古人之妍丑，尤不容以名实不相副之解释，致读者起幻蔽。此在百学皆然。"①

不仅如此，学人论学所指称的事实，往往不过其对于历史的认识，正如后来者描述其学行，难免附加传衍的成分而非真身的影像。即使学有根本，能够执简御繁，还是难免门户家派的偏见。也就是说，所指称的史事、如此这般指称所指史事以及这样的指称加于来者的影响，相关而不相同。或者不察，传授之间，习以为常，每每不能分别，自觉者也难免扑朔迷离，懵懂者更加纠缠混淆。所以材料相对于史事，决不仅仅直接间接、一手二手、主料辅料那样简单。善用者无非恰当而巧妙地把握所指能指的时段、层面和方向。此外，学人撰著之际，心中的言说对象，往往不止一端，这些考虑，必然影响其行文，遣词用字，或曲或隐，反转周折，甚至夸大张扬，均别有深意。仅凭文本，又带主观，则不易仔细分辨，只能以放之四海而皆准的态度对待具体的历史人事，误读错解本意，在所难免。史学为比较的学问，所论人事，都存在于错综复杂的关系之中，所谓理解，即恰如其分，关键在于得其所哉。此即由俱舍宗解俱舍学之法，亦与当下的语境说近似。具体做法，则须将合本子注扩而大之，不仅比勘文本，而且比较本事，把握头绪，了解同情。

研究历史，若治某人某事即以某人某事的直接材料为范围，难免导致偏爱，甚至以其好恶为准的，结果势必眼界狭隘，孤立无援，不得不以主观己意下判断。所谓"圣人之言，必有为而发，若不取事实以证之，则成无的之矢矣。圣言简奥，若不采意旨相同之语以参之，则为不解之谜矣。既广搜群籍，以参证圣言，其言之矛盾疑滞者，若不考订解释，折衷一是，则圣人之言行，终不可明矣"。杨树达用司马光长编考异法作《论语疏证》，"汇集古籍中事实语言之于《论语》有关者，并间下己意，考订是非，解释疑滞"，因而能为治经者开辟新途径。② 以事实证言论，以文本相参证，继以考订解释，可以明圣人之言行。若是全局在胸，古今中外，来龙去脉，渊源流别，如数家珍，进

---

① 梁启超：《先秦政治思想史》，载《饮冰室合集·专集》之五十，中华书局，1989，第13页。
② 陈寅恪：《杨树达〈语论疏证〉序》，载陈美延主编《陈寅恪集·金明馆丛稿二编》，生活·读书·新知三联书店，2001，第262页。

而把握具体，品评人事，自然得心应手，得其所哉。

当然，凡人大都经不起反复研究，高明者察知玄奥，故意不留证据，以免后人琢磨。清季广东大儒朱次琦一脉传人，遂多不留文字，令后人难以下手。而近代学人不留学术著述以外的文字，用意也应在此。如果自以为是，有意保留材料，试图使历史叙述朝着有利于自己的方向演化，永远留在历史的中心位置，或是故布迷局，文过饰非，淆乱视听，将后人引入陷阱，也难逃智者的法眼。值得研究的历史人物大都非同寻常，心思过人，若道行不足，或是稍有不慎，容易误入歧途。一般而言，了解越多，认识越深，则越能接近研究对象，所谓家人眼中无伟人，即以其亲近之故。若是愈治而愈高大，显然与所研究对象之间差距过大，不能平等交流对话，更无法心灵相通，一味高山仰止，绝无真正认知的可能。两相隔膜，所作论述，如何能够恰如其分？

其三，以学人的活动及其相互关系为历史整体的一部分，而非仅为专门的学术史。近代以来，受西学影响，以及新式学堂教育的制约，分科治学，已成体制。新锐学人以分科治学为科学，其实分科究竟如何发生，为何发生，还有待研究。要因之一，或为人的智力体力有限，而知识无涯，不得已退而求其次，分门别类，缩短战线，使人力足以负担。可是如此一来，本来浑然一体的学问被肢解为彼此独立的系统，久而久之，不仅各个学科之间相互隔绝，每个学科内部也日益细分化。以史学而论，纵向分段，横向分类，林林总总的所谓专门史，大都不过治史必备的条件，扬之则附庸蔚为大国，抑之则婢作夫人。研究历史，若用分科眼光，势必以后来观念看待前人前事，符合后出外来的学科规则，却不理解前人的习惯做派。历史本为整体，各部分有机联系，近代学人重写历史，用西洋系统整理国故，还能以断代、专门、国别各史皆为通史之一体，后来则以专攻为独门，将历史割裂肢解，历史的无限联系被人为斩断，具体时空被抽离。既然历史人事并非按照后来的分门别类进行发展，以分科分类眼光看待和研究历史，难免有强古人以就我之嫌。而分科治学之下的所谓跨学科，则往往是坐井观天，自我放大，或踉跄跳跃，不守规矩，以局部求通论，以归纳代贯通，势必以偏概全。

　　研究学人的历史，既可由此一点入手，延伸探察整个历史的各个层面，又能揣摩考察学人对于历史和时势的观察论断。史家亦为社会一分子，既有一般体验，又有独特感受，其思维行为包括学术活动在内，牵连广泛，与整个社会的脉搏跳动息息相关。况且国人治学，旨在经世，近代受西洋观念的影响，虽有为学问而学问的主张，只是为了抵御公私权力的干预，从来没有锢蔽于象牙塔内。史家见识各异，研治史家或学人的历史，固然难免有是非正误、高下得失的判断，更重要的却是将各家的见仁见智当作历史事实的一部分。智者千虑一失，愚者千虑一得，得失之间，高下有别，但无论得失，都不过历史事实。作为事实，认清征实即为判别。诚然，在梳理脉络，贯通无间的同时，个人主观势必参与其中，只是主观能动的取向，却是最大限度地限制主观随意性，尽可能客观地再现事实。

　　历史既为有机联系的整体，历史的时空联系既然无限延伸，从任何一点切入，都应尽可能探察联系无限延续的人与事，因而进入之前须把握整体，进入之后须有整体观念和眼界，如此才能深入、适当。学问为一整体，分科治学，本是因为人的天赋机缘有限、智力体力不足，不得已而为之的无奈之举。而一旦形成专家之学，遂无通人眼光，无从比较衡量，久而久之，专业成为小众的领地。如果没有贤能引领，难免等而下之，甚至反其道而行之，越是高明，和者益寡。近代以来，学问由学校传衍，以媒体传播，遂益发不可收拾。

　　与人类历史的整体性相应，史学无疑是综合的学问，通史历来是学人追求的至高境界。即使晚近流行分科治学，有识之士的最终目的仍在求通，分乃不得已的无可奈何或是走向通的必由之路。或以为近代欧洲学问着重分析，固然，但就史学而论，仍以整体为高明。布罗代尔时代的年鉴学派，整体史的格局凸显。而后布罗代尔时代五花八门的新史学，一定程度上已经成为整体史被肢解的遁词。

　　尽管通史为史家的理想追求，但要达到通的境界，必须跨越博通与专精之间平衡协调的难关。要融会贯通，提纲挈领，条贯各个时段层面的史事没有窒碍，而不以主观裁剪史实，强史料以就我。时贤批评中国历史文化研究有归纳无贯通,可以以两点为例,其一,以欧洲中心所见世界通则为据,条理中国史事;其二,以局部研究所得通论,扩及其他部分乃至整体。无论哪一种情形,材料的有限性(不完整和真伪的部位程度)都难以体察把握,勾连贯穿。

以贯通为至高境界,接下来的问题自然是如何贯通。此事不易求证,更难求全,至少有三点值得注意:

1. 由博返约。今日通行的教育体制,教人先读教科书,然后进入专题研究,基本没有学习教科书或讲义以外的真正读书。由此养成之人,往往好以自己的成功经验,传授弟子,鼓励其择一前人未着手的领域,长期钻研,名曰占领制高点。可是因为没有整体观念,不能衡量其高低当否,难免误以洼地为高峰。退一步讲,开垦一座荒山,固然有其价值,但是否就是占领制高点,也大有可议。萧公权谈及胡适的大胆假设,小心求证,就主张在假设之前应有一放眼读书的阶段,否则容易将天边的浮云误认作树林。在占山为王的取向下,对人所共知的书都不看,一味找前人不见的新材料。殊不知不熟悉旧材料,则不可能恰当利用新材料。凡此种种,都表明博而后约不能逾越。如果省略,后遗症越久则越重。

2. 由专致精,由精求通。博而不精则泛,达不到通的境界。而要精深,专或为必由之路,所以钱穆说非碎无以立通。但要由专而精,不能由专而偏,须有前提条件,其一,以专门为整体的部分,或以专题为通史的一体,能够将具体的专门研究置于整体中的适当位置,给予恰当的理解把握。其二,不能局限于一隅,若始终以专家自命,畛域自囿,绝无由碎立通的可能。须在众多关键的部分深入,然后才有由精求通的机会。其三,注意各个专题之间的事实联系,求其时空演化进程与形态。

分科之下要由专题而专门而兼通,缓不济急,难以应付社会的迫切需求,于是又有集众的主张,欲以分工合作的办法,弥补个人能力有限的不足,加速求通的进程。而所谓"通",不仅在于形式上时空纵横的完整,更重要的是把握能够贯通所有时段层面治乱兴衰大事要人的纲领脉络,集众的研究如果没有立意高远的取径,以抄撮为著述之外,同样不能克服分门别类的局限,甚至会产生集体偏见或误解。

此外,还有一些必须谨守的戒律。由局部所得,若仅以为个别则无妨,欲为通论,则相当危险。历史更多体现个别性,见异大于求同,历史的规律即普遍联系,当于事实联系及其时空演化中寻求,而非由近似性来比较没有事实联系依据的异同,进而扩展为通则。可惜史家每每好将局部经验放大为整体准则。即使态度谨严的验证,也难免先入为主的成见,以偏概全。从局部看整体很容易或很难避免将局部放大为整体,或以局部的成见观照整体。若以专门为整体的部分,则不要占山为王,以免落草为寇。分门别类适宜专题研究,而不能化解兼通的难题,而且分科治学之下,学人的眼界日趋狭隘,没有成竹在胸,难免盲人摸象,无法庖丁解牛。尤其是晚近史料繁多,超出人力所及,近代史虽然已是断代,还是不得不进一步细分化,时间上分段,空间上分类,形同断代中的断代,专史中的专门。纵横两面,逐渐相互隔膜,所谓占领制高点的专家之学,渐成割据分封,而占山为王与落草为寇并无二致。

3. 切勿横通。章学诚《文史通义·横通》称:

> 通人之名,不可概拟也,有专门之精,有兼览之博。各有其不可易,易则不能为良;各有其不相谋,谋则不能为益。然通之为名,盖取譬于道路,四冲八达,无不可至,谓之通也。亦取其心之所识,虽有高下、偏全、大小、广狭之不同,而皆可以达于大道,故曰通也。然亦有不可四冲八达,不可达于大道,而亦不得不谓之通,是谓横通。横通之与通人,同而异,近而远,合而离。……
>
> 横通之人可少乎?不可少也。用其所通之横,以佐君子之纵也。君子亦不没其所资之横也。则如徐生之礼容,制氏之铿锵,为补于礼乐,岂少也哉?无如彼不自知其横也,君子亦不察识其横也,是礼有玉帛,而织妇琢工,可参高堂之座,乐有钟鼓,而镕金制革,可议河间之记也。故君子不可以不知流别,而横通不可以强附清流,斯无恶矣。……

横通之人，无不好名。好名者，陋于知意者也。其所依附，必非第一流也。有如师旷之聪，辨别通于鬼神，斯恶之矣。故君子之交于横通也，不尽其欢，不竭其忠，为有试之誉，留不尽之辞，则亦足以相处矣。

章学诚举例说明：

老贾善于贩书，旧家富于藏书，好事勇于刻书，皆博雅名流所与把臂入林者也。礼失求野，其闻见亦颇有可以补博雅名流所不及者，固君子之所必访也。然其人不过琴工碑匠，艺业之得接于文雅者耳。所接名流既多，习闻清言名论，而胸无智珠，则道听途说，根底之浅陋，亦不难窥。周学士长发，以此辈人谓之横通，其言奇而确也。故君子取其所长，而略其所短，譬琴工碑匠之足以资用而已矣。无如学者陋于闻见，接横通之议论，已如疾雷之破山，遂使鱼目混珠，清流无别。而其人亦遂嚣然自命，不自知其通之出于横也。江湖挥麈，别开琴工碑匠家风，君子所宜慎流别也。

所谓学无根柢条贯，道听途说，游谈无根，而以为见仁见智，乱刀切瓜，横七竖八，总及核心关键。殊不知漫无头绪，胸无成竹，一味误打误撞，瞎猫捕鼠。而横通之论，乍听石破天惊，醍醐灌顶，易致众从，后学者尤其应当警惕。顾颉刚本来对自己幼年读书多相当自信，20岁时看到章学诚的《文史通义·横通》，觉得自己的学问正是横通之流，不觉得汗流浃背，从此才想好好读书。不久在陈汉章的影响下，又欲由目录进窥学问，愿为根本之学，以执简御繁。①

近代以来，为学不仅须贯通古今，还要沟通中外，于是又有新的"横通"。周予同认为："中国史学体裁上所谓'通史'，在现在含有两种意义：一种是中国固有的'通史'，即与'断代史'相对的'通贯

---

① 顾颉刚：《古史辨》第 1 册，上海古籍出版社，1982，第 92 页。

古今'的'通史',起源于《史记》;……另一种是中国与西方文化接触后而输入的'通史',即与'专史'相对的'通贯政治、经济、学术、宗教等等'的'通史',将中国史分为若干期而再用分章分节的体裁写作。"① 其实,中国固有的通史,须"明天人之故,通古今之变,成一家之言",包罗万有,本不分科,也涵盖了后一种的通。通要兼顾纵横两面,即钱穆所说"融贯空间诸相,通透时间诸相而综合一视之"②,对于学人的见识功力,无疑是极大的考验。以此为准,章学诚本人恐怕也难免横通之讥。

金毓黻早年以为凡学问无非纵横二者交相为用,不同意梁启超以纵断废横断的主张,并对章学诚讥横通不以为然,觉得横通实不可废,"唯一志于横而无纵以贯之,乃不免取讥于君子耳"③。这样的纵横观与章学诚所指摘的情形明显有别。此时金毓黻还着重于反对博而泛,赞成专精路线,与后来的观念大不相同。治学首在明道,即渊源流变的脉络,能够横断者,每一专门的纵贯也要了如指掌,才不至于道听途说,横逸斜出。

反观今日治史,有一相当普遍且日趋强烈的偏向,即不愿受历史人事具体时空关联的约束,每每欲图解脱事实联系,为后来的观念驰骋腾出足够的空间。此种现状,积累而成。梁启超提出中国无史论,甚至史料也难求,傅斯年主张不读书只找材料,认为材料越生越好,不含前人主观。两人所说,别有所指,可是流弊之一,便是导致将无主观误认为无意思,理解本意变成以后来观念解释材料,加上社会科学的泛化,更进而视为天经地义。积衍成习,这样的取径做法,与学人自身的知识来源及结构相当契合,似乎便于驾驭,因而很容易被普遍接受。可是也极易流于望文生义、隔义附会和横通之论。

---

① 周予同:《五十年来中国之新史学》,载朱维铮主编《周予同经学史论著选集(增订本)》,上海人民出版社,1996,第535页。
② 钱穆:《中国今日所需之新史学与新史学家》,《思想与时代》1943年第18期。
③ 金毓黻:《静晤室日记》,辽沈书社,1993,第1471页。

新史学与旧史学

自梁启超提倡新史学以来,中国的史学即处于不断创新的发展进程之中,也就是不断地以今日之我与昨日之我战。之所以如此,是因为多数史家心目中各有理想的史学,而其理想的范型模式大都来自域外或别科。累积百余年,经过几代人的努力,中国史学从形式到内容都发生了脱胎换骨的变化。不过,换一个角度看,当代中国的史学究竟如何,是一个值得认真思考的大问题。

此问题牵涉许多方面,具体而言:

其一,在有史以来的学术发展进程中,当代中国史学的峰值是多少?与之前历代比较,处于何种位置?学术发展的水准,未必总是后来居上,而一时代学术的高下,不是由一般从业者的平均水准决定,而是由少数不世出的高明所带动。以此为准,当代中国史学整体上当然已经大大超过历代,但就峰值而言,是否已经超越汉宋明清,值得斟酌。

其二,与民国时期的史学相比,当代中国史学能否胜出?一般而言,当有过之,尤其是以专家的眼光分门别类地进行考察,在方面的覆盖和内容的翔实上,可以说都已经不同程度地超越前人。今日所见材料,较前人大为扩张,利用的方便程度更是几何级增长。可是,史学是整体的学问,缺少整体关怀和能力,又少读书而一味找材料,因而对于历史的认识不免隔膜,无知无畏的门外文谈与认认真真的表面文章过多，分门别类的专题研究，形成小圈子学问，导致常识性缺乏，加之赶鸭子上架式的出货，大幅度降低了治学的品位和鉴赏力。总有几位前辈大家仍然只能高山仰止，可望而不可即。民国学界的乱象，并未完全祛除。从某校之子到某校之耻，只有一届长校之遥。集天下英才尽毁之的说法，普遍而言未免过甚其词，可是将良才雕成朽木的情形的确并不鲜见。曾经的学术峰值，未必摸得到，或者说看得到却够不着。

其三，清季以前，按照梁启超所说，都是所谓旧史学，而照傅斯年所说，用欧洲近代新史学的标准，则宋代已经是新史学。用今日的新史学，能否覆盖旧史学且驾而上之？以清季以来新史学各家的豪言，这应该是不言而喻的，可实际上恐怕就没有那么简单。如新修清史关于如何超越清史稿，就一度相当纠结。而清史稿在廿五史中即使不算最差，也是争议最多。如果新史学倡行百年之后，集举国之力赶超一群被指为遗老（实则清史馆中遗老不多）的人还相当吃力，可见旧史学并不如新史学家所指斥的那样不堪。况且当今都是专业人士，当时不过业余兼职。近代学人为博取注目，有时好为大言，如朱士嘉、傅振伦贬斥民国新方志，其实过目甚少，又带成见，所言不足为据。

其四，新史学倡行百余年，中国历史撰述从形式到内容都发生了很大改变，只是这样的变化是否使得史学超越了或有助于超越历代，达到前所未有的新高，至少目前还无法得出这样的结论。就此而言，新史学与新文学及中国画颇有些类似。由此应该反省两点：首先，所谓旧史学长盛不衰，有无过人之处？如果有，奥妙何在？中国史学素来发达，梁启超指中国无史，目的是反对皇权体制，后来的新史学家则是要打倒前人，树立自我。可以说，近代的新史学家对于旧史学的长处大都没有认真体察，因为他们所受教育以及所具有的知识，已经潜移默化地西化或东化，或是虽然有所体验，却因为中西学地位乾坤颠倒，一心只拿西学的尺度来裁量；其次，近代以来的新史学对于史学形式和内容的改变，是否当然具有现代性？这些造成现在的知识积累，是否也存在导致历史认识扭曲变形的问题。新史学的形式和内容，大都来自西学东学,开始国人不过译介移植,照葫芦画瓢,尽管也有所调适,基本观念和架构大体不变,而这些观念架构与中国历史未必适合。如经史关系,本来不分,后来经学被迫逐层退出学制体系,乃至知识体系,所谓由经入史,也是后来观念。不懂经学,能否治好汉以下历史?有时看似能够容纳,实则捉襟见肘,只是已成习惯,因而宁可视而不见,如用中央、地方认定清代体制,完全无视不相凿枘之处,即为显例。

其五,未来中国史学的走势与取向。近代学人因为国家民族的危机,大都存了学术上与外人争胜(如巴黎、京都)之心,只有个别深知所争不在当下,而在古往今来。悬此为的,应该认真反省近代以来学术发展的历程。不要轻信近代新史学家对旧史学的批判(梁启超之后的新史学所批判的多为前面的新史学),不要误解陈寅恪的入流说和傅斯年的以新材料研究新问题。近代新史学倡导多于贡献,形式内容变化多于水准提升,所谓新,大都以西学、东学或别科为准的,前者有是否适用的问题,后者则可否不学而能?尤其是究竟能否对解读运用材料和认识历史提供实质性超越前人的帮助。否则,一味标新立异,以创新为捷径,以为自诩用新材料、新方法,就可以超越前人,甚至不惜制造论据,就不仅是有害无益了。

近代以来的所谓新史学,大体为欧美新史学的移植或翻版。而欧美的新史学,有主流与旁支之别。如傅斯年所指比较文献学、鲁滨逊的新史学、年鉴学派等,即在主流之列。此外,也有以其他学科的做法为新范式的取向。欧美的史学需要不断翻新,与其思维及治学方式大别为科学主义与人本主义有关。人及人类社会本来合为一体,分开看固然有可以极致化的方便,但也蕴含偏于一端的危险。适时翻面,正是为了纠正偏颇,这与中国学问讲究综合有所分别。一味舍己从人,势必邯郸学步,翻来覆去,不免总是落于人后。

除梁启超矛头所指的确是传统史学之外,后来新史学家眼中的所谓旧史学,其实主要是指前面的新史学,认为已成明日黄花,所以要有更加新的史学。中国史学历来发达,所谓旧史学,未必都如清季民国人所批评的不堪。如王朝关乎种族存亡，政治较经济更具决定性作用。在以新（西、革命）为优（正确）的语境下，形形色色的新史学多少有些为赋新诗强说愁的味道。

真要创新史学，必须掌握之前的所有史学，而不是因为不懂旧史学，所以才弄新史学。恰如欧洲绘画，非经写实主义画廊认可，才能进入现代主义的行列，否则只是野狐禅，无论多么新奇，也不能入流。清季以来的新史学，包括梁启超等人在内，对于旧史学恐怕很难说完全掌握。梁启超后来观念多变，原因之一，就是把握不定，容易随波逐流。

与将西学内化即为新学类似，新史学的演进很大程度上就是不断将西方不同流派的史学引入并用以言说的过程。不改变以西为新或向西求新的取向，就会有层出不穷的新史学，但史学未必可以走上正轨。而如果真懂旧史学，或如王国维所说，学不分中西新旧，则不必强分新旧史学，更无须将中西说成新旧。陈寅恪甚至有意将欧洲新史学与中国传统史学相比较，认为中国早就有能够与欧洲近代史学相匹配的方法，以合本子注与欧洲比较文献学和比较宗教学相比拟，又以长编考异法为正宗。

新史学究竟在多大程度上改进了史学，或者说使得史学的基本面貌得到改观，值得认真讨论。就形式而言，现在的史学的确与晚清以前大不相同，用白话文，章节体，叙述的内容也发生了变化，如重视生产力和生产方式，重视民众的历史作用，从政治史扩展到社会、经济、文化、中外交通等各层面。当然也出现一些偏颇，如因为重视民众的作用而过度突出农民起义的正面形象，批判帝王将相而忽略了文化与王朝制度的关联，强调理论而将社会发展史与历史简单等同，使得历史分期与社会性质这类本来主要是为了论证革命的性质、任务和道路的问题，套用到具体的历史研究之上，等等。

不过，现行的这一套历史叙述，最早来自泰西和日本，是在一元化世界体系的框架下重新认识和解读中国历史的发展，而由进化论主导的历史观，深受德国宗教一元化的影响，用社会阶段将所有文化体排列成先后顺序，处于前列的欧美自然成为发达程度最先进的代表，其他国家或民族则分列其后，必须努力学习才能免于淘汰。这一套观念由殖民扩张建构起来的世界体系和工业文明作为强有力支撑，笼罩和掌控了几百年来人们的精神世界。与此相应，形成了一整套话语体系，用来解说和阐释中国的历史文化，并通过体制性教育，使之潜移默化地对所有中国人实行了社会化。而这一套概念及其学说，与中国的历史文化存在不少形同实异之处。

后来的新史学，对于历史叙述的基本形态改变并不显著。如果各种推陈出新的新史学只能在自己的系统内展示价值，最终对于大历史的书写作用不大，则所谓旧史学是否如他们所批评的那样问题严重，而所主张的新史学，是否如他们所宣称的那样意义重大，都有重新检讨的必要。新史学对于史学只能补偏救弊，还是可以根本改观，必须真正知道自己所主张和实行的在整个学术脉络中的地位，才能恰如其分地估价。

学术研究的本质就是创新，否则就是重复。而创新不能以国为界，否则就不仅是重复。

学术如何规范

抄袭等学术腐败现象的普遍存在,早已是公开的秘密,近来被揭发出来的不过冰山一角,恐怕还有愈演愈烈之势。所谓道高一尺,魔高一丈,不但有人顶风作案,方法手段也变本加厉,变幻无穷。用剪不断、理还乱来形容学术界的乱象,亦不为过。

指陈学术腐败的种种怪象,已经不足为奇,其中制度性因素起了决定性作用。除非釜底抽薪,难得云开雾散。而各种反对学术腐败的言行,透露出学术无法规范的种种信息,值得深思。

如今判断学术是否抄袭的一大难题,据说是鉴定不易。之所以不易,是因为鉴定不由学术权威来做,而是由司法或行政部门进行。司法和行政部门对于相关学术领域,大都外行,他们只能根据文字内容的完全重复率进行判别。除非懒虫和笨蛋,一般稍有知识的人,很容易用不同的文字,表达相同或相似的意思。早期抄袭事件大都归入所谓著作权之争,往往各执一词,学术机构不愿招惹麻烦,听之任之,结果闹上法庭。法官千辛万苦,搜集取证,除了关于程序正义的问题可以判断外,还是费力不讨好,而且留下许多后遗症。究其实,司法介入学术,看似可以公道,却更加容易混淆是非。

其一,法官判案,以定罪为准则,一般从宽。而学术必须从严,这不仅因为学者是社会的良心,要为人师表,学术是社会的精神底线,所以必须用最高道德标准来检验,而且由于学术是少数人的事业,越是高明的学问懂的人越少,一般人甚至一般同行也很难在这样的领域中具有鉴别能力和获得发言权。典型事例之一,即庞加莱猜想的破解和临门一脚的困惑。学者如果没有高度自律,存心剽窃作伪,往往容易得逞。而一旦暴露,则社会影响极其恶劣。正因为如此,学术必须靠高度自律来维系。学者有意违规,便失去学术自律和诚信,只能终身禁赛,没有改过自新的机会。当然,可以转而从事其他职业或是退隐。

或以为学术在自律之外还要他律,此说看似有理,求助司法即其体现。殊不知如果假定学术界居心叵测者居多,则无可救药。由司法来解决学术道德问题,容易模糊是非,混淆善恶。学术判断只能由学术权威机构或学术权威做出,其标准远远高于司法。如果说政治人物贪污受贿,在司法定谳之后才会下台,学者抄袭,则早在进入司法程序之前就应该永远失去作为学者的资格。否则,看似法纪严明,实则宽大无边。如今行内人一望而知的抄袭,因为判断权操之于司法行政,反而不敢轻率定论。对于学者违规犯下不可饶恕的错误,时下学术界乃至相关各方似乎相当宽容。东窗事发后,求情者有之,维护者有之,所在单位或装聋作哑,或刻意袒护。即使遭到处分,既不会切腹谢罪,也不会遁入空门,而且还有其他大学等学术机构争相聘请,全然不顾斯文扫地,也不怕误人子弟。可见司法干预的结果,反而使得学术界放弃责任,进一步丧失了学术鉴别力。长此以往,终有法不治众的一天。

其二,抄袭行为由司法鉴定的一大流弊,是按照司法原则,应当谁主张谁举证。不过这样的规则并不适宜于学术领域。尽管胡适认为学术史上两人水平相近,用相同材料研究相同问题,所得结论大体相同的事偶有其例,可是在资讯发达的今日,动手之前检阅前人研究,应是必需的程序,而且除个别情形外,大都不应受国界、语言等条件限制。同时,当今又是知识爆炸时代,有意作伪抄袭,容易得逞于一时,达到其目的。虽有自以为是者设计防弊软件,其实所能检查的,仍是懒虫和笨蛋,至多适用于学生和水平不高的学校职称评定,很难作为高深学术检验鉴别的有效工具。

若是无心失察，内行也可以判断。而为了应对司法干预，存心抄袭作伪之徒早已与时俱进，包括投其所好地钻权威刊物的空子，以及日渐增多地有意毁尸灭迹。其著述大量征引不大相关的前人研究成果，以炫其博学与用功，而与本题直接关联的著述则故意隐瞒不报，且声称前人没有直接研究，以显其价值。实则如果不参考（甚至应用）前人研究，不可能达到应有的层次境界。之所以不敢如实列举，还是相似之处太过明显，坦承无异于自首。而分科治学之下，学人大都偏于一端，专家评审难以识破，容易得逞。即便不幸东窗事发，成本也可以承受。

不过，此种人大都自以为高明，喜欢没有问题制造问题，商榷翻案，结果聪明反被聪明误，露出狐狸尾巴。只是学术环境不利于纠正风气，以司法为标准的举证审案，只能鉴定低水平重复性抄袭，以为铁证如山，让那些自以为是的"好狐狸"，想方设法欺骗司法行政和社会大众，却难逃高明者法眼如炬，洞烛其奸，使之无所遁形。

以司法行政他律学术，还是少用为佳。否则，"难以判断"已经成为袒护显而易见的抄袭行为最方便的托词，而学术则日益不见了权威。若是不相信有权威，不相信权威，等于不相信学术的公正，不相信学术。学术不存，规范何用？又如何规范？

重写近代中国的大历史

所谓大历史，并非编撰通史之谓，而是相对于各种以新材料发现新问题而言，以往主要是由研究较多的重大问题、重大事件、重要人物组成的历史叙述。时下这些曾经盛极一时的热点显学，大都被束之高阁，成为纪念史学的组成部分。究其原因，无外乎研究成果已多，覆盖较为完整，令人有无从下手之感。加之新材料、新问题层出不穷，似乎拓荒和填补空白更加容易大见成效，因而不仅后学新进往往视为畏途，成熟学人也普遍有弃之而去的意向。原来的专题研究已经被指为有具体无整体，新入门者普遍不大关心大历史的题目，更是成为碎片化诟病的一大证据。

从以下两方面看，近代中国的大历史还远远达不到可以束之高阁的程度。首先，无论史观或视角如何变化，大历史始终是历史的枢纽中轴。一味走在大路上，无视两厢，大路终究不免荆棘丛生，而始终埋头于两厢开荒，也容易迷失前进的方向。毕竟大历史可以作为提纲挈领的关键，大路与两厢应当相辅相成，才能相得益彰。其次，近现代史的研究起步较晚，学人开始又大都从其他方面转来，与古代史相比，成熟的程度明显不足。即使是曾经显学的领域，相比之下也较为粗放。通史不通与专史不专，看似相反，实则弊端相同。放任大事要人，一味以新材料研究新问题，不断上演附庸蔚为大国、婢作夫人的戏码，结果位置虽然有所变换，结构却一如既往。

不同时代重写历史，屡见不鲜。重写近代中国的大历史，并非不同世代心中的历史，更不能做成翻案文章。《古史辨》之病，在于破坏有余，建设不足，其破坏的一面与后现代的一味解构有些形似。陈寅恪不以《古史辨》为然，主要是不满其挖祖坟的态度，而对于各民族生成初期历史叙述的层累叠加导致与史事本相不合，则视为普遍情形，中国亦不例外。一般而言，历史本相与历史叙述之间，每每随着时代环境的改变而出现差异，现在的历史认识所描述的历史，貌似历史本相，实则多受历来历史叙述的影响，与历史上的人事多有不合之处。加之后来的历史认识每每有一定的架构，而各种架构往往并不由中国社会历史所产生，削足适履的情况所在多有。将历史叙述等同于历史，认识难免受后来观念的影响发生扭曲变形。不过，历史叙述也是历史的一部分，虽然所叙述的历史未必如其所说，但在特定时期如此叙述历史，则无疑属实。应将二者相结合，达成重现历史的实际进程和历史叙述的形成过程连贯统一，既能够接近历史本相，又可以明了不同时期相关历史叙述形成演化的进程，从而把握现时历史认识受历来历史叙述的影响，及其与历史本相的联系及分别。

重写大历史，包括专题性和整体性两类。关于专题性，有的大历史叙述整体而言并无不当，但具体而论则尚有不少需要深入研究的问题。这些问题的澄清和解决，一方面有助于更好地重现大历史，另一方面则会对现实产生重大影响。大历史写得好不好，有赖相关专题研究的进一步深入。近代中国的大历史由多种史事组成，包括人物、事件、组织、主义等，现有的成果相较于史事本来的丰富多彩和变化莫测，显得表面和简单。在中外文化冲突融合的推动下，近代中国延续古代而发生众多变形，开启现代而一直变动不居，这些变化成为了解过去、把握现在与认识未来的凭借，但在不自觉的情况下也造成沟通古今中外的障碍。关于整体性，受后来认识不断变化的影响，有的大历史叙述整体而言与历史本相存在较大差异，重写大历史，必须将相关要素放回相应的时空位置，使得历史本相与叙述变化的情形得到如实展现。

重写大历史，有必要改变和调整书写方式。由于近代史料繁多，如果以整理史料的方式进行书写，势必累赘冗长，而通行的举证和节选，又难免断章取义，纸面上论著的逻辑看似浑然一体，却无法贯通所有材料和史事。加上史料与史观两分，演化成史与论的困扰，更有白话取代文言的转变，使得引述史料与叙述脱节，不能有机融合，著史很大程度流于发抒对于历史的认识而不是呈现历史的本事，历史本相与史料本意，被有意无意地曲解乃至忽视。这些认识当然有所依据，但或是片断，或是某一侧面，而且往往脱离本来的时空位置及联系，所解读评断与本事本意未必吻合。更为重要的是，无法对历史本事的全貌及其来龙去脉，进行完整把握。重写大历史，必须在重现历史本相和前人本意的基础上，展现历史进程、历史叙述的演化进程和历史认识的发展进程的联系及分别。

重写大历史与展现小历史应该相辅相成。大历史无论如何覆盖广泛，也无法涵盖所有的史事，因此重写大历史应与展现小历史同步进行。重写大历史当然有所选择，不可能面面俱到，更不能抹杀和否定小历史的价值；而小历史也不必自我夸大，其功能作用应是补充而非替代。

从中外之分到高下之别
——关于学术思维转换的思考

学术乃天下公器,本来是治学者的常识。然而常识往往最难把握。如何对待"西学""外国经验""海外史学理论及方法"等有着千差万别的笼统存在,不仅是困扰一个多世纪以来中国学人的绝大难题,至今也还说时容易做时难。而且公器所面对的,恰好又是内涵、样态各异的历史文化。

20世纪中国学术发展的历程表明,受东西两洋史学理论及方法的影响甚至笼罩,事实上已经成为主流,今人所据以判断新的舶来品者,大抵是洋化过的"新国粹"。问题在于,(一)近年来不知源流本末土从正邪的拿来主义和格义附会过滥,加上"侏儒"理论和无序状态作祟,负贩者肆意鼓噪连自己也未弄明白的新说,敢于以无知为博学,结果越是高明的海外史学理论和方法越是和者盖寡,相反则趋之若鹜。社会史研究进行多年,最终连"社会史研究主要不指领域而是方法"这样的常识也要在权威刊物上正本清源。同一理论或方法的使用亦如此,旁门左道从者如云,正途大道无人问津。如所谓比较研究,照中外前贤半个多世纪以来的一贯看法,时下流行者,多半是望文生义地将"比较"一词的字义等同于研究方法的意涵。学术是对智慧与毅力的考验,不敢或不能取法乎上,只能堕入下流。(二)即使长期忠实输入外国学说,并与中国学术结合卓有建树者,亦难免深远流弊。在泛社会科学化的影响下,治史一味追求方法模式,悬问题以觅材料,附会于现成的解释框架。可以寓目的史料虽然大幅增加,读懂史料的能力却明显下降。史学不是从史料中解读出来,而是先入为主地按照一定的格式将史料肢解后重新拼装而成。现代化研究每每异变为刻意找变化,区域研究则成了现行行政区划的倒述。学者循着只找材料不读书的路径,日益陷入专而偏的狭境。人言言殊并非学术个性化的表现,而是盲人摸象的变种。

关于此点,前贤的灼见值得借鉴。王国维1911年于《国学丛刊·序》中称,学无中西新旧之别,强分中西,即不知学。因为"世界学问,不出科学、史学、文学",中西一律,"所异者,广狭疏密耳!"① 陈寅恪则宣称:"窃疑中国自今日以后,即使能忠实输入北美或东欧之思想,其结局当亦等于玄奘唯识之学,在吾国思想史上,既不能居最高之地位,且亦终归于歇绝者。其真能于思想上自成系统,有所创获者,必须一方面吸收外来之学说,一方面不忘本来民族之地位。此二种相反而适相成之态度,乃道教之真精神,新儒家之旧途径,而二千年吾民族与他民族思想接触史之所昭示者也。"② 两说看似相异,实则本旨相通。

学术无国界,极高明而道中庸,对于学术的中外之分或也适用。追求学术的极高明,其实最容易沟通中外。在此层面上,困难反而不在中外,而在高下。年鉴史学的最高成就代表布洛代尔不仅在欧洲以外甚少传人,其本国的传人也只能各承其一技而不能得其全体。还有学者告诫后进,千万不可盲目仿效,以免画虎不成反类犬,因为布氏天分太高,又极具耐性,绝非单凭后天努力可以养成。国人难以仿效,也在情理之中。正如许多史家告诫学生不要轻率模仿陈寅恪一样,天资、苦功与机缘,难得一体兼备。不得已退而求其次,应当用力于系统把握中外学术发展源流脉络,了解经典和前沿,掌握地道而行之有效的方法,力戒格义附会。若是以方法为捷径,势必永远做容易过时

---

① 王国维:《国学丛刊·序》,载《王国维遗书》第三册,上海书店出版社,2011,第202 - 208页。
② 陈寅恪:《冯友兰〈中国哲学史(下册)〉审查报告》,载陈美延主编《陈寅恪集·金明馆丛稿二编》,生活·读书·新知三联书店,2001,第282 - 283页。

的学问。或曰：多数人懂的学问，好也有限。理论方法亦如此。一般而言，方法愈高明，使用愈难，从者愈少。史学须绝顶聪明的人下笨功夫，但凡较原来省力者，不是方法本身欠妥，就是理解使用有误。而要正确理解把握，前提是尽可能全面、系统、深入地接触和学习。

今人比较所谓新方法新理论之当否，常常参照教科书之类的解释框架，容易导致追求新奇的偏向，充其量不过是用一种框架取代另一种而已。其实判断理论方法的有效与否，应视其能否有助于更多地读懂史料，弄通史实，而且功能为已有各种方法所不能覆盖替代。以材料史实就框架，仍是本末倒置，无助于对历史认识的深入拓展。近年来学习模仿外国理论和方法，总不免趋时与过时的恶性循环，病根或在于此。在此情况下，尽管不断有新的理论和方法被引进和鼓吹，有时关于理论和方法本身的炒作热火朝天，但实际上真能把握所说理论方法者屈指可数，而运用这些理论和方法做出经得起严格学术评判的成果更是凤毛麟角。何况离开孕育产生的背景，问题意识不同，理论方法难免发生变异。前人所谓单讲史法者史学往往不佳，应该引以为戒。更为重要的是，学人应视学术为神圣，应有敬畏之心，应自以为愚。学术为古今中外贤哲极高智慧的结晶，绝非轻而易举能够掌握。不知深浅，自欺欺人，不过为学术史留下笑柄而已。

万变不离其宗

自从中西学乾坤颠倒,失其本位以来,中国的学问一直在求变的努力中变动不居。变的动因和标的大抵有二,其一,所谓西学,今日众口一词地瞄准国际学术前沿或与国际接轨,无非是其变种。而西学这一概念,事实上只存在于东方人的观念之中。至少在"西方人"看来,只有具体的受各种时空因素制约的学说,而没有统一的抽象的"西学"。其二,所谓跨学科,多元视野之下的各种新的学科分支和比较研究,均在此列。二者形异而源同,因为现行的学科分类体系,正是近代西学冲击下转型变异的产物。按照上述逻辑,不通西学或不与国际接轨,就不可能懂得中国,至少是不能用现代的观念来认识中国的历史和现状。而不用其他相关学科的理论和方法,就不可能研究好历史,或不可能做好史学。这仍然是在进化论的系统之下将中国安置于落后阶段的典型表现。新式学堂的西式教育和晚清以来的知识转型,早已使得这样的认识内化成为中国人自己具有一定先验性的知识。

20世纪初,梁启超高揭"新史学"的旗帜("新"字的动词性当大于形容词性),按照他的看法,中国有官史无民史,甚至有史料无史学。10余年后,胡适作《中国哲学史大纲》,用西洋系统条理本国材料,而赞成者认为中国旧籍形式无系统,只有依傍西洋人的哲学史,才能构成适当的形式。再过10年,傅斯年高呼"要东方学的正统在中国",其潜台词(未必是他本人的真实想法)即中国人应以西方人心目中的东方学为范式。此后在青年学人中大行其道的史学社会科学化，更将振兴史学的希望投向别科。本来，为了推动史学的发展，上述努力也是理所应当。可是，如果用力过度，也许适得其反。所谓邯郸学步，反失其本。新史学百余年来的历程，尤其是不断与各式各样的"国际"接轨和翻来倒去的跨学科取向的影响，只见新"史学"，不见"新史学"（至少如旧史学那样大体得到各方认可的作品）。跨学科的结果，反而导致史学有融化在一切学科之中的危险，在一定程度上反映了史学之本逐渐流失的偏向。

　　史学本来既为艺术，又是科学，应该整体观照人和社会。中国固有的学问观念及治学态度与史学的属性大体相近。近代以来，社会分工日益细化，知识膨胀，人类难以驾驭，又不能兼顾两面，于是因缘各自的传统流变，分而治之，大别为人本与科学，进而细分为不同学科。细分的弊端之一，导致只知局部，不知整体，由细分化训练出来的学人中西两面均为一知半解，甚至一科一段的知识也难免门户之见，更不用说望文生义的格义附会和自以为是的凿空逞臆。而学人越是不识大体，越是敢于放大一孔之见。细分化所造成的学术侏儒化，导致学术领域的无序竞争，且以见仁见智为托词。学不成则术大行其道，用种种非学术手法将有限的所知放大为整体，以误导判断力和鉴赏力不足的青年乃至资源掌握者。晚清以来的中国学术，不断趋时，又不断过时，症结之一，就在于此。

　　学术文化，不可没有本源。打倒旧学，还须另有所本。中学不足据，只好面向西学。梁启超不仅用读西史的眼光读中国史书，更以进化论的观念审视一切中西学问，欲将固有的知识体系改造成西化的新学体系。在中西几乎成为新旧的同义词的语境之下，中学的固有被一律推翻或一概抹杀，温故自然毫无意义。所谓知新，就只能是眼光向外，从西学之中寻求。直到民国时期，"知稗贩而不知深研"，依然是学界成名的终南捷径，而为众多后进者趋之若鹜。

　　可是，中西毕竟不能等同于新旧。因为所谓西学，亦有本源，亦分高下。按照清季章太炎的看法，当"世变亟，一国之学，或不足备教授，又旁采他方。他方之学，易国视之，若奇伟然。传授者亦钞次故言，未有增上，黠者或颠倒比辑之。幸弟子莫理其本，则窃他人以成己，东方之博士，皆是也（此虽著书满家，然法非己出，则非作也。无所增进，则非述也。与此土集策案者，正同列耳）。令此曹自疏国故，不为腐谈，则以空文敷绎，或以毫毛相似，引类傅会。"① 这也就是后来梅光迪所批评的：其时中国"实无学术之可言"，"往者旧学，以有数千年之研讨经验，与夫师承传授，固亦常臻忧绝之境；通人大师，相望而起，学术之标准，亦操诸其手，享有特殊权威。于是门外汉及浮滑妄庸之徒，无所施其假冒尝试之技，冀以侥幸成功于一时。自欧化东渐，一切知识思想，多国人所未尝闻，又以语言文字之阻隔，而专门名家，远在数万里外，故今人为学者苦求师之难，盖百倍于往昔。所谓学术界者，遂成幼稚纷乱之象。标准未立，权威未著，不见通人大师，只见门外汉及浮滑妄庸之徒而已"②。

西学分科，看似一致，实则由于各国学术传统和历史文化的差异，从概念到分界，区别很大，缠绕不清。没有相当长时间的学习研究，不能了解渊源脉络，很难体会把握得当。况且，国人竭平生之力以治中学，尚难通透，游学海外，除少数通学者外，大都只得一端，甚至只得一学位而已，更不用说通过交流与国际接轨而来的道听途说，或读西书摸着石头过河的个人体验。盲人摸象，不得不以偏概全，又急于贡献于国人，只好放大本位，以欺世而自炫。一味眼光向外的浅学者尤其喜欢追求边缘化的新奇怪论，以变异为创新，因为不懂中外旧学，新知必然是闭着眼睛捉麻雀，到手的都是好扑腾的。即使侥幸遭遇学术主流，而以欧洲为中心的学术思维又大别为人本与科学两大流派，定期轮回，用于欧美得其所哉，移植中土则未必适宜。

今人为振兴史学多方查找原因，实则与其说是借自外国或别科的框架不佳，不如反躬自省，主要问题恐怕还是出在百年以来学风流弊，

---

① 章太炎：《章太炎全集》第 4 册，上海人民出版社，1985，第 137 页。
② 梅光迪：《论今日吾国学术界之需要》，《学衡》1922 年第 4 期。

在外国和别科的笼罩下，治史者反而越来越不会研究历史。

社会发展到一定阶段，民族的重新定位将日显重要，自信的恢复令人质疑西式眼光观照下中国历史文化的现行呈像。史学亦然，在经历了长时期的学习和借鉴之后，应当有一个稳定的巩固期，重塑史学的独立性而减少对别科的依赖程度。中国史学的本与根，一为中国，一为史学，必须这两方面的基础牢固，才有可能学习外国，借鉴别科。中国的历史文化弄不懂，奢望瞄准国际前沿，只能道听途说，误以人云亦云为与国际对话；史学的本分做不好，欲靠跨学科来弥补，未免轻视别科的深浅，而有糊弄外行与后进之嫌。在知识系统已被西化条理之后，如何认识中国史学的本宗，或者说，能否不借助西式别科的有色眼镜来认识中国的历史文化，不必以名为国际实则外国的观念为前提和皈依，探寻历史本身而不仅仅是为了与边缘化的所谓国际对话，从而做到万变不离其宗，不至于总是在趋时与过时的循环之中舍本逐末，游谈无根，就成为对当今学人的极大考验。

对此，在海外多年的时贤看过无数次"新思潮"的兴起和衰灭，体会尤深，认为：西方学术界号称日新月异，其实是异远多于新。这些异义怪论虽然在西方多元史学传统中可以觅得容身之地，但在长距程中，未必能撼动其主流的大方向。20世纪以来中国学人有关中国学术的著作，其最有价值的都是最少以西方观念作比附的。希望中国知识界至少有少数"读书种子"，能维持着认真读中国书的传统，彻底克服殖民地的心理。至于大多数人将为时代风气席卷而去，大概亦是无可奈何的事。① 诚然，这些时贤身处海外，选题撰文立论不仅要考虑所研究的对象，还不得不顾及所述说的对象，学人对此应当有所分辨，体会其真心实意。

---

① 余英时：《论士衡史》，上海文艺出版社，1999，第446-460页。

留日浙籍学生与近代中国

近代中国的留学生在各个时期扮演了重要的角色。作为人文重心的江浙，留学生的影响不仅限于本省，还扩展到全国，乃至对整个东亚的局势产生作用。留学生之于近代中国，其影响并不单纯是积极的，相当程度上也存在负面效应。除了各种外史的小说家嬉笑怒骂，也不乏严肃的批评意见，先后留学过日本欧美的陈寅恪就将派送留美官费生与袁世凯北洋练兵并列为近代两大误国，[1] 与如今几乎一面倒地赞扬适成对照。关于留学日本，陈寅恪同样有些不以为然，至少在史学领域，他曾告诫北京大学史学系毕业生"群趋东邻修国史，神州士夫羞欲死"[2]，不仅为本国的史学不振而忿，也为青年的盲目取向而忧。

不过，陈寅恪所指的时代，适逢西学、东学压倒中学，乾坤颠倒。20世纪40年代，胡适嘲笑《思想与时代》杂志的编者是未能出国的苦读者，[3] 其实除钱穆、张其昀外，冯友兰、张荫麟、贺麟等几位都是留学生中的高才，至少留学时专业方面的表现好过胡适。而傅斯年也说，修史非留学生不可，[4] 可见不留学连修中国史的资格也没有。

大体而言，近代中国的留学分为留欧、留日、留美前后三期，除

---

[1] 浦江清：《清华园日记 西行日记（增补本）》，生活·读书·新知三联书店，1999，第4页。
[2] 浦江清：《清华园日记 西行日记（增补本）》，第36页。
[3] 胡适：《胡适日记全编》第七册，曹伯言整理，安徽教育出版社，2001，第539-540页。
[4] 傅斯年：《傅斯年致陈寅恪》（1929年9月9日），载王汎森、潘光哲、吴政上主编《傅斯年遗札》第一卷，社会科学文献出版社，2015，第227页。

早期外,留欧学生程度较深。居中的留日学生虽然后来被留美热潮所超越,但是影响持续作用,至今许多方面仍然相当程度在其笼罩之下。随着中国权力中心的转移,浙籍人士的人脉也从人文扩张到政治领域,使得浙籍留日学生的作用进一步扩大。例如国民政府时期,国民党领导层虽然总体上转由英美派占主导,可是作为最高领袖的蒋介石,还是浙籍留日士官生。关于近代中国留学生的研究,主要集中于其留学期间的活动,至于归国之后,由于材料分散,个案不足以覆盖,统计则难以见异,因而很少深入系统的耙梳探究。清代以来,江浙成为人文重心,清季在派遣留日学生方面,浙江又占得先机。由于中日两国利害相关,归国的浙籍留日学生在各个历史时期的各个方面,作用正负兼有。通过汪有龄、太炎门生、五四"三国贼"以及汤尔和等若干个案,可以透视浙籍留日学生在近代中国的历史舞台上姿态各异的表现,进而窥测中日两国间恩怨情仇的错综复杂。

一、浙江留日学生发端

清季浙江是较早派遣赴日留学的省份。除了原来个别华侨子女的留日和驻日公使馆附读东文学生外,1897年广东人罗普留学日本,是目前可知最早因为向日本学习而留东的中国人。而浙江派遣留日学生,也在1897年。是年底德国强占胶州湾,汪康年愤于清廷"弭患无术,善后无方"①,借考察报务为名,和曾广铨一同赴日本,遍历东京、横滨、大阪、神户、长崎,与日本朝野各方磋商中日同盟挽救危局之计,决心结合两国民间势力,救亡图存。在日期间,曾于1898年1月由孙中山专程陪同其到大阪,与白岩龙平、山本宪及侨商孙淦(实甫)、留学生汪有龄、嵇侃等一道会见《大阪每日新闻》记者。当时汪有龄、嵇侃正在家住大阪的山本宪所开汉文家塾"梅清处塾"中学习日语。②

---

① 汪康年:《论胶州被占事》,《时务报》1898年2月21日第52册。
② 《清国新闻记者》,《大阪每日新闻》1898年1月17日。参见藤谷浩悦:《戊戌变法与东亚会》,《史峰》1989年3月31日第2号。

山本宪（1852—1928），字永弼，号梅崖，小字繁太郎，是日本汉学家，曾任电信技师、新闻记者、报纸主笔，后加入自由党，因参与该党政治活动，鼓吹朝鲜自主，以"外患罪"被捕入狱，出狱后主要经营家塾。1897年来华游历，与汪康年、罗振玉、梁启超、张謇等人有所交游。1898年大阪日清协合会成立，他是会员之一。①

近代中国留学史上，1898年是关键年份，由于取法日本变革图存逐渐成为朝野共识，加上清廷有意推进，各省不甘人后，陆续派人赴日留学。政变后虽然进度放缓，却并未中止。新政复行，速度大幅加快。而在此之前，1897年派赴日本留学的，除了零星的自费生，官费公费生仅浙江一省。就此而论，汪有龄等人的赴日留学，可谓具有先行者的地位作用。从明治三十年即1897年12月起，汪有龄和嵇侃在梅清处塾仅仅学习了三四个月，就"语学大进"，"操语甚熟"，为进入专门学校学习奠定良好基础。②与之同时入门的还有广东人康同文。③后者为广东南海人，是康有为的同宗子侄，也是康的门生。据康有为从兄康有仪致山本宪函，其时"从弟长素之门生来贵邦游学者十余人"，可见罗普等人的赴日留学，并非个人行为，而是康有为革新事业整体布局的组成部分。1898年康有仪进入梅清处塾，也是由于康同文的介绍。④

据《浙江潮》第三期所载《分校分府现在人数统计表》，学习蚕业的浙江官费生汪有龄和嵇伟（疑为嵇侃）为丁酉（1897）到东，嵇伟以病早归，汪有龄辛丑（1901）夏卒业。⑤而据蒋絅裳所编《浙江高等学堂年谱》，汪有龄原为浙江蚕学馆所派，稍后回国要求改习法政，1898年又随浙江首批官费留日学生再次东渡。⑥庚子汪有龄担任过中国议会书记。他认为："得死君国，不失为忠；委屈求济，不失为

---

① 有关山本宪个人的情况，参见《梅崖先生年谱》，大阪：松村末吉昭和六年印刷发行（非卖品）；吕顺长：《康有仪与其塾师山本宪》，《浙江外国语学院学报》2013年第1期。
② 吕顺长：《康有仪与其塾师山本宪》，第49—53页。
③ 《梅崖先生年谱》，第31页。该年谱为山本宪自订。
④ 吕顺长：《康有仪与其塾师山本宪》，第49—53页。
⑤ 《分校分府现在人数统计表》，《浙江潮》1903年4月17日第3期。
⑥ 蒋絅裳编《浙江高等学堂年谱》，1957年油印本。

智；稍有建树，不失为勇；扶顺抑逆，不失为义。左之右之，惟其是而已。否则事不阅历，跬步荆棘，一腔热血，无处施展，岂不惜哉。"又说："大局日非，伏莽将起，我辈愿为大局效力，必须联络人才，以厚其势。……即有事起，各竭其力。"① 汪有龄后来在日本法政大学毕业，历任《商务官报》主编、京师大学堂教习、南京临时政府法律局参事、民国北京政府陆征祥内阁司法次长、法律编查会副会长、参议院参议、《公言报》主编、北京朝阳大学校长等职，在近代司法界颇有建树。

山本宪一生关注中国的动向，可是文化上不以一味趋新为然，五四时期，中国的新青年提倡新文学，主张改文言为白话，山本宪对此提出批评，其所著《中国文字之将来》认为，中国文字通达，意思明确无误，简洁而不冗长，必遍宇内。而西文则字、形、典、音、笔画等皆不便。言文一致是无谓之说。且日文用汉字功效显然。废止论较节减论尤谬，文字迫于需要而增加，若强减之则是薄其观念，实导人于野蛮之行为。后来成为延安五老之一的谢觉哉当时正在学校教书，引此为同调，特意在日记中抄录山本宪文章的主要论点，作为自己不赞成改文言为白话意见的支撑。②

二、太炎门生

浙江留学生最负盛名的，当属太炎门生。不过，太炎弟子以地域论不限于浙江，以时间论不限于晚清。只不过最负时名的，还是晚清留日学生中的浙籍人士，尤其是系统听过太炎讲国学的几位高足。

清季民国，章太炎曾经几度开讲国学，东京是首次。听众主要是中国留学生，以师范班和法政班居多，日本人也间有来听者。章太炎自己说听众先后有百数十人。关于此次国学讲习会的来龙去脉，前人

---

① 上海图书馆编《汪康年师友书札》一，上海古籍出版社，1986，第1058－1059页。
② 谢觉哉：《谢觉哉日记》，人民出版社，1984，第5页。

论述已多,① 但是参合新出材料,可以进一步探究的空间仍然不小。

最早在东京发起请太炎讲学的,其实并非浙江人,而是四川籍留学生。据《钱玄同日记》,1908年3月22日与龚宝铨前往太炎处,"意欲请太炎来讲国学(先讲小学),炎首肯。惟以近日有蜀人亦请其教,言当与蜀人接洽云"。25日钱玄同再到太炎处,"味生昨言四川人那边已去接洽过。知太炎系令人看段注《说文》云。因与太炎讲及最好编讲义,用誊写板印之,太炎似首肯。太炎言程度较高者可看段注,次即看《系传》,一无所知者止可看《文字蒙求》矣"。29日,"午后至太炎处,询讲小学事。言昨日四川人业已拟定,场所:帝国教育会;日期:水、土曜;时间:二时至四时。先讲小学,继文学。此事告成,欢忭无量。浙人凡五:1. 余;2. 逖;3. 大;4. 复生;5. 未生"。五位浙人除钱玄同自己外,还有朱希祖、朱宗莱、沈复生、龚宝铨。这些记述,较朱希祖日记更加详尽。②

由于听受者众,而其中相当一部分人程度不足,有的只能从入门学起,所以太炎分别教授。综合钱玄同和朱希祖日记所记,1908年4月4日章太炎开讲国学的地点为清风亭,当天议定以后每周三、周六下午在帝国教育会演讲,周三两小时,周六三小时,每周共五小时。因为帝国教育会场所租金太贵,每月需25圆,仅仅于4月8日在此讲过一次《说文》序,4月9日章太炎即因准备迁居大塚町,楼上有11叠的大间,可供讲习之用,打算改变场所。经钱玄同与川籍的董修武联系,后者租定神田大成中学校屋,每月赁金仅10圆,而章太炎此时无钱,迁居事不果,于是从4月11日起改在大成中学讲学。

董修武此时负责安排国学讲习的相关事宜。钱玄同周三的世界语训练课与国学讲习冲突,曾找董商议可否改期。后者表示暂时只能照旧,以后再与同人商议改期之事。钱玄同觉得"此次请太炎讲小学、文学,大非易事,以后难再,真是时哉不可失"。权衡再三,只好舍去

---

① 汤志钧主编《章太炎年谱长编(增订本)》上册,中华书局,2013,第167-172页。
② 杨天石主编《钱玄同日记(整理本)》上册,北京大学出版社,2014,第123-124页。

刘师培等人的世界语课。

从4月初到7月初，章太炎的国学讲习地点主要是在大成中学，主要承办人是川籍留学生，浙籍听讲者最初只有5人，且沈复生不久即离去。直到7月初，情况出现变化。7月2日钱玄同记："有许季弗、周……等，要趁暑假在《民报》社另班开讲听讲。余与龚、逖二人拟再去听。"①关于此事，许寿裳称自己与周氏兄弟（树人、作人）"亦愿听讲，然苦与校课时间冲突，因托龚宝铨（先生的长婿）转达，希望另设一班，蒙先生慨然允许。地点就在先生寓所——牛込区二丁目八番地民报社"②。7月11日上午8时，这一特别开设的暑期班开始上课，朱希祖记："八时起，至太炎先生处听讲音韵之学，同学者七人，先讲三十六字母及二十二部古音大略。先生云：音韵之繁简递嬗，其现象颇背于进化之理，古音大略有二十二部，至汉则仅有六七部，至隋唐则忽多至二百六部，唐以后，变为七百部，至今韵亦如之，而方音仅与古音相类，不过二十余部。又北方纽正，南方韵正，汉口等处则当十八省之中枢，故其纽韵皆正。"③

由此可见，在民报社开讲的国学讲习，本来不过是应部分由于课程冲突无法来听的学生要求而设，开始的设想只是利用暑期进行补习。所以在民报社开讲的同时，大成中学的国学讲习依然继续。7月11日当天下午，朱希祖就到大成中学聆讲《说文》。以后大体是不定期上午到章太炎处听讲，下午到大成中学听讲。两边课程的日期间隔都不固定，偶尔民报社的讲习也会放在下午。许寿裳、周作人回忆民报社的讲习为每周日，至少7月里的都不在周日举行。从8月1日起，因天气炎热，大成中学的课改到每周四上午进行。民报社的课则一般在周二、周五进行。直到1908年下半年和1909年上半年，《说文》班才逐渐定于周日举行。

9月11日，因各校开学，国学讲习与各校课程多有冲突，民报社

---

① 杨天石主编《钱玄同日记（整理本）》上册，第134页。
② 汤志钧编《章太炎年谱长编（增订本）》上册，第168页。
③ 朱希祖：《朱希祖日记》上册，中华书局，2012，第77页。

的《说文》课停上，后续如何，"容再议之"①。不过，民报社的国学讲习其实并未因开学而完全停止。尽管大成中学的讲习更为正式且人数众多，可是本来是补习班性质的民报社讲习反而效果更佳，因而吸引了一批真正有志于学的留学生。民报社开讲之时，共有学生 8 人，即朱希祖、朱宗莱、龚宝铨、许寿裳、钱玄同、周树人、周作人、钱家治。后来陆续加入者有马裕藻、沈兼士、黄侃、张传琨等。②

演讲内容，两边看似无异，大成中学所讲为《说文》、《尔雅》、音韵、《庄子》、《楚辞》，民报社为音韵、《说文》、《汉书》、《文心雕龙》、《诗经》、《文史通义》等。另外周日在民报社还专设《说文》班。不过，大成中学的听众程度驳杂，向学之心不强，章太炎偶尔迟到，竟都散去，不肯稍等。钱玄同与董修武等人因刻印讲学笔记事意见不合，连课也懒得去听。坚持到1908 年11 月，基本就停止了。民报社的讲学则一直持续到1909 年4 月中旬。此后虽然章太炎不再讲学，弟子们却经常聚集在他的居处，请教问学。正是由于两边讲学的效果有所不同，以至于亲历其事的朱希祖后来回忆道："与钱玄同、马幼渔、沈兼士、周豫才、周启明、许季黻等受业于本师，常至民报社，别在大成学校请本师讲授经子及音韵训诂之学，常至师寓请益。"③

由于材料的缺失和当事人记忆的偏差，后来的研究者受此误导，将民报社的讲习认作是章太炎首次演讲国学的正体，与本体大成中学的讲学相混淆。在大成中学听讲的听众，多数其实不过看热闹而已，并未能得到太炎的真传，章门弟子编辑名录，并未将他们统统列入。后来有的自称太炎门生，也为太炎首肯，可是所编写的语言学教材，却与太炎音韵训诂的小学取法相去甚远，很可能是将日本教授借鉴德

---

① 杨天石主编《钱玄同日记（整理本）》上册，第140 页。
② 张传琨（1887—1961），字卓身，号子石，笔名葡萄仙子，清末秀才。清末公费留学日本，入东京高等学校。师从章太炎。1909 年3 月22 日，钱玄同借取朱希祖、龚宝铨、张传琨、沈兼士以及自己的五本《文心雕龙》札记，章录一通［杨天石主编《钱玄同日记（整理本）》上册，第151 页］。1933 年1 月2 日，钱玄同从魏建功手中看到他人所编章门弟子名录，对其缺漏甚多，"连龚未生、范古农、张卓身、张敬铭也不在内，甚至景梅九、景大昭也不在内"，感到大惑不解［杨天石主编《钱玄同日记（整理本）》中册，第896 页］。
③ 汤志钧主编《章太炎年谱长编（增订本）》上册，第168 页。

国的比较语言学教科书翻译编排、改头换面而成。他们在东京时虽然听过太炎的讲课,却未能听懂,甚至根本不知所云。因为听过课,所以不妨算是门生,因为听不懂,所以算不上传人。诸如此类的情况在学术史上相当普遍,不少弟子传述师尊的学问,开口就是外行话。根据弟子及后人的记述回忆进行研究取证,务必相互比勘,慎之又慎。

程度较好的几位浙籍学生坚持时间较长,后来成就较高。清代江浙为人文重心,清季浙学三大师俞樾、黄以周、孙诒让,可以代表。由于文风较盛,人才自然出得较多。不仅科考榜上有名者众,民国时期,北京大学里浙籍师生的比重也相当高。北大和教育部,更是长期由浙人掌控主导。太炎门生在赶走桐城派之后占据首席国立大学的要津,蔡元培长校期间,他们借势影响甚至左右北大各种规制和决策的制定。鲁迅所谓"某籍某系",虽然把自己撇清在外,只是说在这个小圈子里面较为边缘,其实也是沾了不少光的。尤其是太炎的浙籍弟子与陈独秀、胡适等人结盟,提倡新思潮,被指为"新文化派",一时间声势如日中天。这样的业缘地缘关系,无疑是他们成名得势的重要依靠凭借。

不过,浙籍弟子虽然总体程度较其他省份为高,学问的根底仍然有限。所谓太炎门生中的"四大天王",无论怎样列名,湖北的黄侃和安徽的吴承仕都在其中。而这两位与浙籍同门的关系都相当紧张。另一位或在其列的江苏人汪东,与浙籍弟子的关系也比较疏离。民国时期,这几位老革命党对于浙籍同门一味趋新的言行颇不以为然。

这样说并非贬低浙籍弟子的学术水准,平心而论,浙籍弟子的水准固然明显高于川籍人士,也只是用学生的标准衡量相对而言。从钱玄同等人的日记看,今日常见的许多书他们尚未读过,甚至尚未见过。有不少是当了教授之后才陆续阅读。有的一生教学多年,无一著述。有的虽然文字不少,却不免当时人的通病,即下过功夫读过书的问题不敢下笔写,写出来的大都道听途说的横通之论(如傅斯年出国前只有心理学读过一些书,所以不敢写,其余都放言无忌)。那些语不惊人死不休的高论,其实不少是门外文谈。当时的刊物多为同仁创办,又以中西新旧的大帽子压倒老旧，自然打遍天下无敌手。等到新生代成长起来，才遇到强硬对手，被更新的新青年所取代。

新新青年用来对付他们的，大概也是当年他们对付老辈的办法。这一次让他们感到这种办法简单粗暴的切肤之痛，于是多少有些后悔当初对人不够厚道。他们这一代尚能坚守的部分旧学真义，就此断了香火。其实章门的老师太炎先生早年也趋新，主张用社会学治中国史，不过较早觉悟到研治中国学问不能完全模仿域外，必须发自本心。晚年弟子为其结集，太炎特意叮嘱将其中关于佛学的部分删去。近代佛教复兴，好谈佛学者不在少数，包括革命党在内，修炼人格，坚定意志，各取所需。太炎狱中即教邹容学佛，后来又与苏曼殊谈佛。此举或悔其少作，或回归正途，总之是不再认可自己谈佛学的文字。这让那些认认真真揣摩章太炎佛学著述的来者不免有些难堪。太炎晚年培育弟子，重返故道旧轨，而浙省日益成为新文化运动的重心，所以新入门的浙人已经不占多数。

三、五四"三国贼"

五四运动中被指为卖国贼的曹汝霖（1877年生于上海，字润田，祖籍浙江。1900年入早稻田专门学校，后转入东京法学院即现在的日本中央大学学习法律）、陆宗舆（1876年生，字闰生，浙江海宁盐官人。1899年自费赴日留学，入早稻田大学政经科）、章宗祥（浙江吴兴人，字仲和，1879年生于今湖州市南浔区和孚镇荻港村。1898年，为南洋公学首批派赴日本留学，同期赴日的有杨廷栋、富士英、杨荫杭、胡礽泰、雷奋，东京帝国大学法科毕业，获明治大学法学士）三位，都是浙籍留学生。清季他们是炙手可热的权势人物。清廷推行新政和预备立宪，设置了许许多多的主持机构，真正具体办实事起作用的，往往就是几位在各衙门之间"行走"的能员。其中汪荣宝、章宗祥、陆宗舆、曹汝霖，人称"四大金刚"。曹汝霖的《一生之回忆》称：我与汪衮父（荣宝）、章仲和、陆闰生四人，每逢新政，无役不从，议论最多，时人戏称为四金刚。①

这几位权位本来不高，之所以能够参与机要，且大肆议论，原因在于改制要学习外国，尤其是日本，而他们刚好是留日法科出身，多少具备一些改制必需的法政知识，相对于外国当然有限，但在京师的官场，却是有数的知日法理专家。仅举一例，清季国体政体的分别与联系，与后来的权威认定大相径庭，令几乎所有的研究者大为头痛，高明也难以厘清。其实，国体政体的分别虽然始于欧洲的政治学说，但是欧洲历史上国体与政体大致一致，不必特别加以区分，所分主要是在学理层面。国体政体完全分离，首先是美国人为了认识清楚，不得不加以区分，更主要的则是由于明治日本的君主立宪体制。而近代中国人陷入国体政体的困扰，也是由于明治日本的国家学说。其中最重要的著述，就是1902年由译书汇编社出版的岸崎昌、中村孝著，章宗祥译的《国法学》。

该书作为《政法丛书》第1编的重头戏，将此前相当混淆的国体政体概念清晰划界，并据以区分各种类型的国体政体。据此，国体分类法主要有二：一是"国体分为三种，君主国体、民主国体、君民同治国体是也。主权在君，名曰君主国体；主权在民，名曰民主国体；主权在君与民，名曰君民同治国体"。二是"分为二种，曰君主国体、共和国体是也。所谓共和国体者，指主权之全部或一部存乎人民，合民主与君民同治而为一类者也"。《国法学》以第二种分类法立说，国体为国家组织之名，"国家之如何组织，此国家成立之时，基于国民之观念沿革上之问题也"。政体则为统治方法之名，"与国体不相关系，而自然区别者也"。

按照这样的标准，"今之欧洲国家，皆由部落国家而发达者，本乎主权在团体而君主治团体之观念组织而成者也，故其国体皆共和国体，即有称王称帝者，不过政治上之尊号而已，就法理上而言，其地位与称大统领无以异也"。而"日本国体异是，国家组织之法基于家族制

---

① 曹汝霖：《一生之回忆》，香港春秋出版社，1966，第59页。

度，同国人种，统一于同一始祖威力之下。据历史所载，皇统为国民先祖之代表，故皇位之于国民，代祖先而统治之也。皇位与统治权合为一体，此日本国体之特质也。故同曰君主，全与欧洲不同，君主者，非机关之谓，而统治之主体也。欧洲诸国及其他各国，皆共和国体，纯然之君主国体，地球上惟日本一国也"。译者于此特加按语："此说不过一家之言，日本学者反对者甚多，读者不可执一而论也。"

尽管如此，清季国体政体之分的确因此而起，日本皇统的特殊性对于国体政体的分别问题可谓大有关系。"欧洲诸学者不言国体之区别者，单就欧洲之组织而言。盖欧洲各国，君主与大统领均为国家团体之一机关，其主权常在团体，而国家为统治之主体，故其国体皆共和国体也。虽然，国法学者，非以欧洲为限，世界各国通行之国法学也。欧洲国体之外，别有所谓君主国体者，于是国体之区别与政体之区别，不得不分言之矣。"照此说法，原来欧洲的国家学说并不强调国体政体的分别，区分国体与政体，主要是因为日本的国体与政体相分离，与欧洲各国的国体政体基本一致的情形全然不同，导致国体政体必须加以区分。

至于政体与国体的联系及分别，大体为："政体区别之名目，往往与国体相符合，然国体自国体，政体自政体，二者各有独立之观念也。故有同一政体而国体异者，有同一国体而政体异者，此皆事实之所有，而与理论不相妨者也。"例如日本、英国、普鲁士，均是立宪独任君主政体，"其为君主，日本与其他二国均无以异也。英、普之王，均是国家之元首，以元首一人为君主，故曰君主政体，统治之主体在国家，故曰共和国体，所谓共和国体而君主政体也。反之，日本之天皇，为国家之元首，又为统治之主体，以元首一人为君主，故曰君主政体，而统治之主体亦在君主，故曰君主国体，所谓君主国体而君主政体也。由是观之，国体、政体观念之区别，可以知之矣"。由于各国政治的实情有别，"欧洲国法学者，言政体而不及国体者，由彼等所见国家之组织，同为共和国体故也。故辨国体之异同者，自日本始"。

国体政体的学理分别因缘明治日本国体与政体相分离的事实，对于解开长期困扰国人的纠结至关重要。《国法学》的这一套概念理论，详尽而系统，对于迫切希望了解认识国体政体问题的国人很有吸引力，自 1902 年 3 月初版，7 月即脱销再版。虽然引起不少争议，却影响近代中国的国体政体观念相当深远。当时全社会各种政治势力几乎都在思考选择取舍中国政治体制变革的适宜形式，这一套国体政体理论，为各自带来各取所需的理据以及足够的解释空间，因而取向各异甚至相对的朝野革保各方，差不多都依据这一理论，而做出有利于己的申说，并据以制订变革的蓝图。

此外，清政府聘请多位日本顾问，曹汝霖等人的日语能力和法政知识，可以在顾问与权臣之间沟通联络，更加增强了其地位的重要性。各部改制，那些对于相关事宜一知半解、无法言说，甚至束手无策的堂官司员，都希望他们前往议事，出谋献策，尤其是在草创之际协助或负责编制各种章程法规，也是不得不然。曹汝霖指他们四人被称为四金刚，是在宪政编查馆时期，实则四人从 1904 年修订法律馆开始，就一直参与新政机要，在考察政治馆（1907 年改为宪政编查馆）、官制编制馆里，一路走来都担任要角。

由于后来中日两国长期交恶，曹汝霖等人又成了臭名昭著的卖国贼，清政府的新政变制也得不到国共两党的认可，各种因素相加，使得相关史事乏人问津，相关史料也很少得到收集整理。学界间中有所论述，只能点到即止，有待追究之事不在少数。

民国北京政府时期，日本在华的影响益形巨大。与日方联系紧密者自然牵连其中。而四大金刚中的曹汝霖、陆宗舆、章宗祥，很快坐到了风口浪尖之上。江苏籍的汪荣宝和张一麐却能置身事外，全身而退。本来五四运动鼓动者的矛头所向，是实际掌控中央政权，并且极力扩张势力范围的安福系及其后台段祺瑞。由于安福系势大，成为众矢之的，直系和南方不约而同地展开反对"北洋军阀"的舆论宣传，锋芒直指段祺瑞和安福系，尤其是段祺瑞麾下的两员大将靳云鹏和徐树铮，一时间成为千夫所指。影响巴黎和约的中日密约，虽由曹、陆、章三人经手，主持者还是段祺瑞。许宝蘅五四当天记："各学堂学生聚集天安门外，约二三千人，手执白旗，书'还我青岛''灭尽倭奴''抵制日货''杀卖国贼曹汝霖、陆宗舆、章宗祥、靳云鹏、徐树铮'等等字样，游行入东交民巷请谒英美公使，被拒不见，围集于赵家楼曹宅，焚毁曹宅，润田匿于浴室，幸免于难。仲和适在润田处，越窗而出，为学生攒殴，幸有日人中江力救至日华同仁医院，负伤甚重。总监闻信赶到当场，逮捕三十余人，众学生始解散。"① 而据白坚武记，5月7日，上海召开一万五千余人的国民大会，决议向正在议和的南北代表提出三项要求：(1) 力拒亡国条约不签字；(2) 电京释放被捕学生；(3) 惩办卖国贼段祺瑞、徐树铮、曹汝霖、陆宗舆、章宗祥等。②

由于安福系势力过大，一时间难以撼动，曹汝霖等人成了替罪羊。五四当天，余绍宋在家中开画会，次日早起读报，知昨日各校学生因山东问题交涉失败，聚众天安门前，有惩创卖国贼之举，"于是章仲和负伤，曹汝霖住宅被毁，惟陆宗舆毫不受损害。三人中最狡猾阴险者惟陆，曹则毫无良心，悍然不顾而已，若仲和则仅为曹陆之机关"，这在余绍宋看来，"偏使负巨创，亦不平之事也"。袁世凯时期任国务院参议、总统府秘书的曾叔度则"大为曹润田不平，谓曹是道德最高之人，中国人殆无如曹之爱国者"。只是这番言论令人将信将疑，余绍宋也说："近日晤人甚多，未闻有发此论者。"稍后听梁敬锌详谈此番外交失败之事，"历举种种经过，而太息痛恨于曹、陆之误国，语语有根据，绝非谩骂之谈"③。7日晚，被捕的学生交保释放。曹汝霖"见关于处分学生命令甚愤愤，因叙述当日情事不符也"④。这样的处置，总统徐世昌当然心知肚明，1919年6月17日，已被罢官的曹汝霖来久谈。7月24日和9月8日，与章宗祥久谈。9月14日，还与曹汝霖、陆宗舆等在北海画舫斋游览宴集。⑤ 徐世昌如此做法，无非是想安抚一下三人。因为三人虽然罪有应得，毕竟多少还是代人受过。

---

①④ 许宝蘅：《许宝蘅日记》第2册，许恪儒整理，中华书局，2010，第668—669页。
② 白坚武：《白坚武日记》第一册，中国社会科学院近代史研究所编，杜春和、耿来金整理，江苏古籍出版社，1992，第194页。
③ 余绍宋：《余绍宋日记》第一册，北京图书馆出版社，2003年，第576—584页。
⑤ 徐世昌：《徐世昌日记》手稿本，未刊。

遗憾的是，抗战期间，三人当中只有曹汝霖没有真的被拖下水，后迫于压力，才接受了新民印书馆董事长、"中日恳谈会"会长等职，其余两位则相继附逆，成了名副其实的汉奸。值得一提的是，火烧赵家楼的北大政治系学生梅思平是浙江永嘉人，抗战期间历任汪伪政府中央执行委员、常务委员、组织部部长、工商部部长、实业部部长、浙江省省长、内政部部长等要职。1945年抗战胜利后被捕，1946年9月14日被枪决。

四、抗战留平的浙江人

日本占领北平期间，一些文化人因为种种拖累，继续滞留北平，有的人后来落水成了汉奸，有的则坚守到底，甚至成为地下抵抗组织的领袖。其中就有几位曾经留学日本的著名浙籍人士。

浙籍文化汉奸的典型，可以周作人、汤尔和和钱稻孙为代表。虽然周作人的名气后来更大，论资历地位，其实远不如汤尔和。汤尔和（1878—1940），浙江杭县人，1900年就读于杭州养正书塾，后改为杭州中学堂，师从陈黻宸，与马叙伦同窗。1902年因退学风潮到上海共同创办《新世界学报》，随即留学日本。1903年拒俄运动中被推为义勇队临时议长，后加入同盟会。毕业于金泽医专，又游德，获柏林大学医学博士学位。1910年回国，任浙江高等学堂教务长兼校医，并当选浙江谘议局议员。辛亥武昌起义后，代表浙江出席各省都督代表会议，被选为临时议长。民国成立，任浙江都督府民政司佥事。同年10月，受政府的委托，在北京建立中国第一所国立医学校——北京医学专门学校（北京医科大学的前身），并两度出任该校校长。1915年创立中华民国医药学会，任会长。历任教育总长、内务总长、财政总长。

五四运动前后，汤尔和在北京学界可谓呼风唤雨，先是介入北京大学的人事和风潮，与民国政府教育部明争暗斗，后来又卷入所谓一校与八校的纠葛，试图操控北京教育界。1935年，胡适借阅了汤尔和五四前后的日记，认为是重要史料。国民政府统一后，汤尔和历任东北边防军司令长官公署参议、东北政务委员会委员。"九一八"事变前后,曾代表张学良与日本朝野疏通,以缓和矛盾。1933 年为国民党政府行政院驻北平政务整理委员会委员,参与对日谈判并签订《塘沽协定》。1935 年被日本指定为冀察政务委员会委员。

"七七"事变爆发,汤尔和投靠日伪,任北平伪"中华民国临时政府"议政委员会委员长、教育部总长等职。1938 年 8 月,日本动员了代表日本现代文化的 30 余名一流人士组成代表团来到北平,8 月 30 日,在中海怀仁堂举行所谓"东亚文化协议会"成立典礼及第一次大会,汤尔和与王克敏等领衔中方出席者的名单。该会宣言号称要中日两国人士"以传统之明伦亲仁为本,撷西学之萃以资利用厚生,庶几蔚为更进一层之新东亚文化",其规定又以中日文化提携振兴东亚文教为目的,实则得到日本军部的一致支持,目的显然在于建立和稳固军事殖民统治。①

3 个月后的 1938 年 12 月 1 日,东亚文化协议会又在东京大学安田讲堂举行第二次大会,伪临时政府教育部长、议政委员会委员长汤尔和率 21 名协议员前往参加,会议除增加评议员、理事、正副部长等职员外,还设立总务、文学、法经学、医学、农学、理工学等部,决议两国学术机关密切联络提携,予以适当的组织形式;协同调查研究中国教育机关的创设扩充;恢复东方文化事业委员会;设立北京自然科学研究所等。这次会议的背景,是日本急于恢复占领区的治安,以配合广东、武汉的战事,并将对中国的态度由单纯破坏的"长期膺惩"转变为"长期建设",以建立稳固的殖民统治。② 文教工作自然成为重点。

1940 年 3 月,汪伪政府在南京成立,北平伪"临时政府"改称华北政务委员会,汤尔和任华北政务委员会常委兼教育总署督办。当时他已患肺癌卧床不起,署务由伪教育总署署长方宗鳌代理。同年 11 月

---

① 法本义弘:《东亚文化协议会设立の意义》,载《支那文化杂考》,东京国民社,1943,第 229 - 237 页。
② 法本义弘:《东亚文化协议会存立の意义》,载《支那文化杂考》,第 247 - 255 页。

8日，汤尔和因肺癌病死于北平。

周作人的确是受北大校长蒋梦麟之托，代为照看校产，他也部分尽到责任，所以后来蒋梦麟还为之作证，单因为只有后来回忆的电话委托，没有原始的书面证据，未被采信。不过，周作人的所作所为，虽然有不得已的苦衷，仍然缺少应有的风骨气节。在同一座城市里，还有他的另外三位同乡同门，即马裕藻、钱玄同和沈兼士。前两位因病无法离京，沦陷期间坚守不出，直至终老。任教于辅仁大学的沈兼士，则受教育部委托维护辅仁大学校务，滞留北平，与同仁辅仁大学秘书兼附中主任英千里、辅仁大学教育学院院长张怀等秘密组织"炎社"，成为平津地区文教界地下抗日组织华北文教协会的领导，一直在国民党和国民政府的直接指导下，秘密坚持开展抗日活动。直到1942年底，被日本当局发现，在敌宪实施逮捕的前夕，才紧急逃出，潜赴重庆。抗战胜利，国民政府任命其为教育部平津区特派员，负责接收敌伪文化教育机关。①

留日学生之于近代中国的作用，终其一生，才能盖棺论定。有的在留学期间已经崭露头角，有的则到归国之后才大放异彩，有人一生明亮光辉，有人则忽明忽暗，闪烁不定。浙江籍留日学生姿态各异的表现，背后不无中日关系跌宕起伏的制约。作为一衣带水的近邻，中日两国的历史文化有着剪不断理还乱的千丝万缕联系，近代以来，尤为利害相牵。一般而言，国人对日本的态度可谓爱恨交加，卷入漩涡的留日学生更是五味杂陈，如此这般的纠结，反映了中日两国间恩怨情仇的错综复杂。

---

① 桑兵：《抗战时期国民党对北平文教界的组织活动》，《中国文化》2007年春季号第24期。

辛亥革命研究的整体性

辛亥革命的研究在整个近代史研究领域较为成熟，表现之一，现在学人很少选取直接的题目。即使逢纪念周期的应景之作，也被质疑虽然扣题，却少新意。当然，并不是说辛亥革命的研究已经完善，只是难度较高，一般不敢轻易下手。换一角度，也可以说辛亥革命史的研究已经过了多以新材料发现新问题的初级阶段，正在走向摸高探深的成熟期。所面对的前人遗留的各式难题，往往需要学人训练较好，超越已有的局限，才有可能别开生面，并达于高明的境界。如果一味钻空子找漏洞，而美其名曰填补空白；或是简单拼凑，而自诩为综合概括，或许能够得逞于一时，终究不能将辛亥革命研究发扬光大。

对于这样一些前人研究较为成熟的领域如何进一步深入扩展，20世纪以来不断有学人贡献真知灼见。只是倡导的结果，很难扭转热门变冷，显学退隐的趋势。要想再创新高，似不宜奢望形式上重现昔日万马奔腾的热闹景象，而应该学习古史研究的精神，板凳甘坐十年冷。古今中外学术发展的高度，都不是靠人多势众所能体现。所谓江山代有才人出，各领风骚数百年，影响不在一时一世。时下的后进学人，更喜欢选择由新材料新观念以发现新问题的捷径，而不愿尝试接着前贤的未竟之业往下做的荆棘之路，于是纷纷将目光下移（包括时空两方面）。这样的趋易避难，看似取巧，容易成名，却很有可能聪明反被聪明误，难以得道。其实，前人关注的往往是枢纽性的大问题，尽管近代学术史上不乏附庸蔚为大国的先例，时段与层面下移也呈现大势所趋，毕竟接着做比对着讲更接近大道正途，更能体现学术研究的深度和高度。应在能够接下去的基础上再寻求扩张，而不是因为接不住才不得不用不破不立的办法打倒前人，又为了刻意超越前人而凿空蹈隙，开新实际上成为学样能力不足又急于求成的遁词。种种办法都不见效，只好求诸域外，最终难免落得个舍己从人的结局，哪怕能够流行一时，学术价值也不高，在学术思想史上，既不能居最高之地位，而且终将归于歇绝。

中国近代史研究普遍存在的一大问题是，由于材料太多，不得不缩短战线，专题研究取代了学术准备，导致分化过细，以致不能贯通。时间上分段，空间上分区，问题上分类，专题研究的深入异化成了学术视野的孔见，结果流于盲人摸象。历史研究的贯通并非一般所谓扩展研究视野和领域，注重辛亥革命的整体性，不是仅仅以辛亥革命为中心的延伸，或是作为一种断代之断代史的划定，而是将辛亥革命放到历史发展的时空整体联系的脉络之中，将辛亥革命作为全部历史的一部分。也就是说，这样的取径并非只是以辛亥革命的问题意识作范围的扩展，那样做结果很可能只是辛亥革命的简单放大，而是将辛亥这一时期的全部历史放到近代中国、东亚乃至世界历史的整体中去，放到三千年中国历史发展的长河中去，放到不做任何分门别类的细分化的历史本来状态中去，进行贯通式考察，用整体的历史眼光探究辛亥革命乃至整个辛亥时期的历史。类似辛亥这样发生了天翻地覆的变化且对历史发展进程具有重大影响的历史时期，不仅整体意义必须古今中外地加以认识，就连具体问题要想认识得当，也非有贯通的眼光不能奏功。这样的取径做法，其实不过是前贤治史的基本，因而卑之无甚高论。只不过中国近代史研究的现状，与之距离甚大，而其趋势，还可能渐行渐远，所以值得特别强调，以免流弊滋生，以至于不可收拾。

限于篇幅，仅就若干方面，举例说明，点到即止。

一、辛亥时期的整体性

辛亥革命研究在较长时期存在一味注重革命党,忽视其他方面的偏向,早经中外学人明确指出,针对性地陆续提出的加强对保皇党、立宪派乃至清方的研究,都可以视为补偏救弊之举。单纯从革命的角度立论,导致辛亥时期历史整体性的失位,不仅全局观念覆盖不足,具体论证也容易捉襟见肘。

辛亥时期革命当然处于无可争议的重要位置,理应作为研究的重点,对此大概不会有太多的疑问。可是这一时期所发生的不仅是革命的历史,即使以革命为中心,也还有许多看似与革命没有直接关系,或是以往用革命的眼光观察不到,但是对于历史全局的发展变化具有重要影响的活动。如果不能整体把握,对于革命的认识也难以适得其所。现行的历史分期,不免用后来的目的论取舍,而多少忽略了历史进程本来的意义。在相当长的时间里,相关研究积极评价辛亥革命的作用,也仅仅强调实现共和政体,至于消极的看法,则不过是换了一块招牌。这样的观念,与辛亥时期中国历史进程发生整体根本性变动的实情差距甚远。

清季十年也就是辛亥革命前十年间中国社会各个领域发生的全面变动,是因应千古未有之大变局的总体性变动,所造成的变化,可谓天翻地覆,脱胎换骨。在整个中国数千年的历史进程中,只有周秦、唐宋时期的变化可以与之相较,而且就变动的范围和程度而言,辛亥时期甚或还在前两期之上。以辛亥时期为界线,中国的社会历史文化发展承前启后,形态及取向各异,截然两分。正如美国学者任达(Douglas R. Reynolds)的《新政革命与日本》(*The Xinzheng Revolution and Japan*, Council on East Asian Studies, Harvard University 1993)一书所说:

在1898年百日维新前夕,中国的思想和体制都刻板地遵从了中国人特有的源于中国古代的原理。仅仅12年后，到了1910年，中国人的思想和政府体制，由于外国的影响，已经起了根本性的变化。从最根本含义来说，这些变化是革命性的。在思想方面，中国的新旧名流（从高官到旧绅士、新工商业者与学生界），改变了语言和思想内涵，一些机构以至主要传媒也藉此表达思想。在体制方面，他们按照外国模式，改变了中国长期以来建立的政府组织，改变了形成国家和社会的法律和制度。如果把1910年中国的思想和体制与1925年的、以至今天中国相比较，就会发现基本的连续性，它们同属于相同的现实序列。另一方面，如果把1910年和1898年年初相比，人们发现，在思想和体制两大领域都明显地彼此脱离，而且越离越远。①

抛开其中以变化为进化，以现在为现代的观念，以及论证方式较多检讨前人成果，较少直接研究材料和史事等诸多可议，作为现象与事实的概括判断，大致可以成立。就此而论，辛亥时期的变动已经规定了历史前进的基本方向，以后的国民革命，等等，则是在革命的动力和领导者方面有所调整。如果用这样的视野来检讨，无论革命派、保皇党、立宪派、社会人士，甚至清廷和统治集团的各派系，除少数人外，都在因势求变。只不过因为利害各异，变的取向和求的方式有所不同。各方面公开的争与暗中的合，看似相反，实则相成。而不同的利益诉求和势力争夺，使当事各方形成错综复杂的关系，相互利用，相互缠斗。在此观照下，各种政派、社团、群体、阶层以及人脉关系全面展现，才能前后左右贯通联系，避免以单一视角取向为普遍准则，以就事论事为具体分析，以盲人摸象为管中窥豹。只有得其所哉地安放理解各方的所有言行，不必牵强取舍、放大掩饰、以偏概全甚至故意曲解，包括革命在内的辛亥历史的线索脉络才有可能全面展现，辛

---

① 任达：《新政革命与日本：中国，1898—1912》，李仲贤译，江苏人民出版社，1998，第215页。关于对该书的较完整看法，参见桑兵：《黄金十年与新政革命——评介〈中国，1898—1912：新政革命与日本〉》，《燕京学报》1998年新4期。

亥时期之于中国历史发展的整体意义才有可能充分显示。

影响革命史的观念很大程度源于后来国共两党各自主张自身的正当性及正统性。在这方面，双方具有一定的近似性。今人追究中国近代史研究的缘起，大都着重于罗家伦、蒋廷黻等人的努力，以及中国共产党方面关于党史叙述的初期建构，对于国民党方面所谓三民主义教育（党化教育）的作用有所忽略。国民革命时期发源于南方的党化教育，包括革命史、军训、三民主义思想在内，随着国民革命的发展而迅速推向全国。只是各地大专院校在接受方面各有取舍。就目前所见态度较为积极的东南各校撰写教授革命史的提纲，可见大体框架与今日海峡两岸的中国近代史大同小异，包括近代史开端、太平天国与辛亥革命的作用，以至洋务自强运动的地位等等。国共两党关于中国近代史认识的显著差别，凸显于对义和团的看法。所以1949年中国新史学研究会成立伊始就着手编辑的《近代史资料丛刊》，并且从中间的《义和团》开始，即旨在旗帜鲜明地标明分野。

取向相近有时会强化历史认识朝着一定的方向倾斜。就辛亥革命的研究而言，较为典型的有两例，一是凸显清季各种政治势力的势不两立，二是强调清朝与民国的水火不容。前者包括清王朝与反清势力的对抗以及各种社会势力之间的分歧两方面。革命时代的社会矛盾不断激化，政治冲突无疑是你死我活，不过革命不是目的，而是在矛盾激化到不可调和的程度时解决问题的一种形式。任何政治活动的台前幕后都会有所分别，公开敌对的双方，因为中间存在种种错综复杂的利害关系以及政治图谋的需求，也会保持多种联系管道。尤其是中国为伦理社会，由血缘、姻缘、地缘、业缘等纽带联结而成的人际关系所产生的各式各样的人情世故，化为习俗礼仪制度，对于人们的思维行为具有重要影响，包括从业、政争、联姻、谍战在内的许多社会行为，无不受此制约。

辛亥时期，保皇会、立宪派和革命党，均有计划地以各种方式与各地督抚乃至中枢亲贵建立并保持一定的联系，参与改制谋划或卷入派系纷争，甚至共同举办各种趋新事业。这些幕后联系的分合亲疏，不仅影响统治集团各派与在野政治力量的关系，左右各自的政策方略，有时还会引起官员之间明争暗斗格局的微妙变化。而这些至关重要的联系，除了个别论著有所涉及，一般较少进入研究者的视野和相关历史的叙述架构。诚然，诸如此类的隐秘研究起来颇具难度，一般学人不易下手，不过更为重要的原因，当是很难将它们纳入既有的研究框架，不知如何安置才能得其所哉。无处着落，无力驾驭，于是索性避而不谈。这样的略而不论，在时下的历史研究中相当普遍，其实也是削足适履、阉割历史的一种变相。最为典型的事例之一，湖南革命党激进的一面为人所熟知，可是同一批人对清朝改革的寄望以及暗中与朝臣督抚的往还，却有意无意地视而不见。

辛亥时期革命党在与保皇会、立宪派论战时，不免言辞激越，形容双方的关系如同冰炭水火，势不两立。此节视为论战一方的态度，固然属实，作为评论对方行事的准则，还需推敲。整体而言，当时双方都还属于趋新阵营的一部分。后来的研究者不约而同地确指不革命的一方为清廷的帮凶，背后显然有国民党党同伐异和中国共产党对内对外路线斗争的影子。受此影响，学界及坊间往往不假思索地轻信一些传闻。显例之一，是所谓秋瑾案由胡道南告密引发。关于此事，民初蔡元培即撰文为亡友辩诬，申明冤屈，"秋君一案，酿成于绍兴知府贵福之电请，而说者则谓其端实发起于绍兴绅士之告密。当时被告密的嫌疑、而为人所指目者颇多，而君亦居其一。君之不为此，当时即有人证明之，至今日而尤大白"。其实胡道南"好读书，为诗古文辞，雅驯而绵密，然亦不守旧。岁戊戌，与新昌童君学琦设《经世报》，延章君炳麟为撰述员。当秋君瑾初回绍兴，君于中学堂外课，以《读秋女士诗书后》命题，有欲以是陷君者，君不之惧。余与徐君锡麟，皆君故交，而昌言革命，君亦不以为忤"。而且蔡元培还现身说法，"予之急进主义，虽不为君所赞同，而吾两人相信相爱，一如曩昔"①。后

---

① 蔡元培：《亡友胡钟生传》，载高平叔编《蔡元培全集》第 2 卷，中华书局，1984，第 326-327 页。早年博士论文涉及此事，亦沿袭一般说法。当时担任答辩委员的林增平先生曾不指名地提示应该注意不同记述。揣摩数年，才领悟其具体所指为何人何事。

来者不察,仍然轻信胡为告密的元凶,要因之一,显然是这样处理比较符合今日中国近代史以及辛亥革命史的一般逻辑,所以容易被接受。

用革命的观念考察清季民初的政权鼎革,其实是国民革命以后所认定的政治正确看法。在此之前,逊清皇室与民国正式政府之间存在形式上的禅让和优待关系。因此,即便视为改朝换代,与明末清初的情形也有着很大分别。除了满汉关系易位,对于多数的汉人而论,接受异族入主中原难,弃之而去相对较易外,即使共和与帝制形式上并存共生,在朝野上下看来也并非绝无可能。据说南北议和时就设想过改国号为"中华联邦共和国",大清皇帝改号"中华联邦共和国"国王,属宪法上特别地位,不得干预政事。同时设大总统,由议会公选,总揽行政权。国王与大总统待遇同等,前者世袭,后者任期四年。① 这样一种君宪体制在今人看来简直是匪夷所思,而当时朝野各方并不认为是天方夜谭,如果不是孙中山等革命党人坚决反对,作为闹剧上演的可能性相当高。

民国北京政府时期,逊清皇室与民国政府保持一种微妙关系,不仅前朝臣子可以得其所哉,不少满族亲贵也自安其乐。如那桐等人对于民国政府就相当顺从。有的满族亲贵甚至与小朝廷逐渐疏远,拒绝参与复辟活动,反对"满洲国",抗战期间也拥护民国政府,抵制日伪的劝诱,以至于民国政府还拟加以表彰,以正人心。而一些表示坚决与民国为敌或效忠清室者,如梁鼎芬、郑孝胥、刘承幹等,原来与清室的关系相对疏离,有的甚至还一度萌生异心,因而在为数不多的真正遗老看来,够不上遗老的资格,其态度行事不无矫情之嫌。这样的情势,一方面有缓和社会紧张,减少牺牲冲突之效,另一方面则让当时人及后来者发出仅仅换了一块招牌的批判之声。将法国大革命奉为革命的典范,认为只有大规模流血牺牲才能体现彻底革命的真谛,则强化了辛亥革命过于妥协的印象。

逊清皇室与民国关系趋于紧张,重要的转折是密谋复辟,继而被

---

① 中国国家博物馆编《郑孝胥日记》第三册,劳祖德整理,中华书局,1993,第1370–1372页。

驱逐出紫禁城。国民革命和北伐，继承辛亥革命的方向，打倒从辛亥革命中渔翁得利的北洋集团，推翻北洋政府，令与北洋集团关系不错的逊清皇室失去屏障。直接由反清革命党演变而来的国民党执掌全国政权，清室与民国的关系全盘改写，不再是禅让，而是重新回到敌对状态。而"满洲国"的成立，清室彻底站到了民国乃至全民族的对立面。后来国共两党各自主张自己的正当性，对于清季民初历史的解读不免受到影响，从不同的角度强化了对抗的一面。

二、古今的连贯性

时下后学新进，常有一预设的误会，以为古文和外文都不行，反而可以治中国近代史。这样的退而求其次，便是将犯难误认作趋易，立意一偏，必然浅尝辄止，注定见识浮泛，学问难以达致高深程度。辛亥时期中国的知识与制度发生乾坤颠倒式的根本转折，中国人的思维与行为随之变化。而清代学问对历代进行过系统的梳理总结，清代制度又是集历代王朝体制之大成，要妥当认识理解辛亥时期的历史，首先应该了解把握近代中国的整体，进而上出嘉道，理解把握整个清代，并且由清代而历代。所谓理解把握，不能简单地依据现成的教科书或各种通史专史，因为这些晚清尤其是辛亥时期以来源自域外的各种重新条理的系统，充其量只能说是后来的见识，而不能等同于所指称的事实。二者之间存在许多的形似而实不同。

民国以后的思想学术所讲的历代，许多问题意识其实出自清代，与历代的本事本意既有联系又有分别。而清季改制，并非单纯移植域外，也有不少自称参照唐宋官制的成分。诚然，清季的知识与制度转型，主要影响甚至蓝本来自域外，可是承接知识与嫁接制度，所凭借依托的还是中国固有的学问和体制。不能贯通古今，解读近人的言行，只好望文生义，格义附会，越有条理系统，去事实真相越远。凡事须知渊源流变的脉络，研究近代尤其是辛亥时期的思想学术文化以及制度问题，必须纵贯古今，才能把握得当。否则，不仅门外文谈，而且参野狐禅，而自以为见仁见智。以往的研究中，诸如此类的横通之论不在少数。

思想学术与制度问题，固然要由古至今才能了解把握从无到有发生演化的渊源流变，知人论事同样不能囿于一时。例如今日评价人物，多主张所谓阶段论，以为是具体问题具体分析的体现。此说作为整体之下把握具体的做法不无道理，可以起到防止人物研究脸谱化标签化的作用，可是若不能善用，也会滋生就事论事，以致割裂肢解的流弊。或是割断同一人思维行为的前后联系性，或是片面解读史事，不顾产生复杂变数的各种相关事实的纠结影响。例如肃亲王善耆在清末的表现相当开明，其幕下聚集了各种趋新人士，以至于保皇派和革命党均与之暗中有所联系，而民初却成为宗社党的头子，不惜与对华抱有野心的日本人勾结。站在维护清朝根本利益的立场，其所作所为不仅都是真心实意，而且一以贯之。早在 1900 年趋新人士为了救急应变于上海组织中国国会时，章炳麟即不无先见之明地认为持论开通的满洲改革者更加危险，公开提出不准满蒙人入会。其《请严拒满蒙人入国会状》称："或谓十室之邑，必有忠信，虽在满洲，岂无材智逾众，如寿富、金梁其人者。不知非我族类，其心必异，愈材则忌汉之心愈深，愈智则制汉之术愈狡，口言大同而心欲食人，阳称平权而阴求专制，今所拒绝，正在此辈。"① 此言后来果然应验，所论较今人以辛亥为界，将善耆前后撅为两节、分别评价的做法，更有助于理解善耆其人，而不只是议论其在各个时期所为之事。

即使专论革命，也不宜仅仅局限于辛亥一段。20 世纪中国的关键词之一甚至首选，当属"革命"。与中国历史上革故鼎新之革命不同的现代革命，恰好在 19 世纪末从日本传入中国，在辛亥时期蔚然成风，加剧或伴随着中国的激烈动荡走过几乎整个 20 世纪。百年当中许多重要的历史时期都冠以革命之名，如辛亥革命、国民革命、土地革命、民主革命、"文化大革命"等，其内涵极为丰富。起初无论革命党还是

---

① 《中国旬报》1900 年 8 月 9 日第 19 期。

保皇派，都从积极的角度看待革命，并且联系古今中外，进行了大量论述。随后在革命与否的方略取舍问题上，双方出现激烈争辩。尽管彼此视同冰炭水火，但无论立场如何，革命和不革命还能进行正面讨论，实际上也还是同道。梁启超和一部分同门，不仅在论述古今中外的革命方面颇多贡献，而且一度在"革命""扑满"与否的选择问题上艰难挣扎。如果不是康有为的坚决阻挠，情势的发展很可能大不相同。

随着革命日益被越来越多的人视为一劳永逸地根本解决所有社会问题的不二法宝，接下来情况出现了微妙的变化，尤其是"反革命"概念的出现，给革命的进程增添了不少变数。一方面，争斗的各方都以革命的正统自居自期，表明革命已经成为政治正确的代名词；另一方面，则互指对方为反革命，视为与正面之敌同样的革命对象。如此一来，不革命顺理成章地和反革命画上等号。革命与否，再也不是一个可以平等对话的论题，而是革命与反革命之间你死我活的较量。其中潜在的逻辑危险开始影响相对较小，随着革命凯歌式地进行和不断扩大，副作用逐渐释放暴露出来。当反革命从政治概念上升到法律层面，事情便开始向着难以掌控的方向变化。毕竟以国家权力强制所有的国民非革命不可，法理上不能成立，实际上也难以执行。在冠冕堂皇之下发生种种匪夷所思的事，也就不足为怪。

凡事物极必反，以"革命"的名义走向荒诞之际，拨乱反正就成为人心所向，大势所趋。结束了 20 世纪最后一次以"革命"标名的历史时期，"反革命"水到渠成地依次从法律层面正式退出，在政治层面也逐渐隐身淡化，革命与否的问题不再是全体国民社会生活的头等大事。借用周予同关于经学退出历史舞台而经学史兴的意思，当革命从社会政治生活中退隐之时，对 20 世纪中国"革命"史的研究，恰好提上日程。所谓"告别革命"，如果指 20 世纪末的实事，一般而言，应该异议不大（当然不是没有），但是用这样的观念看待整个 20 世纪革命的历史进程，则并非史家应有的平心之论。至于用主观预设的阴谋论倒述历史，更加不在话下。

转换角度，20世纪中国历史的起点和终点，还可以从两次改革的成败加以考察。20世纪初期清政府的新政和预备立宪，最终彻底葬送了中国的皇权帝制。就维护清王朝的统治这一初衷而论，可谓败得一塌糊涂。而20世纪后期进行的改革开放，保守的估计，也应该说已经看到了胜利的曙光。可是，清末新政的失败，究竟败于何处，还有讨论的余地。如果任达的看法大体可以成立（具体可议之处甚多），惨败的清末新政实际上留下了重要的历史遗产，甚至可以说规定了此后中国的观念和制度变化发展的基本方向，使得历史至今仍然沿着既定的轨道运行。就此而论，影响不可谓不深远，决策不可谓不正确。尽管清王朝的本意并没有那么高瞻远瞩，大公无私。

既然改革的大方向并不错，何以导致失败结局？深入一层看，清王朝固然惨败，全体国民也未必受益，所不同的是，国民的失败体现于过程，清廷的失败体现于结果。出于维护和巩固其统治的需要，清王朝改革的动机并非一概虚伪。但是改革必然涉及既得利益的重新分配，如何才能兼顾各方，惠及多数，必须通盘协调，循序渐进。如果一味维护一己之私，甚至将改革作为集权和剥夺的手段，则改革的举措势必在时间与方面的拿捏上或躁进或迟缓，不仅国民，连统治者内部的不同集团也不免成为牺牲者。多数人未得其利，先受其害，那么无论改革的动机多么纯正，方向多么正确，都必然以失败而告终。而确定失败的形式，往往就是革命。当革命风暴骤起，天下大乱之际，郑孝胥认为："政府之失，在于纪纲不振，苟安偷活；若毒痛天下，暴虐苛政，则未之闻也。故今日犹是改革行政之时代，未遽为覆灭宗祀之时代。"[①] 实则改革行政，处理不当，恰是覆灭宗祀的重要契机。

革命所收获的成果不一定都是胜利的喜悦，有时也会产生负面作用。如果将近代中日两国的情形进行比较，反差明显的一点是，明治维新后日本的国民对国家和政府的认同度相当高，而中国进入共和时代，历届政府都没有能够得到由臣民变成国民的社会成员的普遍认同。

---

① 中国国家博物馆编《郑孝胥日记》第三册，第1352—1353页。

从积极的方面看，国民认同度高使得日本发展顺利，国力迅速强盛；反之，中国的国民则始终对政府进行强力批判，保持强大压力。从消极方面看，获得国民高度认同的日本政府逐渐失去必要的制衡，侵略扩张的野心加速膨胀，最终将国家和国民拖入万劫不复的深渊；而中国则内部纷争不断，政府更替频繁，国家陷入分裂状态，战乱频仍。如何摆脱统一则专制集权，分治则割据分裂的恶性循环，中国人付出了沉重的代价。民初因为政局动荡，民众生活相当窘迫，有人甚至质疑革命有无必要。当然，如果真的回到清末，这些怀疑论者恐怕还是一定要揭竿而起的。

革命与改革，旨在分别解决民族复兴不同阶段的问题，不可能相互取代。试图用革命的方式来解决改革过程中的一般性问题，历史证明并不可取，未来也绝不可行。如果说革命的收获在于理想，改革的预期则比较实际，不能要求国民普遍继续承受革命时期的巨大痛苦和牺牲。在此阶段，相对于民族独立和国家富强，人民解放和共同富裕更为凸显。在国权与人权的纠葛下，如何让每个人的全身心解放和富足与民族复兴高度协调一致，成为21世纪中国任重而道远的重大使命。失败的改革尚且留下决定历史进程不可逆转的宝贵遗产，成功的改革至少应当确保历史车轮沿着正确的轨道长久运行。如果做到这一点，中国的21世纪将比20世纪来得更加精彩。

三、内外的联系性

空间的整体性包括内外两面。前者自20世纪60年代美国修正学派兴起，重审辛亥革命的历史进程，区域研究逐渐推广。开始主要是分省，其后逐渐下移，直到基层社会。其问题意识是中国幅员广大，各地千差万别，不可一概而论。加之在全国层面上研究问题，只能突出特定方面，而割裂史事的整体联系。所以其潜在取向为相反相成的两面，既缩小范围，又注重整体，或者说以缩小空间来换取整体观照。不过，此类做法的生成，实由各国社会结构的差异（如初民社会的氏族部落各自分立，中世纪以来的城乡分治以致彼此隔绝），未能充分考虑中国的国情，忽略中国长期以来作为社会文化集合体以及政治大一统的整体性，一味强调区域差异，反而无由深究保持分久必合合久必分的各项因素（如作为文化集合体的时间长，移民与土著的复杂关系，汉化与胡化等）。近代以来相当凸显的分省意识，虽然早有地缘历史的渊源，其实主要生成于清代，晚清以后，受到外来的民族主义和地方自治思想的影响，才迅速被强化，成为社会成员交往行事的重要凭借。

在了解和掌握全国历史文化古往今来的基础上，选择某一区域做涵盖各层面的整体性研究，可以避免陷入全面则失之宽泛表浅，具体则流于琐碎局促的两难，使得宏大关怀与深入实证能够相辅相成。遗憾的是，实际操作起来缩小范围很大程度上成为训练不足者刻意趋易避难的取巧捷径，管中窥豹畸变为盲人摸象。基层社会的研究，又不免先入为主地假设特定区域即为同类，将其中形似而实不同的事物一概而论。结果，区域研究的所谓特色大都流于自说自话，最终难免千篇一律，不仅不见特色，反而导致片面和放大的偏蔽，甚至出现割裂集合体各区域间基本联系的潜在危险。在整体之下研究具体，而不是简单比较各地异同，才能消除看朱成碧的成见，避免故意夸大特点，突出特性否定共性的误读错解，或是以一般为特性的偏见。如此，才有可能真正发现区域性特点，而不至于一味强求与众不同，却陷入大同小异的尴尬。

至于对外的一面，相互联系更显重要。中国历史上长期以天下中心自认，在中外文化交流中占据主导地位，即使吸收异教，创立新说，也要取珠还椟，以免用夷变夏，数典忘祖，这使得中国文化数千年传衍一脉相承。近代以来，公开标举开眼看世界以及输入新知的所谓国际视野，眼光向外、取法乎洋日渐成为时尚。一方面造成中西学乾坤颠倒，不仅全盘西化，而且挟洋自重；另一方面却依然将中华置于世界之外，世界不过是洋的变形。辛亥时期的知识与制度全面转型，形成中国历史社会文化古今的分界，制约着今日中国人思维行为的基本样式及取向。导致这一重大变化的，是西学、东学和中学的交相作用。

也就是说，中国在逐渐进入世界一体化的过程中根本改变了中外文化交流的态势，由吸收同化变成追模仿效，其密集变化的集中阶段，恰是辛亥时期。必须具有古今的纵贯和中外的横通，才能清楚准确地认识知识与制度转型的全过程和各方面。

中国进入世界，与近代东亚精神领域的共同性关系紧密。早在甲午中日战争前20年，日本的西周助等人就以朱子学等中国典籍应对洋学，建构起东亚的新话语系统，从而决定了整个东亚近代以来的走向，促使近代中国人一方面能够面对西学的冲击重估固有文化的价值，重建民族自信，一方面则深陷日本式对应西学、解读中学的缠绕和困扰，在提供新的思维及行为方式以便进入世界的同时，也造成不少的误读和错解，使得对于中国的自我认识以及与世界进一步的沟通联系产生诸多障碍。辛亥时期大规模逆输入明治后的汉语新词，又取法日本，实行包括政体、教育、外交、警察、地方自治等各种制度在内的全面改造，中国人无论其政治属性如何，其思维方式和行为规范均发生脱胎换骨的变化。这些包含中西新旧复杂纠结的变化，未必全是进化，造成现在，却不一定具有现代性。

因缘外力理解中国，如今已成中国人乃至学界普遍习以为常的观念行为，由此造成认识上的许多似是而非，例证俯拾皆是。总之，治史必须贯通古今中外，整体之下研究具体，即使辛亥革命只是历史长河中的一段波澜，也要从江流曲似九回肠中察知渊源流变，才不至于随波逐流，做了漫无目的的无根漂萍。

辛亥革命的再认识

将辛亥革命置于晚清民国历史的整体脉络中进行考察，沟通古今中外，不要单纯从革命中心外铄，可见辛亥时期朝野各方均致力于知识与体制的全面变革，使得中国社会的重要领域迅速发生革命性变动。这些变动受到中、西、东学及体制的纠结影响，围绕各类趋新活动又形成各种势力错综复杂的联系。只有不为变化即进化，现在即现代的成见所囿，回到历史现场，理解古往今来中外各种思想学说制度的本意，及其依时空演进而呈现的流变，所论才能适得其所，既具有系统且不涉附会，使得包括革命在内的辛亥时期之于中国历史发展的整体意义得到充分展现。

中国史学发展甚早，即使起步较晚的中国近代史研究，也有相对而言较为成熟的部分，辛亥革命史即其一。而且以往虽然同样受制于政治的影响，海内外的研究取向各异，但也不乏相似性。如果说革命史一度是中国近代史的重心主导，那么就三次革命高潮而论，义和团的看法分歧最大，甚至几乎截然相反；太平天国虽然同样受到肯定，因为与农民革命及农民政权问题相牵连，认识也大有分别。而在辛亥革命的研究中，尽管关于革命的性质等问题各执一说，基本事实的认定和表述却大同小异。美国的谢文孙所写《辛亥革命的历史编纂学》，早就指出海峡两岸的辛亥革命史叙述，共同性其实相当显著。

清季十年也就是辛亥革命前十年间中国发生的全面变动，是因应千古未有大变局的时代性转换，在整个中国历史进程中，只有周秦、唐宋的变化可以与之相较，而且就变动的范围和程度而言，甚或还在前两期之上。以辛亥时期为界线，中国的社会历史发展前后两分。就此而论，辛亥时期的全面改革和变动，已经规定了历史前进的基本方向。后来的革命，虽然在动力、驾驭者等方面有所调整变化，仍然是沿着既定的轨道运行。

在正统性的主导下，辛亥革命史的研究自然会使历史认识朝着革命的方向集中倾斜，而忽略革命时期社会的整体状态以及变动的全面情势。其表现有二：一是十分重视革命，相对轻视改革，十分重视对抗性的政治活动，相对忽略各项制度及其变动。即使有所涉及，也主要是依据章程条文的静态描述，缺乏以制度文物为贯穿兴亡大事的线索脉络的自觉，以及因时空关系而异的生成演化寻绎。二是十分重视反清革命的一方，相对忽视其他方面，尤其是对立面，甚至将同路人也视为反动派，只看针锋相对，你死我活，忽略彼此之间错综复杂的联系。当然，这样的偏差也不断有所调整变化，从改变正统观的角度看，将焦点由孙中山转向黄兴等其他革命人物，从兴中会转向华兴会等其他革命组织，已是视野的扩大。自美国修正学派的区域研究将重心转向立宪派士绅，则不仅不再局限于正统之争，也不再仅仅着重于革命。后来再将视角扩展到新政和预备立宪，用意之一，就是目光射及前所不及之处，尽可能全面观照历史的整体。只是单纯由革命中心外铄，未必能够起到将革命置于时代全局加以观照的效果。用革命的观念考量清政府的言论行事，结论的当然否定使得研究难以深入。

历史上的革命，往往发生于两种时代：一是极端专制和反动的时代，当政者为了维护自己的统治，一味采取高压政策，令被统治者普遍看不到生的希望，只能揭竿而起。二是改革的时代，由于改革不能协调各方利益，反而激化矛盾，引发社会冲突和政治动荡。辛亥革命发生的时代，既有前一种因素，更多的还是属于后者。

辛亥革命前，中国在短短几年里经历了甲午战败、戊戌政变和庚子义和团事变的阵痛，新世纪一开始，朝野上下都看到非改革不可的时势。新政复行,所复基本就是戊戌变法所变、政变后大都停摆之政,所要改变的都是唐宋以来对中国社会至关重要的制度文物,而且一旦进入改制的通道,就会不断加速,使得中国发生天翻地覆的根本变动。在有的海外学人看来,这些根本性的变化在最根本的意义上都是革命性的。揆诸事实,清季的政治与社会变革,往前承袭戊戌维新的路径,往后奠定民国体制的框架,用这样的视野来检讨,无论革命派、保皇党、立宪派、社会人士,甚至清政府和统治集团的各派系,除少数人外,都在因势求变。这大概也是后来有的学人重新审视近代史上的改革与革命,不免怀疑后一种形式的代价过高,是否必需的要因。

毋庸讳言,出于对大势所趋的认识以及维护和巩固统治基盘的需要,清王朝改革的动机并非虚伪。只是过于偏重家天下的私利,从部院集权到皇族内阁,得罪了包括督抚在内的天下人。这样说并非一概指责清王朝的套话,可以从制度文物的变革进程查其端倪。例如改官制,一般都理解为不言而喻地为了宪政。可是改行宪政体制何以要从改官制入手,何以要按照后来实行的架构改,已有的研究似乎并未说明必然联系。究竟是语焉不详还是不言自明,留下很大的疑问空间。治近代史者,如果上不出嘉道,就不能深究清三百年设制的立意,更不要说两千年典章制度的渊源流变。论及改制,则多以章程条文为据,从自我知识出发,加以静态解读,忽略章程条文与社会常情及其变态之于制度设置和变动的复杂制约关系。清季改制,旨在从内外相维的皇朝体制转向上下有序的科层制,立意固然不错,可是不能妥当处理各方利益关系,成为朝野上下矛盾爆发的导火索。

革命时代的社会矛盾不断激化,政治冲突无疑是你死我活。不过革命不是目的,而是解决矛盾不可调和的一种手段。政治斗争的目标因时而变,以胜负为衡量,本来就没有永远的敌人或朋友。况且各方的图谋并非截然对立,不同的利益诉求和势力争夺,使得当事各方形成错综复杂、或明或暗的纠结关系,建立和保持多种联系管道,相互利用,相互缠斗。更有进者,中国为伦理社会,由血缘、姻缘、地缘、业缘等纽带联结而成的人际关系所产生的人情世故,对于社会成员的思维行为有着重要影响。高明的政治家深知个中奥妙而善加利用，高明的史家处世治学也极为重视据此理解把握时势史事。在此观照下，各种政派、社团、群体、阶层的人脉关系全面展现，前后左右贯通联系，力求避免以单一取向为普遍准则，以就事论事为具体分析，以盲人摸象为管中窥豹。只有得其所哉地安放理解各方的所有言行，不必牵强附会、放大掩饰、以偏概全甚至故意曲解，辛亥时期之于中国历史发展的整体意义才有可能充分展现。

由于新政以及预备立宪基本上就是戊戌变法的复行和延续，朝野上下对此不无共识，保皇会、立宪派和革命党，均以各种方式与主张赞成立宪的疆吏枢臣建立并保持一定的联系，通过后者提出反映各自意愿的各种改革方案，甚至共同举办各种趋新事业。而这些至关重要的联系，一般较少进入研究者的视野和相关历史的叙述架构。高明者的论著偶有涉及，也只是作为个案特例而难求通例。诚然，限于材料难得和解读不易，诸如此类的隐秘研究起来颇具难度，一般学人不敢下手，不知深浅者勉为其难，也往往煮成夹生饭。不过，更为重要的原因，当是很难将其纳入既有的研究框架，不知如何安置才能得其所哉。例如民初宗社党头子肃亲王善耆，清季担任民政部尚书，是满族亲贵中首屈一指的开明派，康门弟子汤觉顿指其"纯为帝党"①，无论是对于历次报案的定罪量刑，还是汪精卫刺杀案的处理，都有网开一面之意。其幕下聚集了包括保皇、革命两党在内的各方人士。蹈海而亡的革命党人杨笃生，生前在报业活动中，即通过王慕陶、熊希龄等人，与枢臣疆吏联系广泛。袁世凯、端方、赵尔巽等人还通过熊希龄的居间串联，表示愿意暗中赞助保皇会组织帝国宪政会。

这些幕后台下错综复杂的关联，对于清季民初的政局产生了重要影响。许多表面冠冕堂皇的言行，背后往往另有讲究和门道。民初赵尔巽就是否出任清史馆馆长一事与北京政府讨价还价，要求为其弟赵尔丰平反，理由居然是后者有功于民国。片面凸显清季各种政治势力

---

① 丁文江、赵丰田主编《梁启超年谱长编》，上海人民出版社，1983，第448页。

的势不两立，强调清朝与民国的水火不容，很大程度受到清室复辟、国民革命以后时势变化的影响。诸如此类的史事，因为现行框架无处着落，研究者无力驾驭，或是只能就事论事，各执一偏，无法将各种看似相歧相悖的事实贯通，于是索性避而不谈。这样的略而不论，其实也是阉割历史的一种变相。

辛亥时期的思想和体制变动并不仅限于政治领域，包括教育、司法、学术，以致社会生活的所有方面，几乎都出现了或多或少的变化。而这些变化的渊源与指向，毫无例外地与所谓西方紧密相关，在西学东渐、西制东移、西俗东浸的大势之下，夷夏大防逐渐崩溃，中西体用乾坤颠倒，西方文化层层递进。西化、洋化、欧化，成为近代中国的时尚。中国历史上，中外文化的交流互渗本来持续进行，以文化论种族的取向，同化异类不仅汉化，亦可胡化。唐宋明清诸儒，怀爱国济世的苦心，坚守道教之真精神，一方面吸收输入外来学说，一方面不忘本来民族地位，欲以佛耶二教高明详尽的义理救中国之缺失，而又忧其用夷变夏，于是求得两全之法，避名居实，取珠还椟，采纳佛耶义理精粹注解四书五经，名为阐明古学，实则吸收异教，既融成一家之说以后，则坚持夷夏之论，以排斥外来教义。①

尽管有胡化的故事，由于唐宋明清诸儒之于佛耶二教取珠还椟的苦心孤诣，一般而言，中国史上外来文化的影响还是隐而不显。晚清以来，风气大变，中西化身为新旧，用夷变夏成为摩登，欧化风行，输入新知渐渐演化为挟洋自重。借助于欧风美雨的冲击，明治维新后的东学乘虚而入，给中西学乾坤颠倒的国人提供了重估（或附会）固有文化的机缘。正当人们面对门类繁多的西学无所适从而根本怀疑固

---

① 吴宓：《吴宓日记》第 2 册，吴学昭整理注释，生活·读书·新知三联书店，1998，第 102 页；陈寅恪：《冯友兰〈中国哲学史（下册）〉审查报告》，载陈美延主编《陈寅恪集·金明馆丛稿二编》，生活·读书·新知三联书店，2001，第 282—285 页。陈寅恪所论，不涉及明清之际诸儒对于耶稣会士所传西学的态度。耶稣会士对于中国的影响，近年来有学人分门别类地搜集比较不同时期的中外文本，在自然科学各方面，逐渐可以征实，而在精神思想学问方面，由于方以智等人用西说格义经典以成新说而故意不露痕迹，令研究者同样陷入认识新儒学发生演化之大事因缘的迷惑，只能言其大概，很难具体实证。历史尤其是学术思想史上，实事未必皆有实证，看似可以征实的往往又是表象假象，扑朔迷离。如何破解此类隐而不显的谜题，考验今日学人的智慧功力。

有文化是否有价值，应否继续存在之际，东学提供了一整套看似对应西学的东亚式概念、系统和体制，可以在中西文化之间找到沟通的桥梁，使国人有所凭借，重建对固有文化的认识和自信，同时不知不觉地将长期掌控的在东亚解读古今思想学问的话语权拱手让给了日本。甲午中日战争固然是近代中日两国竞争发展的重要分界，而自19世纪80年代起日本发明并不断完善扩充的一套借鉴中国典籍对应西学的概念、知识系统和体制，已经预设了后来把握东亚话语权的格局。这不仅导致清季新政和宪政时期中国全面学习日本或通过日本学习西方，甚至一度在清王朝的决策层出现东学压倒西学的情形，而且一直影响着近代以来中国人的精神世界。受此制约，国人一方面得以重建重估固有文化的价值，一方面则深陷日本式对应西学解读中学的缠绕和困扰。清季外官改制时直省地位和督抚身份的"地方"纠结，便是典型例证。

随着东学的影响通过新式教育普及、语言文字改革等形式日益内化为中国人的精神意识，已经成为国人认识事物的知识前提，今日国人用以解读辛亥时期文本史事的概念和系统，仍然没有摆脱东学的制约。辛亥时人多少还有些困惑的指称与本事之间不相凿枘的情形，今人非但已经习以为常，甚至对于追究前人本意反而感到莫名所以，显然不但以为认识前提，简直就是直接认作裁量认识的事实。加之思想学术深受西洋进化论的影响，好以变化为进化，以现在为现代，于是乎凡是舶来品陈货亦视为摩登，凡是装不进外来框架的史事，皆以削足适履的方式加以处理，而美其名曰用比较的研究系统地整理解释本国材料。

清季以来，鼓吹停罢科举的重要理据，是科举考试不能选拔人才，无以应对世变。此说为后来学人所认同并放大。实则科举考试的本意主要不是选拔办事的能吏，而是人格高尚的饱学之士，以为小民百姓树立风仪楷模，并居高临下，驾驭胥吏。能员干吏不宜为官，尤其不能作为独当一面的亲民之官和方面大员，因其太能干而且敢干，所以往往胆大妄为，治世之能臣与乱世之奸雄，只在一转念之间。这也是承平之世需要循吏的道理所在。咸同之后,内乱外患,须才孔亟,作为"因时制宜之极则",也只能官差两分,名位与事权各占一头。① 即便如此,如郑孝胥之流为许多大员不约而同地保举派差的能吏,仍很难被朝廷委以重任。

清代州县正印官的要务有二,即收赋税和审案子,具体办事,都有幕友胥役。州县官能否审好案,并不在于其是否熟谙律法,更无所谓是否神判,断狱定谳等专门之事,自有师爷等专业人士,正印官的主要职责在于不让这些行家上下其手,胡作非为。况且一般纠纷无须上升到诉讼层面,在官民眼中,好讼的往往都是刁民。所以律法针对的主要是坏人,而非规范一般行为,很难用今日域外的各种法理系统来理解和解释。对象既非善类,自然适用严刑峻法,若以法制社会的观念看待,则以德治国便是守旧。以法制为准则参照,希望法律过度干预社会生活,实为今人西化即现代化的误解。

类似的误会不在少数,新政时期,科举考试废八股改策论,为了便于举子们临阵磨枪,各地书局编制各种可能应对有关中西学考题的书籍,使得仓促上阵的举子们不至于过度惊慌失措,无所适从。由于庚子乱局和辛丑条约的影响,以及士子希望赶上科举考试末班车的预期,改制的过渡期各种科举考试及其变相大幅度增加,考生人数众多,诸如此类的科场书,可谓琳琅满目,成为书局赚钱的利器。不但一般唯利是图的书商大量印制,就连保皇会主办的广智书局也要靠印制科场书牟利,以补贴宣传新知的亏空。这与通常以为新学书籍不胫而走以致洛阳纸贵的情形大相径庭。科场书中,固然有一些是原来的新学书,翻印的目的却不在传播新学,更多的是东拼西凑的汇编,类似今日的高考成考公考复习资料,既有猜题的作用,又有标准化的参考答案。举子们手持一卷或数卷,临考记诵,聪明人便可以应对裕如。这些科场书不能说于举子童生的思想毫无影响,但是要想根据墨卷测试

---

① 梁启超:《论变法后安置守旧大臣之法》,载中国史学会主编《中国近代史资料丛刊——戊戌变法》第3册,上海人民出版社,1958,第35-36页。

各人的新知水准，却有相当距离。后人不察，将此类科场书误认作所谓百科全书，更是离题万里。在原作者、编纂者、应用者之间，如何形成连接关系，必须抽茧剥笋地小心求证。

诸如此类的问题，看似与革命的关系不够直接，对于理解把握整个辛亥时期却至关重要。治史必须先具整体观照，才能避免宽泛与偏蔽以及二者的恶性循环。因此，晚清史与包括辛亥革命在内的政治事件研究理应合为一体。革命的时代，对立面的制度未必可以腐朽落后一言以蔽之，大小官员也不一定昏庸颟顸。人物研究，看似上手较易，其实做好最难。凡在史上留名者，大都是所谓人精，要想具有了解同情，诚非易事。不知如何做帝王将相等历史角色，当然就很难研治到位。像慈禧太后、奕劻、荣禄、载沣这些对于光宣政局至为关键的重要人物，迄今为止还少有深入恰当的研究。即便是张之洞、袁世凯、端方等人，虽然相关论著不少，或见仁见智，或隔膜表浅，照顾周全又具洞见的不多。还有不少枢臣疆吏，甚至几乎没有进入人们的视野。至于其时影响广泛的名流闻达，以时下惯用的新旧架构，也很难安放得宜，八面玲珑的张元济即一显例。如果只见一二方面，自然是玲珑不起来的。凡此皆可见辛亥革命的研究依然任重而道远。以为只要以革命的姿态占据道德和政治正确的制高点，就能够横扫千军如卷席，虽然是进化论制导下学人的自以为是，可是要想显示出今胜于昔的聪明，而不至于落入古人故意布下的迷阵陷阱却不自知，还须小心谨慎，加倍努力。

知识、制度转型与辛亥革命研究

辛亥革命已经过去百年,一个世纪以来,海内外关于辛亥革命的研究持续展开,成果丰富,看似不太容易找到适当的题目下手进行专门研究。其实,只要转换观念和做法,不仅尚未研究的问题俯拾皆是,即使著述已多的领域,无须重新检讨的也为数甚少。只是怎样做比做什么更为重要,如果取径和办法得当,几乎无所不能做,而且可以征实。

一、近代中国知识与制度转型的双重制约

辛亥革命作为一个历史时期,大体上就是清季的最后十年。在此期间,因应千古未有之大变局,在西学、东学和中学的交相作用下,中国发生了知识与制度的全面变动,形成中国历史进程的重要分水岭。以此为界,中国人的思维方式、行为规范以及与之相应的知识系统和各种制度体系前后两分,形态和趋向大相径庭。这样的变化未必都是进化,造成现在而不一定具有现代性。但是对于辛亥革命研究,却形成双重制约,一方面,辛亥时期是知识与制度转型最为密集的阶段,制约着当时和此后中国人思维行为的基本样式及取向,造成不少观念行为的迷茫与困惑;另一方面,今人使用变化后的一整套概念、学说、教育和学术分科的知识,以及对于现行各种制度的感受把握,去认识了解变化前及变化过程中人们的思维言论行事,试图理解前事本相和

前人本意，往往望文生义，格义附会，导致文本和事实的误读错解，陷入越有条理系统，去事实真相越远的尴尬。可是，如果不使用这样的观念和系统，又会造成思维的空白和表述的失语状态。这样横亘于历史与现实之间的双重制约，使得认识近代中国与接近历史本相，往往不能协调一致，相辅相成。

为了探寻重新认识历史的有效取径和做法，近十年来，我们研究团队就近代中国的知识与制度转型问题进行了以宏观理念为指导的集众式研究，分别从具体个案入手，相互协作，寻绎近代中国知识与制度转型的发生演化，再现其历史进程，从而认识现有知识和制度体系的由来、变化及其复杂内涵。通过贯通因时因地因人而异的相关文本史事，梳理各种概念、分科、制度的渊源流变，进而了解其本意，把握其本相。既不用今日的概念强古人以就我，又避免流于简单地破坏而无建设，并且在表述形式上找到古人与今人的契合点，力求恰当重现史事本相和前人本意，具有条理且不涉附会，在历史与现实之间沟通联系，以便今人理解领悟。了解前者，可以重新认识近代历史尤其是辛亥时期历史变化的整体性，掌握后者，更能够重新检讨今人关于中国历史文化的一切认识，进而全面改写现行的历史观念。由于涉及问题众多，做法虽然相通相近，而各有不同的讲究，限于篇幅，仅就其中概念与事实举例说明。

与一般名词或概念史的研究不同，用解一词即是一部文化史的取径做法，不是以名词勾连史事，而是由史事的比较把握概念。探究名词的本意，目的不在概念本身如何定义（实际上，所有定义不过是后来简约化的集合名词，不仅化约许多事实，而且往往掺杂不少曲解），而是重现和重解与之相关的文本本意及史事本相，进而改变对于历史的认识。所举案例，包括中央与地方、城市与乡村、汉族与少数民族、教育与"教""育"，以及"边"，等等，未必是因为这些个案特具代表性，一则目前相关的研究相对较为深入，二则能够体现知识与制度研究密不可分的普遍关联性，三则在做什么之外，还有怎样做的示范作用，可以提出来供学界讨论。

二、中央与地方

用中央与地方对应的观念来认识清朝乃至历朝的官制,并作为中国政治体制改革的重要架构和取向,始于辛亥时期。可是,这样的观念架构与清代乃至中国历代的固有体制不相凿枘,尤其在省制问题上,严重扭曲元代以来设制的本意,也无从理解清季开始的改制的困扰。清朝设制,集历代王朝体制之大成,重在内外相维,以维系皇权的至高无上。直(行)省实为皇权的分身,而非一级地方行政,与京师部院的关系,一为分地而治,一为分事而治,均为替皇上办事,或部分地代行皇权。督抚学政,也不是地方官。督抚只能用私人性的幕僚,而不得有属官。即使州县一级,虽然也被称为地方亲民之官或简称为地方官,可是由于避籍制的存在,本地人不能任本地官,仍然是代表皇帝管制一个地方的民众,与近代西方政治体制下的地方官不可同日而语。在皇权与绅权之间,各级外官都不免有些尴尬。

道咸以降,督抚权力逐渐上升,出现所谓外重内轻的局面。兵、财、人事等大权在握的督抚,利用局处所等临时机构,建立起一整套权力体系,实际上取代甚至兼并了正式的官制体系。不过,在内乱外患,须才孔亟的非常形势下,作为"因时制宜之极则",也只能官差两分,名位与事权各占一头。① 局处所暗中的权力再大,也无法堂而皇之地凌驾于皇朝体制的正式架构之上。

用中央、地方相对应的架构指认中国的政治制度,始作俑者是清季来华日本人,尤其是织田万主持编著《清国行政法》,为留学生翻译发表部分成稿,影响广泛且深远。而日本这一套观念,也不过是明治时期才出现的新事物。这样的架构以及相应的表述,看似条理清楚,易为今人理解,时下不仅已经习以为常,而且成为学术规范。即使对

---

① 梁启超:《论变法后安置守旧大臣之法》,载中国史学会主编《中国近代史资料丛刊——戊戌变法》第3册,上海人民出版社,1958,第35-36页。

历代政治制度研究很深，而且高度自觉须分清时代意见与历史意见的钱穆，也会用作基本架构。实则此说与中国的原有体制不合，强解势必削足适履。用中央、地方的架构看待清朝的体制，不仅捉襟见肘，甚至南辕北辙。例如清制官员分为京官、外官两大系列，各以京察或大计考核，不仅直省的督抚属于京察，顺天府所属大兴、宛平两个倚郭县亦在京察之列。强行归入地方官，则内外相维的本意荡然无存。

清季改制，变内外相维为上下有序，以因应政务日益纷繁的时势，中央与地方架构成为重要选项。可是省的设制找不到适当的仿效模本，仿行唐制的日本政治体制省仍在中央，因缘明治日本的地方自治只到府州县。由于直省和督抚的属性身份模糊不定，内官改制先行一步，部院趁机收权，代行皇权的疆臣，变成阁部的下属。直省地位纠结不清，督抚权力面临被大幅削减的威胁，对于改制的态度从积极推行到消极抵制再到公然联合抗争，使得改制在官制、财政、军事、司法各个层面陷入两难境地。加之绅权在民权思想的冲击和绅商实力增长的支撑下迅速膨胀，各级外官首当其冲。督抚既不属于地方，又面临被京师部院的排挤，陷入夹心状态，与谘议局的矛盾日趋激化，对清廷日益离心离德，于是设法将来自绅民的压力引向京师部院中枢乃至朝廷。一旦革命风暴来袭，内外相忌，上下失序，导致清王朝在并不强大的革命压力下迅速分崩离析。

问题并不仅此而已。换一角度看，清季虽然变制，清王朝总结历代兴亡的经验教训而设制的苦心孤诣，依然发生作用。三藩乱后，终清之世，很少有叛将乱臣。咸同以后，督抚权力日重，也并非人人全无异心，可是体制上重重分权制衡，使之即使有此心，亦无其力。直到辛亥之际，尽管清王朝大势已去，郑孝胥痛心疾首地斥责北为乱臣，南为贼子，[①] 各省官员也不过不肯出死力拥清而已。不少督抚早就与各种反清势力暗通款曲，但是公然与清廷为敌者并不多见。

清季内外官改制不同步，又纠结于中央地方的缠绕困惑，内外相

---

① 中国国家博物馆编《郑孝胥日记》第三册，劳祖德整理，中华书局，1993，第1396页。

维崩裂,上下有序未果,尤其是试图将直省完全变成地方层级,对于民初割据重现具有相当负面的影响。各省独立后,省制问题集中体现了集权与分权、官治与自治、民主与专制、统一与分裂的矛盾纠结,省到底是中央还是地方,南北政府想方设法,进退维谷。民国时期,历届政府用了相当长的时间调整省一级的权力地位,最终仍然未能跳出统一则集权,自治则分裂的恶性循环,而且联省自治内部也依然实行专制,自治成为割据的合理性外衣。省制问题后来表面平复,实则症结并没有根本消除。直至今日,行政建制与财政体制的不断调整变动,背后起作用的还是这道未解难题。①

制度研究必须贯通无碍,罔顾事实,强行用中央、地方的架构将清代的制度硬塞进去,难受的绝不仅仅是清朝的君臣。时下各省好以地方自居,以为时髦,其实换一角度,正是自我矮化。所谓特色,不仅缩小格局,而且大同小异。如果真以为历史可以任意打扮,除非从此再无学问可言,否则留下的每一部作品,都成了无尽来者的笑料,或是永远误人子弟的风向标。

三、城市与乡村

关于中国城乡关系的论述框架,是用后来观念解读前事以致彼此牵混的典型事例。尽管今人断言古代中国是农业社会,并且似乎理所当然地研究中国古代的城市与农村以及城乡关系,实则清代以前中国并无所谓后来清晰分界的城市与农村,更谈不上明确的城乡关系。在观念上,固然很少有城乡之别,在事实上,也很难将城乡截然分离。近代以来的认识架构,显然既有欧洲中世纪城乡截然分立的影子,也有明治日本城乡自治的痕迹,还有近代列强入侵以来租界的示范效应。而在中国,虽然晚近也有省上与乡下之别,可是士绅往往在城镇有商号店铺(后来甚至发展到参与新式企业或金融事业),在乡下有土地田

---

① 关晓红:《清季外官改制的地方困扰》,《近代史研究》2010年第5期。

产,一般流民也可以通过各种形式在所谓城乡之间游动。认为城里一定好于乡下,其实是相当晚近的观念。

　　清季受欧美日本的影响,城乡分别的观念日渐明晰,所谓城绅、乡绅之说日益流行。即使如此,作为正式的行政层级和区划,城乡分别仍然令人相当困惑。预备立宪时期推行地方自治,制定颁行了《城镇乡地方自治章程》,其中第二节专门规定"城镇乡区域",据此,凡府厅州县治城厢地方为城,其余市镇村庄屯集等各地方,人口满五万以上者为镇,不满五万者为乡。人口若有增减,要经一定程序变更乡镇地位。① 这样的原则规定,不仅与后来的城乡之分并不完全对应,具体操作起来也相当困难。例如府州县治的城墙之内为城,在城池完备之地似乎不成问题,否则就有些麻烦。至于城厢,究竟如何与镇、乡分界,大概多是因循旧惯。况且,不少地方省、府、县治(或数县)同城,城镇乡的划分更加困难。事实上,直到清亡,中国并没有所谓城市的正式建制。民初北京政府时期,尤其是20世纪20年代,各地才陆续开始行政设市。国民政府统一全国后,加强户籍管理,居民的流动性逐渐受到控制,尽管连续不断的战乱使得各种控制措施很难完全落实。20世纪50年代末以后,城乡居民身份的分别愈加严格,发展到极端的情况便是,要想改变身份,几乎比登天还难。

　　科举时代,作为四民之首的士子享有种种优待,可以利用城乡的一切有利条件,使得举业成为能够赚钱自活甚至养家糊口的产业,所谓城里人对于乡下人的优越感并不太明显,换言之,乡下人也未必会以仰望的心态看待城里人及其生活。进城常常是他们渡过暂时难关的不得已之举,而并非改善生存状态乃至家族命运的百年大计。后科举时代,由于城市化的加速进行以及主要集中于城市的各种社会新事业层出不穷,新式学堂教育所学的内容又不适宜于乡土社会,推行地方自治时设计的让士子继续与故土结合的种种办法无法落到实处,毕业

---

① 《宪政编查馆奏核议城镇乡地方自治章程并另拟选举章程折附清单》,载故宫博物院明清档案部编《清末筹备立宪档案史料》下册,中华书局,1979,第728页。

不回乡的问题日趋严重，城乡差距不断加大，以致在一般人的意识里，城乡社会也是泾渭分明，差若天渊。

或许这样的情形令城乡分隔时代的亲历者有切肤之痛，反过来制约其对于社会历史的认识，很容易接受造成现状或与之吻合的那一套观念。或以为用后来观念解释前事是不得不然甚至势所必然，此说固然有一定的道理，或者说给今人解读历史提供了某种方便。问题在于，没有后来观念的古人，是如何思维行事，其本意究竟何在。大胆用己意揣度古人，一般而言，要么认为古人无所谓本意，要么不知如何解读古人的本意，要么觉得古人即使有其本意，也不重要或是根本错误，因而无须追究。如此，则所谓史学，不是揭示历史的本相，而是抒发各自的见解，即所谓各人心中的思想史。如果不能在重现古人本相本意的基础上发挥见解，则皮之不存毛将焉附。在没有城乡分别的时代，各色人等如何言说行事，如何从没有城乡分别的时代逐渐进入城乡壁垒日益严格的时代，至少是要首先解决的问题，然后才谈得上如何认为。否则，认为完了，与史何干，就不能不令人心生疑窦。

由此而致的问题俯拾皆是，例如，受区域研究取向的影响，今人好将士绅视为地方的代表，姑且不论直省是否地方，作为行政层级清季改制时已经在朝野上下造成很大困扰，即使按照清季以来逐渐演化的观念，将直省以下各级权力统统作为地方层级，士绅在不同层级活动时，其代表身份仍然并非固定不变。如民初一些省份的原谘议局议员当选为国会议员，省议会的位置由另一批人接替，这样的变化，很难用所谓国家与社会的架构加以解释。在直省以下，他们的活动存在于各个层级，同样很难认定属于哪一层或哪一地的代表。

四、汉族与少数民族

研究总结近代以来各科学人关于中国历史上民族问题的论述，梳理近代民族理论传入、民族观念形成以及民族识别活动的复杂历史进程，尤其要注重多样性及其合理内核，重新甄别民族识别的理念与做法，注意汉族、少数民族、中华民族的实事、自称、他指、后认之间的纠结，少数民族（包括集合与个别）观念及其具体涵盖的变化，中华民族概念下汉族与少数民族的关系等。在重新梳理历史文献与史事的基础上，依据中国历来以文化论种族的观念，按照历史发生发展的时空顺序，撰写整体和分支的民族生成演化史。以事实研究为依据，形成适合中国历史文化和国情现实的民族理论架构，并提出具有前瞻性的新的制度框架和政策设计。

用汉族、少数民族的概念指称中国人以及中国历史上的民族问题，始于辛亥时期。这是各国学人理解最难，抵触最大最普遍的问题之一。现行的民族划分及指称，即中国人由统一的汉族和一定数目分立的少数民族构成中华民族的多民族共同体，虽然不乏历史文化的渊源和凭藉，主要是辛亥革命以来受东西方各种民族主义思想以及民族学理论和方法影响的结果，与中国传统以文化论族属的实情相去甚远。少数民族的划分、各个少数民族的历史及其相互关系、少数民族与汉族的分别与联系等，大都是近代以来依照后出外来的观念架构倒着建构起来。认真考究，关于少数民族的识别与划分争议不少，未必能够如实恰当反映历史源流和近代观念变迁的史事，其中许多分合从一开始就争议不断，甚至专门从事民族学人类学研究的学人也莫名所以，迄今仍然是剪不断理还乱；汉族更是从来未经识别，就似乎不言而喻地加以笼统认定。

其实，除个别例外，汉族与少数民族的分别，就是同一人群的同化程度不一而已，同化程度高的，即被认为或自认为是汉。开始更多的是被指称，含有贬义（从元代的汉人，到清朝的汉奸，仍然衍化这一方面的意思），后来则自我认同，只是指称和认同的范围历代有别。在一定历史时期和一定区域内，也出现过胡化取向，与近代的西化相近似。在民族主义流行的背景下，本来是受异族统治不当待遇而生的自我汉意识急剧膨胀，以文化论种族变为以种族论文化，非我族类其心必异，从重视文野之判转而强调血缘种姓，来源复杂、逐渐趋同的所谓汉人，被统一认作是汉族或以汉族自居。而汉奸的意涵指向也由原来清朝指斥勾结内外夷人反清的汉人，包括清中叶以前进入苗疆等地的汉人以及鸦片战争时期帮助英军的华人，转而变成汉人概称帮助清朝为虎作伥的奸佞。辛亥革命武昌汉口之战，破坏革命军阵地军械的奸细，即被以汉奸罪论处。

追根溯源，汉族实为一"大杂种"，血缘上与其他少数民族没有截然分别，内部的差异甚至可以一望而知，百越、巴人、滇人等，这些所谓消失不见的族群，虽然可以追踪到他们一部分核心成员的去向，大多数人其实应该是被融合同化。即便以貌取人，也能查知大概。中华民族概念的产生及其应用，绝非纯然出于政治考量。本来清朝是旗民分治，与族属有关而不等同，清季在革命党的排满宣传下，演变为满汉对立。清季民初革故鼎新，人们意识到简单地套用民族主义处理内部关系的不适当，很快加以调整。原来作为文化集合体的汉，在满汉对立和民族情绪之下，畸变为一族，失去了原来同化各族的包容性。在种族划分思想日益普遍的情况下，为了调适外来民族理论和本国历史文化，反映中国本来联系紧密的各人群关系，由"中华民族"的观念取而代之。

不过，取代汉的中华民族，首先要面对的，正是被认作一族的汉的地位。本来是各族群的共同体，现在成为一家独大的单一民族，如果不能高姿态，如何服众？所以1919年孙中山说，欲构成中华民族的新主义，形成一个新的中华民族，关键"即汉族当牺牲其血统、历史与夫自尊自大之名称"。辛亥革命时期革命党人言论中的中华民族主要指汉人，孙中山重新解释民族主义，对此做了大幅度调整，其目的就是要团结、融合一般人已经习惯指称的各族成为一个新的中华民族，为此必须抛弃汉族名称。假如带有尊己卑人的"汉族"都没必要存在的话，其他群体同样不必再行划分。未来的趋势是，"中华民族"仅仅作为单一民族存在（单个的一个），而非包括多个民族的整体（多个的一个）。

全面抗战初期，傅斯年、顾颉刚、白寿彝、杨向奎、张星烺等极力主张"中华民族是一个"，看法与此类似，唯大同之下不乏小异。国民政府教育部长陈立夫提出"国内无异族,海外有同胞"的口号,思路也颇相近。1943年,蒋介石的《中国之命运》认为,一个中华民族之下只能称"宗族",不能称"民族",就是基于孙中山上述理念的提升。蒋介石及多数国民党人认为,如果没有"汉族",自然就不会有"汉族"和各民族的对立,也不会有各民族的此疆彼界,更无所谓国内民族自决问题。

陈寅恪以文化论种族的观念提供了相应的学理支撑,在他看来,中国历史上的胡汉之分不在种族,而在文化。不过,多数留学国外专攻人类学民族学的学者(也有少数例外),以及学习苏联民族理论的人,对于类似看法则不以为然,相互之间屡有论争。后来中国共产党认识转变,虽有内在因素,也一定程度吸收了不同意见。各种主张或影响深远,或问题犹在,同样具有进一步探讨的价值。[①]

中华民族的取而代之,一方面巩固了汉族的地位,另一方面使得"汉族"的认知陷入模糊。汉民族形成问题的论争,是中华人民共和国成立初期史学界著名的"五朵金花"之一,其实只是前几次相关论争主题变换后的延续。近二三十年来,汉民族研究重新热闹起来,学界多关注汉族所指实体的形成,围绕族源、内容、特征等展开讨论,至于什么是汉族,不仅没有得到解决,反而越究越梦。依时间顺序和逻辑统一的原则,寻究"汉族"内涵外延的产生演进过程,在近代民族问题的整体视野下,从不同视角和层面考察汉族是什么,进而理解和把握什么是汉族,或许可以提供新的取径,避免陷入似是而非的尴尬。

五、教育与"教""育"

清末以前,传教士所译西书,偶有以"教育"为专有名词者,而现实当中并没有能以近代教育观念完全涵盖指称的实事。今日通行的

---

① 参见杨思机:《指称与实体:中国"少数民族"的生成与演变》,中山大学博士论文,2010;杨思机:《汉民族形成的指称与论争》,复旦大学博士后出站报告,2012。

含义及用法，为明治维新后日本的新汉语所推行，看似从汉文借鉴，实际上语义和指称均有不同。清季"教育"输入中国，开始专指西式教育，继而概称历代所有教与育的有关行事。近代以来通行的各种教育史，清季以前部分，基本是用后出外来的观念间架编排组织而成，隔义附会者固多，形似而实不同之事亦复不少。其间的问题又不仅似是而非那么简单，往往适了"教育"这只外来之履，削了中国历史文化的"教"与"育"的本意之足。而人们在合用"教育"以对应西洋"education"一词之时，又分别用"教"与"育"以解释其义。其实改行白话文之际，中国语言文字性质大变，从以字为单位转而以词为单位，合用为新意，分解却是旧法。诸如此类的情形不在少数，如文化、学术、社会、国家等。所导致的误读错解，还不仅在于大小宽窄是否合度，而是中国文化制度的精义发生变异，外来体制的奥妙也无从理解。

　　退一步说，即使中国本来有教育，即使不得不用后来的概念指称前事，也应当尽量避免简单地用后出外来间架裁剪本国的材料和事实，而要努力领会中国固有教与育的观念、体制及其所以然。民国以来治教育史者，尽管偶尔也有人觉得不相适应，大都缺乏这样的自觉，其努力按照外来观念条理本国史事，反而更加固定化后出外来的框架，对于填不进去的史事则视而不见。为了对应外来的系统，如因缘日本而来的新式学堂有官立、公立和私立，则原来也分为官学、公学、私学；学堂有大中小三级，则国子监对应大学，府州县学、各级书院对应于中小学，社学、义学和学塾则对应初级小学或蒙学；新式教育由学部统管，则礼部和国子监也被赋予相应的职责权能；清季各省设提学使司，专管学务，则昔日的学政被判定为省一级管理教育的地方官。

　　这样的对应，看似整齐划一，利于学习新知识的今人理解，却与本事不合。所谓官、公、私的概念及实事，在中日两国名同实异处不少。即使相对容易分别的官学，清代历朝典章政书的指称也因时而变，不能一概而论。一般学校往往不称官学，书院、社学、义学的属性很难用公私官民的概念划分判定，至于清季立停科举前后，趋新人士用

"私塾"指称儒学、书院及官立社学、义学以外各种类型的学塾,含有显而易见的贬义,目的是排斥西式新学堂系统之外的所谓"旧式"学塾。如果不是西式学堂一枝独秀,西洋的分科治学与分科之学就未必能够水到渠成地一统中西学术文化的江湖,西学的知识也就未必当然成为放之四海而皆准的公理。

将中外截然不同的学校体制加以比附,并非教育史家的发明创造,还在清季变制过程中,因为担心改变原有学校引起社会尤其是数百万举子童生的波动,朝野上下试图以学校以外的书院、社学、义学、学塾为基础,另行建立一套学堂体系,清廷即令各省所有书院,于省城均改设大学堂,各府及直隶州均改设中学堂,各州县均改设小学堂,社学、义学也分别改为小学堂。学塾则一部分改为学堂,大部被强制性改良。而原有的府州县学名存实亡,注定了自生自灭的命运结局。这些举措,成为后来教育史立论的凭借。民国时期偶尔还有学人试图量体裁衣,另设框架,越到后来,相关的研究,即使严谨认真之作,基本取向都是加强和确定这样的框架,而不怀疑其是否适当和适用。关于书院、学塾的属性、程度之类的讨论争议,大体是在既定的框架之下,努力将全体的各个部分强行纳入,安放到相应的位置。如此一来,以后设观念固然求得心安,于本事却渐行渐远。

与一般陈说有异,"私塾"概念的晚出,不仅以西式教育体系为参照,而且用"国民教育"为标准,衡量检验中国固有的教育机制。其实"私塾"不一定"私",也不一定"初",更不一定"劣"。清季以来,政府一直仿行日本国民教育,试图统一标准。而中国幅员广大,千差万别,强行统一,不仅难以做到,而且往往面临因噎废食的尴尬。况且国民教育本身也存在诸多问题。所以,在历届政府采取种种强制性措施大力推行国民教育体制,并且施加强大压力以限制、改造甚至取缔私塾的情况下,被称为私塾的教育机构仍然顽强地普遍大量存在于城乡各地。政府方面,鉴于国民教育面对现实确有疏漏偏蔽,有时也不得不参照塾学做法,予以变通。清季对国民教育声音微弱的批评指责,大都被视为顽固守旧,实则背后往往牵扯错综复杂的利益关系,尤其是政府与社会的权力控制，所以教育文化程度越高的区域，对于新式学堂的抵触反而越大。直到民国时期，从事乡村教育平民教育的人士以切身体验批评国民教育，人们才开始转变观念，有所正视。类似现象，至今仍然似曾相识，凸显此类事物绝非一个中西新旧进步落后的评价可以了得。

清廷立停科举，旨在使学堂与科举合为一途，培才与抡才熔于一炉，让科举的规制，在学堂中得以延续。而士子的仕进之阶堵塞，纷纷转投学堂，育才和蒙养统一起来，成为青年显达的必由之路。分科教学与新的知识体系建构相辅相成，人的知识传承发生突变，各种教科的设置和教科书的编译，使中国迅速进入"科学"时代。原有的知识系统则逐渐被分解重构，如经学以读经、存古和经学课程等形式进入各级各类学堂，又逐渐退出，直到民初正式废止。断言科举废即经学亡未免过当，不过经学进入学堂，由原来占据统治地位变成诸科之一科，已经注定其命运归结。以"科学"的观念看，各学科当然都是平等的。可是中国社会为伦理政治，没有笼罩性的宗教信仰，特重纲常伦理，礼制、礼俗和礼教，是维系社会生存发展秩序的关键。近代学人一味就秦汉以上疑古，忽略独尊儒术其实是掌控认识两汉以下两千年历史文化的重要枢纽，独尊的时间累积起来或许不算长，却是万变不离其宗的轴心关键。这与圣经虽然同样可疑，之于欧洲中世纪的作用却毋庸置疑大体一致。经学退出历史舞台，又没有适当的替代，造成百年来中国人终极关怀的紊乱和空置，影响极为深远。

六、边

清朝原有"边"的观念，因为有文野之别，以及实行宗藩体制（在外国为朝贡），又视与对方的关系而变化，内涵复杂，与依照国际法确立边界的概念不能等同。划界冲突，往往因此而起。如何由原来的边疆，转到因应列强侵占周边各国而生的边界，以及边防、边务的体制与实施，包括出入境制度的设立等，应当全面检讨。

中国以文化论族属，疆域很大程度上是文化属性的体现，重在人的归化程度，而非地的此疆彼界。古代所谓四裔，主要是文野之别的观念形态，实际情形则是杂处混居。文化有别，住在中原也是四裔。这种以文野论远近的理念及其行事，与近代由列强支配的条约体制按照丛林法则划分边界的做法截然不同。研究边疆如何由原来以人的文野为别，转变到近代以地的归属为判，认识各种相关体制的设置与实施，不仅是认识历史上中国与周边国家关系的重要方面，而且可以查知许多由边界纠纷与冲突所引发的事件，造成对于内政的极大影响。更为重要的是，面对当前复杂多变的国际及地区局势，深入认识中外不同的理念与做法，仍然具有现实的参考借鉴意义。

从清代实行的王朝体制看，古代中国"边"的文化性至少体现于下列方面：其一，以文野不同而态度有别。其二，规制与实施因地制宜。其三，具体处置因人而异。

清朝原本也有"边"甚至"界"的观念意识，以及相应的规制，可是大都属于纸面文章，无法实施，所以一般而言并无实事，尤其不能用后来的观念格义附会。与文化论族属的观念相对应，所谓边疆主要取决于住民的文野之别，而非辖地的此疆彼界。文化尚未归化之处，即使位于疆域内地，不与任何藩属外国接壤，也被视为边疆，如西南数省的所谓苗疆，甚至各省交界的地区也称为边疆；反之，随着文化的提升，体制上改土归流，经济文化日趋发达融合，则即便位于边缘地带，也逐渐不以边疆视之。最为典型的如东南沿海各省。

中国地域广袤，周边的国家为数不少，与中国的关系各自有别，清朝处理与周边国家的关系，不仅依据自身的体制规定，而且考虑与对方关系的差异。清朝宗藩体制下"边"的意涵及其相应规制，视对方与中国关系的具体情形而变化，宗藩与邻国就明显有别。即使同为藩属，也有亲疏不同，同样视对方的向化程度而异。因此，可以说，清朝在处理相关事务方面，纵然有所规制，也不过是确立一些基本原则，以便作为灵活处置的基准，弹性极大。

不仅如此，清朝虽然形式上设制严格，但是因人因地因时而异的情形相当普遍，政的兴亡存废与人的好恶去留密切相关。而且往往规制越明确严格，越不一定实际生效。而真正起作用的，又没有明文写定的通则规矩。这在深谙为官之道并且熟悉边事边务的当事各人或许不成问题，可以从心所欲而不逾矩，后来者就只能从行事的规律习惯加以判断，常常感到没有头绪，茫然不得要领。有些规定，看似严格，其实只是纸上谈兵，根本不具备可操作性，因而不可能实行。如雍正以来清廷严禁中越边民私自跨界，要求对于管制不善的官员严厉惩处，可是当时中越之间除有河流、大山的分界标的之外，许多地方不过平坦空旷地方，根本没有明确边界。地方尚且华离参错，人民更是民夷杂处，连谁跨谁的界也分不清楚，圣命再严，也只能阳奉阴违，相机行事。

　　清朝这一套因地因人因时制宜的办法，内涵复杂，鉴于中国广土众民、各地风土人情差异极大的实际，或许较为符合以人为本的理念，只是实行的前提是中华文化高于周边，才能成为共同认可的规矩。可是一旦遇到强势东来的泰西列强，华夷逐渐演变为华洋，而洋又无形中成为新与好的时尚招牌，原来行之有效的祖宗成法便再也罩不住那些率土之滨的王臣。本来不过处理欧洲拉丁方言区内部的习惯规则，到了东亚变成万国公法，进而演化成国际法，至少从名称上确立了世界各国应当共同遵守的原则。由于列强步步进逼而被迫实行的勘界划界，依照这一套不得不然的国际法确立的边界概念以及划界规则，与东亚原来以中国为中心的理念做法大相径庭，护藩与固圉的纠结令当局者左右为难。以辖地为目标的理念其实更接近于丛林法则，与以人为分别的文化取向迥然不同，划界冲突往往因此而起。由原来内外模糊的边疆，转到因应列强侵占周边各国而严格划分的边界以及维系分界的边防、边务，固然是中国进入世界体系的重要表征，可是国际法本身是否真的具有普适性，还是近代以来人类思维与社会规范在欧洲中心笼罩下的不得不然，人类的未来能否拥有更加合理多样的取向，都应当全面检讨。在能够提供的为数不多的参照中，中国的固有理念与做法与之分别显著，至少是不容忽视的选项之一。

近代以来，尽管中国被拖入世界体系而不得不改行国际法则，其固有的处理边疆及域外事务的理念行事，一直潜移默化地影响着后来执政者的意识行为，说明其中的确有适宜中国情形的道理在，未必可以视为观念落后的表现。由于分地划界的实行，以人为主体的"边疆"与"民族"问题日益凸显，对于少数民族概念以及实行民族自治始终心存疑虑的国民政府主张分地而治，反对分人而治。连一些人提出用边疆民族的名义，傅斯年等也认为容易被牵连复杂的境外势力所利用，而坚决予以否定。单方面指责民族矛盾是由于不良统治所造成的，未免过于简单化。

如何扩张辛亥革命的史料与史学

辛亥百年,海峡两岸、港澳地区乃至东西各国密集举办各种研讨会,出版或再版各种研究著作,学术刊物则开辟相关栏目,包括影视在内的一般传媒也准备了各种专题节目,一时间热闹非凡,编辑各种资料自然成为不可或缺的重要环节。如果不仅仅为了应景,而要着眼于学术的发展以及相应的时代需求,那么如何扩张辛亥革命的史料与史学,就不能不有所讲究。

辛亥革命的研究在整个近代史研究领域较为成熟,表现之一,现在学人很少选取直接的题目。即使逢纪念周期的应景之作,也被质疑虽然扣题,却少新意。当然,并不是说辛亥革命的研究已经完善,只是难度较高,一般不敢轻易下手。换一角度,也可以说辛亥革命史的研究已经过了多以新材料发现新问题的初级阶段,走向摸高探深的成熟期。所面对的前贤遗留的各式难题,往往需要学人训练较好,超越已有的局限,才有可能别开生面,并达于高明的境界。不能一味钻空子找漏洞,而美其名曰填补空白;或是简单拼凑,而自诩为综合概括。

对于这样一些前人研究较为成熟的领域如何进一步深入扩展,20世纪以来不断有学人贡献真知灼见。只是倡导的结果,很难扭转热门变冷、显学退隐的趋势。后进学人,更喜欢选择由新材料新观念以发现新问题的捷径,而不愿尝试接续前贤的未竟之业往下做的途辙,于是将目光转向其他方面。其实,前人关注的往往是枢纽性的大问题,尽管近代学术史上不乏附庸蔚为大国的先例，时段与层面下移也呈现大势所趋，毕竟接着做比对着讲更接近大道正途，更能体现学术研究的深度和高度。

　　近代史研究普遍存在的一大问题是，由于材料太多，不得不缩短战线，专题研究取代了学术准备，导致分化过细，以致不能贯通。时间上分段，空间上分区，问题上分类，专题研究的深入异化成了学术视野的孔见，结果流于盲人摸象。历史研究的贯通并非一般所谓扩展研究视野和领域，不是仅仅以辛亥革命为中心的延伸，而是将辛亥革命放到历史发展的时空整体联系的脉络之中，将辛亥革命作为历史的一部分，而不作为一种断代之断代史的划定。也就是说，这样的取径并非只是以辛亥革命的问题意识做范围的扩展，那样很可能结果只是辛亥革命的简单放大，而是将辛亥时期的全部历史放到近代中国、东亚乃至世界历史的整体中去，放到三千年中国历史发展的长河中去，放到不做任何分门别类的细分化的历史本来状态中去，进行贯通式考察，用整体的历史眼光探究辛亥革命乃至整个辛亥时期的历史。类似辛亥这样发生了天翻地覆的变化并且对历史发展进程具有重大影响的历史时期，不仅整体意义必须古今中外地加以认识，就连具体问题要想认识得当，也非有贯通的眼光不能奏功。这样的取径做法，其实不过是前贤治史的基本，因而卑之无甚高论。只不过有用于史学研究的方法与专讲史法者的方法有别，前者说起来相当简单，做起来决非轻而易举，后者则看似头头是道，用于具体问题的研究却往往难以收效，形同纸上谈兵。近代史研究的现状，与治史的基本取径做法距离甚大，而其趋势，还可能渐行渐远，所以值得特别强调，以免流弊滋生，以至于不可收拾。

　　治史必须贯通古今中外，整体之下研究具体，尽管辛亥革命只是历史长河中的一段波澜，也要知其渊源流变，才能胸有成竹，洞若观火。

　　辛亥革命研究的拓展，无疑需要史料的扩张作为支撑。历来学人收书与藏书家有别，首重内容，至于版本是否珍秘之类，反在其次。

因为旧材料往往是基本主干,新材料则是脱离之片断,旧材料不熟,新材料难以安置妥当。而没有新材料,一味依据旧材料做反复解释,也难免牵强附会。治学首先应由基本书中读出历史的大体本意,高明者更能从常见书发前人未发之覆。近代以来,提倡扩张史料不读书,流弊之一,是常见书都不看,一味找前人未见之书。结果往往问题和材料就在面前,却熟视无睹,就算找到前人未见的材料,因为不知大体,也无法安放得当,解读起来只能望文生义,穿凿附会。如此一来,灯下黑与不远见的情形同时存在,导致史学研究出现凿空蹈隙的弊端。虽然看似有扩张领域之利,其实只是图容易立说之便。

古代尤其是唐以前的基本文献史籍,大体都能掌握,扩张史料必须有特殊工具或范围,像甲骨、简牍、碑刻,以及敦煌石室遗文那样大规模发现新材料的机会可遇而不可求。况且,与晚近以来的史料相比,号称浩如烟海的古籍不过九牛一毛。近代历史的研究,材料太多,起步又较晚,前人没有看过的文献俯拾皆是,如果以为随手拈来就可以填补空白,超越前贤,则大谬不然。因为类似的发现其实相当容易,喜出望外恰是少见多怪,而要想将这些材料安放得当,显示其应由的价值,不做过与不及的解读,根据所发现的资料对史事有所发现,才是考验学人见识、功力的关键所在。今人能够看到的材料虽然远远超过前人,但是读懂和驾驭材料的能力却大不如前。材料的真伪、直接间接都是相对而言,善用者伪材料也能够看出真问题,否则全用直接一手材料还是难免上当受骗。

因为在革命的时代与革命有缘,相比较而言,编辑辛亥革命的史料,历来受到重视,综合或分类分地的资料汇编,两岸已经出版的不在少数。就辛亥革命的主导者革命党的革命文献看,已经行世的大致已是多数之汇集,余下的则是少数脱离之片断,可以说大体已备。当然,由于相关材料实在太多,片断仍然相当庞杂,许多公家文献在政局动荡之际流落民间,不仅私人藏家手中未经披露的东西指不胜屈,公共图书馆尤其是各级档案馆、博物馆中尚未整理编目的文籍也并非个别例外,至于当事人亲友后人所藏的日记、函电、文集等,更加难以估量，有待补充的仍然所在多有。例如各国的相关公私档案，目前能够普遍看到的只是九牛一毛。

  至于其他部分，如清政府以及社会各界各业的资料等，虽然在既往的各种资料汇编也有所涉及，有的还编辑过专题性文献，毕竟目的大都主要还在革命，因而角度视野不免局促。在这些方面，恐怕很难说多数之汇集已经具备。在缺乏参照的情况下，所谓新增，难免有褒之则因地制宜贬之则因陋就简之嫌。其中有些史料，看似常见，其实不然。如谘议局、预备立宪、地方自治的文献，主要是作为相关机构的文件而非图书印刷行世。由于实行的时间只有短短几年，就被辛亥革命阻断了预定的进程，效果固然尚未显现，有的甚至还没有全面铺开，如府州县、城镇乡的自治。相关的文件来不及归档，就已经政权鼎革，风云变色，因而诸如此类的文献找到不难，收全不易。即便实行时间较长的一些制度的文件，也未必容易收集完整。如厘金制学人大都耳熟能详，一般教科书也有所介绍，可是各地厘局历来的章程却几乎无人看全，甚至留存下来多少种，大概也很少有人能够掌握。在这样的情况下，这些事物因时因地因人而异的运作、变化和影响，显然很难说清楚讲明白。加之做法上存在简单地依据章程条文描述制度文物的局限，忽略了规定与实情之间往往有相当大的距离，应由章程条文与社会常情及其变态的相互作用来还原历史活的实态，才能逐渐近真并得其头绪。

让学术的潜力无限

1981年，还在硕士研究生二年级的学习阶段，便有幸先后参加了两广太平天国学术研讨会和长沙纪念辛亥革命70周年青年学术研讨会。当时正值改革开放不久，学术会议的举办远不如后来之多，能够出席的机会更是相当难得。从与会者的态度积极和发言踊跃可见，大家都非常珍惜机会，在十年禁锢之后，对于自己的专业领域，好像有一肚子的问题意见，永远说不完道不尽。

两相比较，两广太平天国学术研讨会的声势更加浩大，与会人数突破200人，先后在广州、桂平、桂林以及广州至桂平的航船上，连续举行大会和分组会，总会期将近半个月。当时虽然条件有限，观念尚能平等，出席者从胡绳以下，食宿一视同仁。而两省各级政府极为重视，尤其是广西壮族自治区政府和桂平县政府，全力动员，待遇规格之高，持续时间之长，为历来学术会议所罕见。与会学者畅所欲言，充分表达意见，真正做到知无不言言无不尽。水准高低不能擅断，过瘾应该是共同的感受。时下的学术研讨会大都是一个回合打完照面就鸣金收兵，颇有些类似什么"秀"，不免令人怀念半月会期的盛会。近十年来屡屡提议重开一次为期半月的学术会议，响应者寥寥，一则普遍都忙，二则大概没有那么多话要说。如果不是浸润有年，大概是经不起更多回合深入讨论的。

相比之下，长沙的纪念辛亥革命70周年青年学术研讨会，尽管筹办方尽可能想方设法，条件仍然略显局促，非但无法与今日学术会议的物质条件相媲美，就是放在当时的背景之下，也可以说毫无优势可言。

当然，长沙会议是专为青年学人而办，倡行者的主旨是武汉纪念辛亥革命70周年学术研讨会的容量有限，希望为更多的后进提供机会。不过，虽然两广太平天国学术研讨会规格高、容量大，与会的青年学人也为数不少。可是，30余年过去，对于青年而言，显然长沙会议的影响要大得多。不仅如此，在三次革命高潮的架构依然主导中国近代史研究的环境下，太平天国和义和团研究领域，都没有出现这样对于青年具有持续影响力的学术会议。而随后举办的孙中山研究青年学术研讨会以及纪念辛亥革命80周年青年学术研讨会，与之相比也相形见绌。

对此学术史上的异象，人们从不同的方面予以解读和发挥，如天时地利人和的机缘巧合，与会者大都继续坚守在专业领域，如今已经具有一定的地位，以及事后不断的记忆与追述等。正因为有各种因素的有机配合，所构建出来的画面才愈加清晰，色彩鲜艳，时时回放，令人记忆犹新。

除了各种外在因素，一次特定主题的青年学术研讨会能够产生如此广泛持久的影响，是否还有内在的因素，有待认识和发掘？如果有，其主要体现何在？

从三次革命高潮的角度看，包括辛亥革命在内，都毫无例外地逐渐从显学退隐。近20年来，除了适逢纪念周期的活动，学人一般很少选取相关主题进行研究，撰写论著。相比之下，其中太平天国退潮最为显著，连纪念周期也少有跟进者。义和团的纪念周期已经延长到以百年为单位。辛亥革命稍好，因为尚有统战号召作用，逢十的纪念周期还能得到政府和各方的关注，起而响应的学者不乏其人。纪念性学术会议的征文，数量甚至还有增长之势。

仔细考察，研究辛亥革命的论文中，接续原有主流性主题的为数不多，大都是与辛亥革命相关的扩展性题目。而在太平天国和义和团研究中，相关课题不易纳入研究领域，接续性课题又难以为继，除了一些翻案式的评价文章，研究几乎陷入停滞状态。

是否太平天国和义和团研究的空间已经陆续填满，因而失去了学术活力？恐怕很难简单地得出这样的结论。义和团的研究即一显例，在中国学术界很少从事相关领域的研究时，美国的柯文教授和周锡瑞教授却分别出版了义和团研究的专著，从社会组织、文化传统以及事实、传说、记忆等不同角度，探讨义和团运动兴起发展的历史背景以及本事与叙述的联系分别，令人耳目一新。而太平天国的研究，在日本也有继续坚守者，试图用更加广阔复杂的视野重新审视在人间建立天国的努力。今人好指前近代中国社会为乡土社会，虽然这一观念已有近代的预设，而且那时人们未必具有清晰的城乡分界意识，毕竟中国社会是以农耕为主要形态。如果能从两次乡村民众（也包括乡村士绅）的大规模社会反抗运动来认识乡村社会的实情，学术发展的空间将是无穷无尽。

太平天国和义和团，牵涉中国南北农村的方方面面，如土客矛盾、民间信仰、社会组织、士绅地位与作用、家庭与性别、区域差异等。不仅如此，统治一方的权力结构在猛烈冲击下也发生了大规模变动，政治、经济、文化体制随之出现广泛而深刻的调整。即使义和团为时短暂，也极大地搅动朝局，影响科举，牵连士绅。原来影响至深的南北清浊，几乎消失殆尽。在历史转型期，研究者的目光如果仍然局限于农民政权的性质、民众行为的属性等见仁见智、纠缠不清的问题上，很难取得进展。域外的相关研究，正因为没有延续既有的做法，而是进一步发掘相关领域的学术空间，才显现出足够的潜力。

相比之下，辛亥革命研究要幸运得多。虽然辛亥革命及其领导者的阶级属性等问题一度也是关注的热点，领军学人很早就自觉应当从更加广泛的视角来加以研究，因而鼓励来者朝着不同的方面拓宽视野，扩展研究领域，清王朝的改革、内政与外交，朝野各种势力错综复杂的关系，城乡社会的联系与冲突，各种社会群体、社会组织、党派团体的结构作用，各种制度的转型，思想与思潮的兴起等研究领域竞相展开，覆盖了各个层面，而且时间上溯源逐流，将晚清和民初融合一体，无涯无尽，具有无限扩展的空间，吸引新锐学人源源不断地投入其中，奠定自己学术发展的基石。

庙大才能供佛，自我封闭，缺少潜力空间的学术领域，很难奢望生生不息的薪火相传。

两岸辛亥革命与孙中山研究交流的回顾与展望

海峡两岸开始直接的学术交流,迄今已近30年。其中辛亥革命与孙中山研究扮演了重要角色,具有特殊的历史地位。用时下媒体通用的形容词汇,辛亥革命与孙中山研究在两岸学术交流中起到了破冰的作用。关于两岸以辛亥革命为前驱的学术交流,自20世纪末纪念辛亥革命80周年之时,已经进入历史学者的研究视野,成为学术史的有机组成部分。虽然为时短暂,相关成果数量不多,毕竟大体梳理一过。在这样具体且历史不长的领域,似乎已经胜义无多,难以置喙。不过,全面仔细检讨,尽管时间切近,亲历者犹在,历史记忆却已经出现偏差。交流对于两岸辛亥革命与孙中山研究所产生的作用,以及所遗留的问题,似还有进一步深究的必要。如此,可以一方面为思考两岸学术交流的走向提供借鉴,一方面有助于推动辛亥革命与孙中山研究的持续发展。

一、回顾:确定起点

如今海峡两岸的学术交流,虽然仍未达到来去自由的便利程度,相较于30多年甚至20多年前,可谓是一马平川。当年筚路蓝缕、披荆斩棘的艰难险阻,未曾身历其境者或许已经难以体会。

两岸学术交流何时开始,辛亥革命研究在其中的地位与作用如何,早在筹备辛亥革命 80 周年纪念时，即引起学术界的关注。华中师范大学章开沅教授等人编辑的《国内外辛亥革命史研究综览》，专列了"国内外重要学术研讨会简介"一项，其中第八条 1981 年 10 月 21 日至 23 日的"纪念辛亥革命七十周年东京国际学术会议"提及，本次会议是日本东京、京都有关学者希望促成海峡两岸以及韩国、朝鲜同堂讨论而发起创办，鉴于当时的政治态势，"号召台湾海峡两岸与朝鲜半岛南北双方的学者都以个人资格参加会议"。可惜台湾地区原来确定参加的陈鹏仁、陈三井、蒋永敬、李国祁、李守孔等 5 位学者，临时突然宣布不来，未能如愿以偿。

好在这样的遗憾不久就得到补救。1982 年 4 月 2 日至 4 日，美、日学者为促进海峡两岸同人聚会研讨辛亥革命，假美国亚洲研究学会第 34 届年会在芝加哥举办特别会议，两岸学者第一次共济一堂，大陆出席者为胡绳、章开沅、李宗一、李泽厚、赵复三，台湾地区为秦孝仪、张忠栋、张玉法、林明德、李云汉。①

这样的阵容，一望而知双方成员都不会是单纯以个人资格。会议期间就辛亥革命是资产阶级革命还是全民革命的问题所展开的辩论，引起广泛关注和报道，一时间传为热点。两岸学者彼此不失君子风度的彬彬有礼之间，显示了立场差异的幅度，也隐约闪现出一些锋芒。只是媒体更加聚焦于分歧的部分，将对立有所放大。

芝加哥会议两岸学者的聚首，虽然具有政治象征意义，却实属偶然的例外。在第三地同堂研讨学术的机会，并没有就此持续开启。此后数年间，两岸交流无形中停顿，不要说两岸之间的彼此直接往来还未能实现，就是在第三地的重新聚首也难上加难。这再度表明芝加哥会议的首次相聚，很大程度可以说是两岸借着学术交流的一次政治试探，其结果应是对于在第三地由第三方主办的学术会议上进行两岸交流的形式有所保留。如果两岸直接的交流不能实现，影响学术交流的

---

① 章开沅、刘望龄、严昌洪、罗福惠、朱英编著《国内外辛亥革命史研究综览》，湖北教育出版社，1991，第 435 – 436 页。

政治僵局还是难以最终打破。

这样的时机终于在八年后随着台湾政局的大变动而姗姗来迟。如果说1982年的破冰只能在中国境外实现，1990年则是真正的破冰之年。不过，由于这一年相继出现了几次破冰之举，而亲历其事者各不相同，以至于近年的两岸交流史学术回顾已经产生歧义。

华中师范大学的朱英教授在纪念辛亥革命100年时讲述"海峡两岸的辛亥革命史研究与学术交流"，专门叙述了"两岸学术交流的直接进行"，他说：

> 1982年芝加哥会议是两岸学者的第一次正式对话，但是两岸之间的直接学术交流，却仍然没有正式开启，直到80年代末开始陆续有台湾学者到大陆访问。1990年的9月，中国社会科学院近代史研究所召开"近代中国与世界"国际学术研讨会。会议首次邀请台湾"中央研究院"近代史研究所的3位学者出席。1991年8月，美国和日本学者在檀香山举办纪念辛亥革命80周年学术会议，两岸各有10位学者出席。当年在芝加哥会议上出现的紧张乃至对立的气氛，已经明显减缓了，两岸学者相处甚欢。同年10月，在湖北武昌举行纪念辛亥革命80周年学术研讨会。张玉法等3位台湾学者应邀提交了论文，其中有两位学者出席了会议。到90年代初，大陆学者也开始应邀赴台湾地区出席学术研讨会。1992年5月，台湾政治大学历史研究所召开"黄兴与近代中国"学术研讨会。我们中国社科院近代史所长张海鹏等3位学者应邀出席会议，这是大陆学者第一次出席在台湾地区举办的学术会议。这引起了台湾媒体的关注，报道不少。另外海峡两岸相关学术机构还开始联合举办以孙中山为主题的学术会议。1992年6月，中国社科院近代史研究所与台湾师范大学三民主义研究所联合举办了"孙逸仙思想与中国现代化"学术研讨会。这是海峡两岸学术单位第一次联合举办的学术讨论会。

此说大体描述了两岸直接交流的历史进程。其内容基本是根据张海鹏研究员的《海峡两岸中国近代史学者的学术交流及其对中国近代历史的不同解说》一文。① 该文论道：

> 两岸中国近代史学者第一次面对面进行学术交流，是在1982年。那年4月，美、日学者为促进两岸学人聚会，借美国亚洲研究学会第34届年会在芝加哥召开之际举办特别会议，研讨辛亥革命。胡绳率章开沅、李宗一等大陆学者，秦孝仪率张忠栋、张玉法、林明德、李云汉等台湾学者与会。两岸学者就辛亥革命的性质问题进行了热烈讨论与争鸣，引起海内外学者广泛关注，传为佳话。1990年9月，中国社会科学院近代史研究所以建所40周年为名，在北京召开"近代中国与世界"国际学术讨论会。台湾"中央研究院"近代史研究所研究员吕实强、张朋园、林满红等三人应邀出席。这是台湾地区的近代史学者第一次出席大陆召开的学术会议。1992年5月，张海鹏、尚明轩、韦杰廷应邀出席了台湾政治大学历史研究所主办的"黄兴与近代中国"学术研讨会，这是大陆学者第一次赴台参加学术会议。1992年6月，中国社会科学院近代史研究所与台湾师范大学三民主义研究所在北京举办孙中山研讨会，这是两岸学术单位第一次合作召开这样的学术会议。同样的合作，还在1994年1月在杭州办过一次。在这期间，以及此后，两岸学者互访以及相互在大陆、台湾地区和海外参加各种学术活动，就数不胜数了。两岸的两个同名的近代史研究所之间的学术交流更为频繁了。

这篇文章，是由作者一篇题为《关于中国近代历史发展规律的认识和对若干史实的解说》的论文增补而来，该文完稿于1998年1月3

---

① 卢晓衡主编《海峡两岸社科交流参考》，经济管理出版社，2000。

日，首先发表于台北《历史月刊》1998年2月号。① 其中并没有上述关于两岸交流的内容，其他文字则基本一致。2008年10月，由中国社会科学院科研局组织编辑、中国社会科学出版社出版的《中国社会科学院学者文选》，其中《张海鹏集》也收录了《关于中国近代历史发展规律的认识和对若干史实的解说》一文，同样没有两岸交流的内容。由此可见，《海峡两岸中国近代史学者的学术交流及其对中国近代历史的不同解说》，应是在《关于中国近代历史发展规律的认识和对若干史实的解说》的基础上，针对特别需要稍加补充而成，作者心中的基本重点是后者而非前者。而改题目《海峡两岸中国近代史学者的学术交流及其对中国近代历史的不同解说》所增加的文字，主要是以两岸两个同名的近代史研究所为中心加以叙述。

张海鹏研究员是1990年以来两岸交流的亲历者，又担任中国社会科学院近代史研究所所长，对于此前的相关各事也是知情人，所以他的说法具有相当的权威性。尽管作者本人十分清楚《海峡两岸中国近代史学者的学术交流及其对中国近代历史的不同解说》只是《关于中国近代历史发展规律的认识和对若干史实的解说》的变形，可是前者自2005年前后由网络转载以来，可能是由于标题醒目以及没有同类主题的成果的缘故，很快被大量链接转载，已经成为两岸学术交流发生史最具代表性的经典表述。所以连参与《国内外辛亥革命史研究综览》的编辑，又专攻辛亥革命史研究，并担任相关机构负责人的朱英教授也几乎全盘接受。而得到作者认可的爱龙网（www.ailong.com）2005年第4期总第38期转载的《关于中国近代历史发展规律的认识和对若干史实的解说》，受到的关注远不如《海峡两岸中国近代史学者的学术交流及其对中国近代历史的不同解说》。这样的情形，恐怕并非作者所愿。

张海鹏研究员的文章关于两岸交流发端的叙述，虽然是应需增补的文字，大体也不错，只是其中最为关键的环节，即关于大陆首次成

---

① 张海鹏：《追求集：近代中国历史进程的探索》，社会科学文献出版社，1998。

功邀请台湾学者前来参与的学术会议一事，记载有较大偏差。仔细查对，台湾学者首次来大陆参加学术会议，应当不是 1990 年 9 月中国社会科学院近代史研究所召开的"近代中国与世界"国际学术研讨会，而是一个月前的 8 月 2 日至 6 日，在广东省中山市翠亨村举行的"孙中山与亚洲"国际学术研讨会。

这次会议由广东省孙中山研究会、中山市孙中山研究会和日本孙文纪念会联合主办。据参与其事的广东省社会科学院孙中山研究所黄彦研究员的介绍，会议缘起于 1988 年底，广东孙中山研究工作者眼见当时两岸的民间往来日益发展，便计划举办一次有台湾学者参加的、以"孙中山与亚洲"为主题的学术讨论会，希望以此搭建两岸学术交流的友谊之桥，消除隔阂和对立。为了减少台湾学者的参会阻力，又提出与日本学术团体联合主办。1989 年 3 月初，广东省孙中山研究会在获得中山市孙中山研究会的赞同后，致函日本孙文研究会，提出联合举办学术讨论会的建议。日本孙文研究会迅即答复，欣然同意，并有意愿促成讨论会。3 月中旬，建立了由中日两国 40 位著名学者为委员的组织委员会，另外聘请了 20 位顾问，其中包括两国的资深学者、孙中山基金会会长和中山市党政负责人。

组委会成立后，山口一郎教授和卫藤沈吉教授先后分赴台北从事邀请工作，旅美学者吴相湘教授，韩国闵斗基教授，日本伊原泽周教授、山田辰雄教授等分别致函台北友人，呼吁踊跃赴会。蒋永敬教授和张玉法教授通过各种方式联络了大批愿意赴会的台湾地区学者。

研讨会原来预定的会期应当更早，可是其间国内外形势发生了重大变故，使得会议的筹备一波三折，日程不得不推后。经过一年多的筹备，克服了种种困难，终于顺利召开。与会共有海内外学者 179 人，其中境外 105 人，而台湾学者达 33 人之多。绝大多数台湾学者数十年来是第一次到大陆。广东省社会科学院李时岳研究员在总结述评中说："特别是 33 位台湾学者的到来，开创了海峡两岸孙中山研究交流的新篇章，具有重大意义。"① 介绍研讨会相关情况的黄彦研究员特意分别引述了陈锡祺、卫藤沈吉、张玉法3位能够代表各方的学者的话，来说明"这次讨论会取得了重大的成功"以及学者们"都给予很高的评价"：

> 陈锡祺教授说：如此众多的中国大陆学者和台湾学者，数十年来第一次共同参加研究孙中山的学术会议，这必将在中华民族的学术史上留下重要的一页。它对于亚洲乃至世界各国的学术交流，也会产生良好的促进作用。卫藤沈吉教授说：这次会议开得十分成功，台湾海峡两岸和各国许多学者一起参加这个讨论会，实在是一次划时代的盛会。张玉法教授说：我一向最大的希望是，学术会议应该学术化，而把政治气味减弱到最低限度。现在，这个期望可说已经百分之百地达到了，这是我从台湾动身来大陆之前所完全没有预料到的，因此感到非常高兴。这次会议，可以为今后在别的地方举行学术讨论会提供一个很好的典范。②

几位前辈师长所说，都指出了这次会议具有划时代的历史意义，而主要依据，就是它在两岸学术交流史上具有里程碑式的历史地位。这样的历史地位，无疑与第一次紧密相连。对此，张海鹏研究员应当不是有意忽视，他刚好没有参加翠亨的会议，单凭记忆在旧文的基础上略作补充，容易有所疏失。正是因为其说的影响太大，而出现误记的环节又太过关键，很可能会制约两岸学术交流的历史记忆，甚至影响相关历史的叙述，所以有必要予以澄清。

---

① 详见黄彦：《"孙中山与亚洲"国际学术讨论会情况介绍》、李时岳：《评"孙中山与亚洲"国际学术讨论会》，均载广东省孙中山研究会编《"孙中山与亚洲"国际学术讨论会论文集》，中山大学出版社，1994，第1144-1163页。
② 黄彦：《"孙中山与亚洲"国际学术讨论会情况介绍》，载广东省孙中山研究会编《"孙中山与亚洲"国际学术讨论会论文集》，第1148页。

二、成效：和而不同

日本学者极力促成两岸学术交流，是鉴于 1981 年两岸分别举行了高规格的学术研讨会，邀请各国学者参加，唯独不能邀请对岸的同胞出席。那么，为何会选取辛亥革命及孙中山研究作为两岸学术交流的突破口，两岸学者出席由对方主办在对方召开的学术会议，除了政治上的积极作用，在学术研究方面，各方有何预期，20 多年过去，这些预期是否实现，或者说，在多大程度上起到作用，凡此种种，都值得深入检讨。

在两岸学术交流史上，辛亥革命研究与孙中山研究连为一体，是因为二者本来就具有共生性。国民党方面，从催生创立"中华民国"的角度，自然格外重视辛亥革命，而称孙中山为"中华民国的国父"，孙中山在创立民国的过程中所发挥的先行者和领袖的作用，无论如何调整修正史观，或是再发现多少鲜为人知的人事，都不可能全盘抹杀。至于中国共产党的历史上，除了特定时期对孙中山进行过短期正面批判外，不仅始终肯定其作为革命先行者的丰功伟绩，而且一直表明是孙中山的真正继承者。虽然从阶级论的角度，认定辛亥革命是有局限性的资产阶级革命，但是从革命论的角度，则承认辛亥革命是近代百年革命史的开端。从旧民主主义革命过渡到新民主主义革命，恰好证明中国共产党成为革命主导的历史必然性。而孙中山从旧三民主义转向新三民主义，在其间起到起承转合的作用。

在两岸分治的格局下，中国近现代史研究大体是国共两党各执一端。曾有在美国的华裔学人评论道：国共两党主导下的中国近现代史，往往延续成王败寇的传统，很难写成昭信天下的信史。此说未免以偏概全，但在政治先行观念主导下的历史写作，的确存在这样的偏蔽。

概括而言，国共双方的中国近现代史发端，大致同源，都有反帝、革命和变革的诉求，因而除了下限随时间推移有所变动、连带影响名称的改变外，在上限、主线、大事等取舍评价方面，可以说是大同小异。尤其是在五四运动以前的近代史时期，国共两党的正统性或主导性之争尚未凸显，至少事实上难居主导，因而分歧相对较小。

具体而言，大陆方面原来的基本线索和三次高潮说，看似与台湾方面的史观差异巨大，其实，就国民党的正统史观而论，原来作为三民主义教育重要组成部分的革命史及其史观，本质上与中国共产党的史观有着相通相似之处。其显著的分歧，在于对义和团的认识与评价。国民党对义和团的行为举动基本不能认可，台湾学术界也几乎没有正面肯定义和团的著述。而大陆方面，则因为总体重视农民战争，将义和团定为三次革命高潮的中间一环，从反帝的角度给予基本肯定。1949年中国新史学研究会[1]成立，决定大规模编纂《中国近代史资料丛刊》，首先就从义和团开端，的确是认准了双方分歧的突出部分。这一整套资料的编辑，不仅为中国近代史的教学和研究提供便利，帮助史学界将教学和研究的重心下移到近代，更为重要的，是建构起一套有别于之前近代史的体例框架，指导乃至主导中国近代史教学研究的基本取向。

至于其他两次更为重要的革命高潮，即太平天国和辛亥革命，双方的意见固然存在不少分歧，总体上则以正面肯定为主。只是国民党退守台湾后，对于中国共产党农村包围城市的农民战争心怀忌恨，连带使得原来在大陆时期颇有建树的太平天国研究也乏人问津。而大陆方面的太平天国史研究，虽然在改革开放初期和辛亥革命、孙中山研究一样成为盛极一时的热点，有的会议参加人数之众，讨论热情之高，甚至超过辛亥革命与孙中山研究，可是受到国内外环境变化的影响，以及本来的取径做法存在显著偏蔽，未能与后来快速兴起的乡村研究整合一体，结果后劲乏力，难以为继，到了20世纪80年代后期，已经渐趋消沉。

在此期间，洋务运动、维新运动以及与之一脉相承的清末新政，

---

[1] 中国新史学研究会成立于1949年7月，1951年7月举行正式成立大会时定名为中国史学会，沿用至今。

逐渐成为大陆学术界众多学人关注的重心，太平天国、义和团、辛亥革命的三次革命高潮，被农民战争、洋务运动、维新运动、革命运动的四阶段说所补充，尽管后者一段时间被视为前者的对立面。只是这些领域的研究在大陆仍然颇受质疑，而相对于紧跟美国的台湾地区学术界，学术累积明显不足，框缚又太过明显，一时间还在理论反省阶段，难以进行学术层面的对话。

不仅海峡两岸，欧美和日本的中国近现代史研究也以辛亥革命与孙中山研究最具共通性。尤其是美国的中国近现代史研究，在第二次世界大战后随着中国研究取代欧洲汉学研究的崛起，对于国际学术界产生了越来越强的引导作用。20世纪60年代末开始的修正学派，到20世纪70年代形成一批颇具影响力的学术成果。这些成果主要以晚清及辛亥时期为场景，由此衍生出立宪派士绅研究、区域研究等新的课题和领域。后来台湾地区的近代化区域研究，虽然不是革命史观，实际上辛亥革命仍是基本轴心。而日本东西两京的研究兴趣，辛亥革命也是焦点之一。

在此背景下，辛亥革命与孙中山研究作为两岸共同话题最具普遍性的中心议题，自然成为海内外学术界一致认为容易对接的首选接口。

20多年过去，两岸的中国近代史研究都发生了很大的变化，尤其是大陆方面，随着社会巨变的脚步，学术界的变化用日新月异来形容也不为过。在这样的大背景下，要想单独剥离出两岸交流的因素作为考察对象，探寻变化的因果关系，多少有些勉强。因为来自内部的深刻反省和欧美日本学术界的强劲影响，可能更为直接和重要。当然，一些大节还是可以不做过度解读也显而易见其影响的效果，主要体现于观念和资料两方面。

观念方面，原来两岸虽然都有革命史观，相比之下，台湾地区国民党的正统史观并没有笼罩历史的各方面和全过程，加上美国学术界修正史观的影响，意识形态化已经在逐渐萎缩。而大陆学术界通过肃清"文化大革命"极"左"思潮的影响，反而进一步条理和系统化了整个解释框架，使得革命史观得到巩固，可以贯通已有的历史认知，并且凸显了理论色彩。两岸初遇之际,差异明显的部分最容易产生争论,而在争论的过程中,理论化系统化较强的一方较占优势。类似情形,其实在20世纪50年代以来的大陆已经出现过,由"旧社会"过来的学者,尤其是如逯耀东教授三分法所指的来自国统区左翼以外的学院化学者,除了陈寅恪那样极其自信的少数甚至个别人外,相当多的成名学者在系统理论的有力冲击下,不免有些自惭形秽,而希望通过努力学习,加强改造予以弥补。

再往前追溯,这种情况甚至在抗战之后已经开始露头。1946年底,童书业在上海《益世报·文苑》发表《新汉学与新宋学》一文,论及五四运动后以文献考证学为主的新汉学独大,能够打破传统观念,为学问而学问,拓宽范围,尤其是完全接受旧宋学的批判精神,"对于传统的思想,旧史的传说,常能作勇猛无情的批判"。只是因为"精神虽异而研究范围并无多大的两样"一点,所以不能脱离旧汉学的圈套。抗战爆发后,学术潮流发生变化,"由向外的考据学的研究渐次转移成向内的道理的探求"。这种"新宋学运动"的趋势,在他看来:

> 是应用汉学的实证精神来讲道理,这是它与旧宋学不同之点。旧宋学是完全主观的、独断的,而新宋学则是客观的、批判的;旧宋学所发挥的是个人的玄想,而新宋学所发挥的则是依据科学的、发现的、相对的真理,和社会政治的实际情况产生的理论;旧宋学是宗教化的玄学,新宋学是科学化哲学或思想。①

这样的说法,乍看似在为辩证唯物史观张本,其实童书业明确不以当时流行的唯物史观为然。只是那一时期不但战前就已经相当明显的青年学生倾向左派观念的情势更加强化,教授群体当中左派的理论以及与之相近的社会经济史等专门也颇受欢迎。

问题是,历史是极为复杂的,太过整齐划一就必定要经过人为剪

---

① 童书业:《童书业史籍考证论集》下,童教英整理,中华书局,2005,第777-780页。

裁，剪裁就必然有所凭借。若是具有统系却多所附会，无论道理如何引人入胜，事实最终还是胜于雄辩。政治上的桎梏被解除后，思想上的僵化自然随之解体。这些年来，两岸学术界越来越少用原来各自整齐的架构来认识和解释历史，由此产生的论争也无形中消失殆尽。虽然这未必表示各执己见者已经放弃成见，也还有学人循着原轨努力打磨以求贯通，甚至偶尔还会发生争论，但是争论的各方往往出现在此岸或彼岸的内部（如所谓范式问题的讨论）。总体而言，史观的差异已经不再构成各自研究的桎梏，也不太会导致两岸之间的争执。也可以说，两岸的因素导致的分歧和论争，已经日趋模糊了。当然，在深层次上，一些根深蒂固的成见仍然会影响事实的判断。

资料方面，大陆留存的辛亥革命资料总体上自然远过于台湾，可是由于相当长的时期内学术研究不能正常进行，资料的收集整理以及出版利用反而不及台湾方面。加上台湾中国国民党党史会、国史馆以及各种机构带去不少核心档案，海外联系在相当长的时期内又远较大陆便利，关于南洋、欧美、日本以及上述各地华侨的资料，恰是大陆的短板。而大陆收藏的报刊、档案、未刊函电、日记等，也为台湾学者所必需。两岸学术交流的常态化，使得以往那种望洋兴叹的无奈一去不复返。虽然收藏机构或多或少还有种种限制，获取对方资料的可能性毕竟比任何时候都大，由于资料不足所导致的研究局限日益减少。

如今两岸的交流，在资料获取方面，来去自由固然还谈不上，但也相当程度的方便了。两岸学者起初只是参考各自出版的论著资料，随着图书市场的逐步开放，获取研究成果更加容易，隔绝状态下迫不得已的盗版变得毫无必要；进而能够直接阅读对岸学者所阅读的档案等未刊文献，两岸的研究平台已经大体处于同一台阶；加上通过两岸或是第三地举办的各种学术会议，以及互邀讲学和访问研究，能够面对面深入交流，互联网又改变了人类的生活状态，拉近了彼此的距离。以前两岸学术研究的条件差距已经基本不在，就个人而言，可以说处于同一起跑线上。

诚然，观念层面变化的动因不只是两岸交流一端，可是两岸交流的日趋频繁无疑在其中起到了重要作用。时至今日，在辛亥革命及孙中山研究领域，已经基本进入不必强分两岸、大家和而不同的境界。原有的争议，不再构成学者个体彼此间交流的障碍。两岸内部不同世代的差异，可能远远大于两岸之间的分歧。接下来的竞争或是不争，主要是学者自身天赋、机缘与功力的体现。

毋庸讳言，两岸学术交流所突破的主要是政治障碍，连带才是学术局限。用地域的概念强分两岸学者的归属，其实是凸显各自的局限而非优长。这种依然使用意识形态的差异来概括两岸的学者及其研究的做法，正是冷战后遗症的突出表现。近年来，不止一次在研讨会上听到有学者质疑如此言说者为何不看做得好的研究，只关注非学术性层面的表现。无论身处何方，都有观念之异和高下之别，学术无国界，至少在史学尤其是中国研究领域，已成事实（其他领域尤其是自然科学领域则反而不及）。当然，教科书或一般通史层面的楚河汉界，仍然清晰可见，这在各国几乎都是通例，据此立论，并无多大意义。如果继续诸如此类的无聊话题，就不仅是将天宝旧妆视同元和新样，更有不知有汉何论魏晋之嫌了。

顺便提及，这样的认识早就在实行之中。在下指导学位论文，凡是叙述先行研究，规定不得以地域国别分述，必须依照时序，围绕主题，依次提示前人的实际贡献，以显示积薪聚塔的进程。在这样的学术追述中，学者来自中国台湾地区还是中国大陆乃至境外的身份毫无意义，重要的是各自的贡献及其程度。但凡不能进入的，无论身在何方，都是不入流。因为除非其他方面的限制使得学者无法正常开展研究，否则学者共同面临的问题，主要是学术本身的问题，也可以说是学者自身的问题。如果一味纠结于身份的归属，其实反映了学者自身仍然深陷其中不能自拔。这样的纠结，非但无助于认识历史，反而自曝局限。

三、尴尬与转机

辛亥革命和孙中山研究在两岸学术交流中起到先锋前驱的作用，可惜机缘不巧，其结果似乎并未有效地带动两岸的辛亥革命和孙中山研究走向更加兴旺。相反，此后的辛亥革命和孙中山研究在海内外很快就相继逐渐趋冷。除了逢五逢十的纪念，一般学人很少以此为专题进行研究，博士和硕士论文也很少选取相关论题。尤其是继日本东京的辛亥革命研究会解散后，同样坚持了几十年、曾经产生广泛影响的武汉中南地区辛亥革命研究会宣布寿终正寝，颇具象征意义。而在台湾地区，目前要找到专攻辛亥革命史的新进学人，已是戛戛乎其难了。

辛亥革命和孙中山研究趋冷，是由多种因素造成的。首先，两岸开始学术交流之时，无论欧美、日本还是中国台湾地区的辛亥革命及孙中山研究，已经过了高峰期，进入下行轨道。第二次世界大战后美国的中国研究成为主导，而美国的历史较短，喜欢横向发展，重心变动不居，以便取得与其主流的欧美史研究对话的机会。主攻方向的改变，往往伴随着相关教职和奖学金名额的增减。这些变动，势必转而影响两岸学术重心的转移。大陆学术界的辛亥革命与孙中山研究当时虽然仍处于上升期，由于研究取向越来越受域外重心转移的影响，很快也就随之改变，仍然锲而不舍的坚守者，主要是年龄日趋老化的学人，动力明显不足。

近代以来，在社会学和人类学的影响以及现实需求的逼使下，历史研究的层面与时段下移，成为普遍趋势。尤其是中国近现代史研究，没有了帝王世系的包袱，社会经济制度又被认为具有决定性作用，更加侧重于民史。而材料越近越繁，层面与时段下移，取材比较容易。两岸交流在资料方面对于民国成立前史乃至民初北京政府时期历史带来的便利，远不如南京国民政府时期的历史那样显著，使得不少大陆新进趁机纷纷转向国民政府史的研究。而台湾地区学界的新进，则连国民政府时期的政治、外交、思想史也缺乏兴趣，转向新社会史和新文化史，或是在古汉语不好，日语也不会的情况下，贸然群趋误以为容易的台湾史。

也有人误读陈寅恪以新材料研究新问题为"预流"的说法，不知治史首要在于贯通新旧材料，且以多数之聚集为根本，唯恐不入流，加上各方面大力提倡创新，不知学问必须先因而后创，接不住前人开创的事业，又总想突过超越前人，以为治史要在揭秘探奇，于是一心找前人未见书，寻前人不知事。辛亥革命及孙中山研究，在中国近现代史的范围内显得相对成熟，入门新进，乍看之下，看不见未经前人开垦的处女地，觉得已无空白，无从下手，只好敬而远之。

此外，两岸辛亥革命和孙中山研究的前辈学者，感到畛域自囿，株守一隅，不易做大做强，不约而同地主张扩展研究视野和领域，甚至暂时转移研究重心，预期将来可以将由此收获的成果经验，转而回治辛亥革命和孙中山研究，以推动后者的研究更上层楼。这样的看法和主张，无疑颇具战略眼光。只是适逢辛亥革命与孙中山研究进入下行轨道，无形中加强了离心倾向。

相比于中国古代史和法国大革命的研究，中国近现代史可以说尚处于初级阶段，远远谈不上成熟。虽然已有成果众多，可是要想找出已被说完论尽，不必继续甚至重新研究的领域问题，犹如凤毛麟角。善读者进入这片略经开垦的土地，满眼看去，都是可以耕耘的沃土，感谢前人披荆斩棘的辛勤劳作，绝不会不知所措，临歧而返。只是一般研究者习惯于粗放的刀耕火种，只能不断拓荒，而无力于精耕细作。没有必先利其器的革命性改进，循着原有的取径和方式，很难像古代史研究那样，在材料、时段和方面的扩张有限的情况下，仍然具有持续发展的无尽潜力。辛亥革命与孙中山研究，必须找到接得住前人研究并且更上层楼的取径办法，才能使生命之树常青。

在辛亥革命和孙中山研究相对沉寂的时期，除了完全弃守，转而专攻其他领域者外，不少学人选择在原有基础上进行调整。这些年与辛亥革命史密切相关的晚清史研究尤其是清末新政的研究取得较大进展，连带对于清朝统治集团君臣的研究，也有了长足进步，关于阁府部院以及督抚司道等内外官的研究，较前人的认识大为深入。这在很大程度上改变了以往对于革命的对立面认识比较表浅的局限，不再以千人一面的脸谱化解读定位。加上对立宪派士绅的研究继续深入扩展，未来的辛亥革命和孙中山研究，将不仅以革命党的单一视角加以考察，而要前后左右，四面看山，辛亥时期的历史与革命史不分此疆彼界，便可以百尺竿头更进一步。

晚清遭遇两千年未有之大变局，也导致千余年未有之大变革。清末新政，学习吸收西学东学，模仿借鉴东西体制，改变自唐宋以来的观念制度，成为中国社会历史发展的重要分水岭。研究近代中国的知识与制度如何在中学、西学、东学的冲突交融下调适转型，对于重新认识辛亥革命与孙中山的历史地位，具有重要作用。因为知识与制度转型为全社会共有之事，列强一致认为不适宜当时中国的共和制成为国人的首选，固然主要由于革命党的前仆后继的行动，而与此相关的合众联邦、责任内阁等观念制度的引进输入，以及新政时期所有的知识与制度变革，大都有包括立宪派在内的趋新人士或隐或显地参与其中，而不仅仅是由于清廷的开明。清季变政的成果，通过辛亥革命基本得到认定和延续，影响至今。民初北京政府时期的历史，很大程度就是坚持还是改变辛亥革命的历史发展方向。

就整个中国近现代史研究而言，辛亥革命与孙中山研究虽然成果不少，可是观念的局限、材料的不足、累积的薄弱，都制约了其潜力的充分发挥，无论问题的设定还是资料的处理以及史事的把握，总体上都还显得粗疏。况且，还有一些非学术性的因素继续影响相关研究朝着深广的方向拓展，令后来新进学人望而却步。精耕细作的辛亥革命与孙中山研究，由于门槛相应提高，自然难以重现往日的繁盛热闹，势必回归学术的本位。精深的研究办法，往往产生于反复琢磨。若是单纯变换题目，即使产生成果，也会有简单复制之嫌。

可以预期，在辛亥革命与孙中山研究经过乍暖还寒的过山车后，将逐渐步入学术的常态。一些学者将如前辈学者所希望的，以转治其他领域方向所得之视野、经验、取径、做法，回治辛亥革命与孙中山研究。随着进入门槛的提高，曾经一拥而上的热闹应当不复发生，而纷纷弃之而去的冷清也未必再度出现，代之而起的，或许有少数学者以此为专攻，另有一批学人则是兼顾。其取径与办法，无外乎强化语言和辅助学科的工具训练，打通各种文字的书刊报档新旧资料，整体之下研究具体，将所研治的具体人事置于整体联系之中，并用心揣摩移植中古研究大家的治学良法于史料极大丰富的近代。所得成果，不是一己私见的主观，而是八面受敌的通贯，既呈现史事本相和前人本意，又于叙述中彰显见识，摆脱今是而昨非的循环，进入积沙而上的常轨。

当然，要想吸引新进对此产生研究兴趣，消除畏难情绪，揭开障目之叶，还有待于浸淫多年的老师度以金针，教以精耕细作的良法，不要迷信以新材料发现新问题，不能只是动手动脚找东西，以为发现尘封已久、鲜为人知的人事或揭秘才是治史的大道正途；不要以为必须毫无限制、随心所欲才能深化，目前已有的空间已经相当广阔，认识表浅主要还是学术研究本身不得法所造成。近代史料极大丰富，一味开疆拓土，形同家有金山而沿门托钵，所得充其量不过是大杂烩似的结果。成群结队探秘求奇的自娱自乐，或许还不如寂静孤往的摸高探深，于学术发展更具贡献。就此而论，学术研究领域永远没有终结者，只有但开风气之人。

晚清史研究的问题与取法

相对于民国史而言，晚清史已经过了以新材料研究新问题的初级阶段，开始进入摸高探深的相对成熟期。虽然还会有发现尘封已久的新材料以及所谓填补空白之类的努力，限于材料和范围的不可能无限扩展，以及出版的日益加速，就发展趋势看，这样的做法总体说来已经而且越来越不占据主导主流。用新旧材料贯通史料史事，重新检讨文物制度等枢纽性问题，将成为持续努力的重要取向。

晚清史在相当长的时间里是中国近代史的主体，中国史学会成立伊始就主持编撰的"中国近代史资料丛刊"系列，几乎白手起家，在汇集基本史料的基础上形成一个认识架构，提供方便的同时，也制约了研究者的视野取向。尽管近30年来各方面已经发生了巨大变化，这一架构迄今为止仍然深刻影响着晚清史的研究，一些突破性的努力，其实也是针对这一架构而来。目前的情况是，所提供的方便或许正在被忽视，而造成的制约却不容易被超越。相比于高明学人的古代史研究，晚清史的研究仍然显得比较粗糙，至少还远远谈不上成熟。

如何改变这样的局面，前提首先是要有好的人才，如果绝顶聪明的读书种子不愿陆续投入进来做笨功夫，一切都是空话。不幸现状的确如此。有了优才，再讲究良法，事情就比较好办。当然，没有良法，优才也可能不得法。

说晚清史研究取得了引人瞩目的成果，和指陈晚清史研究存在不小的问题，可能反差会很大。换一种视角，或许比较得当，即晚清史研究中，到底有哪些部分已经成熟到可以不必继续研究，因为留下的空间已经不大，不必再有众多的人力物力投入进去。这样的领域不能说绝无仅有，至少是为数不多。有的虽然统计论著数量惊人，整体进展却不如人意。姑且不论不少人事还少有论及，有许多领域看似成果甚多，初学者觉得无从下手，其实言之凿凿的论述与历史的本相以及前人的本意相去甚远，也许连基本情形都有重述的必要。

如果晚清史的主要议题还在既有架构的笼罩之下，延续或试图调整原有架构，要想取得突破，不大容易。如果视角转向清朝方面，或许考虑的议题可以更加广泛。例如，清朝集历代王朝体制之大成，又要确保皇帝的绝对权力，其制度凡有典的大都形同虚设，否则无章可循。待到订立详细章程时，又难免向虚。这一情况，到晚清学习外洋推行新政，预备立宪，才有所变化。晚清仍是帝制，皇族的兴衰关系王朝存亡，然而国事也是家事，不为外人道，研究起来最具难度，近年来虽然有所论及，但程度尚浅。如果不是满人做皇帝，不无君主立宪的可能。

所以，晚清史的研究要想有大的进展，恐怕不是具体讨论什么问题，而是如何改变提出和解决问题的基本思路。既不能补犬，也不必拆庙，而要重构。最近写辛亥革命史，从武昌兵变写起，到次年民国统一，许多问题从材料到史事都有重新解读的必要。书分两本，只讲五个题目，即共和、汉奸、国民会议、逊位与退位、接收清朝。不能有晚清史的畛域，要以古今中外的眼界，研究晚清的各种具体问题。不必将晚清的问题分门别类，变成专门史。专门的名目作为方便名词可以用，作为终身株守的研究范围则大谬不然。没有分门别类的历史事实，只有看待历史事实的分科眼界。而后出的架构观念，固然有其效用，但也难免偏蔽。应该破除藩篱，力求贯通，一味求专根本上是不通，不能通说到底难免错。

具体而言，尤其要注意下列四点：

其一，上出嘉道，下逾民国。思想、文化、社会、制度，均与自古以来有关，一直影响至今。治近代史的学人，早期多由古代史等领域转来，知识面较宽。越到后来，术有专攻，但求功利，与清代学人不看两汉以下书适相反对，治学范围谨守一隅，凡无关专门的书几乎不看，凡无关专门之事概不深究，结果所论不知来龙去脉，只及皮相，非但不能深入，而且破绽百出。甚者以不知为知，认认真真地颠倒黑白，混淆是非。如果只是个人行为，不过出丑而已，如果引领一方或一段学术，则遗患无穷。

其二，文化上取法"道教之真精神，新儒家之旧途径"。中国以文化论种族，历来接触外部文化，吸收外来文化，只是古代以自我为中心，虽然间有胡化，中外交流的主导是同化或内化，目的是为我所用。晚清以来，面对西洋的强力冲击，中外文化乾坤颠倒，夷夏大防日渐失守，中外交流的主导变成异化或外化，目的是变成他者。如果陈寅恪的预见不虚，将来仍然会复归同化。因为现在已经部分证明中国不必完全西方化也可以再度强盛。由此可见，用一元化体系将世界上不同国家民族排列成序，以凸显西方的先进和楷模，其实是世界体系和现代化的神话。晚清处于由内化到外化的急剧转折过程，很容易用中西新旧作为评判尺度，区分先进与落后，进步与保守。这样的两极化视角使得治史停留于评价的表面，严重妨碍研究的深入。

其三，以中学、东学、西学为参照，考察知识与制度转型的发生演化。晚清是中国历史大转折的分水岭，在西学以及受西学影响的东学的冲击下，中国固有的一整套知识与制度出现大幅度变化，使得人们的思维行为习惯以及社会的规范秩序相应改变，尤其是清季推行新政，实行预备立宪，几乎是照葫芦画瓢地从日本照搬移植各种观念制度，而日本的观念制度，又是模仿欧美而来。在传通过程中，接续的一方往往不单借鉴一国，还根据需要有所取舍调整。照搬套用导致脱离实际，水土不服，酌情变更又可能偏离本旨，化橘为枳。这不仅让后来人大惑不解，亲历者也相当困扰。只有系统梳理中学、东学、西学每个环节的渊源流变，才能真正理解把握，不会妄加揣度。

其四，晚清史料繁多，要仔细比较鉴别各类材料，不要轻信某一类型的资料，不要随意举证立论，许多言之凿凿，其实不单是一面之词，甚至全然错误。即便看似可靠的材料，如果不能善加利用，也可能认认真真做表面文章。更为重要的是，要知道材料能够说明什么，才能运用得当。清季官制改革，京师各部印制同官录，详细开列官员的分属、籍贯、年龄、出身、功名、学历、品级等基本信息，这些信息用于分析京官的来源结构，的确有用，但是如果进而论证一部之内哪些类型的官员比重多少作用大小，就要小心。因为官于某部，未必就在某部发挥作用，反而是那些定期不定期来部议事办事的行走更有实效。不能善用材料，稍有不慎，就成了被奏折所误的帝王的翻版。

应加强清朝皇族的研究

研究晚清的历史,并非有一特殊的晚清史,必须上出嘉道,下逾民国。将晚清史与清中叶以前的历史研究相比较,显著的差异之一,是后者对帝王的重视程度远高于前者。祺祥政变之后,皇室和皇族逐渐离开历史叙述的主体,成为反面或陪衬。浓墨重彩地论述"反满",却轻描淡写地图画清朝,或者说只是从"反满"的角度来叙述清朝晚期的历史。反对帝制,却不大关注皇帝,道光、咸丰、光绪主要是因缘重大事件的关联才在相关时段略受重视,咸丰帝之外,晚清帝王史多在野史的程度,王公贵如恭亲王奕䜣、庆亲王奕劻等,也没有像样的传记,遑论其他。批判皇族内阁,却很少深入研究近支王公及其相互关系。今日看清朝,至少在皇帝和皇族的部分,仍有当时黎民百姓宫墙之内高深莫测的神秘感与朦胧感。

皇权帝制虽然备受批判,可是在中国历史上,皇帝亡则国亡甚至种灭的情形不乏其例,是真正关乎国家民族生死存亡的关键所在。清朝既是末代王朝,又是历代王朝体制的集大成者。晚清遭遇两千年未有之大变局,清廷努力变革图存,实行新政,试图将清朝统治延续下去,虽然被迫退位,却维系了统一,开启并奠定了知识与制度变革的新趋向,成为历史发展的分水岭。而改革成效不彰,反而激化了朝野上下的各种矛盾,皇室和皇族都成为众矢之的。

由于近代史相当长的时期基本是反清革命史,而清史的研究又很少下延，对于清朝统治集团的研究整体而言都偏弱，而清帝和皇族的研究尤为不足。例如历代清帝之外，慈禧掌权40年，恰是晚清70年中的重要时期，应变局的成败功过，慈禧是第一责任人。可是迄今为止，不仅仍然没有一部过得去的慈禧传记，专题论文也为数不多。在学术性强且获得认可的慈禧传记问世之前，恐怕很难说晚清史的研究已经达到令人满意的程度。其他如清季各近支王公，尤其是奕劻、善耆等关键人物，以及皇族内阁中的新进，不要说一般读者或文史爱好者，就连专业人士所知也相当片段表浅，甚至只是一些批判用的标靶符号，或是茶余饭后的传闻逸事。论及相关人事，即使专门研究者也全然不知皇族的做派，不免暑热时老佛爷坐在树下吃柿饼纳凉的以己度人。

没有做过帝王将相，当然可以研究帝王将相，可是如果不知道怎样才能或才算是做得好帝王将相，就只能隔靴搔痒，总是搔不着痒处。清朝设制，旨在确保皇帝的无上权威，防止历代层出不穷的强藩、宦官、外戚等弊端，并抑制相权，凡有章程条文的制度，大都形同虚设，一旦纸上清晰，实际作用可能已经退化。尤其是涉及宫禁大内的部分，连督抚大员也不知其详，坊间往往妄加揣度，令督抚们哭笑不得。至于立储、垂帘听政、御前会议等，更是不无穿凿附会。

进入民国，皇室和皇族并未失语，但被压抑，个人的文献大都未能公之于世，直到近年才有载沣日记等零星资料刊布。又因为长期片面重视反清，很少将其他散见各处的记载进行耙梳整理。实际上，若是将所有资料梳理一过，大体已备，未必一定要等待秘辛重见天日才能动手研究相关问题。

皇室与皇族研究失位，晚清史自然难以得当。研治晚清的皇室皇族，又有不易下手的难处。由于史料的大幅度膨胀，如果比照清中叶以前的详细程度，显然不能令人满意。从雍正之死的聚讼纷纭可见，即使找到档案也未必能够最终定谳，宫禁之外官民公私的种种说法，究竟有多少是实情，抑或传闻，不易判定。而光绪之死的谜团若发生于晚清以前，大概可以铁证如山，可是正因为材料多而记载分歧，如今虽经权威论定，仍然不能完全征信各方。

时下形形色色的宫廷戏宫斗戏花样翻新，层出不穷，其实大都揣测悬想，游戏娱乐而已。在清宫的大门开启之前，大内的情形外人很少能知其详。坊间的传闻固然多是玄想臆测，官员的记载也不易确实周详。真正能够出入内廷的，只有僧道（如白云观的）、名伶（内廷供奉）和摄影师，并且要由不易出得来的太监做内应。等到民国开放故宫之际，观念又焕然一新，不易体察往日的风采了。

提升孙中山研究的取径

在起步较晚而进展显著的中国近代史领域，孙中山研究显得相对成熟。近年来，孙中山研究总体上由显学退隐，同时，在基本认识和具体史事判断方面却遭遇越来越多的挑战，表明即使这样的领域也还存在巨大潜力和广阔空间。作为近代中国的枢纽性人物，其价值远远没有完全呈现。只是要在既有丰富成果的基础上摸高探深，必须扩张材料，拓展视野，讲究方法。人是历史活动的中心，但又最为复杂多变，人物研究，看似容易上手，实则做好最难。充分吸收20余年来的相关新成果，竭泽而渔地搜罗各类材料，善用长编考异之法，前后左右比较参证史料史事，按照时间顺序编排孙中山的言行思想以及与此直接或间接相关的各种人事，大幅度扩充相关史事的内容层面，努力还原历史的复杂本相，可以全方位展示孙中山作为时代枢纽的广泛联系和巨大作用，表明始终处于时代中心的孙中山的思想、活动及其与各方联系，集中体现了近代中国社会的脉动，从而推动孙中山研究更上层楼。在体现具体个案研究的时代水准、展示良法精妙的基础上，希望有助于近代中国研究的整体提升。

一、枢纽性的历史人物

自20世纪七八十年代起，海峡两岸轮番竞相编辑更加完整的孙中山全集，相关的年谱、年谱长编以及各种专题性的资料汇编和史事编年也陆续问世，各种专题论著更是种类繁多，数量惊人，孙中山研究一度成为万众瞩目的"显学"。然而，一番热火朝天之后，逐渐归于平静。社会上虽然不乏关注者，学界也还有坚守人，逢五逢十的纪念持续进行，可是显学退隐，大概是普遍情形和长期趋势。专门从事此项研究者在新进中几乎无人，即使兼习者也日渐减少。在学位论文和研究课题方面，一般很少选取孙中山或相关问题进行专题研究和撰述。这样的情形，一方面显示孙中山研究在经历了曾经的繁荣之后，初创时期进入门槛较低的状况已经过去；另一方面，则反映学界对于孙中山研究摸高探深的成熟期到来准备不足，因而无缘以求精进。

学术之事，随时代风尚的变化有所转移，应是社会常态和人之常情，无所谓当否。不过，学问之道，还有万变不离其宗的根本，时事转移，只不过上下波动而已。类似孙中山这样的历史要角，如果完全离开研究者的视线，甚至成为学界的陌生人，无论学问怎样求新出奇，都很难说是大道正途。况且，尽管孙中山研究的成果相当丰富，可是要说已经没有下手的空间余地，恐怕言之过早。其中不仅还有许多说不清道不明的言论行事，即使史事清楚，如何解读认识，看法大相径庭以致聚讼纷纭的也不在少数。尤其是一些至关重要的思想行为，通行理解与史事本相及前人本意相去甚远，要想更上层楼，依然任重而道远。

有两种相似相近的现象，说明孙中山仍然受到社会和学界的高度关注，相关研究绝非已经达到可以束之高阁的程度。一是坊间不断有人从各方面发表新解，对于以往的孙中山研究提出种种挑战，其中固然不无随心所欲的妄说，但也有值得认真思考的灼见，即便一些似是而非的质疑，也反映了普遍的困惑，在相关研究中应当有所回应或体现。二是个别海外学人将冷门做热，关于30岁以前的孙中山，就写出洋洋洒洒的70余万言。撇开各种牵扯，对于孙中山研究具有实际价值的也有10余万字。也就是说，无论从哪一角度看，孙中山研究都远远未能达到令人满意的程度，从资料到问题，还有不小的探究空间。

更为重要的是，这些有待开发的空间往往牵涉历史的根本大节。历史活动的中心是人，人物研究始终是史家关注的要项。见事不见人的史学，肯定不会是高明的史学。如果历史是人的有意识活动与社会有规律运动的相反相成，那么人无疑是最为复杂的成分。历史上的人事均为单体，不可能重复，所以不可能有两件完全相同的史事，①所谓"历史上事，无全同者，为了解之，须从其演化看去，史学之作用正在此。如以横切面看之，何贵乎有史学"②。与社会科学的求同有别，史学更加着重于见异。历史规律即为所有事实因缘发生演化而形成无限延伸的普遍联系。把握这样的联系，只能依据对史事的比较贯通，不宜用后来的观念勾勒连缀归纳。而且，即使以今日分科的眼光，好的历史传记，与文学传记至少有一点相同，即应当见事见人，举手投足，一言一行，便可见其音容笑貌。若是隐去名讳，便千人一面，只知其事，不见其人，则不过表面文章而已。

后来者治史，容易自以为是，以为历史进化，今人一定较前人踞有政治和道德的制高点，因而敢于纵论古今，激扬文字，动辄评价批判，任意褒贬。殊不知但凡史册留名者，无论善恶正邪，都非常人可比，其为人行事，往往不循常规，要想具有了解同情，诚非易事。以为人物研究容易上手，选不到合适的题目才转而以人物为题，一流人物不好下手便瞄准二三流人物，其实是浅学者的误解谬见。对于研究者而言，理解非比寻常的人与事，是对自己功力见识的一大考验。况且历史认知必须凭借材料，而相关记述即便多数之汇集，也不过是片断，要想连缀拼合还原，而不至于图画鬼物，更加困难。陈寅恪《杨树达〈论语疏证〉序》针对材料简少的上古所举探究圣贤思想的办法，若是运用于材料庞杂繁多的晚近历史，还需延伸扩张。那种先设定题目甚至范围，研究谁只看谁的资料的做法，以及举例求证的方式，实在是相当危险的。望文生义的穿凿附会固然比比皆是，盲人摸象、看

---

① 引自欧阳哲生主编《傅斯年全集》第五卷，湖南教育出版社，2003，第52-55页。
② 欧阳哲生主编《傅斯年全集》第七卷，湖南教育出版社，2003，第267页。

朱成碧甚至指鹿为马，也是在所难免。如此这般地强古人以就我，在时下的人物研究中，恐怕并非个别例外。

　　研究孙中山之所以重要，固然由于其至今仍然得到全球华人最大限度的认可，在众多近代人物之中，恐怕无人能出其右，尽管异议甚至非议者也不乏其人。或者指孙中山的形象不无后来拔高利用之嫌，毋庸讳言，这显然是历史的一部分。但如果过度解释，则难免重蹈一味疑古的覆辙，陷入阴谋论的泥淖，假定所有历史都由少数人主观臆造，而不能全面如实地将其形象逐渐放大的史事复杂纠结的本相过程还原展现。在近代中国的历史上，孙中山风云际会，常常处于漩涡中心。研究孙中山，有助于将近代历史勾连贯通，避免陷入今日学人治学分门别类的畛域自囿，误将落草为寇当作占山为王。当年包天笑撰写关于清季民初中国大变动的小说，选取梅兰芳为主角，即因为由此可以充分展现上下九流的社会各层面。孙、梅两人的历史地位与作用差别不小，但无疑都是枢纽性人物。

　　研究近代史上的要角，取材相对容易，但难度并不一定有所降低，甚至还会大幅度增加。原因之一，是观念变化影响史事的认识及史料的解读。例如孙中山的历史地位如何形成，从来就有不同看法。其中之一认为孙中山的形象，主要是后来国民党有意形塑的产物，如谢文孙《辛亥革命的历史编纂学》。也有人认为孙中山本人从一开始就有意自我塑造，自我拔高。[①] 近年来更有人专门研究孙中山死后国民党如何利用各种形式进行纪念，并且使之神化。这些看法，固然有所依据，但也稍嫌简单，不无阴谋论的痕迹。以不同的形式纪念孙中山，还在其生前已经开始，如辛亥革命期间，就发行过孙中山的明信片，1912年已有人公开提议尊其为国父。这些事未必都是同盟会、国民党人所为。至于自我塑造，大概每一位具有舍我其谁的抱负的政治活动先行者乃至参与者，都有诸如此类的意识和行为，只是未必人人都能得偿所愿，可见历史的选择并非完全以某人或某些人的意志为转移。否则

---

① 谢缵泰的《辛亥革命秘史》即有此意，黄宇和关于孙中山伦敦蒙难的研究亦发挥此意。

就很难解释何以诸多有意识的塑造只有某些特定人事可以成功,而且所谓成功也并非完全按照其主观意愿。

孙中山逝世后,各地各界各党各派陆续开展纪念活动,因利害不同,取向、态度各异。中国共产党人以孙中山的继承者自认,指国民党为背叛,但是究竟何为孙中山的精神,则与国民党各执一词,在一定的历史时期内,还对孙中山及其三民主义予以批判。国民党内各派各方也分别朝着有利于自己的方面解读发挥。各种地方势力则希望利用纪念孙中山靠近正统,取得更多的政治合法性。而社会各界对于孙中山的看法,更是因时因地因人而异,不存在统一意向。一言以蔽之曰国民党造神,未免太过夸张其影响力。如果国民党的宣传机器真的如此高效,何以在其他方面的鼓动作用却往往适得其反?如此,则非但打不破国民党的造神,反而有神化国民党宣传力的误导。

研究近代历史要人的难度反而增加的另一要因,是史料的极大丰富,不仅难以搜罗完整,而且种种相歧相悖的记述使得真相更加扑朔迷离,大量错综复杂的细节不易坐实,立论不难,反证亦易,信而有征变得捉摸不定。由于材料多,研治近代史好用举例为据的办法作为论点的支撑,而论点往往借由外在架构产生,像孙中山这样的政治人物,平生在不同阶段与中外敌我多方发生联系,思想和行事,又有宗旨与权谋的分别,如果不能全面观照,梳理贯通,罔顾整体,各执一偏,势必导致各自心中的孙中山形象彼此矛盾的情形,以致材料虽多,反而陷入图画鬼物的窠臼。

有鉴于此,应当尽可能完整地汇集各方面的相关资料,依照时空顺序全面仔细地梳理所有材料史事,寻绎来源不一、去向各异的各种说法的发生及其衍化。若能将本事与附加清晰划分,并以附加作为当时的实事而非所指的本事,则伪材料亦可见真历史,因为附加也是真实历史进程的一部分。能够胜此重任的恰当形式,当以编年体为首选。

二、编年体裁的现代意义

史无定法,而万变不离其宗。要想解决因缘材料各说各话的棘手难题,编年体是重要的凭借。编年体本来是中国固有史学的主要体裁之一,晚清民国以来,一般被视为传统史学,与章节新体不大合拍。时下历史学的学位论文,除文献学外,更明确规定不能以编年体的编年、长编、年谱之类为体。编年体之所以被打入另册,原因大概有二:一是觉得有史无论,与强调史论结合的所谓现代史学格格不入;二是误以为编年仅仅简单地排比罗列史料,没有史学。其极端的看法,甚至对于编年体能否算著作也高度怀疑。

通行观念与高明的见解明显有别。编年体的最高境界,当属宋代的长编考异,而近代学术大家卓有成效的治学方法,正是在宋代史家良法的基础上发展演变而来。宋代治史,尤以长编考异之法最为适用有效。此法在近代的讲究,概括者如沈曾植以俱舍宗治俱舍学之说,① 稍详者如陈寅恪《杨树达〈论语疏证〉序》所说:"夫圣人之言,必有为而发,若不取事实以证之,则成无的之矢矣。圣言简奥,若不采意旨相同之语以参之,则为不解之谜矣。既广搜群籍,以参证圣言,其言之矛盾疑滞者,若不考订解释,折中一是,则圣人之言行,终不可明矣。今先生汇集古籍中事实语言之于《论语》有关者,并间下己意,考订是非,解释疑滞。此司马君实李仁甫长编考异之法,乃自来诂释《论语》者所未有,诚可为治经者辟一新途径,树一新楷模也。"② 更为详尽的发挥,则见于傅斯年《史学方法导论》比较不同的

---

① 据说欧阳渐治俱舍学,三年不成,后于沪上遇沈曾植,沈告以不要治俱舍学,而要治俱舍宗。欧阳渐回到南京,寻找俱舍前后各书以及同时他家诸家读之,结果三个月就灿然明白俱舍之义。这一典型事例显示,即使近代佛学界堪称大师级的高人,也不能直面文本领悟内典的精义,必须前后左右比较研读,才能异同自见,大义顿显。蒙文通:《治学杂语》,载蒙默主编《蒙文通学记(增补本)》,生活·读书·新知三联书店,2006,第3页。
② 陈寅恪:《杨树达〈论语疏证〉序》,载陈美延主编《陈寅恪集·金明馆丛稿二编》,生活·读书·新知三联书店,2001,第262—263页。

史料以近真并得其头绪的阐释。①

陈寅恪主张尽力吸收外来文化与不忘本民族地位相辅相成，对待西学则效仿宋儒，取珠还椟，将域外正宗的比较研究与合本子注、长编考异相糅合。傅斯年则干脆宣称宋代已是比较不同史料的新史学。在他们的眼底心中，古今中外并无扞格抵触，传统的编年体史学，与欧洲时兴的比较文献学、比较语言学和比较宗教学是一脉相通的。三说详略各异，要旨则一。认真揣摩这一治史最根本也是最重要的方法，并且根据具体研究对象的千差万别而灵活运用，能够立于不败之地，且臻于化境。

三位前贤的说法，主要还是针对古代，而古代文献相对简少，立说不易，反证亦难。史料愈近愈繁，各种记录，层出不穷，不仅覆盖史事的全过程和各层面，而且罗生门的现象所在多有。按照自圆其说的标准治近代史事，误判亦有证成实事的可能。学人对此认识显然不足，以为资料易得，史事易证。其实恰好相反，由于资料繁多，当事人的记载不一，除了人、时、地等基本信息外，详尽再现史事各层面的真反更不易确证。简单依照时间顺序排比材料的做法，既不能比较关于同一事件的不同记载而近真，亦无法比较前后相连的几件事而得其头绪，更不要说理解前人思想言说的本意。而要囊括所有材料，勾连贯通，解释疑滞，将各说整体及部分的真伪异同详加比勘互证，必须卷帙浩繁，才能容纳。

近代学人关于研治中国近代史相对容易的普遍误判，自然会影响到编年体应用于近代史研究尤其是近代人物研究的领域。编年体之于人物研究，最常见的形式就是年谱及年谱长编。受晚近历史的研究比较容易观念的误导，民国一些学人以为编撰近代人物的年谱并非难事，梁启超就明确说："大概考证的工夫，年代愈古愈重要，替近代人如曾国藩之类做年谱，用不着多少考证，乃至替清初人如顾炎武之类做年

---

① 详见桑兵：《傅斯年"史学只是史料学"再析》，《近代史研究》2007年第5期。收入桑兵：《晚清民国的学人与学术》，中华书局，2008。文字有所调整。

谱，亦不要多有考证，但随事说明几句便是，或详或略之间，随作者针对事实之大小而决定"①。

今人未必有多少注意到梁启超的这一说法，可是以近代为范围的编年体著作的确普遍存在类似于梁启超所说的情形。相对于材料的极大丰富，各种年谱或长编于征引的广泛、比勘的精密、取舍的讲究、拿捏的当否等方面，颇多可议。尤其是以长编考异之法的应有之义作为标准，显然还有相当大的差距。

近代史研究起步较晚，在方法应用方面，应当借助中古史大家的成熟经验。而陈寅恪等人关于长编考异法的各种论述，正是对症的良药。所谓自圆其说，不能只是论著的取材立论可以在纸面上讲得通，而必须将所有材料史事贯通无碍。若是误以为自圆其说的重心在于"自"，悬问题以觅材料，用后来的系统各取所需地采集论据，形成论点，难免断章取义，穿凿附会，有此说不知不觉间变成如此事。不能达到贯通所有材料事实的"圆"，则自圆就成了互异的根源，见仁见智非但无助于近真和得其头绪，反而导致无休无止的聚讼纷纭。

近真又有本事之真及当事人记录之真的双重性，不知后者，于前者势必模糊不清。而逐一坐实后者，则还有无限延伸的事实联系。因此，研究特定人物，不宜只看其人的直接材料，也不能单纯以其眼界看周围人事，以致以其是非为是非，结果反而无是非可言。必须将前后左右上下内外各事各说相互比较参证，才能置于历史本来脉络的适当位置加以理解把握。

考异为长编必不可少的辅助方法，以宋代《通鉴考异》最为史家所称道。其本意是将同时各说加以排比，取其近真，留存诸异。因为史料之于史事，往往为残篇断简，有时各说相互排斥，或间有异同，而难以其中一说否定其余，于是只能权衡前后左右，选取相对较能贯通且近情理者立说，而将其他各说依近真度顺序存列，一则留待新材

---

① 梁启超：《中国历史研究法（补编）》，载《饮冰室合集·专集》之九十九，中华书局，1989，第80页。

料的发现，二则高明者目光如炬，均有可能重新解读史料史事，不至于以一己之见强加于古人和天下。晚近史料繁多，可以征实之事远较古史为多且易，治史又由通史转向专题研究，遂以归纳代贯通，一般多重考证而轻存异。实则史料多既使研究层面深入扩展，又增加了史事记载的歧义，如何近真以及如何才是真的问题较古史更为复杂。除人时地等简单层面外，要考证史事准确恰当，极费工夫笔墨。

有鉴于此，考异至少应当包括：前说有误，排比史料能够纠正至当；未有成说，汇聚史料可以立说无碍；诸说并立，取比较近真之说其余存异；诸说真伪正误间杂，须相互参证，酌情条贯；实事往往无实证，须以实证虚，而不涉附会。各种情形，或分别，或兼具，须根据具体问题有针对性地灵活运用，为编年排比连贯史料史事提供有力的支撑。

研究历史人物，若仅就特定人物的言行立论，很容易误读错解其言行的本意本相，并且流于以其好恶为是非，以至于无是非可言。如此这般描述出来的历史人物，实为研究者心中的形象，与历史人物的本身貌合神离，似是而非。近年来孙中山研究的切实进展，往往并非专门研究孙中山而得，而是由其他相关研究取得意料之外的收获。单就孙中山的言行反复解释，反而如陈寅恪批评民国时义化史著述所说，只抄旧材料或仅就旧材料做新解释，非滞即诬。

中国为伦理社会，最重人伦关系。所谓礼法纲纪，即以伦常为根本。相应地处世治学，也极为讲究人脉。影响及于治学的具体取法，又有形似而实不同的两种，一是以所研究人物为主线放射扩展，一是将其人置于整体关联脉络之中。前者无非是定向放大，难免先入为主，后者才能得其所哉，安放于合适的位置并恰如其分地解读相关材料和史事。编辑孙中山史事编年，虽然看似仍以孙中山为中心主线，取径却是力求将孙中山放到整个历史联系的相应位置，使得理解孙中山的言行与认识历史的风云变幻相辅相成。

同理，研究人物的思想学说也不宜简单地直面文本加以揣度解释。以三民主义为主体的孙中山的思想政见，从问世之初，就不断引起内外各方的争论，这些争论反映了时人的意见分歧之大，同时也折射出孙中山的主张认识往往牵涉中国前途命运的大节，为同代人及后来者的目光所聚焦。对于这些分歧论争，可以说从来就是史学界关注讨论的重要领域。如革命党与保皇派的几番论战，前人研究较多；同盟会内部关于三民主义的取舍，亦有所论列；国民党内对于一大宣言的分歧，也已经揭示。

不过，这方面可以扩展的空间仍然相当广阔。例如关于社会主义的讨论，从一开始就与孙中山的思想相牵连，现有的认识有待解惑的问题很多，远远不能覆盖当时各种社会主义的实情，以及国人对于社会主义的引进传播过程和理解。要想恰当认识孙中山自认以及同时代各方他指的民生主义与社会主义的关系，还须细心解开各种剪不断理还乱的纠结。孙中山言及对于社会主义的认同，以及民生主义与社会主义的关系，心中所指的社会主义显然与今人通常所以为的有别。阅读西文的能力较强、足迹又遍及世界多国的孙中山，能够更加直接地接触各种社会主义的思想理论乃至组织人员，与一般有赖于翻译西书或中文介绍的国人对于社会主义的认识也有所分别。这些分别或多或少体现在他的民生主义主张之中。同时，孙中山要在中国的社会环境中传播民生主义，不能不对源自欧洲的社会主义有所取舍，也不能不考虑国情的实况，而国人对于社会主义的理解便是要项之一。如果对于当时欧美各国的社会主义及其在中国的际遇缺乏全面深入的了解把握，很难对孙中山的社会主义观及其民生主义与社会主义的关系理解得当。

共和的问题同样如此。共和的概念有本意与新解的分别，虽然都不是由孙中山提出，可是以共和作为与帝制对立的政治制度而且列为组织政纲，并且通过不断发动革命运动使之普及深入，却与孙中山关系密切。只是当共和思想普及之日，却有虚君共和、五族共和，甚至帝国共和等观念的掺入，即使作为政治制度，也不再简单地与帝制对立。而孙中山的共和思想一开始就包含的联邦制构想，源自美国和瑞士的体制，如何应用于中国，解决分治与统一的两难，在清季乃至民初相当长的一段时间里，成为立场不同、派系各异的国人关注和讨论的中心问题。由于各方意见纷繁，牵连到历次制宪如何确立国本，始终摇摆不定。与此相关，省的地位及其设制，直到国民政府时期，仍然困扰着当局和各方人士，其影响至今依然深刻存在。梳理南北各方各界的诸多意见，包括所谓帝国共和主义，对于认识共和思想观念在中国的传衍影响及其演化，可以大进一步，同时也有助于把握民国时期许多长期争议不绝、变动不居的观念和体制的来龙去脉。

或者以清朝为正统，评议辛亥时期南京临时政府的合法性。姑且不论革命就是要破除旧法统，建立新法统，即使以袁世凯而论，虽然他后来千方百计要将自己的权力来源与清朝正统相连接，其目的只是避免与南方民党政府有所牵扯。实际上，南北和谈时南方民党的前提就是承认共和，否则免谈。袁世凯既然接受这一前提，等于将清朝的正统性连根拔起。而袁世凯接受共和，看似情非得已，却不无自己的盘算。继续帝制，即使立宪，实行责任内阁，充其量不过是政府首脑，而非国家元首。况且清朝的各种势力对其不无掣肘，即便当上内阁总理，也不能随心所欲，远不如做大总统称心如意，尽管也不得不面对内外危局的考验。只是在清王朝大势已去，大统已绝，失去继续掌控国家权力的资格的情势下，袁世凯才利用这副空架子的所谓正统来抵消南方民党对自己的种种限制。

孙中山一生中的确有些言行备受质疑，尤其是用今日的观念看待，更加难以理解。可是，回到历史现场，与同时代人比较，则又并非不能理解。例如清季民初社会矛盾激化，政争之际，使用暗杀行刺等非常手段，相当平常，不仅革命党崇尚，政府当道惯用，就连表面主张和平变革的康梁等人也屡屡暗中买凶杀人，甚至公开鼓吹游侠刺客，令一班少年热血沸腾。锋芒所向，不仅仅是敌对方，也包括同道者。孙中山所牵连的数起著名命案，姑且不论本人是否知情尚难定论，就算由其指使授意，也并无多少特别之处。用所谓恐怖主义来检视，就仿佛将道法自然说成绿色和平，几近荒唐。至于孙中山与日本关于满洲的交涉，脱离清朝长期禁止汉人出关以维系龙兴之地的禁锢，以及日本趁机不断渗入的背景，简单地从民族主义的视角加以评论，难免隔靴搔痒，似是而非。诸如此类的时代意见，在今日的历史研究当中相当普遍，高谈阔论者浑然不觉与历史意见大相径庭。

由此可见，长编考异既是基础性建设，又有很高的史学要求。治史是否经过长编的训练以及专题研究，是否具有长编的底蕴，高下立判。当然，若以为长编仅仅是将资料按时序编排罗列，则有无亦区别不大。

三、扩张孙中山研究的材料

史学的重要功能在于整理材料，而运用长编考异之法的基础正是掌握和融会贯通材料。以长编考异为法则扩张材料，才能为编年体的应用奠定坚实的基础。

孙中山研究在整个近代中国研究中相对成熟，海峡两岸学人多年努力，良性竞争，形成接力式的材料扩充和研究深化，不仅撰写了多种传记和大量专题研究论著，而且编辑出版了各种名目的全集、年谱、长编、实录和资料集。只是相对于历史事实的错综复杂以及相关资料的极为丰富而言，可以进一步扩充的领域比比皆是。只要转换观念，调整做法，仍然有很大的拓展空间。要言之，下列三项尤其值得关注。

其一，由于条件的改善，能够利用的各类资料大幅度增加，可以大量增补充实内容，订正误说，扩展视野，丰富层面。全集不全，是编辑晚近资料的一大困扰。近代文献太多，图书、档案、报刊以及未刊稿本钞本，任何一类均在古代文献总和的百倍以上。加上海外公私档案、文献，数量更加巨大，几乎可以说是漫无边际。由于著录编目的缺漏和收藏保存的限制，无人能够全部接触，遑论逐一过目。孙中山全集虽经两岸学人接力式地持续努力，能够扩展的空间余地仍然不小，可以预期将来还会不断增补。

既往搜罗相关文献，受限于利用条件和技术手段，近年来这些方面有了长足进步。除了公私藏档逐渐披露之外，书、刊、报的利用较以前大为便利，可以尽可能竭泽而渔地将所有资料一网打尽。迄今为止编辑的孙中山文集，有的初版底本尚未找到，所依据的再版本已经有所修订，不能完全反映当时的实情。如《孙文学说》1919年的初版本中有关于将行易知难说质证于杜威的内容，而中华书局版《孙中山全集》所据《建国方略》1922年再版本便已经删去。近年来出版的各种日记、文集日渐增多，其中不少涉及相关史事，可以补充原来的缺失。

孙中山在世时国内各报刊多有相关报道，1912年以后不待言，即使此前的负面报道，也颇有参考价值。限于条件，既往主要查阅了《申报》《大公报》《民国日报》《民立报》等少数报刊，其他如《中外日报》《华字日报》《时报》《顺天时报》《盛京时报》《时事新报》《神州日报》等数以千计的报纸和数以万计的期刊，并未系统翻检。各种媒体的报道看似大同小异，其实各有分别，汇集起来可以解决许多问题。如1912年孙中山北上，在京期间与逊清皇室多有往还，以往各书较少提及，或多有错误。参酌各报的报道，不仅能够大体重现本事，把握孙中山的民族主义及其具体主张的内涵外延，还能进而探究和平解决战事纷争对于清室和民党的后续影响。

孙中山长期活动于海外，足迹遍及日本、美洲、欧洲和南洋，革命党、保皇会以及其他政治流亡者也长期以海外为活动基地，尤其注重依靠华侨。各地华侨先后创办过数以百计的中文报刊，不仅大量报道各地华侨及其社团的情况，而且反映各派人士的海外活动。以数量及重要性而言，日本、美洲和南洋的中文报刊最具价值。除日本外，其他各地的中文报刊很少得到利用。而这些报刊有的至今仍然存在，有的保存相当完整，只是由于收藏分散，未经汇集，使用不便。这可以说是相关文献搜集整理最为薄弱的部分。以前条件有限，无法大规模搜集整理出版，现在应当适时着手进行。具体做法，可以先易后难，首先将海峡两岸收藏的海外中文报刊汇集编目，然后通过各种途径和方式对美洲、南洋、英国、澳洲等地的收藏机构进行调研搜集，争取协助。在汇集整理的基础上，系统出版所有相关报刊，以推动文献编辑和历史研究。

其二，对于已出版的各类孙中山文献，着重于孙中山本人的文字、言论和活动，这当然是首要和常规的做法。可是，由于孙中山始终处于时代的中心，其思想、活动及其与各方联系，集中体现了近代中国社会的发展脉动。应该进一步扩张视野，探究古今中外、前后左右相关的思想言论和派系人事，力求充分准确地理解孙中山的言论行事。近年来，直接以孙中山为题的论著虽然相对减少，晚清史、民国史相关专题研究的展开，却有效地推进了孙中山研究的实质性进展。资料的发掘与编辑同样如此。例如新近发现的康有为书信中关于保皇会1905年刺杀孙中山的计划，不仅进一步坐实保皇会后来矢口否认的暗杀行为，而且有助于深入考察革保双方的关系。

也就是说，作为研究孙中山的基础性建设，编辑孙中山本人的文字言论无疑至关重要，而要恰当全面地理解其言行，还应该广搜群籍，采集与之相关的文字，加以比较参证。在此基础上，理解孙中山的文字言论行事、孙中山与各方的关系，以及与孙中山相关的各种大事要人，乃至于把握领悟近代以来中国观念文物制度的变化，不仅言之有据，而且彼此参证。尤其是依时序综合考察孙中山的所有言行及其与各方关系的发生演化，无论本事还是心路，较由一点一面立论，更易近真且得其头绪。

以孙中山为枢纽，将其放到历史的整体联系之中，凡涉及相关的思想言论人事，尽可能多角度呈现历史的复杂本相，而不仅仅以孙中山为轴串联历史，不但可以提供进一步深化孙中山研究的坚实支撑和有力凭借，而且能够充分展示孙中山作为时代枢纽的广泛联系和巨大作用。

其三，应注意平衡忠实历史与兼顾现实的关系。搜集、整理、编辑、出版文献，以及编撰长编，应尽可能完整地呈现原状，只做技术性加工，不要预设取舍的立场，或溢美，或讳饰，强古人以就我。即使不同版本的文本比勘甚至文字校正也要十分谨慎，千万不可自以为是。应当相信，孙中山在历史上的重要和正面，不会因为别有用心者在个别问题上断章取义的曲解或是用后来的道德、政治评判准则加以裁量而改变，反而是多此一举的考量行事容易令人心生疑惑，以为真有不能公诸天下的见光死。如此做法，等于坐实了神化的指摘，让妖魔化的用心得逞。

与此相应，编辑征引孙中山及其同志、同道、对手甚至敌方的文献，也不必多所忌讳。所谓学术无国界，至少在历史研究领域得到相当程度的体现，学人若不能全面掌握相关资料，便会在学术话语权方面处于明显的劣势。例如，与孙中山关系紧密的胡汉民、戴季陶、汪精卫等人，至今没有较完整的全集，早年出版以及后来台湾地区编辑的文集，限于条件，缺漏较多。作为孙中山曾经的亲信助手，他们的文字言论当中，有不少是传达和解释孙中山的思想主张，当然也有曲解之处。清朝官员和民初北京政府时期的军政人物，大多是孙中山的敌手，但在一定情况下，也与孙中山有所交集，甚至形成同盟关系。这些人的文集，不少付诸阙如。其中自然包含对应孙中山言行的部分，不能联系比较，很难前后左右理解孙中山的言行达到得其所哉的程度。

由于孙中山及其相关资料分散于海峡两岸，以往分别编辑，遗珠之憾，在所难免。若能合作进行，不仅还有广阔的空间，成效也会更加显著。

善用材料者，伪书亦可见真历史。孙中山在世之时，各方就不断传出其死讯，就事实而言，这些传闻至少是以讹传讹，甚至是故意散布的谣言，绝不可能属实。但是转换角度，却能够反映散布传播者的动机目的以及传播的途径形式，反衬孙中山在中国政坛上举足轻重的影响地位。

孙中山逝世后，各种政治势力围绕三民主义的解读发挥，继续展开论争，余绪至今不绝。而孙中山的历史形象及作用，也会在各方持续进行的纪念过程中朝着各自心仪的方向不断重新塑造。只有将涉及孙中山所有思想政见的赞同、反对、异议的所有意见全部汇集，不单单从孙中山的角度，或以孙中山为中心立论，而是四面看山地考察把握孙中山思想政见的渊源流变、社会反响以及时代影响，才能跳出各执一偏的争讼，认识深入一层。

处理晚近文献史料的另一重困难，即如何整理的问题。编年不是资料长编，必须将各种资料融会贯通，但无疑也要大量征引史料，才能接近前贤所说将材料整理完备，史学功能已毕的标准。依照傅斯年的看法，材料越生越好。此说固然不免抹杀前人本意之嫌，忽略了加入主观也是客观历史的组成部分，却显示后人的加工往往容易扭曲歧误。通常情况下，越是增加所谓学术含量，错误的可能性越大。所以征引文献，首重内容，版本的价值，则要权衡其对于理解文本史事的作用。有鉴于此，编年应确定两项原则。

一是注重文本的异同联系。印刷术等普及之前，文籍多借传抄流行于世，手民之误，在所难免。于是后世学人搜求各种古本，加以校勘，以便恢复本来面目。不过，文本歧义，原因甚多。如记录者不一，或是本人的说法因时因地而异，都可能造成同题异文。只不过上古文献留存不足，难以征实。晚近以来，刻书印书日趋便利，学人著书立说，随刻随印随改之事日渐平常。或学问精进而认识调整（如陈澧），或时事变化而有所权通（如梁启超），虽不至于人人都以今日之我与昨日之我战，也是千变万化，莫衷一是。前者可以窥见作者的心路轨迹，后者更能显现时局的跌宕变幻。各处异文的背后，往往隐藏着重要的故实。简单地断为今是昨非，则不能把握历史的本相及变相。恰当的办法应是将各种版本的异文逐一标注，求其古以求其是。而不能仅仅依据今日自己的经验学识，定于一是。但凡不先求其古便求其是的，不仅抹杀异文背后复杂生动的史事，而且往往形成新误的根源。须知中国历来很少形而上的抽象思维，言论著述，大都有具体的时空人缘由等因素作为条件，抽离具体条件，以今人心中之是为是，则无从考察历史人物何时何地因何为何之是。

二是不擅改字。清代学人系统地整理历代文献，遇到不能通解之处，每每指为错误，尤其好擅改字。实则彼时彼处本来可以通，改后反而误。此所谓："以明清放浪之才人，而谈商周邃古之朴学。其所著书，几何不为金圣叹胸中独具之古本，转欲以之留赠后人，焉得不为古人痛哭耶?"① 今日学人同样好改近人文字，相关部门又鼓励统一规范和标准化。殊不知征引近人文献，起码应于古今之间求得平衡，而不能一味强古人以就我，今人再高明，能量再大，也无法改变已经过去的历史。近代虽然距今不远，而语言文字及词汇概念的意涵变化极大。今人不解近人的通则惯例，却自以为是地裁量判断，以自己的知识习惯以及现行规定为准则，动辄指为不通而擅改，往往笑话百出。即使未必改错，如将异体字一律改为所谓本字，殊不知前人遣词用字，不仅正异之分，还有雅俗之别，强求一致，则失却本意，索然无味。

四、史事编年的取向

作为振兴中华的倡导者和民族复兴的先驱者，孙中山迄今得到全球华人的普遍认同，其思想及人格具有持续影响力和广泛凝聚力。而不断地重新解读，应当依据事实，逐渐近真，以免在见仁见智的托词之下断章取义、穿凿附会、各逞私臆。2016年的孙中山诞辰150周年纪念，是全球华人共同的盛大活动，一套能够充分吸收已有研究成果、取材丰富、事实准确、考证精当、全面展现新的研究水准的《孙中山史事编年》，不仅有助于推进学术的良性发展，还可以在公共话语方面发挥影响引导作用。

孙中山研究经过20余年的相对沉寂和不断积累，现在到了总结和提升的适当时间节点，主要体现于：陆续出版发表了一批孙中山研究论著，其中的新发现、新进展，尤其是依据新材料或整合新旧材料纠正原有误说，提出可信的新说，应当及时全面地总括吸收；包括档案及文献汇编、网络资源和数据库在内的各种新出史料，使得学人可以接触利用的资料较以前大为增加，大幅度扩充了历史认识的范围和内容。南京临时政府档案、北洋政府档案，以及围绕清史工程、纪念辛

---

① 陈寅恪：《刘叔雅〈庄子补正〉序》，载陈美延主编《陈寅恪集·金明馆丛稿二编》，生活·读书·新知三联书店，2001，第258页。

亥革命和各省地方文献丛书的海量出版，加上海内外各种网络资源陆续开放和多种报刊文献数据库的开发，极大地丰富和便利了资料的查阅使用，很大程度解决了近代史料数量庞大而利用不便的两难，从中可以发掘出大量新材料，有助于扩展研究的视野，提高论证的精度，深化研究的层面；与孙中山直接或间接有关的晚清民国史专题研究进展显著，覆盖广泛的专门论著，拓展深化了对于孙中山活动的时代以及与之相关的各种人事的认识，为重新检讨和推进孙中山研究提供了有力支撑。

业师陈锡祺先生原来治隋唐史，后转而研究中国近代史，尤其着重于孙中山研究。或因学术渊源有别，取径与一般不同，最为重要的，一是强调思想与活动相辅相成，二是重视长编的作用。所主持编撰的《孙中山年谱长编》，颇受海内外学人赞誉。近年来，不断有师友提示可以增订再版。鉴于牵动太多，考虑再三，还是奉其宗旨，另行编撰为宜。相较于资料的扩张和研究的进展，已有的同类成果，或字数有限，只能以孙中山为中心裁剪取舍，难以充分展现浓缩一部中国近现代历史的应有之义，以及体现长编考异法的精妙所在；或类似资料长编，篇幅虽然膨胀，内容未必拓展。至于分门别类的专题研究新成果，各有建树，也各有偏重，有必要与新出资料进行全面整合，系统梳理，重新检讨和进一步深化历史认识。也就是说，在充实内容、订正误说、扩展视野、丰富层面等方面，编年还有很大的拓展空间。

虽然孙中山研究在整个近代中国研究中比较成熟，但是相对于历史的错综复杂以及相关资料的极为丰富而言，可以进一步探讨的问题俯拾皆是，《孙中山史事编年》当然不可能解决所有问题。本书努力的主要方向在于，以孙中山为枢纽，充分吸收国内外已有研究成果，全面把梳排比档案、报刊、日记、函电、书籍等各类资料，经过仔细地勘验比较，按照时间顺序编排孙中山的言行思想以及与此直接或间接相关的各种人事，大幅度扩充相关史事的内容层面，努力还原历史的复杂本相，充分展示孙中山作为时代枢纽的广泛联系和巨大作用，表明始终处于时代中心的孙中山的思想、活动及其与各方联系，集中体现近代中国社会的发展脉动。

具体而言,就是力求尽可能完整地搜集掌握海内外已有的研究成果,充分地加以吸收,尤其是注意订正错误和由新材料确证新事实的部分;尽可能完整地搜集各类资料,大幅度扩充各方面史事,以事实为依据,实事求是,写成翔实的信史;尽可能全面地把握孙中山与各方关系,最大限度地展现与孙中山有关的各个层面的实情,包括将思想还原为历史的实际进程;尽可能全面地梳理贯通所有研究成果和各类材料,对相关史事加以严谨考订,并力求揭示表象背后的内在联系,形成能够体现当代学术高水准的著作。

为达成上述目标,主要从以下方面努力进取:

——利用近代中国史料极大丰富的特点,努力揣摩长编考异法的精妙并且应用得当,充分展现编年体之于近代中国研究的重要价值。宋代长编考异法与欧洲近代比较研究相契合,受欧洲学术影响至深的学人往往极为推重。只是此法用于近代中国研究,反而有力不从心之憾。其难主要有二:一是材料多难以全录,二是史事繁难以尽取。因此两难,加上认识不足,重视不够,即使有所运用,也只是简单地顺序排列史料史事,未能体现长编考异法的高妙。实则近代史料种量繁多,史事曲折复杂,最适宜充分展现长编考异法的优长。将所有材料相互参证,勾连贯通,以免随心所欲的解读导致尽信书不如无书的尴尬;从不同视角考察所有史事的各个层面,避免以偏概全,以某人之是非为是非,结果无是非可言的乱象,矫正时下近代中国研究中常见的随意立说和格义附会两种偏蔽,破解各式各样的罗生门,逐渐接近并恰当呈现错综复杂的历史本相,展示长编考异与比较研究的相互融合之于近代中国研究的效能。

——借鉴近代中国的知识与制度转型研究的成果和经验,破除各种先入为主的成见,努力回到"无"的境界,探寻"有"的发生及其演化。从西学、东学、中学的交汇融合把握知识与制度的千变万化,考察形形色色的亲历者思维行事变动不居的各说各话。在古今中外的整体关怀之下,因缘观念和事物从无到有发生演化的历史进程,理解因时因地因人而异的前人本意和史事本相，探究孙中山及其时代的观念与体制变动的渊源流变；力求将与孙中山密切相关的思想、学说、制度、人物、事件安放于适当位置，多层面地加以观照和解读。

——不仅仅以孙中山为轴心串联历史，不仅关注孙中山本人的言行，不仅从孙中山的角度考察其与同时代人、事的关系，也不仅从孙中山的视角来看待其所经历的一切大事要人，而要将孙中山放到历史的整体联系之中，依时序综合考察孙中山的所有言行及其与各方关系发生演化的全过程各方面，从而进一步夯实孙中山研究的基础，大幅度提升相关研究平台，深入理解孙中山的文本言论行事、孙中山与各方的关系、与孙中山相关的各种大事要人，乃至于把握领悟近代中国观念文物制度的变化，为孙中山研究这类相对成熟的领域提供进一步摸高探深的实例，进而推动整个近代中国研究的全面深化。

悬得高意味着难度大，处理好下列矛盾，是成败的关键：

其一，发现新材料与贯通新旧材料相辅相成。历代文献多经反复整理，且大都以纸本或电子版形式出版，除了深究版本以及出土文献之类的问题，一般而言掌握完整并非难事。晚近史料大幅度扩张，不仅数量繁多，很少整理，而且收藏分散，不易把握边际。即使老师宿儒，也难以完全掌握驾驭。要想胸有成竹，应努力突破时空条件和学识功力等主客观局限，总体掌握史料的规模、形态以及收藏情况，竭泽而渔地搜集各类资料，并把握不同类型的文献本来的条理系统。在全面掌握国内外先行研究成果和汇聚新出史料的基础上，比勘贯通新旧材料，多视角多层面认识相关史事，探寻所有历史人物活动及事件背后的内在联系。

其二，拿捏以孙中山为枢纽，贯穿近代中国大事要人的分寸。既不能局限于孙中山本人的言行，以免望文生义地解读，或是仅仅从孙中山的角度看待评判与其有关的人事，也不能漫无边际，脱离中枢，变成中国近代史的浮泛缩写。应提纲挈领，充分体现孙中山的枢纽性地位作用与四面看山地观察把握近代中国的大事要人相得益彰，展示长编考异与比较研究法之于近代中国研究的重要价值和意义。

其三，把握古今中外的联系与区别，注意分别时代意见与历史意见，从无到有地用历史眼光考察近代中国观念行事变化发展的实际进程及真意本相。

实现以上各点，可望从几方面体现新时期孙中山研究应有的水准以及彰显编年的价值：

——编成一部内容翔实、能够体现时代水平的信史，提升孙中山研究的水准，保持和进一步增强孙中山研究的优势地位。

——打造高度与深度相辅相成的研究新平台。通过梳理孙中山的言行及其与各方关联，深入认识近代中国的社会变动、制度建构、思想脉络乃至中外关系，使得理解孙中山的言行与认识近代中国历史的风云变幻相辅相成，促进近代中国研究的深入发展，尤其是强化相对薄弱的民国北京政府时期的研究，为进一步深化孙中山研究提供坚实支撑和有力凭借。

——确立检验各种研究和评价孙中山的观点说法的衡量尺度。通过汇聚梳理各种史料史事，订正误说，缩小歧见，保存异解，实事求是，不溢美，不附会，不趋时，为学术界和全社会提供全面认识孙中山以及近代中国的凭借和保障，防止随心所欲的曲解和盲人摸象的瞎说，成为检验神化和妖魔化的试金石。

扩而大之，《孙中山史事编年》之于中国近现代史研究还有进一步的意义。

长编考异法最为适合晚近史研究，却普遍被轻视和忽视，应努力探索发挥编年体裁在近代中国研究中的潜在价值和重要作用，并提供经得起学术检验、具有展示度的研究成果。作为编年体的最高体现，长编考异法与域外比较研究有异曲同工之妙。将两种治史良法相互参合，应用于史料极大丰富的近代中国研究领域，能够有效地纠正和防止各种局限偏蔽，掌握比较不同的史料寻绎历史发生演化脉络的能力，由碎立通，减少穿凿附会的曲解和随心所欲的妄言，使得解读材料和认识问题均能够适得其所。

史无定法，看似今是而昨非，实则万变不离其宗。那些追仿域外新法、貌似引领时趋的新说，本来就多为边缘迎合主流的折腾。而汉语言文字的特性，又容易格义附会，倡言与附从，对于所鼓吹附和的大都相当盲目。但凡良法，必然高妙，决不会不学而能。集众的研究，在人文学科未必是理想的形式，可取的方面，要项之一，就是训练人才。而人才的培养，最重要的是基础性和基本性的训练。只有本宗扎实，根本确立，才能以不变应万变。通过集众的研究，可以为孙中山研究保留必要的种子和培训适当的骨干，使之能够薪火相传，先因后创，温故知新，具有可持续发展的强劲动力；帮助参与者揣摩掌握长编考异之法的精妙，能够熟练应用，具备长编考异的底蕴基础，转治其他专题，效果大不相同；促使研究者打破分科的局限，跳出专门的窠臼，多头并进，相互贯通，提升治学的境界。

取法乎上，仅得乎中。集众式研究的参与者较多，各人的学识功力及态度难免参差，对于长编考异和比较研究法的理解领悟有所差异，势必对相应时段的成果质量产生影响。为了确保整体理念及具体做法能够落到实处，已经采取了多项措施，尽可能减少差别。至于是否达成，还有待于方家的检验，予以针砭，以便随时修订。即使编年本身未必完全达到前述理想的境界，经由编年的训练，利用编年的累积，有心之士也有望在今后的研究中做出令人瞩目的成果。

搭建孙中山研究的新平台

孙中山研究在中国近代史领域显得相对成熟，不过，与古代史相比，作为近代中国的枢纽性人物，孙中山研究远远达不到充分的程度。近年来，孙中山研究虽然总体上由显退隐，在基本认识和具体史事方面，却遭遇越来越多的挑战，表明即使这样的领域也存在巨大潜力和广阔空间。只是要在既有丰富成果的基础上摸高探深，必须扩张材料，拓展视野，讲究方法。因此，有必要进一步提升研究的平台，为来者开辟上升的通道。

孙中山风云际会，常常处于时代漩涡的中心，研究孙中山，可以将近代中国的许多大事要人勾连起来。而研究近代中国的大事要人，如果缺少孙中山的视角位置，就难免偏于一端。如果孙中山研究在整个中国近代史的研究中缺席失位，则至少不能说是正常的状态。

为了进一步深化孙中山研究，近十余年来，我们主要进行了如下各项工作，希望以集众的形式收获多方面的大型研究成果和资料汇编，努力搭建孙中山研究的新平台。

1. 通过各种渠道和形式，有系统地广泛收集书刊报档等各类资料，为陆续大规模展开各项工作奠定扎实的基础。同时进行近代中国的知识与制度转型等相关问题的研究，探讨深化拓展孙中山研究的方法和取径。

2. 组织编辑了十卷本的《各方致孙中山函电汇编》（社会科学文

献出版社 2012 年），并拟以台湾国民党党史馆藏上海环龙路档和汉口档、五部档为基础，编辑续编。

3. 以陈锡祺先生主编的《孙中山年谱长编》为范型，组织编辑了 500 万字左右的《孙中山史事编年》（中华书局 2017 年），尽可能吸收国内外已有研究成果，尤其是 20 余年来的新成果，全面搜罗、耙梳、排比档案、报刊、日记、函电、书籍等各类新旧资料，善用长编考异法，前后左右比较参证史料史事，按照时间顺序编排孙中山的言行思想以及与此直接或间接相关的各种人事，大幅度扩充相关史事的内容层面，努力还原历史的复杂本相，充分展示孙中山作为时代枢纽的广泛联系和巨大作用。

4. 组织编辑《孙中山思想政见各方论争》资料汇编，计划分为影印本和整理本两种版本。以孙中山逝世和 1949 年为界，分为三辑，每辑包含书刊报档各类相关资料，按时序编辑成册。

5. 编辑《孙中山影像编年》，以图像与文字相互印证，增加历史的可视性。

6. 将着手展开《孙中山纪念编年》《辛亥革命与民国肇建纪念年》以及《五四新文化运动纪念编年》等编年史系列的编撰，将孙中山研究从其生前延伸到身后，全面体现其对于近现代中国的重大影响。

此外，孙中山长期活动于海外，日本、美洲、欧洲和南洋等地的华侨聚居地，成为其活动的重要基地。各地华侨创办的中文报刊数以百计，除了报道华侨及其社团的情况，还反映各派流亡者的海外活动。华侨社团和秘密结社以及个人，也有数量庞大的公私档案，其中多有与孙中山相关的直接记录。这些文献有的保存相当完整，有的报刊甚至至今仍然在发行之中，只是由于收藏分散，未经汇集，或事涉机要，秘不示人，使用极为不便。这可以说是孙中山的相关文献搜集整理最为薄弱的部分，应当适时着手进行大规模的搜集整理出版。具体做法，可以先易后难，首先将海峡两岸收藏的海外华文文献汇集编目，然后通过各种途径和方式对美洲、南洋、英国、澳洲等地的收藏机构进行调研搜集，争取协助。在汇集整理的基础上，系统出版所有海外华文各类资料，以推动文献编辑和历史研究。

回顾孙中山研究的历史，海峡两岸的学人经过多年努力，良性竞争，形成接力式的材料扩充和研究深化，不仅撰写了多种传记和大量专题研究论著，而且编辑出版了各种名目的全集、年谱、长编、实录和资料集。坚持不懈的努力之下，孙中山本人的言论文字已经基本搜罗完备，关于其行为活动的情形也大体掌握，只是相对于历史事实的错综复杂以及相关资料的极为丰富而言，可以进一步扩充的领域比比皆是。只要转换观念，调整做法，仍然有很大的拓展空间。

尤其重要的是，尽管直接的材料大体齐备，要想恰当解读和理解孙中山的言行，仍然并非易事，材料不足，容易望文生义，材料太多，也可能断章取义。近年来其他相关研究的显著进展，也发掘出了不少新材料，产生了不少新成果，有助于从两方面推进孙中山的研究。一是切实了解背景语境，有利于深入恰当地解读和理解孙中山的言论行事；二是深入认识文物制度和大事要人，有利于扩张孙中山研究的范围和领域。这两方面相辅相成，也正是搭建高水准孙中山研究新平台的两个基础支柱。

近代史研究在方法应用方面，应当借助中古史大家的成熟经验。其中关于长编考异法和比较研究法的各种论述，正是医治近代史领域材料丰富而梳理不足、问题繁多却任意举证的对症良药。用以俱舍宗治俱舍学的办法，将前后左右各种不同的材料相互参证，考订解释，折中一是，尤其是依时序综合考察孙中山的所有言行及其与各方关系的发生演化，囊括所有材料，勾连贯通，解释疑滞，将各说整体及部分的真伪异同详加比勘互证，无论本事还是心路，较由一点一面立论，更易近真且得其头绪。

因此，研究历史人物，不宜只看其人的直接材料，也不能单纯以其眼界看周围人事。若仅就特定对象的言行立论，很容易误读错解其本意本相，甚至以其好恶为是非，结果反而无是非可言。如此这般描述出来的历史人物，实为研究者心中的形象，与历史人物的本身貌合神离，似是而非。必须比较参证前后左右上下内外的各事各说，才能将人物置于历史本来脉络的适当位置，理解把握其言论文字的本意和行为活动的本相。

　　与孙中山研究贵为显学的时期相比，最大的差异，还不是成果的多少，而是研究者的聚散。原来不仅有一批能力相当强的学人专门从事孙中山研究，而且由于辛亥革命史研究的盛极一时，以及三次革命高潮说的互为联系，投入相当一部分精力兼作孙中山研究者为数更众，从而保证了成果的质量和工作的持续。搭建新的平台，使孙中山研究站上新台阶，并不意味着这一领域的研究可以告一段落。新平台具有的开放性，就在于所提供的资料和路径，可以保障后续工作的持续展开，并随着研究的陆续推进，不断充实加强和拓展平台的建设。

孙中山研究亟须注意版本问题

中国治学，首要讲究版本目录，而近现代史研究因材料繁多易得，反而较为忽视版本问题。实则版本的比较和文词的校订，常常会产生识一字成活一片的奇效，尤其是文本内容的渊源演化以及不同版本因时因地因人而异的差别，对于解读认识前人本意和史事本相，具有重要作用。如陆皓东供词很可能并非当时的文本或经后来改动，而孙中山的《支那保全分割合论》发表时间提前两年，则成为"汉奸"转义的发端。通过《孙文学说》多种版本的比较，可以揣摩孙中山面对各方意见坚持不改和有所补注的取舍，显示文本异同与语境的关联之于研究孙中山观念行事的重要性。

版本目录，是治学的起始门径，历来为学人所注重。此一传统学问的办法，与近代以来欧洲的学术研究讲究内证外证的新法彼此暗合。而在近现代中国研究的领域，因为材料易得，重心又在发抒历史认识一面，至于史事本相如何，觉得把握起来较为容易，所以对于版本问题反而不大重视。不过，正因为近代以来的史料极大丰富，使得详究版本的问题显得更加重要。此前的版本及其相关的校勘，主要是追究文本的是否正误，而在近现代史研究中，除了真伪对错之外，还须着重考察两点，一是文本内容的来源及其演化，二是不同版本出现差别因时因地因人而异的各种因素。二者的作用，已经不仅限于文本自身，更重要的是影响相关历史的重新呈现及其理解。关于前者，有学人深究邹容《革命军》的借资取材,最为典型;关于后者,对梁启超《戊戌政变记》等文本的考察,最见功力。①

今人编辑近人文籍,一般仿古籍整理校勘的办法,找出若干古本底本,参合校订为定本。此法固为一般原则,却忽略了文本的不同,未必都是流传过程中出现的歧误,也可能体现撰述者或转述传播者因缘时势有别而有意识地表述各异。这样的差异,刚好是深究文本撰述转述者的观念行事随时变化的重要凭据。而所谓定本的标准,则仅就行文的遣词用字判断正误,无法区分导致版本内容不同的复杂因素。况且,由于忽略时空差异的作用,求其是的师心自用,还会造成以今日通行的规则判断近人的习惯,动辄指为不通,但凭己意擅自改字,结果本来可通反倒变成不通的尴尬。

有鉴于此,编辑近人文籍,较为妥当的办法是将所有版本进行比较,差异较大的,可以将各种版本全文收录,以便研究者自行比较;差异较小的,最好加以校注,即将各种异文汇校,逐一注出。此法类似于佛经的合本子注,近代文籍编订中,只有朱维铮编校的《梁启超论清学史二种》较为近似。

文献的整理编辑之外,版本问题之于历史研究,同样至关重要。通过版本的比较和文字的校订,常常会产生识一字成活一片的奇效。这样的情形,不仅在流质善变的梁启超身上常常出现,其他同时代人物也并不鲜见,只是表现形态有所变化而已。孙中山研究中也有类似情形,如狭间直树教授关于国民党一大宣言各种文本的考察,颇具典型意义,同一文本出自(或经由)不同方面不同时间,往往发生重要而复杂的微妙变动,应当引起足够的重视。限于篇幅,仅举两个显例,以示文本异同与语境的关联之于研究孙中山观念行事的重要性。

---

① 唐文权:《关于〈革命军〉的借资移植问题》,载《中国文化》研究集刊第5辑,复旦大学出版社,1987,第506–518页;狭间直树:《梁启超〈戊戌政变记〉成书考》,《近代史研究》1997年第4期;戚学民:《〈戊戌政变记〉的主题及其与时事的关系》,《近代史研究》2001年第6期。

一、《支那保全分割合论》与"汉奸"的转义

文本出现时间的早晚，涉及语境的不同，而语境的变化，可能导致文本内容解读的重大改变。孙中山的《支那保全分割合论》一文发表时间的提前，对于重新认识该文在"汉奸"一词转义进程中的地位与作用，便产生了极为重要的影响。

"汉奸"一词，作为一类特定人物的专门指称，今人看来似乎不言而喻。虽然指谁是"汉奸"因人而异，什么样的人应该被指称为"汉奸"大体已经约定俗成。可是，放眼中外，即使考虑到语言和翻译的差别，具有类似意识的国家、民族其实并不多见；纵观古今，有此概念并用于特指的历史也不算长，充其量就是近世才有的新名词，绝非如坊间和媒体所误以为的，是汉代以来的旧观念。也就是说，尽管中国的华夷忠奸之辨历史悠久，并且不乏非我族类其心必异这样的意识，但是以文化论种族的传统，使得种族的边界游移不定，汉在相当长的时期并非自认，而是他指。明确以今日所谓"汉奸"之"汉"为范围凭借，划分彼此，进而分别忠奸，不过三四百年的历史。

问题是，这一指称因为泛用而习以为常，很少有人注意其渊源流变。历史上"汉奸"一词的出现虽晚，"汉奸"的历史却在后来的历史叙述中不断拉长。不仅媒体和坊间随意使用，即使在学界述及历史时，一般也大体是望文生义地倒述。直到近年，才有识者发觉此事非同寻常，予以关注并有所探究。首先开始相关研究的，是神户大学文学部的王柯教授，他于 2004 年在《二十一世纪》第 6 号发表了《"汉奸"：想像中的单一民族国家话语》一文，用历史的方法对"汉奸"一词的起源流变进行了大致的梳理。该文经过补充增订，改题《"汉奸"考：一个拟制民族国家话语的诞生》，发表于岩波书店《思想》第 981 期，并收入陈理、彭武麟主编的《中国近代民族史研究文选》（社会科学文献出版社，2013）。作者摒弃了用后出观念将历史上特定人物及其行事一概称为"汉奸"的做法，遵循时间的顺序，探究"汉

奸"在历史文本中出现和演变的历史进程。只是所用民族主义的解释架构，多少仍有后设或片面放大之嫌。

在王柯研究的基础上，中国人民大学博士生吴密发表了《清代官书档案所见汉奸一词指称及其变化》（《历史档案》2010年第1期）、《"汉奸"考辩》（《清史研究》2010年第4期）、《谁是"汉奸"》（《中国图书评论》2012年第10期）等文章，并撰写了题为《民族和国家的边缘——清代"汉奸"名实关系及其变迁》的博士学位论文(2011年)，将晚明至清亡的汉奸指称及其演化分时段予以呈现。作者显然不满于前人先入为主地认定"汉奸"为民族主义的主观臆造，不过其基本架构仍然没有脱离后设的民族与国家观念。

2012年，复旦大学历史系杨思机提交的博士后出站报告《汉民族指称的形成与论争》，不仅探究了"汉族"这一特定专有名词概念形成演化的历史进程，为理解把握"汉奸"的演变提供了不可或缺的历史文化背景，而且专章论述了辛亥革命时期的"汉奸"问题。尤其值得一提的是，作者注意到王学庄发表于1996年《近代史资料》总88号的《〈驱满酋必先杀汉奸论〉作者辨》一文，已经考订出1907年1月25日在《汉帜》第1期发表《驱满酋必先杀汉奸论》的"锄非"，并非一般认为的刘道一，而是陈家鼎。① 此事一般难以想到，更不易征实，虽然已被订正，可是前人失察，撰写专题论文于后，却继续以非为是，非经再度指示，很难避免以讹传讹。

经过上述持续不断的努力，"汉奸"一词的缘起及其流变，大体已经梳理清楚，据此可知，"汉奸"并非古已有之，所谓历代汉奸，不过是用后来的观念指称相同相近的前人前事；目前可以查实的"汉奸"一词，最早见于明末治理和经营西南土司地区的过程之中；清中叶以前，"汉奸"主要是清朝官方用于指称煽动拨弄少数族人反抗朝廷的不法汉人；鸦片战争前后，在延续清中叶概念的同时，又转而指勾结外

---

① 详见王学庄：《〈驱满酋必先杀汉奸论〉作者辨》，载近代史资料编辑部编《近代史资料》总88号，中国社会科学出版社，1996，第236－244页。

夷祸害中国的汉人之奸徒，使得汉奸的指称逐渐泛化；扩而大之，后来也指学习外洋、用夷变夏的国人，汉奸与卖国贼连为一体，并且涵盖范围扩大到非汉人群。辛亥时期，与清政府的"汉奸"指称相对，革命党的排满宣传衍生出新的"汉奸"意涵，替满人为虎作伥残害同胞的汉人谓之"汉奸"。① 这样的仔细追究，在一般人看来或许只是学问家职业性的过度计较。作为方便名词使用，的确也无伤大雅。可是，就历史认识而论，在没有"汉奸"概念的时代用"汉奸"指称相关人事，所引起的误读错解绝不仅仅是一个名词的使用与否那样简单。

先行研究推进至此，看似已经剩义无多，可是相较于史事本相和前人本意的错综复杂，可以发掘解读的历史实情仍然所在多有。已有的研究，或着重于概念的意涵，所预设的架构及选取的例证，不免仍然以后来观念先入为主，不能展现史事发生演化的多种可能；或缺乏观念的自觉，于历史意见与时代意见的分别及联系模糊不清；或执着于探源部分，而对逐流的繁复有些掉以轻心。尤其是关于辛亥时期汉奸概念的转义，大体虽然不错，具体则有笼统之嫌。吴密的博士论文涵盖整个清代，关于辛亥时期的汉奸问题，仅第五章第二节专门论述，篇幅有限，只能点到即止。尽管作者清楚地认识到"对清末革命派'汉奸'话语的构建及其所起的作用研究非常不足"，并且尽力搜集资料，试图重建相关史事，较前人的认识有所进展，尤其是关于辛亥武昌战事发生后的论述，为前人所未及，可是相较于材料与史事，不能不说仍然显得相当薄弱。不仅文本史事的梳理解读尚有不尽如人意之处，就连已经学人考订的事实，也不免以讹传讹地一错再错。

辛亥时期排满革命的"汉奸"话语究竟开始于何时，至今仍是一

---

① 在王柯、吴密的论述前后，还有一些学人分别对清中叶西南地区、鸦片战争时期以及辛亥时期的"汉奸"问题做了专题研究，概念的把握未必自觉，所探讨的问题及所引述的材料史事，则与两位大体相同或基本不出所论范围。茅海建《天朝的崩溃》注意到鸦片战争时期汉奸问题的突出和复杂，略而不论。白纯《鸦片战争前后的汉奸问题初探》（《南京政治学院学报》2000年第3期）将鸦片战争前后的汉奸分为转卖鸦片者、接济逆夷者、煽惑百姓者、充作内应者、贿夷乞降者等五类，并归纳了清政府防范和处置汉奸的主要措施。王瑞成《晚清的基点——1840—1843年的汉奸恐慌》（中国社会科学出版社，2012）认为鸦片战争时期的汉奸泛滥，与各级官员推卸战败的责任紧密相关，背后则是国家与沿海社会关系重构的冲突。

桩有待破解的悬案。王柯将1903年《黄帝魂》一书所收录的《汉奸辨》，定为20世纪初叶，革命派为了打倒清王朝，开始对"汉奸"进行再定义的代表作，没有提及此前是否已经出现再定义的先例。吴密也认为："革命派最早什么时候开始用'汉奸'来指称那些维护清朝统治镇压革命的汉人为汉奸难以考证。"不过他明确提出："但若说到比较早而且影响比较大的当推'中国有史以来为共和革命而牺牲第一人'的陆皓东。"① 这样的看法，为探究"汉族"及"汉奸"缘起的学人普遍持有，杨思机也基本承接了这一认识。

1895年10月，陆皓东因广州起义事泄被捕，11月7日（九月二十一日）被杀。其间遭受刑讯，在供词中陈述受孙文的影响倡行排满："务求警醒黄魂，光复汉族。""要知今日非废灭满清，决不足以光复汉族，非诛除汉奸，又不足以废灭满清。故吾等尤欲诛一二狗官，以为我汉人当头一棒。"这是目前所见有具体时间认定而且明确使用反抗满族的新义"汉奸"一词的最早文本。

不过，陆皓东本人虽然于1895年11月已经牺牲，但是这份供词的出现却相当晚。因而文本产生的具体时间并不能就此确定。陆皓东的供词，或者又称遗书，出自邹鲁所编《中国国民党史稿》第3篇（甲）第1章（第658—659页）。该书1929年由上海民智书局初版，1938年商务印书馆再版。关于陆皓东的供词，该书虽然全文录出，却并未提供原件影本，也未注明来源根据。邹氏民国时负责征集有关国民党史的文献，或许此项文件在征集所得的资料之列。不过，除《中国国民党史稿》外，其他相关著述，包括后来编辑的资料，均未征引过这份文件的底本，都是转录自该书。而在《中国国民党史稿》之前，也从未见有任何官私文书或报刊披露过此项文件。可见，除了邹鲁外，这实际上是一份不知所据的文件，《中国国民党史稿》成了目前唯一可以依据的底本。

---

① 吴密：《民族和国家的边缘——清代"汉奸"名实关系及其变迁》，中国人民大学博士学位论文，2011，第267页。

如果供词为征集国民党党史资料之时所得,可能的来源不外有三,其一,清方档案;其二,后人保存;其三,他人收藏。而文本形式亦有三种可能,一是原件,二是抄本,三是转述。这些重要信息,显然与判断供词的真伪及其可信度息息相关。可惜的是,关于上述各节,邹鲁并无只字交代供词的来源出处,其他方面对此也没有任何说辞。就此看来,似乎只有邹鲁是唯一的知情人。后来的引据者,因为没有其他材料可以佐证或质疑,无法对此进行必要的验证。

关于陆皓东供词的一些疑点,已经引起学界的注意。黄宇和在《三十岁前的孙中山:翠亨、檀岛、香港1866—1895》一书中,专门探讨了感觉存在很大问题的"所谓陆皓东供词"的真实性。他认为该供词有两种可能性,一是孙中山等革命党人为了鼓动反清而制作,二是南海县令为了堵住前来营救的美国驻广州领事的嘴而炮制。① 不过,这两种推测,虽然都觉得供词不大可能出自陆皓东,却并未完全否认其当时性,只是将制作人放到同时的革命党和清南海县方面。也就是说,尽管人或有不同,时间的大体还是同时。尤其是第二说,时间性基本得到肯定。只有第一说的时间较为模糊,也可能是后来出于宣传目的而制作。当然,此说同样有些难以说通之处,因为,如果是作为宣传品而专门制作,却在清末如火如荼的反清鼓动中杳无声息,情理上似乎说不过去。

就供词的遣词用字看,很可能并非当时的产物。退一步说,即便邹鲁确有所本,并非原本或经过改动的可能性也相当大。例如文中几处使用"汉族"指称,现在虽然习以为常,当时却并非常用的专有名词。包括杨思机在内,迄今为止的研究显示,"汉族"的概念1897年以后才开始出现,而且与汉人、汉种混用,20世纪初年,才逐渐普及并且开始进入约定俗成的过程。至于为"汉奸"重新定义,此前几无先例,此后数年间也几乎没有响应者,显得过于突兀。因为造新词固

---

① 黄宇和:《三十岁前的孙中山:翠亨、檀岛、香港1866—1895》,生活·读书·新知三联书店,2012,第572页。

然不易，旧词新用更加困难。大语境如此，要在刑讯的特定场景下，集中创新或熟练使用非常用词，更是难以想象。况且，即使供词的确存在，在邹鲁编撰出版《中国国民党史稿》之前，也处于世人不知的秘藏状态，要以供词作为新义"汉奸"比较早的例证，在考订确实之前，还须慎之又慎。由于供词此前并未问世，"且影响比较大"的判断，更是无从谈起。

质疑陆皓东供词使用了新义的"汉奸"，并非否定"汉奸"的转义与革命党有关。从陆皓东的供词到1903年的《汉奸辨》，前后有八年时间。这在历史长河中或许显得短暂，可是世纪之交，恰是新名词开始涌入的时段，其间一些旧词也做了重新定义和解读，而最有可能最早对"汉奸"重新定义的，仍属孙中山一派的革命党。而关键的文本，正是孙中山本人撰写的《支那保全分割合论》。

在相当长的时间里，《支那保全分割合论》被认为最早发表于1903年9月21日出版的留日江苏同乡会主办的《江苏》杂志第6期，后来编辑《孙中山全集》第1卷（中华书局1981年），即据此将此文的时间系于1903年。直到1995年，狭间直树教授发表了《关于〈东邦协会会报〉刊登的〈支那保全分割合论〉》（《孙文研究》第18号），并于次年在神户召开的纪念孙文诞生130周年国际学术研讨会上做了《关于〈支那保全分割合论〉的若干问题——孙文来日初期的革命活动的一个侧面》的报告，确证《江苏》所载《支那保全分割合论》，其实是两年前《东邦协会会报》刊登的同一文章的再度发表。① 1901年12月20日，《东邦协会会报》第82号卷首发表了署名"孙文逸仙稿"的《支那保全分割合论》。虽然《江苏》刊本文字有所更动，尤其是原来的朝廷改满朝、清朝，清政府改虏朝、鞑靼，清改满、虏等，进一步凸显了"反满"的色彩，关于"汉奸"及其相关的用词则基本保

---

① 《孙文和华侨——纪念孙中山先生诞生130周年国际学术讨论会论文集》，汲古书院，1999（该论文集的中文版1997年由神户孙中山纪念会印刷，非卖品）。该文后以《关于〈支那保全分割合论〉的若干考察——孙文访日初期革命活动的一个侧面》为题，收入林家有、李明主编《孙中山与世界》（吉林人民出版社，2004）。几年后，狭间直树教授又写了《关于孙文的〈支那保全分割合论〉》，发表于《民国档案》2001年第4期，进一步讨论孙中山的文章为何会再度刊载的问题。

持原样。

时间提前两年,不仅对了解文章的语境和解读孙中山的本意大有裨益,而且使得"汉奸"一词重新定义的起点有了新的证据。孙中山在文中明确说:

> 清廷常图自保以安反侧,防民之法加密,汉满之界尤严,其施政之策,务以灭绝汉种爱国之心,涣散汉种合群之志,是事以刀锯绳忠义,以利禄诱奸邪。凡今汉人之所谓士大夫甘为虏朝之臣妾者,大都入此利禄之牢中,蹈于奸邪而不自觉也。间有聪明才智之士,其识未尝不足以窥破之,而犹死心于清朝者,则其人必忘本性、昧天良者也。今之枢府重臣、封疆大吏殆其流亚,而支那爱国之士、忠义之民,则多以汉奸目之者也。策保全支那者,若欲借此种忘本性昧天良之汉奸而图之,是缘木求鱼也。①

在此,"汉奸"在满汉对立中,不再是指反对满族的汉人,而是士大夫当中帮助清朝的"甘为虏朝之臣妾者",是"忘本性、昧天良"的奸邪之徒,其中就包括枢府重臣和封疆大吏。这与此前的"汉奸"含义截然不同,而与辛亥时期革命党人排满话语系统中的"汉奸"指称基本一致。这一时间变动,虽然不足以支持六年前陆皓东的供词,至少表明陆皓东是受孙中山的影响而倡行排满,供词的主旨与孙中山的思想一脉相通。这较《黄帝魂》的《汉奸辨》仍然早两年,至少目前可以作为"汉奸"转义的确切起点。

孙中山重新定义"汉奸",以排满为根本改造的宗旨当为主要动因。而戊戌前后"汉奸"语境的若干变化,也有潜移默化的影响作用。这些变化主要体现在以下三个方面。

其一,"汉奸"之"汉"的范围由汉人扩大到华人。鸦片战争后"汉奸"一词出现频率最高的时期之一,是中日甲午战争期间,《申

---

① 孙文逸仙稿:《支那保全分割合论》,《东邦协会会报》1901年12月20日第82号。

报》刊登《防奸续议》的论说,指出:"奸细有二,一为汉奸,一为倭奸,非汉奸则倭奸无所容身,非倭奸则汉奸亦不能传消息。"并进而提出防治办法:"窃以为防倭奸易,防汉奸难。倭奸虽改扮华人,终有破绽,若汉奸则本系华人中之无赖,惑于富贵功名之说,竟不知顺逆,觍颜事仇。其人本系华人,别无记号可以认识,其宅心之险恶,则更甚于倭奸。何以言之,倭奸虽为恶于我华,而其百计千方,暗中侦察,泄我秘要,以破我师,在日本人视之,尚不失为忠心耿耿。独华奸本系食毛践土,履厚戴高,尔祖尔宗,尽是圣清之黎庶,乃一旦心肠变易,将情输之于敌人。在我朝固罪无可逃,而敌人亦视为无足重轻,不过饵以重利甘言,驱之如牛羊犬豕耳。我故曰倭奸固宜防备,而汉奸益诛之,而罪不胜诛也。防之之道奈何,曰先严惩治汉奸之律,凡有华民之为倭人间谍者,获即斩首,略不稽留。即使幸脱网罗逃之海外,亦设法拘获,明正典刑。如是则倭奸无容顿之人,其计可以立破。"①

从汉到华,是清中叶以后文化认同的一种趋向,中古时的汉化,到了清代渐成华化。显例之一,如清中叶华侨指称的出现。这一变化具有复杂内涵,其中之一,当为汉的自我意识相对于满日渐清晰,但是相对于外夷或外洋,其内向的覆盖面有所不足。若汉特指固定人群,华的涵盖则要宽泛得多。华奸之类的说法后来未能通行,可是汉奸之汉与华侨之华却有所对应甚至互通。这成为清季中华民族概念应运而生的历史文化渊源,意味着"中华民族"并不仅仅是由于民族认同的紧张而不得不生造出来的政治概念。尽管民族自觉实际上主要是由外来民族主义思想观念的传输刺激而生成。

由汉而华的另一潜在意向,显示汉与华本来均不是人种观念的分别,而是文化意识的差异,当汉可能与人种相关联而产生混淆时,只能以华取而代之,才能保持文化取向的本意。后来无论是满汉之争的汉族意识强化,还是针对这种取向的批判,都同样是误将汉视为同一

---

① 《防奸续议》,《申报》1894年9月4日,第1页。

种族，而有违所谓"汉"只不过是文化认同的历史存在本相。就此而论，汉与华本是一脉相通的，二者都具有来源各异的人群的文化混同性。须知今日所谓汉族，从未经过民族识别，就被视为当然的共同体。实则其来源的多样性从外部相貌几乎一望可知。

其二，按照清朝的正统观，"汉奸"已不仅指鼓动非汉群体反清的汉人以及勾结外国出卖中国的奸邪，而是将一切反清之人均与"汉奸"相联系。这样的衍生在媒体和士绅的意识言语中已经展现出来。戊戌政变后，《申报》刊登《慎防逆党煽惑海外华人说》，表示："彼梁逆早存一败事后只身远遁之意于胸中，乃欲诱人背君去国，窥其肺腑，其毒盖更甚于洪秀全、杨秀清之流矣。原刻拟以汉奸龚孝拱等人，窃恐尚未情真罪当，其他种种狂妄之说，直与猘犬无殊。"①

1899年2月，湖南曾子彦上书该省当道，提出："自强邻逼处，削夺我藩篱，侵占我土地，因而内地匪徒，隐为汉奸，显肆猖獗，愚民易为所煽惑。"希望继续湖南创立保卫局开民团之先声的事业，各府厅州县陆续举办团练。② 是年四川余栋臣势大，扣押安定营统领周寿卿，官府剿抚未定，派王秉节前往处置。"初，地方绅董惧余匪之滋扰也，议定每日馈银二百两，按十日一付。及甲乙丙丁四绅董谒方伯，方伯面斥云：汝等既为余匪筹措银两，非汉奸而何？"扬言欲将四人正法，然后进兵痛剿。③

从变法的梁启超到被迫协助反教的余栋臣的地方绅董，以及盗匪，都被当道无差别地视为"汉奸"，所以才有了稍后章士钊的《汉奸辨》为"汉奸"翻案正名，将汉奸分为"真汉奸"与"正色汉奸"，"所谓真汉奸者，助异种害同种之谓也"。而"正色汉奸"即满洲人所谓汉奸者，"乃汉族中之伟人硕士"。并且预言道："三年之内，胡虏朝廷，必亡于汉奸之手。"④ 满人眼中的汉奸就是反清者。

---

① 《慎防逆党煽惑海外华人说》，《申报》1898年11月14日，第1页。
② 《曾君子彦上湖南各当道论办团练书》，《申报》1899年2月21日，第3页。
③ 《详述蜀匪余蛮子就抚事》，《申报》1899年4月14日，第2页。
④ 章士钊：《汉奸辨》（1903年），载章含之、白吉庵主编《章士钊全集》第一卷，文汇出版社，2000，第158–159页。

其三，变法救亡思潮的兴起导致"汉奸"指向的转移。戊戌政变后，流亡日本的梁启超撰写《戊戌政变记》，一方面批评自强改革，教育但教方言以供翻译，不授政治之科，不修学艺之术，学堂之中，不事德育，不讲爱国，"故堂中生徒，但染欧西下等人之恶风，不复知有本国，贤者则为洋佣以求衣食，不肖者且为汉奸以倾国基，如是则有学堂反不如无学堂"，看似延续既有的"汉奸"指向；另一方面又对以往将主张学西学谈救亡者目为"汉奸"表示强烈不满，"至于光绪甲申，又二十年，朝士皆耻言西学，有谈者诋为汉奸，不齿士类"。而大臣之中，"瞢然不知有所谓五洲者，告以外国之名，犹不相信，语以外患之危急，则曰此汉奸之危言悚听耳"①。

按照梁启超的逻辑，不是学习西学、呼吁救亡的人为汉奸，恰恰相反，不能变法图强，抵御外侮，才会导致汉奸的产生。这样的认识，为"汉奸"的转义铺平了道路。1899 年底，翰林院编修沈鹏因天灾应诏上折直言，便沿袭这样的逻辑，指荣禄、刚毅、李莲英为三凶。他说："夫江南士民感戴皇上，纪诵圣德，闻中外之讹传，辄用怵惕而忧疑，其用情虽愚，其爱君则挚。刚毅必指为汉奸，摧夷挫辱。夫人一念爱君即为汉奸，则必仇视皇上，腹诽圣德，而后为大清之良民，中国之良士，是则率国人而叛皇上者。……此三人行事不同，而不利于皇上则同，且权势所在，人争趋之。今日凡旗员之掌有兵柄者，即职不隶荣禄，而亦荣禄之党援也，凡旗员之势位通显者，即悍不若刚毅，而亦刚毅之流亚也。而旗人汉奸之嗜进无耻者，日见随声附势而入于三人之党。"主张"杀三凶以厉其余"②。

既然爱君反成"汉奸"，除了逼迫国人背叛皇上之外，也为反过来将附和"三凶"者认作"汉奸"提供了可能。庚子自立会起事，"熊锦堂、张鑫山与易敬臣等人误听康逆唆使，投入自立匪会，私售富有票，后得省悟，至驻扎日晖港之安字营投诚。某日，奉江南提督李大

---

① 梁启超：《戊戌政变记》，载《饮冰室合集·专集》之一，中华书局，1989，第83、21、69页。
② 《续沈编修应诏直言折》，《申报》1899 年 12 月 10 日，第 1 页。

人及前任道宪余大人之命,往南通州一带劝令匪党曾国章等反正,途遇康党刘保林交付一信,嘱持往见曾。丈夫(即熊锦堂等)不知其诈,贸然前往,曾指为汉奸,立用洋枪击毙,并将尸骸剁分数段,易更被曾剖腹屠肠,抛尸丝鱼港内"①。此处的"汉奸",是指投降官府的变节分子,与原来反对清朝的本义截然相反,而与革命党排满话语的"汉奸"含义颇为近似。

此后,梁启超一面借用原来保守官绅对洋务官僚及其事业的抨击,指清廷未能提出并确定"合于今世文明国民所同向"的教育宗旨,前驻日公使李经方为日本东京中国公使馆中附立之学堂所题对联,"斯堂培翻译根基,请自我始;尔辈受朝廷教养,先比人优。此二语实代表吾中国数十年来之教育精神者也。舍翻译之外无学问,舍升官发财之外无思想",这样的教育实际上是"培汉奸之才","开奴隶之智","夫使一国增若干之学问智识,随即增若干有学问有智识之汉奸奴隶,则有之不如其无也"②。

梁启超又针对刚毅所说"学堂为养汉奸之地"的言论敬告当道者:"夫学堂则何至养汉奸,然使诸君而真改革也,则学堂中人皆为诸君用;使诸君而伪改革也,则学堂中人皆为诸君敌焉矣。此乃刚毅所谓汉奸也。夫敌守旧,敌也,敌伪维新,亦敌也。刚毅知其将为敌而锄之,诸君不知其将为敌而养之。"今日中国改革之动力,非发自内而发自外,世界风潮,由西而东,愈接愈厉,"十八九世纪所演于欧美之壮剧,势必趋而集于亚东"。刚毅见洪水来而欲堙之搏之,其势必横决而倒行。伪革新者则筑短堤柔堤以障之,其势非泛溢而出,则刷落而溃,同归无效。③

此处的"汉奸",已经不是顺着顽固官僚对洋务官员及其事业的指责,而是刚毅之意的反说,不改革或伪改革,学堂中人势必群起与清廷为敌。其承接世界风潮推动改革的大势所趋,顺之者昌逆之者亡。

---

① 《沉冤求雪》,《申报》1901年1月17日,第3页。
② 梁启超:《论教育当定宗旨》,载《饮冰室合集·文集》之十,中华书局,1989,第54-55页。
③ 梁启超:《敬告当道者》,载《饮冰室合集·文集》之十一,中华书局,1989,第29页。

虽然被刚毅之流视为"汉奸"敌人,其实是革新的动力。

时势的变化为汉奸转义提供了必要的语境,在江西南昌,新政前后的观念迥然不同。"华字各报省城统称之曰洋报,向来阅者甚少。上年拳匪乱起,更诬之为私通洋人,称曰汉奸。虽有一二通识者心知其非,亦不敢公然置辩。本年朝廷颁行新政,彼都人士方知报纸能益人见闻,争先购阅,从前闭塞气象,焕然改观,舍旧图新,机械其在是欤。"① 原来的"汉奸"行为如今成了时趋,认识自然随之变更。

梁启超的观念变化在保皇会同仁中不乏同调,尤其是具有反满革命倾向的康门弟子,有的言辞较梁启超更加直截了当。1902 年,欧榘甲在《新广东》中就针对刚毅"学堂徒养汉奸而已,不能成人才,无用",应将各省学堂悉数裁撤的主张,提出:"虽然,刚毅之所谓汉奸者,乃以恢复汉人之权利,不愿为满人之奴隶,故目之为奸耳,此真吾汉人独立之种子,不可不培养者也。"鉴于"满洲朝廷,既以学堂为养汉奸之大患",不可能立学堂以培我民之自立,即使有学堂,也不过施行奴隶教育,各省欲图自立,宜开自立学堂。② 清廷眼中的"汉奸",在革新者看来就是汉人独立之种子,那么,"汉奸"的帽子应当转而戴到对立者的头上,"汉奸"的转义,也就呼之欲出了。

孙中山的汉奸新义,不仅与时代脉搏的跳动一致,而且成为风气转移的发端,彰显其先行者的特质。

二、《孙文学说》再版的不改与补注

近人著述,往往一书多版,而且每版或多或少有所改动,反映了作者的认识或说法随着时空的转移而不断变化。有时改动虽然不大,甚至不过细枝末节,若能前后左右比较参证,也能查知作者之所以改变的隐情。在这方面,流质善变的梁启超最为典型。与之相比,孙中

---

① 《赣水寒流》,《申报》1901 年 11 月 26 日,第 2 页。
② 欧榘甲:《新广东》,载张枬、王忍之主编《辛亥革命前十年间时论选集》第一卷上,生活·读书·新知三联书店,1960,第 289—293 页。

山的著述一书多版的变化不算突出，但也有一些事例可以深究。

由中山大学历史系孙中山研究室、广东省社会科学院历史研究所、中国社会科学院近代史研究所中华民国史研究室合编的《孙中山全集》第 6 卷，于 1985 年由北京中华书局出版，其中收录孙中山最重要著作之一的《建国方略》，编者特别注明版本问题：

> 该著作由《民权初步》《实业计划》和《孙文学说》三篇汇集而成。《民权初步》原名《会议通则》，出版于一九一七年，后编为《建国方略之三：社会建设》；《实业计划》用英文写成，原名"The International Development of China"，最先发表于一九一九年《远东时报》六月号，一九二一年由上海民智书局出版全书英文本，十月出版中文本，后编为《建国方略之二：物质建设》；《孙文学说》（卷一行易知难）出版于一九一九年春夏间（原拟包括卷二《三民主义》，卷三《五权宪法》，后未续出），后编为《建国方略之一：心理建设》。《建国方略》原计划写第四部分：《国家建设》，包括《民族主义》《民权主义》《民生主义》《五权宪法》《地方政府》《中央政府》《外交政策》《国防计划》八册，后只完成部分计划，但并不包括在《建国方略》之内。《建国方略》最初版本迄未见到，今据一九二二年上海民智书局再版的时间编次。此次所收以上海孙中山故居藏改正本《建国方略》为底本，《民权初步（社会建设）》曾与首都图书馆藏一九二四年十二月民智书局第四版校订。

如果完全实现预定计划，《建国方略》应该是孙中山一生思想的集大成之作，其重要性在他的所有著述中无与伦比。而这部重要著作并非集中写成，改定后一次性发表，而是各篇陆续分别写出，各个部分单独发表或出版。有的先由刊物刊载，再由出版社出版，有的由不同的出版社连续出过好几版，有的还有英文本和中译本的变化。凡此种种，都使得这部著作的版本与文本内容的解读增添了几分密切关系。

在此仅就《孙文学说》的版本与内容问题略作探讨。

《孙文学说》的初版本由上海华强印书局于 1919 年 5 月 20 日印刷，6 月 5 日发行，定价一元五角。付梓前夕，1919 年 5 月初，胡适刚好到上海接来华讲学的杜威，"有一天，我同蒋梦麟先生去看中山先生，他说他新近做了一部书，快出版了。他那一天谈的话便是概括地叙述他的'行易知难'的哲学"①。《孙文学说》出版后，孙中山当月即让廖仲恺寄给胡适 5 本，7 月 11 日，廖仲恺受孙中山嘱咐，致函胡适，告以"孙先生拟烦先生在《新青年》或《每周评论》上对于此书内容一为批评，盖以学问之道有待切磋，说理当否，须经学者眼光始能看出也"②。

《孙文学说》的意义，孙中山极为重视，他"认为心理建设是其他建设的基础，不论是政治建设、实业建设或社会建设"③。正如孙中山在写于 1918 年 12 月 30 日的《孙文学说·自序》中所说，"知之非艰，行之惟艰"的错误思想，是"予生平之最大敌也"。心为"万事之本源"，凡事成败，皆取决于心，要建设民国，首先要建设心理，"故先作学说，以破此心理之大敌，而出国人之思想于迷津"。只有如此，《建国方略》才不致再被国人视为理想空谈，才能万众一心，急起直追，建设民有、民治、民享的新国家。④ 而这一思想能否为国人所接受，学界领袖人物的态度无疑具有相当的代表性。胡适的评价，孙中山一则认作学者的意见，一则视为新思潮的呼应，可以支撑己说，扩大影响，所以希望胡适不仅写出，而且要在新思潮的代表刊物上发表。

胡适很快复函表达了对于《孙文学说》一书的意见，并且写了书评，分内容简介和评论两部分，刊登于 1919 年 7 月 20 日《每周评论》

---

① 胡适：《知难，行亦不易：孙中山先生的"行易知难说"述评》，载欧阳哲生主编《胡适文集》第 5 册，北京大学出版社，1998，第 589 页。该文写于 1929 年 5 月，同年 6 月 10 日载于《新月》第 2 卷第 4 号，6 月 15 日载于《吴淞月刊》第 2 期。
② 廖仲恺：《廖仲恺致胡适》，载中国社会科学院近代史研究所中华民国史研究室编《胡适来往书信选》上册，中华书局，1979，第 45 页。
③ 蒋梦麟：《西潮》，辽宁教育出版社，1997，第 105 页。
④ 中山大学历史系孙中山研究室、广东省社会科学院历史研究所、中国社会科学院近代史研究所中华民国史研究室合编《孙中山全集》第六卷，中华书局，1985，第 158-159 页。

第31号。7月19日，廖仲恺回复胡适的来函："尊函得读，即以呈之孙先生。所论中国'文字有进化，而语言转见退化'，孙先生谓此层不过随便拾来作衬，非潜深研究之结果，且于文学之途本未考求，拟请先生将关于此层意见详细开示。其他书中有欠斟酌之处，亦希一并指正，俾于再版时将尊见采入。《每周评论》31号出版，当敬读尊论。鄙见以为，孙先生所谓中国'文字有进化'，自非实在，但语言退化却系事实。唯其如此，所以我辈对于先生鼓吹白话文学，于文章界兴一革命，使思想能借文字之媒介，传于各级社会，以为所造福德，较孔孟大且十倍。唯其如此，而后语言有进化而无退化。即以白话文论，近时之白话小说、白话文字，较之前代之小说、语录，已大不如。以此为退化之征，未悉有当否？外此未审有语言不退化之征象否？有便可否一论此事？又我国无成文的语法（Grammar），孙先生以为先生宜急编此书，以竟文学革命之大业，且以裨益教育云。"①

胡适在书评中明确表示"对于这书大旨的赞成"，"全书的主旨在于打破几千年来'知之非艰行之维艰'的迷信，在于要人知道'行之非艰知之维艰'的新信仰"。认为"这部书是有正当作用的书，不可把它看作仅仅有政党作用的书"。所以有此说，是因为胡适认为孙中山是有远大理想和计划的真正实行家，而非充斥国内政坛的没有计划的政客。"现在的大危险，在于有理想的实行家太少了。现在的更大危险，在于认胡混为实行，认计划为无用。"孙中山的理想绝非空谈，可惜大家都把他的理想认作空谈。依据科学的正确知识确定的切实而远大的计划，不限于一党一系，任何正当的团体都应当奉行，"都应该用合法的手续去消除大家对于那种计划的怀疑"。孙中山"著书的本意"，是"实行家破除阻力的正当手续"。

此外，胡适也指出书中有许多不能赞成的地方，如第三章论中国"文字有进化而语言转见退步"，以及第五章关于王阳明的议论。但认

---

① 廖仲恺：《廖仲恺致胡适》，载中国社会科学院近代史研究所中华民国史研究室编《胡适来往书信选》上册，第45-46页。

为比较是小节，可以不细批评。① 不久，孙中山读到胡适在《每周评论》发表的书评，"以为在北京地方得这种精神上的响应，将来这书在中国若有影响，就是先生（指胡适）的力量。还望先生于书里不很完全的地方，指示指示，第二版付印的时候可以修正，请先生不要客气"②。

胡适是否就《孙文学说》的问题进一步表达了详细意见，以及孙中山如何看待其意见，没有资料证明。不过，孙中山虽然的确不大关注文学，所论却并非随便拾来作衬。在《孙文学说》中，孙中山实际上是针对新文化派的某些过激言论和主张而提出批评。他认为，以文字实用久远言，中文远胜于巴比伦、埃及、希腊、罗马之死语。以文字传布流用言，则当今号称流布最广的英语，使用者也不及中文之半。中国历史上屡屡同化侵入的异族，文字之功至伟。所以，"虽今日新学之士，间有倡废中国文字之议，而以作者观之，则中国文字决不当废也"。文字所以助人类心性文明之发达，而物质文明与心性文明相辅相成。因此孙中山进而指出：

> 持中国近代之文明以比欧美，在物质方面不逮固甚远，其在心性方面，虽不如彼者亦多，而能与彼颉颃者正不少，即胜彼者亦间有之。彼于中国文明一概抹杀者，殆未之思耳。且中国人之心性理想无非古人所模铸，欲图进步改良，亦须从远祖之心性理想，究其源流，考其利病，始知补偏救弊之方。……必废去中国文字，又何由得古代思想而研究之？③

在汉字的取舍存废方面，胡适的主张看似不算激进，其实说到底只是将白话文作为象形方块字最终改成拼音文字的过渡，其心目中

---

① 胡适：《孙文学说·卷一》，《每周评论》1919年7月20日第31号，第3版"书评"。
② 廖仲恺：《廖仲恺致胡适》，载中国社会科学院近代史研究所中华民国史研究室编《胡适来往书信选》上册，第48页。
③ 中山大学历史系孙中山研究室、广东省社会科学院历史研究所、中国社会科学院近代史研究所中华民国史研究室合编《孙中山全集》第六卷，第180页。

理想的文字还是罗马字。① 而且他的内心深处确有全盘西化的潜在倾向，至少对鼓吹全盘西化者抱有同情，而对分别物质与心性的东西文明观不以为然。这大概是他萌生意见的出发点，同时也是与孙中山分歧的根本所在。

孙中山在世时，《孙文学说》已经多次再版，将上海华强印书局的初版本、1919年7月下旬印刷发行的华国印书局版本（未增补）与1920年4月建设社重印本（有增补）、1923年上海民权图书社印行本（无增补）、1924年3月上海富华印书局印行本（无增补）、1927年新时代教育社印行本（有增补，与正文相混同。该版本为《建国方略之一：孙文学说》，4月初版，5月即已四版），以及中华书局版《孙中山全集》所收上海民智书局《建国方略》本对勘，虽然个别地方有所增改，胡适提及不能赞成的几处，相关内容文字却几乎没有改动，至少可以视为对胡适初步意见的否认。

孙中山逝世4年后，1929年5月，胡适写了《知难，行亦不易：孙中山先生的"行易知难说"述评》，与10年前着重于理想家有计划的实行的积极看法大相径庭，胡适认为"《孙文学说》的真意义只是要人信仰'孙文学说'，奉行不悖"。并且断言"这是唯一可能的解释"。虽然胡适肯定"行易知难的学说是一种很有力的革命哲学"，孙中山死后3年的革命历史，"证明了服从领袖奉行计划的重要，证明了建立共同信仰的重要，证明了只要能奉行一个共同的信仰，革命的一切困难都可以征服"。

但是，"政治上的一点好成绩不应该使我们完全忽视了这个学说本身的一些错误"，以及从这些错误连带发生的恶影响。根本错误就是把知和行分得太分明，不仅分作两件事，而且是两种人做的两类事。结果产生两大危险，其一，许多青年只认行易，不觉知难，打倒智识阶级，轻视学问。其二，当权执政者借此招牌，专讲服从，不容异议，以共信的名义，钳制一切言论出版自由，取消舆论。

---

① 桑兵：《文与言的分与合——重估五四时期的白话文》，《社会科学战线》2010年第10期。

胡适认为，治国是一件最复杂、最繁难又最重要的技术，知与行都很重要，民生国计是最复杂的问题，利弊不是一人一时看得出的，故政治是无止境的学问，处处是行，刻刻是知，越行方才越知，越知方才可以行得越好。把行看得太容易，就会胡作非为，害人误国。当国者不明此节，行易之说可以作一班不学无术的军人政客的护身符，治理现代大国所必需的专家政治就无从实现。

孙中山没有根据胡适的意见修订《孙文学说》，并不意味着他排斥所有的意见。孙中山的确希望听取各方意见，以便对自己的著作加以完善，并且有所行动。与此相关的一件事，即胡适在《知难，行亦不易：孙中山先生的"行易知难说"述评》一文中提到的："后来杜威先生去看中山先生，中山谈的也是这番道理。"① 也就是叙述其"行易知难"的哲学。至迟到1920年4月，孙中山便根据杜威等人的意见对《孙文学说》稍加补充，主要是在第四章文末增补了一段说明文字：

> 倘仍有不信吾"行易知难"之说者，请细味孔子"民可使由之，不可使知之"，此"可"字当作"能"字解。可知古之圣人亦尝见及，惜其语焉不详，故后人忽之，遂致渐入迷途，一往不返，深信"知之非艰，行之惟艰"之说，其流毒之烈，有致亡国灭种者，可不惧哉！中国、印度、安南、高丽等国之人，即信此说最笃者也。日本人亦信之，惟尚未深，故犹能维新改制而致富强也。欧美之人，则吾向未闻有信此说者。当此书第一版付梓之夕，适杜威博士至沪，予特以此质证之。博士曰："吾欧美之人，只知'知之为难'耳，未闻'行之为难'也。"又有某工学博士为予言曰，彼初进工学校，有教师引一事实以教"知难行易"，谓有某家水管偶生窒碍，家主即雇工匠为之修理。工匠一至，不过举手之劳，而水管即复回原状。而家主即以工值几何，工匠曰：

---

① 胡适：《知难，行亦不易：孙中山先生的"行易知难说"述评》，载欧阳哲生主编《胡适文集》第5册，北京大学出版社，1998，第589-600页。

"五十元零四角。"家主曰:"此举手之劳,我亦能为之,何索值之奢而零星也?何以不五十元,不五十一元,而独五十元零四角,何为者?"工匠曰:"五十元者,我知识之值也;四角者,我劳力之值也。如君今欲自为之,我可取消我劳力之值,而只索知识之值耳。"家主哑然失笑,而照索给之。此足见"行易知难",欧美已成为常识矣。①

关于孙中山与杜威谈话的具体内容,陪同杜氏前往的蒋梦麟简略记载如下:"有一天我和罗志希同杜威先生谒见孙先生谈到知难行易问题,杜威教授对中山先生说:'过重实用,则反不切实用。没有人在西方相信知是一件容易的事。'"② 仔细揣摩,杜威的意思与孙中山的说法并不完全一致。前者所侧重的,可以从陈寅恪、朱光潜等人论中西文化差异的言辞中了解把握。陈寅恪说:

> 中国之哲学、美术,远不如希腊,不特科学为逊泰西也。但中国古人,素擅长政治及实践伦理学,与罗马人最相似。其言道德,惟重实用,不究虚理,其长处短处均在此。长处,即修齐治平之旨。短处,即实事之利害得失,观察过明,而乏精深远大之思。故昔则士子群习八股,以得功名富贵,而学德之士,终属极少数。今则凡留学生,皆学工程、实业,其希慕富贵,不肯用力学问之意则一。而不知实业以科学为根本,不揣其本,而治其末,充其极,只成下等之工匠。境遇学理,略有变迁,则其技不复能用,所谓最实用者,乃适成为最不实用。至若天理人事之学,精深博奥者,亘万古,横九垓,而不变。凡时凡地,均可用之。而救国经世,尤必以精神之学问(谓形而上之学)为根基。乃吾国留学生不知研究,且鄙弃之,不自伤其愚陋,皆由偏重实用积习

---

① 中山大学历史系孙中山研究室、广东省社会科学院历史研究所、中国社会科学院近代史研究所中华民国史研究室合编《孙中山全集》第六卷,第 196 – 197 页。
② 蒋梦麟:《西潮》,第 105 页。

未改之故。此后若中国之实业发达,生计优裕,财源浚辟,则中国人经商营业之长技,可得其用;而中国人当可为世界之富商。然若冀中国人以学问、美术等之造诣胜人,则决难必也。夫国家如个人然,苟其性专重实事,则处世一切必周备,而研究人群中关系之学必发达。故中国孔孟之教,悉人事之学。而佛教则未能大行于中国。尤有说者,专趋实用者,则乏远虑,利己营私,而难以团结,谋长久之公益。即人事一方,亦有不足。今人误谓中国过重虚理,专谋以功利机械之事输入,而不图精神之救药,势必至人欲横流,道义沦丧,即求其输诚爱国,且不能得。①

朱光潜说:

> 我们一般浅尝中国哲学和西方哲学底人们,尝感觉到这两种哲学在精神和方法两方面都有显著底差异。就精神说,中国民族性特重实用,哲学偏重伦理政治思想,不着实际底玄理很少有人过问;西方哲学则偏重宇宙本体和知识本身的性质与方法之讨论,为真理而求真理,不斤斤计较其实用。就方法说,西方哲学思想特长于逻辑底分析,诸家哲学系统皆条理井然,譬如建筑,因基立柱,因柱架顶,观者可以一目了然于其构造;中国哲学思想则特长于直觉底综合。从周秦诸子以至宋明理学家都欢喜用语录体裁随笔记载他们底灵心妙语,譬如烹调,珍味杂陈,观者能赏其美,而不必能明白它底经过手续,它没有一目了然底系统。②

仔细比较,杜威所关注的,是实用与玄理的关系,凸显抽象哲学的价值,而孙中山的知难行易,知虽然难,仍然着重于有用与否。以孙中山对欧美的了解,这样的解读偏差应当不是无心之失。就此而论,

---

① 吴宓:《吴宓日记》第 2 册,吴学昭整理,生活·读书·新知三联书店,1998,第 100 – 102 页。
② 朱光潜:《冯友兰先生的〈新理学〉》,《文史杂志》第 1 卷第 2 期,1941 年 1 月。

胡适将知难行易定位为有力的革命哲学，的确相当准确。而孙中山对于胡适和杜威意见的取舍利用，可以显示这一学说在他已经深思熟虑，作为政治家的行动哲学固然收效显著，作为理想家的普遍哲学，关于文化优劣的部分也有超乎时代的前瞻性。但是正因为实用，随着人事环境的改变，利弊得失就难免各说各话了。

1920年4月建设社重印本在第四章末增补说明文字时，用比正文小一号的字排出，显示孙中山并非对正文做出修改，而是补充一段附注性的说明文字，以加强自己论点的说服力。后出的1923年上海民权图书社印行本和1924年3月上海富华印书局印行本，仍然沿用没有增补附注文字的版本。而到1927年新时代教育社印行的增补本，附注文字与正文字号相同，很容易令人认为附注是第四章正文的一部分。该版本为《建国方略之一：孙文学说》，顺应时势，十分畅销，4月初版，5月即已四版，其底本应该是1922年《建国方略》的汇编本。此时孙中山仍然在世，如果《建国方略》经过作者的认定，则补注成为正文，也是出自作者的本意。是否如此，在未能确认的情况下，若能用适当的文字说明变动的过程情形，将有助于使用者对文本的准确解读。而这样的解读，对于理解认识孙中山的观念行事，或许具有难以预估的积极作用。

编辑各方致孙中山函电与人物研究的取径

　　编辑各方致孙中山函电的计划，十余年前已经开始酝酿，并列入学科建设的规划之中。由于种种牵扯，直到2007年才付诸实施。作为进一步研究孙中山的基础性建设，编辑孙中山本人的文字言论无疑至关重要。可是要想恰当全面地理解其言行，而不是简单地直面文本，以己度人，还应该广搜群籍，采集与之相关的文字，加以比较参证。所谓相关文字，直接联系者大别为三类，一是各方致孙中山的函电，二是讨论与孙中山政见思想行事相关的各种问题，三是有关孙中山言行及其相关史事的记述。前者取舍较为明确，其次则包括支持、反对和异议的各方面，甚至延伸到孙中山身后，至今不绝。第三项虽然时间限度清楚，空间的边际则相对模糊。尤其是要将孙中山放到历史的整体联系之中，而不仅仅以孙中山为轴机械地串联历史。循着先易后难的途径，由编辑前一项的函电入手，其他即将陆续展开。文献汇编之外，还要汇集事实，用前贤长编考异之法，编成大型史事编年。待上述各项工作完成，对于理解孙中山的文本言论行事，孙中山与各方的关系，以及与孙中山相关的各种大事要人，乃至于把握领悟近代以来中国观念文物制度的变化，都将有所裨益，不仅言之有据，而且彼此参证。尤其是可以依据时序综合考察孙中山的所有言行及其与各方的全面关系的发生演化，无论本事还是心路，较由一点一面立论，更易近真且得其头绪。

研究孙中山之所以重要，固然由于其今日仍然得到包括全球华人在内的最大限度的认可，在众多近代人物之中，恐怕无人能出其右。当然，异议甚至非议者也不乏其人。或者指孙中山的形象不无后来拔高利用之嫌，毋庸讳言，这显然是历史的一部分。但如果过度解释，则难免重蹈一味疑古的覆辙，陷入阴谋论的泥淖。假定所有历史都由少数人主观臆造，就不能全面如实地将其形象逐渐放大的史事复杂纠结的本相还原展现。须知历史为人的有意识活动与社会有规律运动的矛盾集合体，社会成员的主观因人而异，再强势也只能因势利导，不论英雄造时势还是时势造英雄的蛋鸡之争永无了时，即使胜负分明，英雄也不止一人，指历史发展的态势与某人的预见吻合，不无道理，如果说完全是由某人的预想所决定，恐怕难以取信于人。况且，形塑者的宣传能力不强，手法未必高明，早已是人所共知的事实，不必过于抬举。

在近代中国的历史上，孙中山风云际会，常常处于时代漩涡的中心。研究孙中山之类的要人大事，有助于将近代历史勾连贯通，避免陷入治学过于分门别类的畛域自囿，以防误入窄而偏的歧途还以为是在康庄大道上迅跑。当年包天笑构思撰写关于清季民初中国变动的小说，选取梅兰芳为主角，即因为由此可以充分展现上下九流的社会各层面。孙、梅两人的历史地位与作用差别不小，但无疑都是枢纽性人物，以之为主线，可以广泛深入地探寻时代变化的大事因缘。

今人研治历史人物，模仿美东，好以人际网络为架构，生搬硬套，不免隔膜。实则中国为伦理社会，最重人伦关系。所谓礼法纲纪，即以伦常为根本，重在教化。相应地处世治学，也极为讲究人脉。在人物研究方面，具体取法，又有形似而实不同的两种，一是以所研究人物为主线放射扩展，一是将其人放在关系脉络的整体之中。前者难免先入为主，无非是定向放大，后者才能得其所哉，安放于合适的位置并恰如其分地解读相关文本和行事。编辑各方致孙中山函电、同时代的思想政见共鸣及分歧，乃至孙中山活动的史事编年，虽然看似仍以孙中山为中心主轴，取径却是力求将孙中山放到整个历史的相应位置，不仅从孙中山的角度考察与各方的关系，也要从各方乃至各方的相关联系查看与孙中山的关系，使得理解孙中山的言行与认识历史全局的风云变幻相辅相成。

全集不全，是编辑晚近人物文集的一大困扰。中国近代以来的文献太多，图书、档案、报刊以及未刊稿本钞本，任何一类均在古代文献总和的百倍以上。如果加上海外公私档案和相关文献，数量更加巨大，几乎可以说是漫无边际。而且又有著录编目的缺漏和收藏保存的诸多限制，无人能够全部接触，遑论逐一过目。编辑孙中山全集虽经两岸学人接力式地持续努力，能够扩展的空间余地仍然不小，并且可以预期将来还会不断增补。编辑各方致孙中山函电，因为平地造楼，没有参照准则，只能尽力而为，依据民国以来编辑的各种目录索引，广泛翻检各种文献，先将海内外前人已知以及已经各时期的图书报刊披露者尽量搜寻汇集，提供基本尺度，以便学界同好据以增补或提示信息，在适当的时机增订再版。此事酝酿虽久，真正动手还嫌稍晚，参与编辑的各位同仁所负责的时期不同，文献的详略不一，而且各自承担的事务压力有别，办法及用力也有所差异，挂一漏万，在所难免。此说并非托词，其中的甘苦和遗憾过来人自然能够感同身受。好在有此一编，等于树立标的箭靶，便于集思广益，共同努力，以期逐渐完善。

编辑晚近文献史料，还有另一重困难，即如何整理的问题。依照傅斯年的看法，材料越生越好。此说不免抹杀前人本意之嫌，但也显示后人的加工往往容易致误。所以编辑历史文献，最好首先原版影印，取舍的标准所重在于内容。至于版本的价值，则要权衡其对于理解本文史事的作用。在文献原貌公开且容易广泛接触的基础上，再进行标点整理排印的深度加工（办法繁复，在此不能详说），庶几可免错一字而乱一片的现象。须知文献整理越是增加所谓学术含量，错误的可能性越大。一般而言，限制学术进展的主要是有能力的学人很难接触到相关文献，即看不到，而能够接触者或许能力有所不足，反而读不懂。必须设法改变这样的差序，使得前者免于动手动脚之苦，后者不必力所不逮之事，则两难变成两便。有的整理工作，时下极难，而随着技术的进步，将变得相对容易，可以留有以待。

标点整理的文本虽然容易普及，可是如果没有足够的鉴别判断力，使用起来发生错误的危险度也较高。况且整理近代文献，今典本事太多，很难完全掌握，就连断句一项，也容易产生种种问题误会。苛求编者不错，几无可能。目力所及的各种整理出版文献，历时再久，投入人力再多，甚至屡经高明过眼，各种错误还是随手可得，甚至触目皆是。所以，即便非整理不可，在取径做法上，通行办法可议之处也甚多。

自傅斯年倡言不读书而动手动脚找材料以来，文献学又文史两分，学人于文本往往不能贯通解读，于是但凭己意找材料，甚至误引西说，以为前人无所谓本意，或虽有也无关宏旨，历史都是人们心中的历史，一代人有一代人的历史，且自信后来的臆想一定在前人的见识之上。不仅常常误读，而且喜欢妄解，尤好以外国框架填充本国材料。加之有关方面不鼓励基础性工作，编辑资料、签注文献等，都不算研究成果，似乎治史可以不学而能。五花八门的计划工程，号称培养人才，实际上不出人而但出货，结果成果再多也不过是无用功，而且浪费人财物力。而学人不得基本训练，技术层面以下尚未掌握，总想在其上求奇出新，这实在是揪住脖领想把自己提向空中的事。术有专攻，唯有首先成为合格者，才有可能日渐高明。由于训练不够，难度极大（包括搜集和校勘两方面），如今编辑资料成为一项费力不讨好的冒险事业，即使具备相应能力的学人，也视为畏途，不愿下手或不敢出手。另一方面，浩如烟海的近代文献不少已经处于毁坏的临界点，继续照目前的办法进度整理下去，长此以往，海量的近代文献毁损殆尽，读书种子难以安身立命，海内便无可读之书，亦无善于读书之人，因噎废食，岂不悲哉？

孙中山民权主义二三议

研究历史人物，若仅就特定人物的言行立论，很容易误读错解其言行的本意本相。因此，研究人物的思想学说不宜简单地直面文本加以揣度解释。以三民主义为主体的孙中山的思想政见，从问世之初，就不断引起内外各方的争论，这些争论反映了时人的意见分歧之大，同时也折射出孙中山的主张认识往往牵涉中国前途命运的大节，为同代人及后来者的目光所聚焦。对于这些分歧论争，可以说从来就是史学界关注讨论的重要领域。孙中山生活的晚清民国时期，恰值西学、东学、中学交汇融合，各种思想、学说、主义、制度等，经由日本传入中国，这方面相关研究的重要性更加凸显。清季民初，国人逐渐脱离"西方"的笼统观念，进入分别取舍欧美各国之所长的阶段，渊源不同，取法各异，自然少不了争论，连带在具体政制设计方面，也会因人而异。关于这些争论，以往的看法过于笼统模糊，不能在来源实行层面深究其详。

一般而言，说民权主义旨在实行欧美的民主制度并无异议，可是代议制进入中国，始终争议不断。孙中山从来赞赏瑞士的直接民权，而对美国式的代议制不以为然，认为国务由政党包办，政党轮替，则官员全部更换，这不仅不胜其烦，而且流弊匪浅。单纯通过选举来录用人才，使那些善于辞令的人上位，无口才但有学问思想的人却被闲置。"美国国会内有不少蠢货,就足以证明选举的弊病。"① 正因为此,他要在立法、司法、行政三权之外另设考选权和纠察权,实行五权分立,以改善三权分立制度。

孙中山之外,章太炎也不赞成代议制,甚至一度不以共和制为然。原来主张共和立宪的梁启超在1903年游历新大陆后,不仅告别共和,而且连君主立宪也舍弃,一步退回开明专制。不同的是,孙中山、章太炎认为代议制本身弊端甚多,梁启超则看到美式民主的弊病正在逐渐得到改善,问题是中国的国民程度远远达不到共和民主的要求。

孙中山的主张不为同党所接受,民初议会制与政党政治相辅而行。不过,北京政府时期的政治建制,形式上却包含了并非来自孙中山的考选和纠察两权。随着国会中的党派代表逐渐沦为各省和中央军政实力派的附庸,使得各方极为不满,酝酿着各式各样的改革方案。1920年前后,越来越多的人意识到,国会的不良是导致现行政体失效的主要原因,原来鼓吹开国会的梁启超、汤化龙以及张君劢等人,纷纷宣称代议制不适宜中国,在世界上亦已过时,甚至公开宣判国会的死刑。至于如何进一步改良政体,存在两种不同的取径:一是在现行政体的框架下,削减国会的权力;二是引入直接民权,建立真正的人民主权机关,并以此作为各权力机关之母。

孙中山本来就主张直接民权,实行全民政治,只是为了反对北方的军阀官僚政客,才打出护法的旗帜。在国内多数政治派系早就弃置国会的情况下,直到1923年1月1日,国民党才发表宣言,指"现行代议制度,已成民权之弩末,阶级选举易为少数所操纵"。并提出三点主张:"甲、实行普选制度,废除以资产为标准之阶级选举;乙、以人民集会或总投票方式,直接行使创制、复决、罢免各权;丙、确定人民有集会、结社、言论、出版、居住、信仰之绝对自由权。"② 孙中山放弃护法不过是大势所趋,而将国民大会正式列入政纲,则是直接民

---

① 广东省社会科学院历史研究室、中国社会科学院近代史研究所中华民国史研究室、中山大学历史系孙中山研究室合编《孙中山全集》第一卷,中华书局,1981,第319-320页。
② 《中国国民党发表宣言》,《大公报》1923年1月1日,第2张第2页。

权的一种选项。至于是否诉诸武力，不过是手段，况且护法也并非纯和平形式。

自辛亥提出用国民会议公决国体政体以来，每当遇到重大国事问题，就不断提出并召集国民大会（会议）予以应对。开始是因为没有正式国会，后来则是国会不足以担此重任，再后来就对国会的正当性产生怀疑，甚至主张根本抛弃代议制，重新设计政体。一方面是削减国会的权力，从国会析出部分权能归属于其他机关；另一方面是尝试特设能够真正代表民意的主权机关，并以主权机关作为凌驾于各权之上的常设机关。国民大会（会议）一是要在割据分裂的政局之下发挥民意在解决诸如政争、制宪等重大问题时的作用，二是要更好地体现主权在民的思想，使得全体国民能够普遍、常态、有效地行使主权。

在众多加强直接民权的设想中，孙中山参照综合各种国民大会方案修订的五权宪法，将国民大会正式列为国家行政体制的常设机关和最高机关，不仅拥有法律上创制与复决的最终裁决权，还有对国家各机关人事选举与罢免的最高决定权。这样的政治架构，成为国民政府的正式建制，也影响了此后国家政权的政治建制。国民政府的政治建制，一方面赋予总统独裁权力，一方面让国民代表大会形同虚设，结果问题又回到原点，似乎只有照办三权分立体制才是正确选项。若以为人民代表大会只是对苏维埃体制的简单移植，忽略了民初实行代议制的诸多流弊以及国民大会产生实施的渊源流变，则是错解历史，误读现实。至于新的政治架构仍然难以解决国民直接和常态行使主权的难题，则应当进一步向前探索，而不是简单地反向诉诸历史已经证明不能很好代表民意的代议制，重蹈以西为新的覆辙，避免陷入循环往复的泥淖，走出一片前无古人的崭新天地。

孙中山被尊为民主革命的先行者，可是古代的共和经由明治日本转为今义，孙中山既不是发起人，也不是最早的使用者。在开始从事革命事业之后的相当一段时期，孙中山表达 republic 的中文概念，主要是合众，以至于有学人误认为其偏重联邦主义，而没有民主思想。共和观念的初兴，梁启超功不可没，他开启了第一波共和思想的传播潮流。而共和概念从思想到政纲，成为辛亥时期反清革命政治诉求的经典口号，邹容的《革命军》在其中起到关键作用。《革命军》借资取材于梁启超等人的著述甚多，通篇的重点在于鼓吹革命，只是结尾处提出革命的政治目标是变更政体，建中央政府，各省投票公举一总议员，由各省总议员中投票公举一人为暂行大总统，为全国之代表人，又举一人为副总统，各州县府举议员若干。新政府的国家"一、定名中华共和国。一、中华共和国为自由独立之国。一、自由独立国中，所有宣战、议和、订盟、通商及独立国一切应为之事，俱有十分权利与各大国平等。一、立宪法悉照美国宪法，参照中国性质立定。一、自治之法律悉照美国自制法律。一、凡关全体个人之事，及交涉之事，及设官分职国家上之事，悉准美国办理"。并且高呼口号："中华共和国万岁！中华共和国四万万同胞的自由万岁！"①

《革命军》的"中华共和国"，排除了所有关于共和的学理歧义，简捷明快地提出了适合民众运动的最大公约口号，同时解决了革命的正当性及其目标的鲜明性问题，美国式的共和理想蓝图成为革命天经地义的有力支撑。正是在《革命军》迅速传播的背景下，孙中山于1903年12月13日在檀香山的两次演说中，将共和与民国联系起来，宣称："我们必要倾覆满洲政府，建设民国。革命成功之日，效法美国选举总统，废除专制，实行共和。""观于昏昧之清朝，断难行其君主立宪政体，故非实行革命，建设共和国家不可也。"②

在汉语表述中不使用"共和"概念，很可能是由于孙中山觉得"共和"不能准确表达民权民主的观念。他在《驳保皇报书》中反驳该报主笔"立宪者，过渡之时代也；共和者，最后之结果也"的说辞，"推彼之意，必当先经立宪君主，而后可成立宪民主，乃合进化之次序也。……今彼以君主立宪为过渡之时代，以民主立宪为最终之结果，

---

① 中国史学会主编《中国近代史资料丛刊·辛亥革命》（一），上海人民出版社，1956，第362－364页。
② 广东省社会科学院历史研究室、中国社会科学院近代史研究所中华民国史研究室、中山大学历史系孙中山研究室合编《孙中山全集》第一卷，第226－227页。

是要行二次之破坏，而始得至于民主之域也"①。孙中山反对阶段论，主张一劳永逸（革命程序论希望解决的是如何实现一步到位），为众所熟知，而他用民主立宪代替共和的表述，尤具深意，却被学界所忽视。后来革命党和保皇派双方论战，汪精卫等人坚持用民主立宪或民权立宪作为"共和"的正式表达，当源自孙中山的认识。

《民报》第一、二期连载汪兆铭（精卫）的《民族的国民》，抨击梁启超前后反复，"不敢言民族主义，乃至不敢言共和"，中国"欲颠覆六千年来之君权专制政治，当建国民主义"，实行立宪政体。"而立宪政体有君权立宪、民权立宪二种。"君权立宪为政府与人民相调和，"立宪君权国之宪法，其中根据事实而不合法理之污点，皆国民所未尝以血涤而去之者也。我民族而持民族主义欲国民主义以向于吾国之前途也，则其结果，必为民权立宪政体，可预决也"。②汪兆铭用民权立宪政体作为共和的理论表述概念，在后续的论述和论战中，还有进一步的阐释，并且成为其严格的正式概念。正因为孙中山的思想与今义的共和一脉相通，尽管其政治主张的中文表述概念开始并非共和，还是被鼓吹共和的国人视为共和的先驱。

值得注意的是，汪兆铭于"民权立宪"之后特意解释道："所以不云共和立宪者，以共和一语，有广狭二义，其广义则贵族政治，亦包含在内，故不用之。""今以极简单之语，结本论曰：吾之目的，欲我民族的国民，创立民权立宪政体（普通谓之民主立宪政体）者也。故非政治革命、种族革命，不能达其目的。（各国革命，有至君主立宪而止者，而我国今日为异族专制，故不能望君主立宪。）惟有民权乃能革命，惟革命乃能民权立宪，而我国民之能力，若葆有精进，则实足以举之。"③也就是说，虽然《民报》六大主义以及与《新民丛报》论战的"十二纲领"都采用了较为通行的共和与专制对立的说法，但在学理论辩的层面，却尽可能严谨，而不会随意从俗。用民权立宪政体取代共和，就是典型体现。

---

① 广东省社会科学院历史研究室、中国社会科学院近代史研究所中华民国史研究室、中山大学历史系孙中山研究室合编《孙中山全集》第一卷，第236—237页。
② 精卫（汪兆铭）：《民族的国民》，《民报》1905年11月26日第一期、1906年8月2日第二期。
③ 精卫：《驳新民丛报最近之非革命论》，《民报》1906年5月1日第四号。

重提 1924 年孙中山大亚洲主义演讲之问

1924 年底,孙中山最后一次访问日本,11 月 28 日,在神户应主办方之邀,发表大亚洲主义演讲。在演讲的最后孙中山提出:"我们讲大亚洲主义,以王道为基础,是为打不平。美国学者对于一切民众解放的运动,视为文化的反叛,所以我们现在所提出来打不平的文化,是反叛霸道的文化,是求一切民众和平等解放的文化。你们日本民族既得到了欧美的霸道的文化,又有亚洲王道文化的本质,从今以后对于世界文化的前途,究竟是做西方霸道的鹰犬,或是做东方王道的干城,就在你们日本国民去详审慎择。"

关于最后这段讲词孙中山是否当场说出,现在学人仍有不同意见,但这的确是孙中山最想对日本民众表达的意思。此次孙中山赴日,原来想会见日本政府高层,争取支持,却遭到拒绝,于是转而诉诸日本民众。所讲的内容及其影响,历来学者争议不小。可是将近一个世纪后回看,其重要性不仅没有减退,反而更加凸显。

近代以来,西方列强通过殖民扩张将世界强行一体化,所建立的秩序是强权与公理的一体两面。前者基于科学和工业体系,后者则基于欧洲文化的传统及其演化。以基督教一元化观念主导的社会进化论将所有文化依次排序,无论形式如何,怎样变化,本质还是以权力决定权利的霸道,与东方的王道大不相同。今日世界的乱象,归根结蒂由此造成。现行的国际秩序及其依据,显然并不是能够带领人类进入理想社会的规则。因此，就现实而言，不能融入现在的世界体系，固然很难实现国家民族的独立富强，而就未来世界的前途而论，则不能不考虑不同的国家、民族、宗教、文化如何才能在和而不同的基础上和睦相处的新规。

明治维新以后，日本一直试图脱亚入欧，可是面对欧美列强，又不免屡屡受到歧视，于是对欧美列强争取平等，对亚洲各国则恃强凌弱。第一次世界大战后在巴黎和会上，日本代表有色人种提出"人种平等案"，遭到拒绝。几年后，美国通过歧视性的排日移民法案，引起日本各界的强烈反弹。正是鉴于日本当时面临的尴尬，孙中山希望日本幡然梦醒，改弦易辙，回到亚洲来和各国一道抵抗西方的强权。被日本政府拒绝后，孙中山才转而以大亚洲主义演讲的方式向日本民众发出呼吁。

由于日本朝野关于国策的取向存在分歧，孙中山的努力似乎收效不彰。大亚洲主义讲词约6 000言，听众先后19次鼓掌，看似反应热烈，仔细推敲，主要是出现在抨击列强和表彰日本的部分，而对于西方霸道的鹰犬或东方王道的干城这一关键性的问题，反应并不积极。迄今为止，中日学术界都未能提供当时日本各界响应或呼应孙中山呼吁的具体例证，可见孙中山期待日本民众向政府施压，迫使其回到亚洲采取联合各民族抵抗西方强权的立场，同时放弃对亚洲邻国侵略压迫的构想，基本没有实现。在国民对政府和国家高度认同的情况下，日本朝野对此问题的态度大同小异。

第一次世界大战以后，刚刚坐大的美国在东亚的策略是挑动各国互斗，以便坐收渔翁之利。这样的策略一直持续，并且随着美国成为世界霸主，更加扩大到亚洲以外的其他地区。从人类历史发展的长河看，任何国家都不可能永远称霸世界，在一定的历史时期，由一国或一种文化主导甚至主宰世界的情形虽然不得不然，可是第一不能持久，第二不能安定，反而造成不同的国家、民族、宗教、文化之间的冲突不断发生，导致整个世界动荡不宁。人类应该适时探讨彼此和睦相处的新途径，根本解决长治久安的问题。而东亚包容性很强的文化传统显然是其中的重要选项。孙中山大亚洲主义演讲的同时，便有人认为，白人和回教之间的冲突难以避免，而强盛的东亚可以居间调节缓冲。

大亚洲主义演讲未能得到日本朝野的正面响应，历史朝着孙中山最不愿意的方向发展，也应验了其所预言的正确。大亚洲主义演讲的一些内容，在违背孙中山本意的情况下，曾被中日恶势力歪曲利用，还有一些说法，则未必符合实情。所认定的东方道德文化优于西方，引起倾向西化的胡适等人的不满和批评（实情较为繁复）。不过，孙中山大亚洲主义演讲的基本精神，显然并未过时。靠压制其他国家来维系霸主地位，唯恐后来者居上，从历史事实看，东亚各国都是受害者，从发展前景看，显然并非人类社会的福音。尤其是孙中山最后提出的问题，尽管世界和东亚的局势已经发生了重大变动，至今不但仍然是日本不得不面对或迟早必须面对的问题，而且已经处于选择转换的关键时刻。这样的转变，很可能改变世界的格局，影响整个世界未来一百年甚至更长时期的走向。至于如何选择和行动，则要考验日本朝野各方的政治智慧。

纪念五四，弄清事实，再谈认识

五四百年，仍然有许多基本事实没有弄清楚。但是围绕纪念五四，从五四运动的次年起，不同的人就发表了各式各样的认识。百年以来，这些认识因时因地因人而异，有时的确是为了纪念事件，有时则是借着纪念的机缘，抒发对当时当地的意见。所说的五四，已然是自己心中的五四，至于和发生于1919年的五四究竟有何种关联，反倒无人深究。久而久之，这样因时因地因人而异的意见，逐渐加入到人们对于五四的历史记忆之中，成为五四历史叙述的一部分。

钱穆说对历史的认识有历史意见和时代意见的分别，借用这一说法，历史上的五四运动是指五四运动实际发生发展的过程，而五四运动的历史则是后人根据各种关于五四运动的记述、认识加以条理化后撰写的史书，记述不同，认识有别，加上著史者有时还有纪实以外的种种取向，因此对于历史材料的取舍不一，所撰述出来的史书侧重各异。这样的情形，历代都有，近代以来表现更加凸显。诚然，借由五四谈自己心中所想，并非毫无意义，但是弄清楚历史上的五四究竟是怎么一回事，当事人的思维行事到底意欲何为，同样可能提供多样化的崭新认识，而且其丰富性远远超出后人的想象。从以下四个例证，可以概要说明。

1. 五四运动的直接目标。五四风潮直接的矛头，是指向列强（主要是日本）和北洋军阀。所谓北洋军阀，主要是指段祺瑞的安福系，直系不仅置身事外，而且有所附和。袁世凯称帝倒台后，段祺瑞依靠皖系军人、安福系政客以及二造、三造共和（反清、倒袁、驱逐张勋）的余威，长期实际控制民国北京政府，引起各方不满。1917年开始出现的"北洋军阀"，基本是指安福系或皖系。由于安福系极力在京师和南方扩张势力，以求一统天下，危及各方的生存安全，于是各方暗中密谋倒皖。五四之前，南方的国民党、梁启超的研究系以及以江苏教育会为代表的东南人士积极鼓动，包括直系在内的其他军阀与之遥相呼应，伺机推翻安福系。巴黎和会提供了一个契机，学生和各界民众发起的五四爱国运动，形成强大的社会压力，各方趁机联手，借势倒段。五四运动鼓动者的矛头所向，就是实际掌控中央政权，并且极力扩张势力范围的安福系及其后台段祺瑞。可是斗争的结果，执政者舍卒保车，三名卖国贼下台，段祺瑞则不仅躲过风头，而且由于蔡元培辞职南下，反而让安福系有机可乘。正因为结果不理想，出乎意外，各方不肯善罢甘休，必须继续博弈。反帝反军阀，就是爱国。有人质疑五四只反日本不反列强，过于表面。不过，淡化反对安福系的目标，也让许多史事模糊。曹汝霖等人固然罪有应得，但是被迫下台也有代人受过的成分，因而不免抱屈。总统徐世昌心知肚明，不时有些安抚措施。

2. 五四运动与新文化运动的分别及联系。2015年，上海就召开了纪念新文化运动百年的研讨会，2017年，北京又召开纪念新文化运动百年的研讨会，当时即断定，两年后即2019年，还将再度纪念新文化运动百年。

中国人对数字的认识有些妙用，以科学观念解读则无意思。尤其近代以来，中西混杂，常常出现类似虚岁周岁的情形。有时则是记忆或认识不同，产生差异。如民国开国纪念。而新文化运动之所以出现各种百年纪念的时间点，原因在于历史上的新文化运动与新文化运动的历史不能完全对应。

治古史的顾颉刚看出了时代越晚，越早的史事越繁的趋势，可是《古史辨》延续疑古辨伪，指有人故意伪造。其实各民族的发生史都有层累叠加的过程，原因甚多，史料史书记述不一尤为重要。历史上的新文化运动与新文化运动的历史，相当典型地呈现出本事与认识是如何分离，认识又是如何变成后来的史事。研究新文化运动，应当将历史上新文化运动如何发生发展和新文化运动的历史叙述如何演变同时呈现。

与通常的说法不同，新文化运动发生于五四运动之后而不是之前，最早于1919年8月提出新文化运动的是吴稚晖，提出完整纲领的是戴季陶。但国民党不是单独提出新文化运动，与之合谋的主要是江苏教育会，以及与江苏教育会关系密切，甚至可以说是江苏教育会在北京代理的蔡元培、蒋梦麟。新文化运动不仅是一场文化运动，同时也是一场社会运动、国民运动，只不过以文化为形式，重在改造国民。之所以在五四运动之后要发动新文化运动，正是因为五四运动不仅没有达到推翻安福系和段祺瑞的目的，而且由于蔡元培意外辞职，安福系还要将手进一步伸进北京大学谋取校长的位置，伸向江浙谋夺江苏教育会的地盘，因此国民党、江苏教育会以及北京大学的蔡元培、蒋梦麟等人再度联手，国民党和蒋梦麟公开呼吁发起新文化运动，江苏教育会更是于1919年10月发起、12月举办全省学校演讲会，以新文化运动为讲题，等于公开组织了一次全省范围的新文化运动的社会动员。新文化运动的目的，旨在继续五四运动的未竟之业，发动全社会的力量反对安福系，鼓动全国范围的反军阀统治。

后来被认定的新文化运动旗手骨干，即《新青年》同仁，并不是新文化运动的发起人和鼓动者，胡适等人甚至不赞成有新文化运动之说。1920年暑期，胡适到南京演讲，奇怪的是来听讲的17省教师都称其为新文化运动领袖，回到北京后与蒋梦麟等人谈起，说哪有什么新文化运动，连新文化也没有。同年9月，北京大学开学典礼，胡适致辞又重申这些意思。1924年7月，胡适应邀到大连满铁暑期大学演讲，原来他拟定的演讲题目是新思潮，可是被举办单位改为"新文化运动"，所以胡适演说时即申明自己的本意是新思潮。① 可见直到此时，胡适仍不以新文化运动为然。

胡适之外，《新青年》其他同仁对于新文化运动也相当隔膜疏离。所以谈起新文化运动的渊源，他们总说是他人后来指称的。实则即使在北京大学，杨昌济就感受到新文化运动的冲击，决定改变教授方式、内容，改变行为习惯，积极参与社会运动。可见胡适所说并不能反映新文化运动的实际。

胡适不赞成新文化运动的重要原因，是他认为北京大学应以提高为主，反对普及。与之相应，他反对以社会运动的形式进行文化活动。他指责新文化运动是杂志运动。《新青年》同仁中，对新文化运动最为敏感的是陈独秀。陈独秀于1919年6月被捕入狱，直到10月才获释，因而错过了新文化运动的发端。出狱后，陈独秀独立主编《新青年》，很快就刊登了多篇文章短评，对新文化运动予以呼应。又因为当局的压制，准备脱身到南方参与社会革命运动。1920年1月11日至12日，陈独秀在长沙《大公报》连载长文《告新文化运动的诸同志》，以同道者的身份向主张新文化运动的同志进言。到上海后，1920年3月，陈独秀连续在上海青年会、沪江大学和南洋公学以新文化运动为题发表演讲，开始大张旗鼓地为新文化运动正名，积极主动地掌控相关话语权。仅仅3天，就成功地从助兴式的演讲者，升华为新文化运动的巨子。

与此同时，很快有人将《新青年》、北京大学与新文化运动相联系。早在1920年1月初，日本的《大阪每日新闻》就对中国的新文化运动进行了综合报道，并且将新文化运动与五四前新思想的传播相联系，声称："中国的新思想问题，事实上在学生运动以前已经有的，不过趁这一回学生运动爆发起来罢了。然而，养成中国新思想的摇篮——养育地——就是北京国立大学文科的教授胡适、钱玄同、陈独

---

① 胡适：《胡适讲演"新文化运动"》，《盛京时报》1924年8月2日。引自吴元康整理《胡适史料续辑》，《民国档案》2008年第3期。

秀诸君。"①《大阪每日新闻》并未使用新文化运动的集合概念，只是将新思潮作为文化运动的渊源，而中译者则加以《日本之中国新文化运动观》的标题，以文化运动的名义涵盖所有新思潮、新文学、新道德、新文艺，使得中国的文化运动前后相连，合成一体。新文化运动是被五四学生运动所激发，激发学生运动的新思想此前已经存在，国立北京大学是养成中国新思想的摇篮，而文科教授胡适、钱玄同、陈独秀，则起到催生和育婴的作用。1920年3月四川的《公是周刊》社刊登公启，直接称"自北京大学提倡新文化运动以来"②，俨然北京大学就是提倡新文化运动的倡导者，而且由北大倡导的新文化运动，并非仅限于五四运动之后。

有意思的是，自称"积极主张新文化运动，而反对白话文学、写实主义、自然主义、过激主义"的"学衡派"主将胡先骕，1920年5月发表《新文化之真相》一文，也指新文化是因为《新青年》的号召而风靡全国，胡适、陈独秀登高一呼，举国响应，③不仅从侧面坐实了胡适、陈独秀及《新青年》发动新文化运动的历史作用，而且使得新文化运动提前到五四运动之前并且促成五四运动的历史叙述成为可能。

五四新文化运动的历史叙述，尤其是将《新青年》的创办或更名确定为新文化运动的发端，容易混淆事实，既模糊了新文化运动兴起的因缘及其与五四运动的继替关系，也不符合胡适等人的主观认同。严格说来，准确的说法是新思潮促成五四运动，五四运动催生新文化运动，五四前的新思潮运动与五四后的新文化运动虽然有所联系，但是分别相当清晰。这样才不会混淆历史的时空秩序。如果把五四后的新文化运动与之前的新思潮混为一谈，整个历史叙述都出现时空错乱，从而扭曲了史事本相和前人本意，使得许多情节难以理解。例如陈独秀在1920年1月长沙《大公报》刊登文章《告新文化运动的诸同志》，

---

① 金云：《日本之中国新文化运动观（二）》（译《大阪每日新闻》上海通信），《闽星半周刊》1920年1月5日第2卷第2号。
② 《四川之新文化运动》，《新中国》1920年3月15日第2卷第3号。
③ 胡先骕：《新文化之真相》，《公正周报》1920年5月13日第1卷第5号。

就无法恰当解读。

胡适不以"新文化运动"为然,并不能阻止"新文化"取代"新思潮"的潮流时趋。到 1920 年 10 月,人们回顾过去,赫然发现:

> 一年以前,"新思想"之名词颇流行于吾国之一般社会,以其意义之广漠,内容之不易确定,颇惹起各方之疑惑辩难。迄于最近,则"新思想"三字已鲜有人道及,而"新文化"之一语乃代之而兴。以文化视思想,自较有意义可寻。然欲诠释其内容,仍觉甚难。即叩诸倡言"新文化运动""新文化主义"者,亦未易得简单明确之解答也。①

大势所趋之下,胡适自己也不得不顺应潮流。1929 年 9 月,胡适撰写了《新文化运动与国民党》一文,批判国民党对新旧文化的态度,口口声声"我们从新文化运动者的立场",不仅自居于新文化运动的主位,而且批评国民党的民族主义是反对新文化的。② 这篇由当事人研究新文化运动历史的文章,通过把五四运动前后连为一体的办法,使自己俨然成了新文化运动的主导者,而本来是新文化运动发动者的国民党被指为参加和利用,骨子里则是反对新文化运动的保守势力。历史事实与历史叙述发生了微妙却至关重要的变化。

不过,胡适仍然有几分纠结,后来谈及这段历史,模棱两可地说:"这个更广大的文化运动有时被称为新文化运动,有时也叫做'新思想运动',我本人则比较喜欢用'中国文艺复兴'这一名词。"③ 胡适用"中国文艺复兴"来概述新思想、新文学、新文化运动,一方面是为了从历史发展的长期性来认识新文化运动的渊源流变,另一方面则试图将自己置于新文化运动的源头和动能地位。后来他多次演讲中国文艺

---

① 君实:《新文化之内容》,《东方杂志》1920 年 10 月 10 日第 17 卷第 19 号。
② 胡适:《新文化运动与国民党》,《新月》第 2 卷第 6、7 号合刊,第 1—15 页。署期 1929 年 9 月 10 日,实际出版日期当在 12 月。
③ 《胡适口述自传》,载欧阳哲生主编《胡适文集》第一卷,北京大学出版社,1998,第 339—342 页。

复兴和新文化运动,将五四运动之后发生的新文化运动与之前的新思潮运动、新文学运动相连接,固然有历史的脉络可循,同时也反映了他不赞成新文化运动的社会运动一面,以及竭力后来居上成为新文化运动原动力的企图心。胡适的说法,在新文化运动的历史叙述中留下了深刻的印记,使其部分得偿所愿。

新文化运动在各地发展,产生了新的动向。如湖南毛泽东等人的文化书社,1920年8月1日由毛泽东撰写的《文化书社缘起》,也不认同已经有新文化,不仅湖南没有,中国没有,甚至世界上也少有。但视角与胡适全然不同,"一支新文化小花发现在北冰洋岸的俄罗斯,几年来风驰雨骤,成长得好成长得不好,还依然在未知之数"①。同仁的责任,就是在没有新文化的地方创造出新文化。《湖南新文化运动史料》虽然收录这一文献,可是按照通行观念编排体例,使得这一发端性的组织及其宣言被混杂于其他后认的材料和事实之中,不能彰显其价值。

正因为新文化运动仍然不易有简单明确的解答,于是当时人和后来者纷纷使之条理化清晰化,以便理解和叙述,可是这样的条理却以部分的失真作为代价,比较而言,还是有些得不偿失。

3. 民主、科学与五四、新文化运动。陈独秀、胡适的两先生说本来指的是五四以前的新思潮,与五四及新文化运动没有直接关联,反而是学衡派的胡先骕最早以民本主义和进步主义作为新文化的两大特质。不过,此事又与来华到处演讲的杜威关系密切。新文化运动时,作为政治制度的代议制民主遭到批评和怀疑,德先生很大程度上是指自治式教育,反对日、德式的一味灌输,主张美国式的自动自主。赛先生则是新文化的科学性。这些也是杜威来华到处演讲的重要主题,不少教育杂志开办了自治专栏。

新文化运动能够取代《新青年》所倡导的新思潮、新文学、新道德等,后来居上,是由于新文化的概念可以涵盖一切。但外延宽泛意

---

① 《文化书社缘起》,《大公报》(长沙)1920年8月24日。

味着内涵模糊，当新文化运动迅速向全国各地蔓延之时，究竟什么是新文化运动的问题，引起越来越多的关注。陈独秀连续演讲"新文化运动是什么"或"什么是新文化运动"，恰好反映了如火如荼的新文化运动多少有些六神无主。局外旁观的东瀛人士及时发现了新文化运动的软肋，《大阪每日新闻》的上海通信指出："支那的文化运动是还没有中心点。"①

陈独秀的演讲，虽然专门针对这一问题进行解释，却只是说明了新文化运动包括或是涉及的诸多方面，关于普及与提高的争议，以及随之而来关于文化运动与社会运动关系的讨论，都无法概括提出新文化运动的口号纲领，也就使得新文化运动者们仍然感到困惑。后来的历史叙述中，陈独秀为新文化运动正名的文章几乎被忽视，一方面固然是因为颠倒了五四运动与新文化运动的历史顺序，另一方面也说明陈独秀的阐释未能提纲挈领地抓住新文化运动的精神内核。

1920年8月，陈启天在《少年中国》发表《什么是新文化的真精神》，指出："闹了新文化运动一两年，说明新文化是甚么的却很少，只有胡适的《新思潮的意义》一篇，较为切要。他说：'新思潮是一种批评的态度，重新估量一切事件的价值。'又说：'新思潮在输入学理，研究问题，整理国故，再造文明。'"新思潮的意义包括人生的新倾向和思想的新方法两方面，合起来，才是新文化的真精神。陈启天完全没有提到陈独秀关于新文化运动是什么的演讲及文章，故意避而不谈的可能性较高。而将胡适《新思潮的意义》专门提出作为阐释新文化运动较为切要的代表文字，为后来将《新青年》与新文化运动加以因果联系找到具体凭据。

《新思潮的意义》写于1919年11月1日，载于《新青年》第7卷第1号。胡适有意用"新思潮""新思潮运动""新文学运动"等概念，而不用他认为语焉不详的"新文化运动"。其原因当与胡适正在进

---

① 金云：《日本之中国新文化运动观（二）》（译《大阪每日新闻》上海通信），《闽星半周刊》1920年1月5日第2卷第2号。

行的"问题与主义"论争有关。在胡适看来,"这两三年来新思潮运动的最大成绩差不多全是研究问题的结果",而新文化运动重在社会运动和传播方面,过于肤浅。

胡适的《新思潮的意义》指当时报纸上新近发表的几篇解释新思潮的文章所举出的新思潮的性质,"或太琐碎,或太笼统,不能算作新思潮运动的真确解释,也不能指出新思潮的将来趋势。……不曾使我们明白那种种新思潮的共同意义是什么。比较简单的解释要算我的朋友陈独秀先生所举出的《新青年》两大罪案——其实就是新思潮的两大罪案——一是拥护德谟克拉西先生(民治主义),一是拥护赛因斯先生(科学)。陈先生说:'要拥护那德先生,便不得不反对孔教、礼法、贞节、旧伦理、旧政治。要拥护那赛先生,便不得不反对旧艺术、旧宗教。要拥护德先生,又要拥护赛先生,便不得不反对国粹和旧文学。'"

陈独秀的话见于1919年1月15日《新青年》第6卷第1号的《本志罪案之答辩书》,胡适觉得所说很简明,但是还嫌太笼统一点。民主与科学的确成为后来五四新文化运动精神的两大内核,只是当时陈独秀并非用来指尚未发生的新文化运动,而胡适则有意不指正在进行的新文化运动。胡适文中引陈独秀《本志罪案之答辩书》的德先生(民治主义)赛先生(科学),本来只是新思潮的概括意义,所指既非五四运动,亦非新文化运动。可是后来居上的新文化涵盖了新思潮、新文学,新思潮的精神自然而然演变成为迫切需要概括解释的新文化运动的真精神。

陈启天的文章以及由此牵连出来的胡适、陈独秀等人对新思潮意义的解释,使得《新青年》与新文化运动辗转建立了联系,后来的新文化运动历史叙述未必受这篇文章的影响,可是叙述的顺序和要点却高度吻合。

上述联系并非仅仅限于理论和逻辑的可能,学衡派主将胡先骕"以国人对于新文化运动有如此众多不幸之误解,而此误解对于新文化之前途大有阻碍,故不惮以新文化之真相为国人告",所说居然和胡适

引陈独秀的意思大同小异:

> 新文化与旧文化之根本差别,约有二端:一为民本主义,俾人人得有均等之机会,以发展其能力,而得安乐之生活;一为进步主义,俾文化日以增进,使人人所得均等之享受日益增进。其余纷纷之争点,皆方法之不同,而非舍此二者,另有第三目的也。

关于民本主义,"旧文化首不认民本主义之可能,而认治人治于人两种阶级为天经地义。故在中国,则有君子治人小人治于人之说,……新文化之根本观念,则以民为主体,以为凡圆颅方趾、戴发含齿之伦,无论其种族何若,家族何若,自呱呱坠地之后,即应享受其充分之人权,应得充分之机会,以发展能力。对于个人之行为,虽有种种之制限,然要以极端之自由平等为归。卢梭《民约论》虽有悖于历史演进之事实,然其精神实无可訾议也。民约之义一立,则凡种种社会制度,皆可认为人民群居时所公认之契约,有利害之区别,而无是非之可言"。

关于进步主义,旧文化以为社会福利的进步为不可能,最重保守,"每以科学真理,尝有悖于教义,遂深恶痛绝之,摧残之,不遗余力焉。新文化则认定文化为进取的而非静止的,不但科学工艺可以日增而不休,即文学、哲学、社会、政治以及人生之根本观念,亦可继续而增进"①。

由此可见,胡先骕所说的民本与进步,其实就是民主与科学的同义词。既然五四运动前的新思潮与五四运动后的新文化运动精神一致,而且后来的新文化又涵盖了之前的新思潮、新文学等,则本来时间上先后有别的新思潮与新文化就自然而然地合为一体,此说使得新思潮的性质意义与新文化运动的真相完全一致,民主与科学成为五四运动和新文化运动史叙述共有的两大精神内核。

---

① 胡先骕:《新文化之真相》,《公正周报》1920年5月13日第1卷第5号。

不过，事情还有另一面。当时人认定赛先生为西方新文化的基色，而统一的西方只存在于东方人或中国人的心中，欧美各国对于科学的认识各自不同，所以近代以来中国人不言而喻的科学观念，其实也是言人人殊。至于德先生，并不一定是对于国家政体形式的追求，甚至主要不是对国家政治的诉求。在代议制破产的语境下，新文化运动的民主取向主要体现于社会组织和教育的自律自治，与舆论由间接民权转向直接民权的时势相适应。诸如此类的概念采用音译，是因为开始用意译，"致有民本、民主、民众、民治、唯民、平民、庶民等名词，继而以为未甚妥适，不如迳用其音，包含较广，且名称可划一，由是所谓'德谟克拉西'者，乃成为一种新思潮之习用语矣"①。此类名词及思潮，反映了代议制遭到唾弃和对直接普遍民权的热切向往，与今人的解读或认定相去甚远。

新文化运动可以说是从政治革命转向社会革命和文化革命，或者说用文化运动的形式根本改造社会和国民，从而达到政治革命的目的。正如沈定一（玄庐）所断言："中华民国前途的责任，除却青年诸君，更有谁人负担。诸君的真学问，不是仅仅在课本上黑板上几句现成讲义。诸君的人格和责任，不是同暑假一齐放得掉。杜威博士说：学校为社会的一种组织。教育既须从群体的生活进行，故学校不过为一种团体生活，内中集合各种势力，使学生得享受一个种族或人类的遗传产业，使他能够用他自己的能力，造成社会幸福。……诸君是吸收新教育空气的人，是明白自由平等博爱的人，是在民主国家的里面振起互助精神的人，是不染'旧污'不蔽'物欲'的人。依据这几种资格，来改革制度，改革思想，改良社会，改造世界，果能勇猛精进，何患不得胜利?"②

4. 学衡派与新文化派究竟争什么？在相当长的时期里，所谓学衡派都是作为所谓新文化派的对立面呈现，似乎学衡群体根本反对新文

---

① 木心：《教育与德谟克拉西》，《教育杂志》1919年9月第11卷第9号。
② 玄庐：《除却青年无希望》，《星期评论》1919年6月29日第4号。

化。这些年来这样的认识已经大幅度调整。不过，《学衡》创刊之际，新文化的风头已过，况且被指为新文化派的胡适等人甚至不赞成有新文化之说。那么，学衡派为何仍然揪住不放，他们究竟反对新文化派的什么。学衡派与新文化派背后，当然有白璧德与杜威的影子，可是双方显然并非白、杜二人的代言。况且胡先骕等人不仅并不反对新文化，而且率先表明了自己的新文化主张。实则双方竞争发端于留美期间哈佛等校与哥伦比亚大学中国留学生群体的矛盾，后者的滥收与不学，在留学生界引发不满，并演化为思想学术分歧冲突。可是哥大毕业拿学位者众多，回国后占据要津，使得哈佛等校毕业回国者旧怨发作。所争不在中西新旧，而是深浅虚实。

今人治史，往往不愿受材料与事实本来内在联系的约束，打乱时空顺序，以便任意驰骋。而且喜欢自设架构逻辑，然后自圆其说。近代史料繁多，即使立意错误，也能在纸面上建构自己心中的历史。如果文字功夫不错，则可以妙笔生花，不仅像模像样，而且如同清季今文家的文字，似乎更加容易出彩，以至于不难瞒过编辑和评审，甚至得到专家的好评。只是诸如此类的研究成果，虽然可以见好于一时，却经不起时间和来者的检验，终将原形毕露。五四与新文化运动百年纪念，凡有所论列者，皆应有此自觉。

关键年代的小历史
——1919 年的事件与日常

历史一般不是匀速进行,有时出现重大事件,足以影响(包括加速、延缓甚至改变)历史进程。发生此类重大事件的年份,即为关键年代。除了政权鼎革以及全面对外战争,在近代中国,相继发生了五四运动和新文化运动的 1919 年堪称关键年代,影响至为深远,以至于一度作为历史分期的重要界标。

正因为关键年代取决于重大事件的有无及其重要程度,历史叙述每每集中于大事要人及其直接关联因素,对于较为疏离的人事固然相对忽视。即便是直接关系人,也仅仅注意其在大事件中的角色作用,而不及其他。如此,不仅大多数的旁观与日常视而不见,而且大事件本身的形态及意涵,也难以全面呈现。

有鉴于此,从关键年代形形色色亲历者五花八门的日记,看不同身份地位的人们如何经历大事件或是对此做出何种反应,以各人耳闻目睹的经历和日记习惯的偏好为基准脉络,从横断面展开历史叙事的画面,随着人物的变换不断切换视角,大幅度拓宽观察历史的视野,进而获取全景图像,有助于丰富对关键年代的认识,进而增强对大事件的解读。具体而言,可以提供下列新的视角:其一,各色亲历者对于各类重大事件的反应,包括参与、关注、漠然、反对等态度及表现。其二,关于同一事件因地因人而异的记述以及不同事件在各地各界的差异性反响。其三,各类事件背景下各地各界各人的日常生活以及日常与大事件的关联度因时因地因人而异的变化。其四，把握史事本相与历史叙述之间的联系及分别，尽可能让人物的言行自述历史，减少后认的说理成分。由此可以增补大历史的视角和层面，呈现中心事件之外的日常，从而丰富历史的认识。

一、意向各异的当事人

在一般历史叙述中，以《新青年》为核心的北京大学教授群体，被视为新文化运动的发动者，而新文化运动鼓荡起了五四爱国运动。但事实上，新文化运动发生于五四运动之后，而且是由北京大学、江苏教育会和国民党联手发动。北大方面参与其事的主角，并非《新青年》同仁。① 五四运动和新文化运动发生之时，后来被称为新文化运动旗手的这批人或被捕入狱（如陈独秀），或远走上海（如胡适）甚至海外（如周作人），刚好错过了参与其事、直接表达意见或有所行动的机会。不仅如此，即使留在北京者，出于不同的原因，也有意无意地对于社会性群众性的学生运动有些疏离。

现存蔡元培日记缺1919年5月8日以前的部分，5月9日，他离开北京。次日，由同行的北大学生带回一封告学生函，两天后，又托人带函说明辞职真因。滞留天津期间，他留意北京各报的消息，担心有所误会。其之所以辞职，是为了保全学生。

一周后，蔡元培启程南下，经南京转赴上海。到沪次日，江苏教育会的重要成员蒋梦麟、黄炎培、沈信卿等人就来拜访，双方联名致电总统、总理、教育总长。蔡元培在沪期间与外界联系，如胡适来函及回复，都是通过江苏教育会，而南北学生代表寻访蔡元培，也以江苏教育会为会见地点。蔡元培未前往与学生代表会晤，托从杭州前来的从弟蔡元康（谷清）代表。蔡元培此行的目的地并非上海，21日，乘火车回杭州。

---

① 桑兵：《新文化运动的缘起》，《澳门理工学报》2015年第4期。

梳理民国教育界的脉络，应注意三大要素，即江苏教育会主导全国教育界，浙江人掌控教育部以及留美师范毕业生占据教育要津。五四运动前后的北京大学，三项要素刚好交集到一起，而关键人物就是蒋梦麟。蒋与蔡元培同乡，早年曾在蔡任监督的绍兴中西学堂读书，留美期间在哥伦比亚大学师从杜威得到教育学博士，回国后进入商务印书馆当编辑，任江苏教育会理事，而商务印书馆的创办人张元济也是江苏教育会的元老。1918 年 12 月，江苏教育会等发起组织新教育社，由该会和北京大学等共同出资倡办《新教育》，稿件编辑由蒋梦麟负责，社址则设在上海西门外江苏教育会内。① 同时蒋梦麟还协助孙中山完成《实业计划》，由此与国民党结缘。

蔡元培是江苏教育会将势力伸向北方的重点依托，也是该会与掌控北京政坛的安福系角逐的重要凭借，双方不仅彼此支持，在五四运动中还相互配合，南北呼应，与安福系主导的北京政府斗法。在学潮一度失控，使得蔡元培等人离职去位，江苏教育会的势力受挫的情况下，双方达成共识，力争北京大学恢复原状，抵制安福系人马控制北京大学和教育部的企图，以便收复失地，努力挽回被动局面。② 蒋梦麟进入北大就成为代掌校务的要角，个人能力之外，多重身份和关系起到决定性作用，其中江苏教育会的背景尤为重要。在杭期间，蔡元培与蒋梦麟通信最多，包括胡适等人在内的信函，也往往由其代转。

此番蔡元培辞职，很有些情非得已，5 月 22 日，他在杭州会见了京津沪等地学生代表方豪等人，又陆续收到沈尹默和胡适等人的来函来电，希望其早日回校收拾局面，已经同意回校任职。③ 蔡元培的意外离去留下空间，刚好给竭力争取掌控北京大学进而主导全国教育界的安福系以可乘之机，后者不仅试图夺取北京大学校长之位，还乘势南

---

① 《新教育》第 1 卷第 1 期，1919 年 4 月再版，版权页。
② 关于五四前后江苏教育会参与北方角力之事，参见陈以爱：《"五四"前后的蔡元培与南北学界》，载吕芳上主编《论民国时期领导精英》，香港商务印书馆，2009，第 336–361 页；《五四运动期间江苏省教育会的角色》，中国社会科学院近代史研究所主办"纪念五四运动 90 周年学术研讨会"论文。另外陈以爱还撰写了《五四运动初期江苏教育会的南北策略》的长文。
③ 《黄炎培、蒋梦麟致胡适》，载中国社会科学院近代史研究所中华民国史组编《胡适来往书信选》上册，中华书局，1979，第 47 页。

下上海，争夺江浙绅学界，与江苏教育会的利益发生严重冲突。后者虽然做了万不得已舍去北大另在南方创建大学的准备，毕竟不愿轻易丢掉京城的重要阵地。只是蔡元培一时间还不能立即返京，一方面要静观政坛的变化，尤其是对于五四学潮和相关人事的处置，以及安福系是否迫于各方压力放弃对北大校长职位的争夺；另一方面要解决学生方面喜动不喜静的问题，寻找水到渠成的回任时机。为此，尽管他并不情愿，称病不出，闲暇还时时琢磨以索隐法治《红楼梦》，仍然表示可以暂时维持。

同样迫切希望蔡元培回任的还有"某籍某系"，即在北大的太炎门生，蔡元培长校期间，他们借势影响甚至左右北大各种规制和决策的制定。如果校长的职位被人取代，势必失去呼风唤雨的能量。眼看蔡元培迟迟不回，他们心急如焚，于6月下旬派主事的沈尹默和年长的马裕藻南下劝驾，在上海与蔡元培几度会晤。

这时学生的情绪也渐趋平复。一生从事教育的蔡元培，从办学之初就不断面对学潮的困扰，他既肯定学生的爱国民主热情，又深知百年树人的困难和重要，主张学生在校期间应以学业为主，担心风潮不断助长青年的焦躁嚣张习气。与学界代表的多次沟通，以及后来发表的对全国学生联合会宣言，都清楚地传达了这样的意思。7月10日，全国学生联合会复电表示："此后自当循轨报国，力学爱国，借答我公至意。"而主政者在各方压力下，也不得不做出让步，表示仍希望由蔡元培出来收拾局面。于是蔡元培终于答应重新执掌北大。

不过，事虽至此，仍有令蔡元培感到踌躇之处。其一，他刚刚宣称自己身体有病，不宜马上启程回京。其二，京沪等地的友人对于是否应该回任，意见不一。张元济即认为"不可轻于再出"，理由是政权必归安福派，旧学家必依附攀援，难免文字之祸，以及学生气焰过盛，甚难裁制。① 为此，蔡元培决定指派蒋梦麟代理校务，先行北上。

蒋梦麟代长北大，显然有些名不正言不顺。他虽有哥伦比亚大学

---

① 高平叔：《蔡元培年谱长编》中册，人民出版社，1996，第221页。

的博士学位,可是哥大尤其是哥大教育学的博士,本来声名不佳,而且蒋与北京大学毫无渊源。或指蒋于1919年初进入北大教育学系任教授,应误。直到1919年4月中旬,蒋梦麟的身份仍是代表江苏教育会。① 北大教育学系筹办于1923年,次年成立,在此之前,该校没有教育学系,无须聘请教育学教授。北大设置教育学课程,是从1919—1920年度即1919年下学期开始,所设教育学和教育学史的任课教员都是蒋梦麟。② 由于没有相关院系,蒋梦麟只能归属哲学系。可见这是因人设事,以便在北大没有教职却代掌校长事务的蒋梦麟得以安身且不太尴尬。

蒋梦麟代长北大,并非一帆风顺。7月22日,蔡元培就接到蔡元康的电报:"报载校内情形,蒋代似欠斟酌,速电蒋缓接。"蔡元培即致电汤尔和转告蒋梦麟:"争端又开,请勿接办。"黄世晖(幼轩)等人也来函,均不以倩蒋代办为然。③

汤尔和称蒋梦麟代长北大校务是由于他的举荐,虽有日记为证,也只能说有其事而非全如所记。汤尔和"每日读书有记,治事有记,而几十年不断,是真不易得的",连同样坚持日记的胡适也佩服其持之以恒。1935年,胡适借阅其民国六年至民国八年三年的日记,尤其着重看了1919年的部分,觉得极重要,特意抄录了几十条,可以一窥迄无下落的日记内容。胡适据此指汤尔和"是当日操纵北京学潮的主要人物,他自命能运筹帷幄,故处处作策士,而自以为乐事"。

1919年6月29日,汤尔和到杭州杨庄晤蔡元培,"历述(五月)九日以后情形,为言此后出处之策。鹤公有言必听。在云山隐约之中,推襟送抱,亦一乐也"。所献之策,就包括蒋梦麟的"遗代"问题,汤尔和"劝梦兄半年留京,半年在沪,可兼顾而不至偏废。……梦兄颇

---

① 蒋梦麟:《蒋梦麟致胡适》,载中国社会科学院近代史研究所中华民国史组编《胡适来往书信选》上册,中华书局,1979,第37页。
② 《国立北京大学学科课程一览(八年度至九年度)》,载王学珍、郭建荣主编《北京大学史料》第二卷·二,1912—1937,北京大学出版社,2000,第1085页。
③ 中国蔡元培研究会编《蔡元培全集》第十六卷,浙江教育出版社,1998,第71-95页。1919年8月6日后的日记亦缺。以上凡未注明出处者,均见该日记。

以为然"。7月14日,蔡元培与来访的汤尔和、蒋梦麟会晤,"决请梦麟代表,到校办事",并于次日快函通知黄世晖这一决定。① 据汤尔和说,其间"谈及鹤公代理问题,鹤公属意梦兄,而苦于手续繁重。为一一疏解,鹤公恍然,遂定议"。其实,首先举荐蒋梦麟的是与江苏教育会颇有渊源的教育部参事蒋维乔,7月30日,蔡元培复函蒋维乔,内称:"梦麟之事,自经公函告后,适尔和亦以此为言,不约而同。……因有电部请蒋代理之提议,而梦麟坚不肯承认。适与尔和泛论,始知医专等校有代表签行办法,乃商之梦麟,承其允诺,是十四日午后六时事。"② 据此,蒋梦麟的代理校务,并非代掌全权,只是代行签字而已。

胡适主张为学于不疑处有疑、对人于有疑处不疑,却基本采信了汤尔和的说法,指"梦麟兄之来北大尤为先生第一大功。倘梦兄不北来,他也许要被任之兄一班人毁了。故梦兄北来之举,先生实大有造于他,亦大有功于北大","尔和自是好事者,然八年夏秋之间,他于北大是有功的。他拔出梦麟,亦有造于梦麟,不然,他也许被黄任之诸人完全毁了"。胡适对黄炎培的为人行事极不以为然,认为见识不高,势力极大,当与江苏教育会往往利用社会民众运动而有政治企图相关。

不过,蒋梦麟来北大,是被从江苏教育会拔出,还是负有该会的特殊使命,至少"某籍某系"的看法与胡适大相径庭。7月13日,汤尔和"与尹默谈鹤公北上时期,所见略有不合。余之观察稍周密,既为鹤公采用,亦不必辩"。7月25日,"尹默昨自南归,午约在西车站便饭。余故作疑阵戏之,谓我久主张送君出洋,故与鹤公言之甚力。今自知此说不能成立,自愿取消。渠信以为实,为之色变。乃探得其对梦兄态度,知无他故,乃复允之"。次日,汤尔和致蔡元培长函,大旨述"梦兄来,某所以赞同者,实以学生心理梦兄深知,其学问手腕

---

① 中国蔡元培研究会编《蔡元培全集》第十六卷,第86页。
② 高平叔、王世儒编注《蔡元培书信集》上册,浙江教育出版社,2000,第439页。

足以服人。学生心安,其余可迎刃而解。今则不出所料。所惜者,未与尹默一商耳。沈君谓梦兄之来纯由某所主持,其故则为江苏省教育会出力。……昨谈此节,裴子断定沈素来利用鹤公,今见梦兄负重命来此,陡生吃醋之意,又恃部中奥援,故敢放肆。人心龌龊,可胜慨哉",则沈尹默等人对于蒋梦麟背后的江苏教育会显然充满戒心。不过,在汤尔和看来,蒋梦麟进入北大,"各方面均有宁息之象","一切均措置得宜……不独外得众心,而内部亦消灭许多反侧。其发挥力诚足使人起敬也"。①

由于内外权力结构缺乏稳定性,民国时期的大学,风潮不断,易长之事,频频发生,很少有人能够久安于位。堪称异数的只有清华大学校长梅贻琦和浙江大学校长竺可桢(开始亦面临风潮冲击)。尤其是前者,发现奥诀在于校园政治存在三角结构,校方当联合教授驾驭学生,才能免于师生联手对付校方,因而能够在风雨飘摇中安然掌舵。此时蒋梦麟虽然也算"行有余力",毕竟不能完全掌控教授,所以北大各式各样的风潮依然此起彼伏。五四前后,胡适与汤尔和看法有异、且与1919年的北大关系紧密的两件事,足以显示上述三角结构的平衡与校园风波起伏的紧密关联。

胡适借阅汤尔和的日记,主要是想查看1919年3月26夜这个日子。"此夜之会,先生记之甚略,然独秀因此离去北大,以后中国共产党的创立及后来国中思想的左倾,《新青年》的分化,北大自由主义者的变弱,皆起于此夜之会。独秀在北大,颇受我与孟和(英美派)的影响,故不致十分左倾。独秀离开北大之后,渐渐脱离自由主义者的立场,就更左倾了。此夜之会,虽有尹默、夷初在后面捣鬼,然孑民先生最敬重先生,是夜先生之议论风生,不但决定北大的命运,实开后来十余年的政治与思想的分野。此会之重要,也许不是这十六年的短历史所能论定。"

---

① 《附:胡适手抄汤尔和日记和跋》,载中国社会科学院近代史研究所中华民国史组编《胡适来往书信选》中册,中华书局,1979,第283-285页。

这次会议的主题，是请关系诸君前来会商是否辞去陈独秀，直到夜12时才散会。事因起于风传陈独秀与北大诸生狎妓吃醋，且将其下体挖伤泄愤。胡适告诉汤尔和："蔡先生颇不愿于那时去独秀，先生力言其私德太坏，彼时蔡先生还是进德会的提倡者，故颇为尊议所动。"其实"当时小报所记，道路所传，都是无稽之谈，而学界领袖乃视为事实，视为铁证，岂不可怪？……当时外人借私行为攻击独秀，明明是攻击北大的新思潮的几个领袖的一种手段，而先生们亦不能把私行为与公行为分开，适堕奸人术中了。当时我颇疑心尹默等几个反复小人造成一个攻击独秀的局面，而先生不察，就做了他们的'发言人'了。尹默诸人后来用种种方法排挤我，我只是不偢不睬处之，因为我是向来不屑同他们作敌对的"①。

时过境迁，胡适的意思，不少是后见之明，诸如自由主义者的头衔旗号，当年胡适尚不以为然。由于中外自由意涵有别，又对应多个西文名词，清季以来，相当长的时间里自由主义在中国名声不佳，胡适不仅不会自称，甚至不愿他人相称。直到20世纪30年代，他才接受了这顶桂冠，并成为旗手。对于"某籍某系"，胡适也是怀恨在心，借阅汤尔和日记的前一年，他与蒋梦麟、傅斯年合力将林损赶走，让马裕藻失势，从而最终拔除这一在喉之鲠。② 新旧观念的差异之外，与沈尹默等人的心结未必不是动因助力。

五四以后之事，为1919年12月"'发现'之役一变而为'去傅'之运动，闹成长期的教职员罢课"。12月13日晚会议时，胡适极力反对15日罢课，"及今思之，我仍深信先生与夷初诸人造孽不浅也"。此事详情，为北京大中小学教职员要求薪水发现金，推举代表到教育部交涉，并向国务院请愿。教育次长傅岳芬本来答应竭力张罗，总以"发现"为原则，并以小、中、专门各发全额、八成和七成现金，事已将近解决。不料因代表往国务院惹得总理大发雷霆，教育部借机向各

---

① 《胡适致汤尔和（稿）》1935年12月28日，载中国社会科学院近代史研究所中华民国史组编《胡适来往书信选》中册，中华书局，1979，第290页。
② 桑兵：《马裕藻与1934年北大国文系教授解聘风波》，《近代史研究》2016年第3期。

校问罪，13日晚北大教职员遂在第三院礼堂开会，由马叙伦、沈士远报告交涉经过，各校联合会决议自15日起一律罢课。代理教务长胡适反对罢课，因为五四、六三等事上学年已无考试，现已决定15日补考，再不举行，以后永远无法补考，亦无法整理学校纪律；并以代表职权限于交涉发现，不能代表决定罢课，罢课与否，应由各校教职员决定。而出席会议者一致表决代表有权决定罢课，胡适承认失败，辞去代理教务长之职。"从此教员罢课下去，八年夏的补考固然全免了，以后教育界就不堪问了。当时人只知北京教育界'跟着马叙伦走上死路'（此独秀之语），不知全是汤尔和先生之奇计也！"所以胡适断言："尔和之罪，似在索薪发现的罢课风潮。"

胡适的说法，令汤尔和感到不快，开始他表示3月26日晚之会发何议论，全不省记，年底罢课事，内幕重重，均为日记所不载，主要是反对安福系。继而声称陈独秀为不羁之才，岂能安于教授生活，即非民国八年之事，亦必脱羁而去，未必皆由一夕谈所致。其浪漫行为与大学不类。不仅如此，若非与陈分道扬镳，"则以后接二连三之极大刺激，兄等自由主义之立场能否不生动摇，亦属疑问"。至于造孽一层，不在发现罢课，"以别一意义言之，留蔡助蒋真乃孽障"。至此，两人可以说是不欢而散。

1936年1月2日，胡适再度复函，为自己辩解之外，对留蔡助蒋之说颇有感触。五四运动发生后，胡适仍在上海，赶回北京时，蔡已离京。"当时我若在此，必不劝蔡出走。领袖作事，当有风度，蔡公之出京，以当日鄙见观之，实甚失领袖之风度。蔡公岂徐树铮等人所敢危害者耶？以今日鄙见观之，倘使蔡公当日不出京，后来半年的纷纷或可以没有，至少亦不至如当日之扰扰至半年之久。"[①] 胡适对于南北政学各界势力的错综复杂，不免书生之见，形势是否真的能够按照所说发展，另当别论。五四运动展现了学生风潮的力量，令各界更加重

---

① 以上未注明出处者，均见中国社会科学院近代史研究所中华民国史组编《胡适来往书信选》中册，中华书局，1979，第285-295页。

视争取教育界,而继续反对安福系的未竟之业,正是新文化运动的初衷主旨。新文化运动从一开始就是以文化为形式的国民运动和社会运动,这让不赞成普及的胡适在相当长的时间里自外于运动,《新青年》同仁中,只有决心投身社会运动的陈独秀对新文化运动即将取代他们的新思潮反应最敏锐,态度最积极。

二、反应不一的同情者

就历史事实而论,江苏教育会是发起推动打倒北洋军阀和新文化运动的共谋者,其目的都是推翻安福系及其首领段祺瑞,而五四运动的本来目标,也不仅是曹汝霖等三人,而是段祺瑞及安福系的两员大将徐树铮和靳云鹏。可惜结果只及曹汝霖等人,段祺瑞和安福系反而更加得势。与安福系利益冲突的江苏教育会,不仅竭力在国内教育界乃至政坛扩张势力,也力图对海外华侨华人教育产生影响,并与各国教育界建立联系,扩大自己的权力基盘。1919年1月25日至5月4日,副会长黄炎培随团考察南洋侨界的教育。5月4日回到上海,两天后获悉事件情形,当天下午就邀各校代表为次日的国民大会事谈话。8日晚,又邀胡适、穆藕初、蒋梦麟、谢无量等人晚餐。接着出席江苏教育会的干事会和办事员会,议学生联合会章程,致电中央及南京,劝学生联合会暂缓罢课,邀各校长会商办法,会见江苏的军民两长等,忙得不可开交。

作为教育家,黄炎培关注的重心仍在教育。其时江苏教育会提倡所谓新教育,即以欧美为模范,与清季以来中国主要仿效日本(包括民初德式)的做法有异。9年前哈佛校长东来,"盛讥日本式教育之未善。维时同人微有所省悟,亟欲探讨欧美教育"。懂西文的俞子夷对此研究最勤,1914年,"郭君秉文、陈君主素留学毕,俞君偕之考察欧美教育而归,一时新教育之援师大集,精神为之一振。同人所知者,教育在发展个性,于是惩乎划一教育、严肃教育而唱自动主义。学校宜注重生活,与社会联络,于是惩乎书本教育、虚名教育而唱实用主义。

顾三五年来，口头笔底所窥见一鳞一爪之新教育，今得杜威博士来为探本穷源之指导，于是吾人之知识渐归于系统，而措之行事，亦觉有条理可寻而无所惑矣"。所以黄炎培说："杜威氏之来华，实予吾人以实施新教育最亲切之兴味与最伟大之助力。"

来华期间，杜威先后在上海、杭州、南京、北京等地演讲，据蒋维乔日记，他本人就多次前往聆听其在北京的演讲。① 胡适的日记停顿多时，从1919年7月10日起，才断断续续重新开始，11月、12月只有简单的日程，而其中记杜威在北京各校的演讲就有六七次，还有两次看杜威的演讲稿。② 为了探知听者对杜威主张的感想，黄炎培所至辄进行调查，间有怀疑者，其说有四：甲、自动主义甚善，但我国教育程度不够。乙、东西方国情不同，能否完全仿行。丙、中国社会程度幼稚，骤行其说，或造成教育障碍。丁、其说可行，但难得深明其原理的教员。黄炎培一一有所解释，认为"杜威所倡平民教育主义，在揭橥共和，而教育缺乏之国家，实更有提倡之必要"。

正当欢喜赞叹杜威主张者"竞谋所以实施"之时，"会学潮事发，全国视线集中于一般青年之动作与时事之变化，此问题遂搁置。乃者学潮过去，全国教育家咸亟亟于焉谋以善后"。③ 可惜黄炎培的日记戛然而止，后续如何，不得其详，但从残篇能够推衍大义。所说杜威的自动主义，即自治，与新文化运动的"德先生"关系极大。

民主与科学后来成为新文化运动的两大核心要素。此说渊源于胡适写于1919年11月1日的《新思潮的意义》，载于《新青年》第7卷第1号，指陈独秀所说拥护德谟克拉西先生（民治主义）和拥护赛因斯先生（科学），是新思潮意义比较简单概括的说法。"陈先生说：'要拥护那德先生，便不得不反对孔教、礼法、贞节、旧伦理、旧政治。要拥护那赛先生，便不得不反对旧艺术、旧宗教。要拥护德先生，

---

① 蒋维乔：《蒋维乔日记》，中华书局，2014。
② 胡适：《胡适日记全编》第三册，曹伯言整理，安徽教育出版社，2001。
③ 黄炎培：《黄炎培日记》第2卷（1918.2—1927.7），中华职业教育社出品，中国社会科学院近代史研究所整理，华文出版社，2008，第58、63、64页。

又要拥护赛先生，便不得不反对国粹和旧文学。'"陈独秀所言见于1919年1月15日《新青年》第6卷第1号的《本志罪案之答辩书》，只是当时陈独秀并非用来指尚未发生的新文化运动，而不以新文化运动为然的胡适的文章，更是有意不指正在进行的新文化运动。

最早直接阐述新文化运动民主与科学主旨的，反而是"学衡派"的主将胡先骕，他于1920年5月发表专文《以新文化之真相为国人告》，所论和胡适引陈独秀的意思大同小异，但是专指新文化。他说：

> 新文化与旧文化之根本差别，约有二端：一为民本主义，俾人人得有均等之机会，以发展其能力，而得安乐之生活；一为进步主义，俾文化日以增进，使人人所得均等之享受日益增进。其余纷纷之争点，皆方法之不同，而非舍此二者，另有第三目的也。①

按照胡先骕的详细阐述，民本主义和进步主义，其实就是民主与科学。不过，这时德先生译名甚多，民主并非主要，较为常用的是民治。而1919年的中国，政治上由于国会的乱象以及欧战的刺激，代议制民主声名狼藉，原来最主张宪政议会的汤化龙、梁启超、张君劢等人，纷纷宣称代议制破产过时，而希望用直接民权予以补充替代。在此背景下，对于德先生的认识和追求，主要不是体现于政治制度上。陈启修指"democracy"有民众主义、民权主义、民本主义、民主主义、平民主义、唯民主义、民治主义、庶民主义等八种译法，而以庶民主义为最准确，其主要依据就是不偏于政治。② 李大钊也认为民本、民治、民主等，虽各有高下当否之别，都偏于政治，不能在经济、艺术、文学及其他社会生活方面恰当表现原意。虽然他以平民主义、唯民主义、国民主义等译名较为妥当，还是觉得音译德莫克拉西损失原

---

① 胡先骕：《新文化之真相》，《公正周报》1920年5月13日第1卷第5号。
② 陈启修：《庶民主义之研究》，《北京大学月刊》1919年1月第1卷第1号。

意较少。① 由此可见,"democracy"使用音译,一方面是由于其本意较为复杂,汉语中很难找到贴切准确且普遍认可的统一对应名词;另一方面,则反映出当时国人的民主追求已经由政治领域扩展或转移到社会各方面,尤其是教育领域。1919 年 4 月,沈仲九就在《教育潮》第 1 卷第 1 期发表了《德莫克拉西的教育》。

杜威的主张及其来华演讲,刚好契合了中国人的需求。与白璧德的精英主义教育不同,杜威的平民主义教育尤其强调受教育者的自治与自动。所谓德莫克拉西的教育,主要就是自治式的教育。在杜威演讲的推动下,《教育潮》《新教育》等刊物分别推出专刊专栏,重点讨论教育的德莫克拉西问题。这既是教育本身的需求,也是培养国民素质的需要。所以黄炎培说在教育缺乏的共和体制国度,更有提倡杜威平民教育的必要。

浙江一师学生陈范予所记 5 月 7 日杜威在省教育会演讲的内容,可以与黄炎培等人的记述相印证。其中重要信息是中国重视教育固然可喜,但"今者咸云德国教育有取法者,日本教育有效规者,讵须知教育之施行大有关于国体,德、日专制,故教育施行犹如各物置杯中,令人人脑中有信的向。民主教育则反之,如杯中之物,欲咸泄扬于外,令人人得知。德、日之教育以形,必不能长久,民主之教育以精神,故能久持而不衰。凡研究教育者不得不从精神上着手。儿童之养成最要为自动之能力,施教者当深谙儿童性情,力察儿童之短长,短者当思所以淘汰之,长者当发展之,奇者养成之,然后将各有之才于无为之行动自鲜矣。各方面自动之能力尤当极力提发"②。杜威的演讲凸显了杜威教育思想的重点,令国人知晓原来教育的模式与国家的形式密切关联,共和国民应当施行自治教育,才能改变专制取向。受此影响,新文化的民主诉求主要是以自动自治式的教育培养国民的基本素质,而这与新文化运动改造每一位国民的能力的目标高度吻合。

---

① 李大钊:《平民主义》,载《李大钊文集》下册,人民出版社,1984,第 589 页。
② 坂井洋史整理《陈范予日记》,学林出版社,1997,第 87 页。

后来德先生的中译名逐渐约定俗成为民主，可是统一的便利之下，民主的政治意涵被凸显出来，或多或少模糊甚至掩盖了当年对于"democracy"一词复杂性的认识以及相关语境的了解同情。尤其是将民主与科学作为五四新文化运动的共通精神，很容易令人单纯联系到政治层面的诉求，忽略了自我改造。

享有"只手打孔家店"之誉的吴虞，这时还远在成都的四川法政学校、外国语专门学校和国学专门学校教授国文和文学史等课程。他虽然好为排孔之论，与《新青年》共鸣颇多，但向持不党主义，也不愿参与社会政治活动，五四风潮发生，其日记毫无反应。直到6月29日，外交后援会派人持北京4位学生代表的名片来见，"言明日开会，欢迎四君，并欢迎予任名誉总经理，云系省中各学校学生之意。予愧不敢当，力辞之，言予入民国以来，向未办事，经验能力两俱不足，且近年多病，尤不能胜任，爰推荐任叔永先生，嘱往访之"[①]。7月1日，四川学界外交后援会来函，"言成都各校代表三百余人，要求京都学生代表与予组织讨论会，请予明日午后三至五开第一次讨论会，予即作函辞之，推任叔永"[②]。友人在川办少年中国学会和学生会，他皆未预闻，且觉得当地学生能力薄弱，"所谓学生会、少年中国学生分会在四川成绩殊可推想耳"[③]。只有外语学校组织文艺讲演会，被推为会长，没有拒绝。但为该会办《学艺》周刊，还是明确"专言学艺及改良教育与社会，不涉政治范围"[④]。

对于吴虞的行事风格，其友人从提倡新思潮的角度有所批评，以为陈独秀敢言敢行，与耽玩禅悦之研究系大异其趣，"其主宰之《每周评论》，议论之精辟，叙事之简洁，为全国新闻之冠。吾兄于新闻之中，独取此种为之提倡，固是独具只眼者也。研究系近来亦颇研究世界思潮，其在京所出之《晨报》《国民公报》甚好。然近世所谓思潮，

---

① 吴虞:《吴虞日记》上册，中国革命博物馆整理，荣孟源审校，四川人民出版社，1984，第469页。
② 吴虞:《吴虞日记》上册，第470页。
③ 吴虞:《吴虞日记》上册，第500-501页。
④ 吴虞:《吴虞日记》上册，第496页。

皆个人人格之表现,故就此点言之,渠辈之研究世界思潮,亦不过耽玩禅悦,玩弄古董之类而已。吾兄积学多年,每为四川开新风气,极为弟所佩服,独昔峻峭少容,且不喜联络,故不能大活动耳"①。

吴虞虽然引《新青年》为同道,好与陈独秀、胡适、高一涵等人联系,其实未必心灵相通,只是部分合拍而已。友人告以"四川成都人尚好,以外土气极多。云南人失之鲁莽,贵州人失之狭小,四川人失之土而妄,盖四川人好亦好得土,坏亦坏得土,求一出色当行者,实不可多得(如廖季平讲经学,偏要将欧美事情牵强附会在内之类,所谓好亦好得土也)。然则吾蜀人之怀才抱志者能不自勉耶"②。

因为好名,吴虞偶尔不无趋时之嫌。他阅报获悉总统徐世昌通启各省征集诗稿,开选诗社,特意剪下寄予在京友人,"嘱将《秋水集》送一册去"③,意在响应。四川省长杨庶勘来校演讲关于"中国文学与外国文学之比较","言中国文字存废问题,即因多少、难易、死活之分。然中国字若连用,则不止百万,校欧文并不为少。至于难易,则中文由于无善良之教科书,而西文亦非七、八年不够用,亦非易于中文也。至于死活,当以用否为断,不在白话与文言之分"④。吴虞似无异议,他自己勉强写过个别白话文章,向胡适等人约稿,也希望用白话文。可是习惯上仍然好用文言。他看京沪等地报刊,着重留意的是对自己文章的反应,《新青年》原定纲常名教号变成马克思号,其所作《吃人与礼教》的文章因而未能及时刊出,显得有些失意。

作为商务印书馆的掌门人,张元济同样不大喜欢与政治沾边。自从戊戌变法政坛失足,就决意从事商业性的出版事业,即使后来清廷重新启用戊戌罪臣,也不肯应命。他没有记录北京学生的风潮,5月7日,在群益书局及某书社登报于9日停业一天后,又接到书业商会通告是日停业,才商定明日见报声明商务也停业。书业商会的停业决议,

---

① 吴虞:《吴虞日记》上册,第471页。
② 吴虞:《吴虞日记》上册,第461页。
③ 吴虞:《吴虞日记》上册,第457页。
④ 吴虞:《吴虞日记》上册,第454-455页。

是表示抵抗日本及对于北京学生敬爱之意，而商务不过响应而已。13日，报界联合会来函要求商务入会，"拟不答"①。清季以来，商务一直与日本合作，使用最新印刷技术，因此馆中聘用多位日本技师。15日，因抵制日货风潮甚急，张元济与相关负责人商议，"拟令暂避。后知鲍已辞去五人，尚留四人，令在外暂闲住，并给工资"②。上海公学学生分会派人来要求填写日货商标价格，答以馆事极忙，当属人填写。

6月4日，上海学生联合会代表来称：顷得津电，在京学生被政府拘捕，要求赞成罢市。"余言，此事实不能赞成。解释良久始去。"③次日，上海开始罢市，商务发行所"午前十一时闭门，先留一小门，午后约三四钟全闭。工厂因工人不宁，只得停工。商议不如自停，遂出通告，午后停工。至开工一层，未曾提及"④。6日，张元济等外出分头探听消息，"知官厅无甚办法"。自行商议的结果，"如今晚能证明学生被释，明日即拟开工。晚九时在发行叙谈，知在京学生被释，仍只有路透电，官商并无正式之发表。决定明日只可暂缓"。书业商会开会决议下周一印刷所开工，商务有人拟明日即登报，张元济以为不妥，予以制止。⑤ 9日，商议给学生会捐款，多则一千，少则五百，后决议五百。还准备在发行所设休息站备茶点招待游行学生，因工部局禁止游行，故作罢。是日商会发传单请开市，无效。直到12日10点过，见中英药房先开，商务继之。

罢市势必造成商家损失，商务消极也在情理之中。由于抵制日货风声日亟，而商务长期与日方关系密切，张元济担心受到牵连，严格遵守禁用日货的要求。《实业之日本》杂志载文述日支合办事业及经营者，中列商务名字，会议决定致函更正，并刊登告白及合同影本，自证清白。为了消除人们的疑虑，张元济还主动邀请全国学生联合会派人来厂参观，该会遂于8月2日派50人来观。后来学生联合会还有来

---

① 张元济：《张元济日记》下册，商务印书馆，1981，第581页。
② 张元济：《张元济日记》下册，第582页。
③ 张元济：《张元济日记》下册，第593页。
④ 张元济：《张元济日记》下册，第594页。
⑤ 张元济：《张元济日记》下册，第595页。

馆检查日货之事，尚能应对。

是年4月，"卢信公交来孙文学说数卷，尚未完全。梦意恐有不便，余云不如婉却。当往访信公，并交还原稿，告以政府横暴，言论出版太不自由，敝处难与抗，只可从缓"①。9月19日，"卢信来言，当时两商，或商务印，或伊出钱印。今安福部及大学校均印，何以商务竟不肯印，阻碍伊之学说，孙文大怒，将登告白，遍告全国，并出告白一纸见示。余谓，此告白系孙君自有之权，且本馆出书系有关教育，亦极愿闻过。至当是不肯承印，实因官吏专制太甚，商人不敢与抗，并非反对孙君云。卢属复一信解说，余允之"②。其实商务拒绝出版国民党方面的书籍，已不止一次，民初即不愿出版《共和关键录》，与国民党产生嫌隙。

张元济不愿参与政治，的确属实。7月4日，他致函黄炎培、蒋梦麟，以中华教育职业社近来与闻政治，辞去该社议事员之职。③可是在出版事务上，张元济其实自有选择的余地。7月18日，有职员问湖南善后协会来印湖南某报月刊，内中反对张敬尧甚烈，有无不便，"告以不用本馆印刷名字"④。12月2日，南洋公学学生来印英文关涉闽事传单，因警厅布告，必须报告，准备婉拒，而来人十分横肆，勉强答应。

是年商务面临着种种挑战。一是与中华书局的矛盾激化，以至于对簿公堂。双方互登广告，指责对方。中华更借抵制日货之风，指商务用日纸，劝各学堂勿用其书。二是商务所办各项事业如《东方杂志》和编译所出版计划等，与风起云涌的形势变化不相适应，亟须变革。据说杜亚泉主持的《东方杂志》只能维持现状，外间绝无来稿。11月7日至17日，张元济因故赴京，回沪后18日即召开会议，"余将在京中所闻学界对于本馆编辑、营业、印刷及组织不满意之点，并希望改良之意，详述一过"⑤。在商言商，而人心即市场，应时顺势，不得不然。

---

① 张元济：《张元济日记》下册，第567页。
② 张元济：《张元济日记》下册，第651页。
③ 张元济：《张元济日记》下册，第609页。
④ 张元济：《张元济日记》下册，第614页。
⑤ 张元济：《张元济日记》下册，第676页。

三、殊途未必同归的北大同人

任教于北京大学的杨昌济并不在通常所说的新文化派之列，其 1919 年的日记只有 10 月 19 日至 12 月 1 日的部分，所以一开头就明确说："今年国民始有自觉之端绪，新文化之运动起于各地，新出之报章杂志，新译新著之书籍，新组织之团体，逐日增加，于是有新思想之传播，新生活之实现。此诚大可欣幸之事也。"① 如果这段话不是后来增添改动，就应该是使用"新文化运动"的概念以及对新文化运动描述概括较早的重要文字。须知"新文化运动"的提出是 1919 年 8 月以后事，《新青年》到是年 12 月才对新文化运动有所反应，而胡适次年 9 月还断言没有新文化运动，到 1924 年暑期还不愿使用新文化运动的概念。照杨昌济的这段话，胡适否定北京大学有新文化运动，多少有些自以为是。无论胡适出于何种理由，新文化运动已经进入北大校园。胡适常常好以北大代言人自居，其实北大的多样性，并非他所能够代言。

受到新文化的影响，杨昌济所授伦理学课程的教法有所改变，不专教一本书，"取各伦理学书中之精要者而选授之"，且不限于讲西洋之伦理学说，"中国先儒如孔孟周程张朱陆王及船山学说亦间取之"。"又可取报章杂志中新思潮而批评之"，"想较与学生有益"。② 不仅如此，他还经人介绍，加入了尚志学会，"该会近日广征名著印行，于文化运动大为有助。余欲该会多置书籍，作一小小图书馆，以供会员之阅览。又欲会中同人于会中筹设英文法文德文之日班夜班；会中并可办一中学校，将来并可办法政专门学校，再扩充之为大学，如庆应、早稻田然。余从前因精力不及，兴味索然，不多诣人，不多开口；此后当稍变冷静之态度，与社会中人相接。己固可以得益，有时亦可以

---

① 杨昌济：《达化斋日记（校订本）》，湖南人民出版社，1981，第 194 页。
② 杨昌济：《达化斋日记（校订本）》，第 197 页。

于人有益。大学中人如蔡子民、胡适之、陶孟和、李守常皆可与谈者。湘中旧相知如周印昆、雷道衡、方叔章、李偈君、熊知白、黎劭西，皆欲与之时时会晤"。这样的主张和行动，与新文化运动高度合拍。

精神面貌焕然一新的杨昌济不但自励，还希望与李石岑、方竹雅、周名第、傅昌钰、李魃丞、萧子昇以及在湖南的友人学生时时通信，而且劝人进步。他劝章士钊退隐，理由是"政治漩涡中诚非吾辈所应托足，无补国事，徒有堕落人格之忧。谓宜飘然远引，别求自立之道。今日之事当从底下做起，当与大多数国民为友；凡军人官僚政客，皆不当与之为缘。不当迎合恶社会，当创造新社会；当筑室于磐石之上，不当筑室于沙土之上也。吾辈救世惟赖此一枝笔，改革思想，提倡真理，要耐清苦，耐寂寞。望翻然改图，天下幸甚"①。

杨昌济尤其关注各报刊传播新思想的文章，并录入日记。如《时事新报》10月29日刊载《新社会出版宣言》称："我们改造的目的，就是想创造一德莫克拉西的新社会——没有一切阶级、一切竞争的自由、平等、和平、幸福的新社会。我们改造的方法是：向下的——把大多数中下级的平民的生活、思想、习俗改造起来；渐进的——以普及教育作和平的改造运动；切实的——一面启发他们解放要求的心理，一面增加他们的知识，提高他们的新道德观念。我们改造的态度是研究的——根据社会科学的原理，参考世界各国以往的改革经验；是彻底的——切实的述写、批评社会的病源，极力鼓吹改造的进行，不持模棱两可不彻底的态度；是慎重的——实地调查一切社会上的情况，不凭虚发论，不无的放矢；是诚恳的——以博爱的精神，恳切的言论，为感化之具。"② 这番说明文字，可以佐证新文化运动开展之际"德先生"的一种较为普遍的历史意见，与后来的时代意见显然有别。

钱玄同1910年回国后，日记时断时续，1919年元旦，他打定主意从此坚持天天记，希望不要再间断。可惜未能兑现，目前所见本年日

---

① 杨昌济：《达化斋日记（校订本）》，第198页。
② 杨昌济：《达化斋日记（校订本）》，第205页。

记，缺了2月12日至9月11日以及11月19日后的部分，总共只有不到四个月。

年初的北京大学，已是山雨欲来，徐森玉说陈衍、林纾等人为大学革新事求徐世昌来干涉，因此徐世昌与傅增湘商量，要驱逐陈独秀，并有改换学长、整顿文科之说。蔡元培的应对之策是，如其好好来说，可以商量，或者竟实行去冬新定的大学改革计划，废除学长，请陈独秀做教授。如竟以无道行之，则等下上谕革职，将两年来办学之情形和革职的理由撰成英、法、德文，通告世界文明国。钱玄同觉得此法很不错。周树人表示，如果大东海国大皇帝下了吃孔教的上谕，唯有逃入耶稣教之一法。钱玄同本来不赞成周树人用耶教来排除中国旧儒的主张，但若竟要叫大家吃孔教来研究那狗屁的三纲五常，为自卫计，唯有此法而已。① 好在不久沈尹默就告知整顿大学之说已归消灭，陈独秀已照常办事了。只是后来事态的发展表明，其说未免过于乐观。

其时钱玄同主张废汉文，引起不小的非议。蓝公武在《国民公论》刊出给傅斯年的信，说《新青年》中有了钱玄同的文章，于是人家信仰革新的热心遂减去不少。《时事新报》刊载图画，说钱要废汉文用西文，苦于讲话不能酷肖西人，乃请医生把心挖了换上一个外国狗的心，于是讲出话来和外国狗叫一样。刘文典翻译苏克尔的《宇宙之谜》，先用古文，简直不行，继用今语，有所改善，然而也不很好。因此想改良中国话。于是钱玄同坚持以为："中国的语言文字总是博物院里的货色，与其用了全力去改良他，还不如用了全力来提倡一种外国语为第二国语——或简直为将来的新国语，那便更好。"但又解释其意是今后中国人要讲现在的有用学问，必当懂几国语言文字，不能靠翻译。国语的用处限于普通信札、报纸等，古文、骈文等，当送进博物院去。

---

① 杨天石主编《钱玄同日记（整理本）》上册，北京大学出版社，2014，第338-339页。据许宝蘅记，10月2日，徐世昌主持祭孔，"民国以来，大总统亲祭，此为第二次"。袁世凯死后，"议者以三年所颁祭祀官服系沿习衮冕，为帝者服"，废而不用，1916年秋丁即用燕尾服行鞠躬礼。今年春丁前，徐世昌谕祭孔仍用四拜礼，饬部议订服色。部拟甲乙两种，乙种即沿用三年颁定之制，徐世昌下令内务部通行遵照用乙种。许宝蘅认为效果不错。（许恪儒整理《许宝蘅日记》第2册，中华书局，2010，第683-684页。）

他听陶孟和说严修称赞《新青年》好，但不赞成其骂"桐城谬种，选学妖孽"，觉得可笑万分，认为严修没有资格管他，且不懂文章的价值。①

无论后来如何为《新青年》同仁关于汉文字的主张进行辩解，其主导倾向无疑是废汉字改拼音文字，而这一主张已经被历史证明既无必要，也不可行。不过当时的倡导者对此坚信不疑，提倡国语和白话文，只是过渡时期不得已的替代。鉴于教国语没有适当的教材，1918年夏沈尹默、马裕藻、马鉴、刘复、陈大齐、钱玄同等合编了《国语读本》第一册，本年亟需编纂第二册，由于几位编者"空的时候少，并且常识太不完备，现拟请傅孟真君加入"。商议的结果，"拟请傅君先搜材料和选字"②。编成后更名《学术文选》，仍然直排，又改名为《中国学术论著集要》，由钱玄同负责校对。

《新青年》同人，此时渐渐发生分歧。刘复因与胡适意见不合，不久又要往欧洲留学，决定与《新青年》脱离关系。他初来时专从事于新学，1918年8月后颇有改变，专好在故纸堆中讨生活。1919年秋拟赴法国学语言学。在他人看来，其生性颇不宜研究这样的沉闷之学，陈独秀、沈尹默、周树人、朱希祖和钱玄同都劝他研究小说戏剧等文学。朱希祖也打算次年秋赴法国研究文学。刘复专在创新一面，朱希祖则于创新之外要用新条例来整理旧文学。至于钱玄同，也计划教授聘期满五年后出洋，计划先自修英文，一年后到大学读法文。学问方面，为己则研究社会学和历史学，为人则编纂《字原义》新讲义并印成。不过，这些煞有介事的计划，后来均未付诸实现。

《新青年》内部的分歧还出现在关于社会主义的赞成与反对意见方面，1919年1月下旬，分歧扩大到了《每周评论》。此外，朱宗莱还在大学中与钱玄同辩论，"他不以我做《新青年》为然，又不以我排斥纲常为然，我和他十多年老友，也不和他使气的多辩。总之，人各有志，

---

① 杨天石主编《钱玄同日记（整理本）》上册，第338－340页。
② 杨天石主编《钱玄同日记（整理本）》上册，第341页。

各行其是便了"①。《新青年》六卷六号的稿子,钱玄同继续参与编辑。10月5日,陈独秀邀集同人在胡适家会议《新青年》第7卷以后的办法,决定仍归陈独秀一人编辑。

钱玄同自觉与中国古籍旧书渐渐无缘,四部虽汗牛充栋,有用的书一千部里也拣不出一两部来。若非研究历史,实在用不着去买。

作为教育部国语统一筹备委员会成员,钱玄同有意编纂相关的语典辞典,曾到天津的觉悟社讲文言与白话,称二者之名不能对立,国语文学中可采取古文及方言、外来语;白话文很经济。又在南开学校讲《注音字母与教育前途之关系》。

在各方面,钱玄同颇有几分类似为反对而反对的反对派,无论趋新还是笃旧,总要与众不同,而且言行都不免偏激。这也是他能够一人饰两角在《新青年》唱双簧博取眼球的底蕴。他好骂人,且敢于公开骂人,对与不对另当别论,却很少有人敢(或屑于)和他对骂。这为新思潮扫除障碍居功至伟,当然也因此少了平心而论的从容,使得输入新知有些匆忙。

对于社会运动,钱玄同不算积极,但也并不排斥。10月21日下午,他到大学去,"适逢各学校联合要求薪水发现洋事,夷初、士远两人写与各校联络之信件忙不过来,于是帮他们写写"②。可见此事的确是由北大几位浙人发起鼓动。

周氏兄弟是《新青年》同道,周作人来北大,与某籍某系不无关系,又与陈独秀、胡适、李大钊等人没有心结,较为融合。3月底周作人即离开北京,从上海前往日本,此行不但错过了五四学潮,也因为远离现场,日记中毫无反应。不过现存周作人日记并非每日记录的底本,而是经过誊抄的清本,至少本年4月、5月的日记,明确记载是在5月24日经过改誊。

整整一个月后,周作人回到北京。6月3日,军警包围法科,至晚

---

① 杨天石主编《钱玄同日记(整理本)》上册,第346页。
② 杨天石主编《钱玄同日记(整理本)》上册,第354页。

尚未解决，无法回校。次日下午至理科赴职教员会，会后回文科，门外已驻兵五棚。5 日回校，归途步行至警署前，有学生讲演团阻不能前，忽有马队驱众北退，转道出城。① 陈独秀被捕后，他曾于 6 月 14 日与王星拱等几位教授到警厅探访，不得见。21 日，和同人一起为准备南下寻访蔡元培的沈尹默、马裕藻饯行。其时北京各大学的待遇不错，教授兼职不少，宴会应酬之事频频，迎来送往，名目繁多。由沈尹默等人策划制定的教授治校规则，使得教授的自主性极大，且无后顾之忧，上课虽多，但停课不上也较为随意。

北大因学潮不能正常开课，7 月 2 日，周作人再赴日本。这次主要是访问新村，并到大阪、京都等地拜访日本友人。8 月 10 日，回到北京。对《新青年》《新潮》《少年中国》《建设》《星期评论》等刊物，他始终关注，还代购寄给各地友人。听说陈独秀出狱，9 月 18 日即前往拜访。10 月 1 日，北大终于复课。11 月 8 日，到天津新学书院演讲"新村的精神"。12 月 10 日，在李大钊处赴工读互助团会。15 日，北大再度罢课。17 日，与陈独秀、李大钊、钱玄同一起赴《新潮》社约。

从个人角度看，周作人对于在八道湾买房装修及迁居等事更为用心。其记事虽然简略，记录所买书籍却相当详尽。本年他共买英文书 159 种，日文书 249 种，共 408 种，且门类广泛。当时北大教授不少人是现学现卖，主要就是参考借鉴甚至抄译英日文著述。这也是抄袭之说层出不穷的潜因。

1919 年周树人还在教育部任佥事，个人兴趣则在古代造像碑拓方面，对社会运动较为疏离。八道湾的宅子由他购置，出钱出力，举家迁入。这个多事之秋在其日记中往往无事，五四学潮以及后来北京与各地的罢课罢市，日记中没有反映，仿佛从来不曾发生。这种个人的生存状态，可以解释后来其对新文化运动记忆的模糊。② 几年后，周树

---

① 鲁迅博物馆藏《周作人日记》中册，大象出版社，1996，第 30 页。
② 鲁迅：《鲁迅全集》第 15 卷，人民文学出版社，2005。

人才对社会运动有所支持。

顾颉刚1919年的日记只有1月份相对完整，5月、6月则有零星数日，其余空白。因为身体抱恙，原配病殁，正回家静养。他的学问欲极强，依然思索各方面的学术趋向和社会事情，往往于细微处察知变迁演化的大势。1月1日，和叶圣陶同到旧皇宫美术画赛会观览，"深觉现在趋势，凡画中国画者，皆趋简朴一途；其欲为工细之作者，则改而入于西洋画。此亦时势潮流潜移默化，非画人意识中明了之行也。盖工致之作，极于宋元，后起者劳心竭力而不见其美。故明清以降，务笔姿而略含浑。然犹布置繁密，法度周详也。法度画一，丘壑有尽，至于清季，又无以见长。反而观于疏简之作，觉其气韵苍古，以神行而不以笔拘；率然可写而足以振人之视。于是赵撝叔倡之，吴仓硕、陈师曾和之。问古来有如此者乎，则在明季，为大涤子八大山人，奉之以为宗主。好名之徒，惊乎声誉，交相效之，遂成风气。其实此事必须天才磅礴，胸怀简傲，乃有可观。不若规矩准绳，可齐乎中才也。当此之时，欧画输入，观者惊其逼真，画者积学可至。若油漆之类，虽涂抹改窜，犹无痕迹。志之与功，如声与响。初学趋之，宜其然也。又适中国画法，风范垂尽，融今变古，势有必至。故苏曼殊辈兴，每作图画，辄参以阴阳远近之理，清新适目，为艺苑开一新境界。将来之趋势，以吾观之，吴陈易简，不过一时。代而兴者，其在融和中西乎"①。

这样的评说，大体符合后来的时趋。清季以来，中国画的变化大体趋于仿古和学洋二途，前者水准高而难学，后者从者众而可议。因为所依据的洋，大概只在二三流水平，学得像反倒等而下之。只是由于中西文化乾坤颠倒，中西几乎成了新旧的代名词，使得所有国字号物事都深陷有无价值及价值几何的尴尬。中国画受日本重估东亚艺术的影响，少数人彻底反省，得以逆流而上，因此对于画作的评价依据可谓截然相反。

---

① 顾颉刚：《顾颉刚日记》第1卷，台北联经出版事业股份有限公司，2007，第38页。

顾颉刚凡事多联系到学术，观看古僧写经，见观者题书甚多，且满入行间，联想及于"凡小家文人，小家学者，都是为捷径成名一语所误。不知若要成名，必无捷径可言。马叙伦一辈人，做什么读书小记，什么校勘记，什么疏证，他自以为是一个大学者；他心里也不晓得学问是什么东西；不过他晓得有了名，受人恭敬，是很快乐的。这辈人的结果，只是个绝物……举世皆是，实也不值得一骂"[①]。

养病期间，顾颉刚为《新潮》写稿，并写信给主任《新潮》的傅斯年，提出办刊意见，其中对《新青年》颇有诘难。傅斯年准备让陈独秀和胡适看过，或许有些改动，再登入《新潮》通信栏。顾颉刚认为此系私函，不能公布，于是致函傅斯年，"责其以我通信请陈、胡鉴定之非。大意谓己欲反对人，自当本其良心上之觉悟而发表之，岂有经反对方面审查核定之理。君主一杂志，而求上司作总裁，虽欲不谓之奴性，不可得也。吾此书系写与编辑主任，并不欲公布使人皆见之。吾之责《新青年》，乃欲《新潮》杂志之不犯此等弊病，非与《新青年》争口实也。经此公布以后，观者将误会为我驳诘《新青年》，或挑动《新青年》使之与我辩论，则大非吾心矣"[②]。好在傅斯年接受批评，不再刊发，并让顾承担每月一篇文稿的责任。对于傅斯年在《新潮》批评马叙伦、蒋维乔，顾颉刚也劝其有所顾忌，此后本社脱离学校独立，始可畅快说去。"予视马、蒋等已成绝物。而吾辈则日有进境，绝不与彼辈立在平等地位。我辈只须将正理去发挥，自然日出而爝火息矣。即使不息，视已息者何异"[③]。

顾颉刚自认为是做学问的人，为人处世，有些不合时宜，祖母责其木呆颛懋，他却认为社会束缚人太利害，使人没有独立性，于是只能与社会对立，为人行事，坚持不肯从俗。他看陆燿的《切问斋文钞》，推许其经济学的卓荦不群，足以医信古之风，媲美章学诚的史学，足以使人实知古学之真境，皆开后世学风。进而分清代之学为义

[①] 顾颉刚:《顾颉刚日记》第1卷，第42–43页。
[②] 顾颉刚:《顾颉刚日记》第1卷，第44–45页。
[③] 顾颉刚:《顾颉刚日记》第1卷，第79页。

理、考据、词章、经济、平议五派,"五派里头,义理考据辞章是模仿的,经济平议是批评的。经济是政治风俗学术的致用上的批评;平议是政治风俗学术的学理上的批评"。影响到民国,即为政论派(康有为、梁启超、徐勤、蒋智由、章炳麟、章士钊、吴贯因)和国故派(章炳麟、刘师培、叶瀚、胡适、谢无量、张采田)。章学诚打破家派和部类,使得中国能够容受科学。但是,过了模仿批评的时期,总得要有创造,现在模仿期已过,批评期方盛,不知将来创造是怎样的境界,吾辈能遭逢与否。① 虽然有所疑问,其实已在思索如何创造的问题。

养病中苦思学问,顾颉刚以为清之朴学等过于下学而不上达,陆王释老则过于上达而不下学,"皆非始终本末之道。惟孔子、朱子,乃兼综之,志学而至知天命,道问学而至尊德性,由显至隐,始简毕巨,诚蔑以加矣。虽其环境不善,立论或失,要之其志趣,其途径,其负荷,固罕觏之圣人也。世之好飘逸,夸洒脱者,非加讥讽,不成言语。道既不行,后世遂莫得见其真。发扬而推阐之,固予之事也"。并联想及于"现在学派,纵受欧洲潮流,而在本国固已有是项趋向矣"。预期中国必将推陈出新,有圣贤哲人出。② 自己之所以指陈古书之非,"并不是好诽谤先贤,只是他们在中国学术界太有势力了,他们自己的头脑太可笑了,他们所做的事业太无道理了,崇拜他们的人也太可怜了,不得不揭穿他们的黑幕,教后来的人不要与他同化,昏聩糊涂的过了一辈子"③。

顾颉刚虽然佩服胡适的历史进化观念,认为可以适用于无论何学何事,尤其佩服其《周秦诸子进化论》,读后方知自己年来研究儒先言命的东西,就是中国的进化学说,却认为钱玄同以新为好,凡新皆可取的看法谬甚。不仅如此,还对章士钊主张的调和论强烈共鸣,仿佛从自己心中发出。从中悟到,世间万物无界,而知识有界,以有界之

---

① 顾颉刚:《顾颉刚日记》第1卷,第58—59页。
② 顾颉刚:《顾颉刚日记》第1卷,第59页。
③ 顾颉刚:《顾颉刚日记》第1卷,第63页。

知识，对无界之万物，既要尽力张其假定之理以近真，又要尽力泯其界之念。治学不得不分科类，而世间卒无有科类，此亦无可奈何。他觉得胡适的孔子好古之说，可与章士钊的调和论相发明，却不知《新青年》的主张与调和论正相冲突。好友王伯祥也认为近代学术之盛，未始非集往古之大成，"近人每谓创新非尽灭往古不可，至云往史旧籍俱当摧烧者。吾谓不然。……所谓改进，必就现境出发，绝非摆脱现境，另求一界，以再某良善也。然则以前种种，必有足供改进之参考之助力者在。若一切吐弃，然后创新，是犹返玉辂于椎轮，然后谋车；毁宫室以安穴居，然后求大建筑也。焉所得哉"。顾颉刚觉得可与章士钊、胡适言历史进化相印合，"现在'所谓新旧'盲动冲突，故吾辈易有调和之觉悟"①。

闲来在学问上的感想很多，但没有什么论证的根据，不敢草草发布。"现在唯有希望英文早日贯通，多读西书；今私自积藏，他日浩浩的发出耳"②。也就是说，所谓论证的根据，不是事实，而是贯通的条理。用外来的条理能否贯通事实，为近代中国学人面对的一大难题。循此路径，恐怕只能将感想变成可辨的道理而已。可是当时的学人对此却笃信不疑。

作为胡适的学生，顾颉刚虽然承认胡老师的才学聪颖为当世冠，但自信其学问只要自己勤勉些追上去，也是赶得到的，只有凡事头脑清楚不可及。无论何事，"他只要一看，就能立刻抓出纲领，刊去枝叶，极糊涂的地方，就变成了极明白，这不由得人不倾心拜倒，说是及不来的"。他最钦服胡适和傅斯年两人的学问，认为将来的事业未可限量，但觉得两人均不能善处家庭，自己又苦于学问与家庭两面的责任，难以两全。③

续弦后，偶尔与新妇谈及北京大学事，显示其开始关注五四风潮以来北大的情形。

---

① 顾颉刚：《顾颉刚日记》第1卷，第78页。
② 顾颉刚：《顾颉刚日记》第1卷，第64页。
③ 顾颉刚：《顾颉刚日记》第1卷，第65-66页。

四、学衡派与新文化派的宿怨

学衡派与新文化派的冲突,为研究五四新文化运动者耳熟能详。可是对于各自理据的解读以及定性,未必符合其本意及身份。例如若以《新青年》同仁为新文化派,显然与不赞成或是比较漠然的胡适等人不相吻合。在某种程度上,《新青年》同仁变成新文化派,除了陈独秀的作用以及社会各界的指认,与学衡派的冲突起到重要作用。不过,有些蹊跷的是,《学衡》发刊时,胡适等人的新文学新思潮风头已经过去,吴宓等人火力全开,似有错位之嫌。要了解双方冲突的由来,应当回到1919年的美东,从哈佛与哥伦比亚大学中国留学生的积怨,可以察知端倪。幸运的是,留学哈佛的吴宓与留学哥伦比亚的徐志摩,刚好都有详细的日记。

远在美东的吴宓,本年3月间前往康州纽黑文,会晤朋友及国防会会长张贻志。该会成立于中日"二十一条"后,意在唤醒国人,救亡图存。国防会会商印书局事,决定办报,月出一册,定于6月下旬在康桥聚议,细定办报的策划、体例、宗旨等。后关于办报究竟当以广义或侠义为准,有所分歧。吴宓主张两种分开同办,议决结果只办广义机关报。

回到哈佛,吴宓与梅光迪、陈寅恪、卫挺生等人游谈,陈寅恪的见识与众不同,吴宓大段详记,如所见欧洲社会实在情形,知西洋上、中、下层男女的婚姻皆不能自由,有过于吾国人。"盖天下本无'自由婚姻'之一物,而吾国竟以此为风气,宜其流弊若此也。即如宪法也,民政也,悉当作如是观。捕风捉影,互相欺蒙利用而已。"梅光迪甚至称:"凡言自由婚姻,则荡子流氓,必皆得志,而君子正士,必皆无成。"吴宓联想到,"凡天下真正之事理,惟有识者,能洞烛微隐,概括精要,而非可以词理强为推求"①。

对于世界局势,吴宓极为不满,"呜呼!世乱之亟,从未有如今日

---

① 吴宓:《吴宓日记》第2册,吴学昭整理注释,生活·读书·新知三联书店,1998,第21页。

者也。吾国之内忧外患，扰攘争夺，疮痍荼毒，无论已；即全世界今时之大乱，亦实向来所未见"。虽然治乱分合为常理，吴宓却将乱源归咎于"自卢骚之徒，妄倡邪说，于是人心思动，潮流所被，世无宁日。法国大革命如导火线，自是而乱遂不可止。19世纪，国际之竞争最烈，帝国主义也，经济政策也，残酷横暴，冲荡横激。近当欧战以前，各国皆大骚动"。当政者欲以外兵抒内忧，欧战开而内乱止，而战未止内乱又起。欧战犹如人患疔疮，毒痛积于一方，遍身麻木，一旦疮口溃裂，余毒走入血管，全身到处爆发，无复完肤。威尔逊的万国和平会，犹中国孔孟救世，王荆公治国，终必失败。其议初倡，英、法、意等国的君相民庶，皆肆力攻击，必欲破坏之而后快，最后变成三四君相的枢密会议。

不过，在吴宓看来，"今世之大患，莫如过激派"。古今叛乱，假借名义不同，其实皆由于生人好乱之天性。法国大革命以"自由""平等"为号召，中国之乱徒以"护法"为号召，过激派以"民生主义"为号召，目的都是要取而代之。上流之人提倡，非盲从即黑心。"此等人少生一个，其国之福也。凡自昔以'革命'等号召，均不外劫杀窃盗之用心。古今东西，实无微异"①。他甚至认为美国罢工之事多并非由于贫民生计艰窘以及富豪资本家苛虐，而是"近二三百年来，邪说朋兴，人心浮动，得陇望蜀，生人之欲无尽。故虽丰衣足食者，常窥他人之多财，羡之忌之，则欲取而代之。又经社会党、革命家之鼓煽，其风愈炽"②。处中国危亡一发之际，他主张以强固统一之中央政府为首要，整饬纲纪，杜绝纷扰，不能男女同校，女子参政。

吴宓对纽约的留学生尤为不满，认为均只挂名校籍，上课亦时到时不到，该处学位既易取得，考试又皆敷衍，故无以学问为正事者。各有秘密之兄弟会，其专门职业一是竞争职位，结党倾轧，卑鄙残毒，二是纵情游乐，奢靡邪侈，无所不至。波士顿的留学生则大都纯实用功，安静向学，反被纽约的留学生视为愚蠢无用。

---

① 吴宓：《吴宓日记》第 2 册，第 23-24 页。
② 吴宓：《吴宓日记》第 2 册，第 53 页。

7月4日，国防会开新旧职员交代会，吴宓力辞驻美分会编辑部长一职，不获，继续担任。他主张办报须仿外国大杂志，以文学、政治为主，对症下药。论事宜分轻重缓急，大处着墨，不可拘泥于一家之说，不可专提倡一种。首宜论列国内外时事，注重外国史事。

吴宓感叹我生多忧患，一己之身世，国家之兴亡，世界之危乱，令人悲观。虽然他自认责任担当，无论国之存亡，都要竭诚奔救，但是中国今日危乱荼苦，尽人所为痛哭而长太息。列强鹰瞵虎视，中国人心尽死，"若设身局外，就事论事，则中国之终归覆亡，亦意中寻常之事，毫不足奇也"①。而世界也是残杀骚动，无处或安。"知忧患之必不能逃，则当奋力学道，以前内心之安乐，是谓精神上自救之术"②。只有先自救，才能救人。决心不为一党派一潮流所溺附牵绊，不为一学派、一教宗、一科门、一时代所束缚迷惑，学得真理，撷其精华，而为致用。

陈寅恪斥责那些假爱国利群、急公好义之美名，以行贪图倾轧之实，而遂功名利禄之私的人，指留学生所学大都欺世盗名、纵欲攫财之本领。我侪虽事学问，决不可倚学问以谋生，当于学问道德之外，另求谋生之地，经商最妙。做官及做教员，决不能用我所学，只能随人敷衍，自侪于高等流氓，误己误人。更不忍弄权窃柄，敛财称兵，或妄倡邪说，徒言破坏，煽惑众志，颠危宗社，贻害邦家。

受老师白璧德以及梅光迪、陈寅恪等人的影响，读西国贤哲学说、中国古圣立教，并师承庭训所得，比较参证，吴宓决心直追圣哲，不以"热心人"或"爱国者"及"改造社会者"自命，学问道理，专为自己受用，而另生谋生之计。至于事功，但随机遇，不计成效。③ 不料白璧德反而主动与谈国事，谓"以目前情势，英、法、日三国，实行瓜分中国，迫不及待。不知中国士大夫将何以自处。岂皆先家而后国，营私而忘公，懵然坐听之耶"④。其时中国内忧外患，留学生也不时谈

---

① 吴宓：《吴宓日记》第 2 册，第 40 页。
② 吴宓：《吴宓日记》第 2 册，第 41 页。
③ 吴宓：《吴宓日记》第 2 册，第 68 页。
④ 吴宓：《吴宓日记》第 2 册，第 77 页。

论国事，8月11日，国防会由郑莱述说日前为青岛事赴北京遍谒参众议员始末。10月中旬，闻中国南北在福建开战，北京又发生学生风潮。美国上议院投票否决包含将青岛归还中国的和约修正案，中国不能得其臂助，为切肤之失。

9月新学期新生到来，多少年俊彦、轻浮放荡之流，担心士习将为之一变。林玉堂（后改名为林语堂）携眷来专习文学，吴宓指其人极聪敏，惟沉溺于白话文学，未能为同志。双十国庆，波士顿中国留学生聚会公宴，相继演说者在吴宓听来一无是处。如林玉堂为"新文学革命"大肆鼓吹，吴宓就很不是滋味。看过《新潮》等杂志，吴宓表示"无知狂徒，妖言煽惑，耸动听闻，淆乱人心，贻害邦家，日滋月盛，殊可惊忧。又其妄言'白话文学'，少年学子，纷纷向风。于是文学益将堕落，黑白颠倒，良莠不别。弃珠玉而美粪土，流潮所趋，莫或能挽"。慨叹自己欲以文章为终生事业，所学尚未成，而时势已如此。吴宓来美之时本以习报业为志，而报业专以营业图利为旨，白璧德、陈寅恪等均深鄙之，劝其专学文学，为文艺批评。①

12月14日，与陈寅恪长谈，比较中国与希腊泰西，以中国古人擅长政治及实践伦理，与罗马人最相似。言道德惟重实用，不究虚理。但趋时则容易过时，而救国经世，必以精神学问即形而上学为根基。如果专谋功利机械之事，势必人欲横流，道义沦丧，不能输诚爱国。中古受佛教影响，用夷变夏，宋元时学术文艺大盛。又因为重实用，所以大度宽容，不加束缚排挤，可以各教并行，能够一统。历代学问上的大争端，如程朱陆王之争，不仅仅是门户之见，关系重要。当时美国语言学家与外行的文艺爱好者之别，与汉宋之争、文白之争类似。能够具有真知灼见，独立不倚，苦心说道，砥柱横流如白璧德等人者，如凤毛麟角。

吴宓对于白话文的痛恨，除了自己学文未成时势已变的遭遇外，陈寅恪的看法影响不小。所以他闻听之下按道："今之盛倡白话文学者，其流毒甚大，而其实不值通人之一笑。明眼人一见，即知其谬鄙，

---

① 吴宓：《吴宓日记》第2册，第91页。

无待喋喋辞辟，而中国举世风靡。哀哉，吾民之无学也！"①

白话与文言之争，常常被视为革新与守旧的表征。这样的尺度衡鉴，放回历史现场却未必适用。例如在云山学校教书的谢觉哉就并不保守，是年他35岁，已来此6年，意兴衰减，精力弩敝，较初来时判若两人，不由慨叹教鞭之磨人也。4月10日，他抄了一句安化某君的《述乱》诗："年荒高士少，世乱伟人多。"② 作为民初尤其是当年的写照，倒也贴切。他阅读《新青年》《新潮》《每周评论》等杂志，可是对于盛极一时的白话文运动，却有几分不以为然。他抄录了日本山本宪所著《中国文字之将来》，作者认为，中国文字通达，意思明确无误，简洁而不冗长，必遍宇内，而西文则字、形、典、音、笔画等皆不便。言文一致是无谓之说。且日文用汉字功效显然。废止论较节减论尤谬，文字迫于需要而增加，若强减之则是薄其观念，实导人于野蛮之行为。

报载罗秋心致林琴南函，深诋大学校新潮之倡白话文，大旨为：(1) 泰西言文并不一致，"特字为一致耳，彼邦文字简易，尚难一致"；(2) 西人重视古文学甚于我国；(3) 今患不识字之人多，不在能文之士多，迁怒文学是南辕而北辙；(4) 即谓白话行文可普及教育，此乃教育行政之事，大学校研究高深者专门者而及于此非其任务。蔡长斯校以来，无时不挟西洋社会党派风以新潮自论。吾以为今之新潮莫大于物质文明，文学校应于物质文明上有所发明，为工商业之辅助。蔡氏所学多半为唯心的科学，而又不专精者也。长校以来心物派之争论，白话派之争论，迄今已达极点，乃至欲将中国一线文学糟粕而捣碎之，可哀也已。查倡白话诗白话文者，始自上海某某杂志，某某杂志又祖自东洋一部分之留学生，彼辈中无所有，又染日本不完全之文学，以为言文一致为世界学术之要端，三五无聊之青年倡之于前，大学校踵之于后，则唯有号召通达之士起而为振兴文学之事，持之不敝，毅而有恒，流风或可稍返乎。

---

① 吴宓：《吴宓日记》第2册，第100－105页。
② 谢觉哉：《谢觉哉日记》，人民出版社，1984，第3页。

罗秋心，自署鸟学博士，曾留学日本，先后任《民视报》主笔，《新晨报》主编，好京剧，先捧梅，1913 年为《梅兰芳》一书校刊，继而捧荀。谢觉哉对其看法不无共鸣。"顷读青年杂志，几不解所谓。高深文学，固非普通国民所宜，而白话行文，不足大绵穆之意。且方言互异，有时且令能文者莫名其妙。况仅识字者乎"①。这番评议，的确击中了白话文主张的软肋。几天后，谢觉哉讲授苏轼《黠鼠赋》，"苦无适当之白话可以解释，高深之理，必载以绵奥之词，彼提倡白话者，毋亦顾近而忘远乎"②。

5 月 3 日晚，该校各班演讲中日交涉之事实。7 日，开国耻纪念会，谢觉哉报告中日交涉之始末。13 日，从报纸上获悉北京学潮事，次日即为学生演述山东问题失败之故。"公理不敌强权，由来久矣"③。

在波士顿的吴宓对其他时尚也多不以为然。12 月 15 日，哈佛教务长演说，略谓"（一）大学学生，宜用功读书，勉为世用。不可专务运动，但为一级一乡一家增光，为一己求名，实非设教之本意。（二）女学生不宜专务自由，骄蹇视世。宜学尽职事人之道。至彼女子参政之徒，更不必谈矣"。吴宓闻听很有同感，以今日西洋放纵自由达于极点，主教育者犹如此立论，中国之嗜痂效颦者，却变本加厉，"学生风潮，女子解放，种种邪说异行，横流弥漫，国人盲信趋之，而若辈方以步武西洋自许。苟知西洋之实况者，当不受其欺罔矣"④。

听洪深等人讲述在美各地中国学生之行事，及夏令年会中男女学生交际之情形，令人短气。"总之，其能为中国增声誉者甚少，而害群之马，则处处皆见。"如伊利诺伊中国学生会选举职员，居然购枪谋刺。夏令年会名为讨论国事，满纸荒唐文章，到会者多以与女生周旋为事，且系逢场作戏。革命后各省送出之小伟人尤为粗劣。⑤ 俄亥俄州的中国留学生同样热衷自炫，私愤寻仇，机诈斗争，令吴宓慨叹养士

---

① 谢觉哉：《谢觉哉日记》，第 5 页。
② 谢觉哉：《谢觉哉日记》，第 6 页。
③ 谢觉哉：《谢觉哉日记》，第 15 页。
④ 吴宓：《吴宓日记》第 2 册，第 106 页。
⑤ 吴宓：《吴宓日记》第 2 册，第 108 - 109 页。

适足以乱国。

国步日艰，人才益难。国人责望于留学生，留学生也自视甚高，实则其中可依赖成事者甚少，"黠者希慕功名富贵，结党以攫取营谋；中材则只图温饱，专为谋生之计；此外则昧于事理，妄逞謷说，或则一孔之得，姝姝自悦，不辨薰莸，更不究一言之出，一事之行，及于天下国家之利害。于是人才多，著述富，成绩表著，而前途方针愈乱，障碍愈多，其统一富强、戡乱定治之日愈远"。

吴宓原来在清华组织过天人学会，陈义甚高，以为都是志同道合。谁知后来汪缉斋在《新青年》《新潮》充编辑，冯友兰则自谓起初反对新文学，如今则赞成而竭力鼓吹之。连挚友吴芳吉也趋附新文学，而以吴宓不赞成新文学为怪事。"'新文学'之非是，不待词说。一言以蔽之曰：凡读得几本中国书者，皆不赞成。西文有深造者，亦不赞成。兼通中西学者，最不赞成。惟中西文之书，皆未多读，不明世界实情，不顾国之兴亡，而只喜自己放纵邀名者，则趋附'新文学'焉。""夫'新文学'者，乱国之文学也。其所主张，其所描摹，凡国之衰亡时，皆必有之。……'新文学'者，土匪文学也。……今中国之以土匪得志者多，故人人思为土匪。"① 若非生为今日中国国民，此等事可不问，若不以文学为毕生职业，亦无关系。《学衡》创办时，《新青年》等提倡白话文的高潮已经过去，吴宓等人何以针对看似已成过去的新潮，令人莫名所以。只有回到当时的情境，才能查知结怨的情结。

是年徐志摩也在美国留学，而且刚好在哥伦比亚大学，所记纽约中国留学生的情况，可以与吴宓日记相互印证。他于1月底移居东部，转到哥伦比亚大学研究院的经济系，"壮士雄心遭冷酷"②，心情并不太好。哥伦比亚大学其实水准不错，出身于此的中国名人不少，可是哥伦比亚大学为发展中国家培养人才的名声却不大好，有滥发文凭之嫌，饱受争议。4月底5月初，徐志摩接连从《纽约华报》《益世报》

---

① 吴宓：《吴宓日记》第2册，第114–115页。
② 徐志摩：《徐志摩未刊日记》（外四种），虞坤林整理，北京图书馆出版社，2003，第86页。

《北京日报》看到有关中日交涉的消息，对于王正廷、旧国会和上海总商会指梁启超亲日，反对其为巴黎和会代表，认为是"广东人积怨，污词殊不足听"，"今日最著之亲日派莫若新交通。而王景春、叶恭绰赴欧之含有政治关系，不难推测。惟今日千钧一发，万目睽睽，即有奸宄亦应震慑而稍敛迹"①。

5月2日、3日，徐志摩继续为梁启超抱屈，"岂有丧心病狂，至于显佐大仇，以为全国之公敌？不幸梁先生亦屡入其中，嫉之者唱而无识者和，即如王祖廉与任坚书认逐为信，讹虎三传，一市尽走。梁先生赤心义胆为兆民，先〔光〕日月之明，可得而污邪？昨接巴黎寄来一小册，题曰《中国与世界和平》，梁先生所著，列述中国和平会议要求款项，合法洽理，而于归还青岛，废除密约诸项，尤申言凿凿，于此可见梁先生之主张，风景之谈，何自来也"。而《晨报》突揭青岛已定由日本承袭，将来由日本归还中国。"即中国在和平席所有要求希望，均已完全打消，日人完全胜利。于此不能无疑，此为中日先行协商之结果，而英法美认可之。则《益世报》所谓协议云云，不为无据。"只是不知主议者是谁，当地报纸不提，国报又未续到，"一团闷气，愤愤何似"②。

6月，参加夏令会，"摩来美仅九月，对于留学生情形不甚周悉。此次遄赴夏令会，并非有宗教兴趣，亦非以避暑晏息为主旨。此来盖为有多数国人会集，正好借此时机唤起同人注意。五月四日以来，全国蜂起情事。国内学生已结有极坚固、极致密之全国学生联合会，专诚援盾外交，鼓吹民气，一面提倡国货，抵制敌货。吾属在美同学要当有所表示，此职任所在，不容含糊过去也"③。

7月5日，听了一位英语极不纯粹的欧裔教授演说国际同盟会，此公反对现在的五大霸主会，主张真正民主的自由国家社会，无论何种人民，都按选举法派代表组成国际议会。他很替中国人抱不平，着实把英日讥笑了一顿。8月4日，李佳白到来，"此老忠心耿耿，三十七

---

① 徐志摩：《徐志摩未刊日记》，第89页。
② 徐志摩：《徐志摩未刊日记》，第90页。
③ 徐志摩：《徐志摩未刊日记》，第93页。

年来,无日不为中国效劳"。前年因为反对参战,被政府驱逐出境,在南洋吕宋等地漂泊,"可敬他在在不忘中国,虽然经验了失败痛苦,却依然不住的著书立说,教美国人明白中国历来的冤曲情形"。预定当天在大学演讲"对中国实在是不公平——他们在和平会议上做得对吗"。下午,中国学生会请他座谈,表示"虽然悲观,依旧老当益壮,想拼着余年,更为中华尽力;又劝我们勿事暴躁,但凭着不倦的精神,步步为营的预备,不怕无吐气扬眉的时日"。演说效果不错,有同学跟着跳出来嚷着"中国人起来"。只是李佳白根本反对对德宣战,怪美国将中国拉进漩涡,如今又不施救,不如不参战,做个中立国。还引起在场中国留学生的争执。①

徐志摩很有些改革社会的抱负,为此,他不断反躬自省,"第一是领悟到自负有作为的人,必定是庄敦立身,苦难生活,Take Life Serious!(认真对待生活),决计不可随众逐流,贬损威信;第二是想到心地光明,决计不可为外诱所笼罩"②。他喜欢照镜,悲哀色暗发白,"然壮士报国忘身,正当面目黧黑,手足胼胝,岂效女佳人爱异容貌哉"③。纽约天寒地冻,"皮衣裹体,犹有战缩之容。一想国内无告贫民,遭遇寒苦,精神为之一奋"④。

此番国难,北大、清华学生数人殉死,"可敬亦可伤哉",可是今日留学生中,如何不食肉糜的晋惠帝那样的人不少。他不赞成无论宗旨如何纯正,成功终在手段之说,"以为只有纯正的手段,可以表示纯正的宗旨,可以决定最后的成功"。他主张合群,留学生都是将来的先锋领袖,但最后的成功,是在通力合作。而各人心中的自利心和嫉妒心,造成无数的障碍,成为将来国家发展的大障害。民国八年来分崩离析,就为了这股潜伏的势力。这种恶性的克星是至诚,必须用诚心光大自己,感动人家,合群大成。⑤

---

① 徐志摩:《徐志摩未刊日记》,第105-107页。
② 徐志摩:《徐志摩未刊日记》,第107-108页。
③ 徐志摩:《徐志摩未刊日记》,第108页。
④ 徐志摩:《徐志摩未刊日记》,第148页。
⑤ 徐志摩:《徐志摩未刊日记》,第110页。

不过，徐志摩总有些心思做法令人不敢苟同。8月中旬，中国留学生举行茶话会，男女均到，徐志摩将全部10位中国女生从相貌、体态到做派，逐一描摹评点，品头论足，甚至玩笑似地排出选正宫娘娘的顺位。尤其是亦庄亦谐地揶揄已经35岁的杨荫榆，虽然生动，却失之轻佻。"他既然以教育家自居，自然比平常女学生，多留意国事世界事以及美国家庭状况。他的主见，是温和保守派。他极不愿意叫旧道德让路，不赞成欧化中国，主张局部的变通。然而归根的查究，他也没有一定的主见。……他甚而至于向董时说：'衣色加的中国学生，心里都是龌龊的。'"

不久，当地学生会请全体中国学生召开正式大会，因为准备不足，杨荫榆临时被推出演说，主张要坚强体格好替国家出力，现在中国人只能卧薪尝胆，不可歌舞游乐。言辞中骂了一些留学生，引起不满。徐志摩倒是表示同情，认为骂得有理。11月中国学生会开会，陈国钧任会长，杨荫榆任书记，徐志摩差一点被举为东部代表。12月的中华教育研究会，讨论中国女学，也由杨荫榆任主席。几年后周树人卷入女师大学潮，与其关系匪浅。

8月下旬，国防会的《乾报》出版，总编辑薛桂轮，编辑部长吴宓，编辑多达63人，包括徐志摩。由于同人不热心，稿件是两年前的，好几篇中学堂课文，实在是不出色。

9月6日，乘火车到特洛伊（Troy）夏令会，从前此会的特色一是运动职位，二是"做爱"。今年不有所同。认识洪业、蒋廷黻、晏阳初等人，演说以福开森为最佳，"论山东问题，翔举事实用法律眼光分析评判之。出辞沉痛有力，自来讲山东者首此君矣"[①]。

本来徐志摩记日记写信多用白话，可是10月28日病后，忽然改用文言。蒋廷黻也不深许拼音字母。[②] 见《密勒氏评论报》载文赞扬天津风潮领袖马骏，"此人果有英雄气"。对《时事新报》在张东荪主持下大事改饰，气象一新，表示赞赏。[③] 看了黄炎培1915年随实业团

---

① 徐志摩：《徐志摩未刊日记》，第124页。
② 徐志摩：《徐志摩未刊日记》，第126页。
③ 徐志摩：《徐志摩未刊日记》，第127页。

来美调查教育后回国写的《新大陆教育谈》,觉得条理井然,不紊不杂。"听说他还想到师范院来听讲,总算有志上进。这一班老而有成,顽而不固的分子,实在是现在的中坚。只要他们能见世界之大,著言立论,力量可比新进青年大多了"①。对于留学生季报的改进也觉得有发皇气象,可惜各主其说,"缺乏共同研究精神,尽是一段一段的矮枝残干,没有深根茂叶的大章,故以神髓论,实不如《新青年》《新潮》等远甚"②。

纽约中国留学生盛行秘密结社,最著名为"插白"及"诚社"之变形,后者戴王正廷为魁,重要分子如蒋廷黻、晏阳初等,"大多数皆教门健者。今夏以分子益杂,主要分子遂暗唱改组,其事甚秘。然已昭昭在人耳目。此次夏令会,选举结果,学生会咨议员十二人中,双 F 得其五,而该团体得七,斥竟为所蔽也"③。不久徐志摩也被仁社扩选,谢以暂守不社主义。

其时日本在哥大学生 90 人,正式攻读学位者不及 30 人,得津费者,亦不过此数。"大概小鬼之专心忍力有足多者,论学年成绩,小鬼乃不足与我人抗衡,然以此吾人多慕虚荣,而小鬼专攻实利。小鬼之在纽约,大都习商业,习商业故求专门实在之学,而不旁骛学位。其归也皆能一帜为雄,尽致其学。又习科学者尤研寻不释。有习化学某,盖终日不离试验室,吾华人有诸?我甚鄙视小鬼,每与语若临下属,而彼亦惴惴惟恐我不豫。弱而不谄,此之谓大国民。虽然拙而无恐,无恃而骄,乾惕之义乎?小鬼又言其国人不重美国之学位,以是学者绎不趋也。其视外国学位,盖不及其国大学之学位,此其嫉陋之却稍可见。然视昧势□名者尚矣"④。

徐志摩爱国心不弱,凡有恶习让中国人丢脸之事,人当作笑话讲,他闻听之下"独大忧,辱及国誉,诛不胜矣"⑤。蒋廷黻"有意集现有

---
① 徐志摩:《徐志摩未刊日记》,第 130 – 131 页。
② 徐志摩:《徐志摩未刊日记》,第 131 页。
③ 徐志摩:《徐志摩未刊日记》,第 134 页。
④ 徐志摩:《徐志摩未刊日记》,第 135 – 136 页。
⑤ 徐志摩:《徐志摩未刊日记》,第 136 页。

学生出版物，成一大杂志，募资于国而选人专任之，以为沟通中美国谊强有力之机关。其立意甚喜，吾盼其能成。廷黻言或劝其就青年会，然彼不惮入政界，冀有所苦，乃有所谓也。廷黻遵王使备至，吾晓其指矣"①。徐志摩也创议组一团体，共定国内报纸杂志，颇得赞成，决定提出于学生会。后有会员40余人，可得日报四种（连赠），杂志20余类。

11月22日，徐志摩登自由女神像，指法国当时助美，初非有爱于自由平等诸义，因为当时法国政府专制，袒独立军，一以复仇，一以自卫。而北美向义者不及13州人民的三分之一，英国内部则君臣主张武力平乱，执政主张让步修好，其他民党更加鼓吹赞助。所以，美国独立之战，"谓为英美之斗，不如谓英伦之内乱。质言之即王党与民党之冲突，保守与自由主义之激战也。合英美之民党为一垒，王党为又一类。其一为自由战，其一为帝国战。读史者必明此背景之真切，乃可以操刀解错矣"②。

12月5日，听郑毓秀女士"讲当日不签字经过情形，声容并茂。此君浓眉高额，雄喉杀眼，真女丈夫，佩真群英之俦匹也"③。郑系革命巨子，曾与汪兆铭谋炸摄政王，刚从巴黎大学获法律学士，由美归国。12月中旬，北京同学怀旧，新到者周作人、冯友兰、杨振声等。"杨言五四运动，事出偶然，以巡街而谒使馆，折而赴赵家楼，遭拒而怒，怒而破门。破门而章贼苦，有持铁棒槌之，立颠晕，群上殴之，血殷遍体。有践其臂，表嵌入腕。其后日人抱护之，不死仅矣。学生集会时，曾有大汉告语，即有缓急相须，二万之众，指顾可集。众以诚伪不辨，婉谢之。杨言'风潮为名流系主动'不确"④。所谓"名流系"，当为研究系。

---

① 徐志摩：《徐志摩未刊日记》，第144页。
② 徐志摩：《徐志摩未刊日记》，第141页。
③ 徐志摩：《徐志摩未刊日记》，第145-146页。
④ 徐志摩：《徐志摩未刊日记》，第147页。

五、结　语

　　小历史的读法与大历史有别,用大历史的观念阅读小历史,难免不得要领,莫名所以。比较同一事情的不同记载而近真,或将形似实不同的人事牵扯到一起而建构,都不是小历史应有的主要功能。由日记展现的小历史,是回到历史现场,随着身份各异、环境有别的日记主人的耳闻目睹,经历他们曾经亲历的身边史。不知各人的身份地位及其所处具体环境,连雾里看花也做不到。小历史的铺陈可为大历史的展卷增添层次与色调,使之更加丰富多彩,避免以偏概全。由于各人日记的习惯有详略侧重的差异,不能仅凭日记周知历史的全貌,否则甚至难以把握日记主人身接心想的全部。况且今人用日记作为史料,除少数例外,大都只从所关注的时间段挑拣所需要的材料,很少阅读全卷,要想知人晓事,难乎其难。具体就本文涉及范围所见,关乎大节的至少有以下各事。

　　1. 与新文化运动促成五四运动的历史叙述有别,多位被誉为新文化运动旗手骨干的人物在五四学潮和新文化运动中处于失位状态,而一些反应积极、共鸣强烈的人(包括军人)却不在一般叙述的脉络中。很难用思想政治性的画线作为衡量其行事的依据。

　　2. 蔡元培、蒋梦麟、胡适、经亨颐等人,虽然同情学生的爱国热情和举动,但是出于种种现实因素的考量,尤其是学生的角色地位,根本上并不主张或赞成罢课示威等妨碍正常学习的行动方式。

　　3. 五四运动各方目光所集的众矢之的本来是触手扩张的安福系,惩办三国贼,在当道不过弃卒。而"北洋军阀"的凸显,主要也是因为包括直系和西南军阀在内的各方势力针对安福系。五四之后新文化运动继起,所要铲除的恶势力,首当其冲就是侥幸避过风头却依旧人神共愤的安福系。

　　4. 《新青年》同仁提倡的各种新,未必得到普遍共鸣,最具争议的主张之一,当属白话文。反对者不能一概视为旧,而倡导者则不无将反对的声音妖魔化的故意。

5. 清季以来，江苏教育会在中国教育界乃至政界具有举足轻重的地位，尤其在民初乱局中，暗地里试图纵横捭阖，扩张政治与社会影响，五四与新文化运动中也扮演极其重要的角色。北京大学即为其在北方的重要据点。国民政府统一后，该会受到压制，势力萎缩，之前参与各种政治活动的史事也隐而不显。

6. 应注意民主与科学等关键概念的时代意见和历史意见的分别及联系，充分顾及历史意见的多样性表现，寻绎从历史意见演化为时代意见的进程，并依时序呈现这一进程中逐渐约定俗成造成本义流失的复杂历史。其中杜威的作用值得特别关注。

7. 五四运动影响中国，有许多是此后新文化运动发展的结果。文化事业变成社会运动，国共两党都顺势而为或趁势而起，后来成为中共领袖的陈独秀、毛泽东，前者最早重视新文化的社会运动，后者最早将新文化与俄国相联系。至于胡适到1920年夏仍然否认北京大学有新文化运动，显然与杨昌济的感受大相径庭。

围绕新文化的争议，不能仅从革新与守旧对立的视角考察。哈佛大学与哥伦比亚大学中国留学生的宿怨，延续了美国不同教育理念和文化主张的分歧冲突。陈寅恪"尝云祸中国最大者有二事，一为袁世凯之北洋练兵，二为派送留美官费生"①。除了主持其事者均为外交系中人，不知教育、学术为何事，也隐含对官费生不学无术却占据教育学术要津的不满。

---

① 浦江清：《清华园日记·西行日记》，生活·读书·新知三联书店，1999，第4页。

超越发现时代的民国史研究

一、用新材料研究新问题

1. 傅斯年在《历史语言研究所工作之旨趣》中强调要扩张新材料和扩充新工具,扩大旧范围,陈寅恪等人也主张以新材料治新学问为预流,影响整个学界的风气朝着发现材料的方向走。这样的取向对于读过书且做汉学的学人而言,固然有用,但也滋生了不少流弊。后学新进一味扩张人所不见的新材料而不读基本书,引起有识之士的批评。贺昌群说:"大抵一时代有一时代的学风,一番新史料的发现,必有一番新学问的领域,能够站在新学问的领域中利用这番新材料,就是学术上的前驱者,陈寅恪先生称此为'入流',反乎此而不闻不问,自以为坐井可以观天者,谓之'未入流'。但我想入流与不入流,有时亦不在以能获得新材料为目的。近来学术界因为争取发表新材料的优先权,往往令人有玩物丧志之感。所以尤在要明了学术研究的新趋向,然后才知所努力,在思辨上有深澈的眼光,文字上有严密的组织,从习见的材料中提出大家所不注意的问题,所以学术思考上也有入流与不入流的问题。"①

---

① 贺昌群:《贺昌群文集》第一卷,商务印书馆,2003,第 180 页。

贺昌群的补充，涉及材料与问题的预流关系，至为关键。虽然一门学问的开端，材料的发现十分重要，但是一味发现，也表明学问尚在初级阶段，因而循着发现材料的轨道比较容易上手且见重于人。可是，尽管近代中国号称史料的大发现时代，殷墟、敦煌之外，能够石破天惊的似也罕见。一度着重研究中古一段的陈寅恪，自己便很少专门研治敦煌学，而相关论著并无人责其不预流。全面抗战前，陈寅恪还多用域外新材料，全面抗战爆发，由于战时条件所限，不得已转而用常见材料研究中古制度的渊源流变，更加大获好评，识者推许为"异于时人所讥之琐碎考据，亦异于剪裁陈言纂辑成书之史钞，更大异于具有成见与含有宣传性之史论"①。这些评语，放到时下的民国史研究，也颇具针对性。

2. 民国史材料繁多，无论如何踏破铁鞋，也难以穷尽。而不掌握前人已知，如何判断什么是新材料？上穷碧落下黄泉，动手动脚找东西的结果，很可能落得个两处茫茫皆不见。若是人所共见之书都不看，一心只找前人未见书，势将人所共知之事都不知，且以不知为无有。有时所谓新发现，颇有些类似近代学人好称的再发现，其实有的早就存于一般行世的文献之中，有的在其他文献中更为直接详尽准确。只是由于自己读书不多，见识有限，所以少见多怪，而又炫为新奇，结果自曝其陋而已。

3. 即使所发现的的确是新材料，也未必能够发现和解决新问题。应从习见的材料中提出前人不注意，或虽然注意却知其然不知其所以然的问题。这大概如王国维所说，应由读书以发现问题，不要悬问题以觅材料。一般而言，历史的枢纽性问题多已程度不同地呈现，善读者贯通前后左右上下内外，可以详论渊源流变，否则势必视而不见，甚至误以为历史的主体还在尘封之中。由此滋生的流弊是，读书看不出前人本意和史事本相，只能预设架构以填充材料，曲解材料以将就问题，无论问题意识还是解读材料，无不颠倒时空，穿凿附会。

---

① 王育伊：《唐代政治史论稿》，《燕京学报》1946年6月第30期。

对此，熟悉域外中国研究状况的余英时教授断言："我可以负责地说一句：20世纪以来，中国学人有关中国学术的著作，其最有价值的都是最少以西方观念作比附的。如果治中国史者先有外国框框，则势必不能细心体会中国史籍的'本意'，而是把它当报纸一样的翻检，从字面上找自己所需要的东西（你们千万不要误信有些浅人的话，以为'本意'是找不到的，理由在此无法详说）。"① 此为过来人的心得，可以检验包括言说者在内的一切中国人有关中国学术的著作，也应当作为警示来者的箴言。只是按照这样的标准，20世纪以来中国学人有关中国学术的著作，有价值的尚存几何？

中国历史上思想学术文化受域外影响大的时期有三，魏晋至唐宋受佛教影响，明末清初来华耶稣会士引入西学以及晚清以来欧风美雨的侵袭，前两次诸儒均秉持取珠还椟，以免数典忘祖的规则，只有后一次在经历了夷夏大防、中体西用等阶段之后，全面用夷变夏，以致全盘西化。既然以西为尊为优，则改造中国不是量体裁衣，而是削足适履。披上外来的衣冠，仿佛贴上良品的标签，学界亦然。百年回首，多少名家，但凡附会西学的时段、部分，或深自反省，或遭人非议，而用西学于无形者却能够始终不露破绽。

4. 新旧材料与新旧问题有无主从轻重之别，若有，一时代之史学有无偏离正轨而自以为大道之事，如何防弊与纠偏，充实而不至于肢解。新材料对于研究无疑至关重要，单纯就旧材料重新解释，尤其是不能读懂本意而附会后出外来观念，容易流于翻案文章。但是新旧材料的关系，如陈寅恪所谓多数材料之汇集与少数脱离之片断，其使用有如解经看全篇本意与诂字义的相辅相成。档案解禁与未刊稿本行世，关键看如何安置得当。高明者善于用寻常材料治史，如严耕望所说：看人人常见之书，说人人不常说的话。甚至从伪材料可以见真历史。解读秘籍新档的能力，不仅在看得到与否，更重要的是在看得到之外是否具备了看得懂的能力。同样的新材料，之所以读懂应用的程度差

---

① 余英时：《论士衡史》，上海文艺出版社，1999，第459页。

异甚大,根本在于有无识一字成活一片的准备和能力。

二、撰述有专题,研究无界域

1. **应当专题研究,不必专家自囿**。分科治学,在欧洲如何发生,还需深入具体研究。大体而言的相关因素,一是知识的加速扩张,二是各自的文化制约。近代国人有所误解,以为分科治学就是科学,动辄自称什么学什么史,或将专题放大为学或史,都是用分科眼光看不分科的史料与史事。读书治学,应博而后专,书未读完,胸无成竹,只好依傍。专题研究应具体而不琐碎(所谓不琐碎,指问题而非论证),研究越实越好,读书越宽越好,眼界越通越好。如果画地为牢,眼界不宽,读书不富,则具体研究必然捉襟见肘,漏洞百出。

读书之事,为己之后为人,如果读书都是为了写书,等于不读书一味找材料。而做什么只看什么,所写不出所读范围,著书不是冰山一角,不仅尽囊而出,甚至倒三角,是极为危险的事。抗战结束后即有学人针对当时学界的流弊道:"晚近治史者,喜称专家。凡治某朝者,即只知某朝之一二事物,而不识某朝一代制度所以损益及其演变之故,其著述论证,多所附会穿凿。"① 后来钱穆进一步批评道:"民国以来,中国学术界分门别类,务为专家,与中国传统通人通儒之学大相违异。循至返读古籍,格不相入。此其影响将来学术之发展实大。"主张以既有的分科门类,参融旧籍,求其会通。② 尽管如此,与今日动辄尊称专家相比,还是高下有别。

2. **整体之下研究具体**。可以有专门的题目,不必有专门的分类。史事的发生演化,并不会按照后来的分门别类观念进行,从时空的任何一点切入,都有无限延伸的广泛联系。画地为牢,则局限所治之史的理解把握。专精与博通,不在于论题是否宏大,钱穆所谓非碎无以

---

① 王锺翰:《隋唐制度渊源略论稿》,《燕京学报》1946年6月第30期。
② 钱穆:《钱宾四先生全集25:现代中国学术论衡》,台北联经出版事业有限公司,1998,第5、10页。

立通，不仅通由碎而生，同时碎也是通的部分，碎也要体现通。整体贯通，一句话可以见通，每句话都能通，反之，千言万语，支离破碎，纵论古今中外，不过横通之论，还是不通之至。

此外，虽然近代以来讲究学问的一律平等，又不断有附庸蔚为大国或婢作夫人之事，历史毕竟有主干与枝叶之分。按照章太炎、金毓黻等人的看法，中国历史当以正史为主，正史即政治史，而政治史以探求历代制度文物的因革损益为要，以此为主轴中心，通贯包括治乱大事在内的史事，凡与制度文物相关联者从而研究之，视断代、专门、国别皆为通史之一体。① 这也不失为解决近代以来史学求实则流于细碎，求通则失之空泛的一条两全之道。

3. 民国史与民国时期的中国历史的异同。民国史是否包含民国时期中国的全部历史，如果二者不能等同，如何联系及分别。民国史如果包括所有民国时期的中国历史，则会出现能否包得住以及如何着眼与覆盖的问题。如果无所不包，如何体现民国史的尺度依据。反之，如果民国史只是这一历史时期部分、主要或主导的历史，则与其他各史应当如何分别及联系。就现状看，海峡两岸乃至域外各国所重点关注的民国史，更多是国民政府史而非民国史。北京政府时期在文物制度方面承前启后，而在北洋军阀的观念之下，研究严重不足。由于政治考量不同，看似国民政府直接接续辛亥革命，至于民国北京政府时期，则似乎成了延续清朝的回旋。与之相类，国共斗争及两党关系的历史是否始终处于民国史的中心位置，有无受到双方长期互斗和冷战思维的影响，也有考虑的余地。从北京政府和国民政府的角度，如何权衡各方的轻重取舍，是否应当成为考量的依据。而中国共产党及其领导的军队和苏区、根据地、解放区政权的历史，属于革命史的范围，除全面抗战时期部分有所重合外，很少纳入民国史的范畴。至于抗战时期的伪政权，似乎也不在民国史研究的范围之内，或是至少有所区分。凡此种种大节，都不是找材料所能够解决的问题。

---

① 金毓黻：《静晤室日记》，辽沈书社，1993，第4739页。

三、超越"发现"时代

1. 发现与发明。1930年,留学北京大学的吉川幸次郎专程到金陵大学拜访黄侃,后者"诰以治学之法曰:'所贵乎学者,在乎发明,不在乎发见。今发见之学行,而发明之学替矣'"①。对于民国追求发现新材料的学术趋向,哪怕是各方一致赞誉有加的王国维,黄侃也予以尖锐批评。1928年6月18日,他在日记中写道:"国维少不好读注疏,中年乃治经,仓皇立说,挟其辩给,以眩耀后生,非独一事之误而已。始西域出汉晋简纸,鸣沙石室发得藏书,洹上掊获龟甲有文字,清亡而内阁档案散落于外,诸言小学、校勘、地理、近世史事者,以为忽得异境,可陵傲前人,辐辏于斯,而国维幸得先见。……要之经史正文忽略不讲,而希冀发见新知以掩前古儒先,自矜曰:我不为古人奴,六经注我。此近日风气所趋,世或以整理国故之名予之,悬牛头,卖马脯,举秀才,不知书,信在于今矣。"并进而评判:"近世之学,沟沈优而释滞拙,翻案出奇更拙。"② 此说对于研究民国历史的学人,尤其值得认真揣摩。

2. 由于民国史材料繁多,随着档案定期解密制度的实行,国际学术交流的加强,私家文书的披露,以及新的研究领域的开拓等,以发现引导研究的取向无疑将长期延续。同时应当充分正视读懂材料的能力普遍逐渐下降的问题,不断发现新材料,却不能善用新材料,形成相悖现象。一味发现新材料对于研究的流弊之一,是专找前人不做的题目,而动辄声称填补空白。今人好以前人不说即为不知,须知还有不必说、不屑说、不能说、不及说等分别。如果把握全局,从如何说即拿捏是否得当,可以查知其背后究竟了解程度的宽窄深浅。治史如着棋,不必填满,也不可乱了方寸。如果不知大体,所谓填补空白,

---

① 《吉川君来书》,《制言半月刊》1935年11月16日第5期。
② 黄侃:《黄侃日记》,江苏教育出版社,2001,第302、392页。

即钱穆所讥讽的凿空蹈隙,不过是钻空子找漏洞而已。

3. 应当超越"发现"时代,由发现转向发明。应尽可能用一切方式和技术手段开放史料,尤其是大规模影印出版和数字化网上公开,不仅可以普遍接触,而且便于广泛利用。如此,才能减少民国史研究对于发现的依赖度,改变前人常见之书都不看,一味找前人未见书的偏蔽,或是身边可见的书不看,满世界到处找材料的怪相。而且可以印证所自诩的是否新发现及其解读是否恰当。有的研究征引秘籍,似乎言之有据,待到秘籍公开,怎么也看不出所征引的意思,或是显然有所误解。同时,也有助于改变预设域外来的各种架构,强史料史事以就我的流弊,放眼读书,发现问题,贯通整体,研究具体。

超越"发现"时代,应更加注重前人的研究,接着做而不是倒着讲,对着干。先要承接住前人已有,然后有所创获。不必号称填补什么空白(放眼读书,学问上鲜有空白一事),而学问可以日益精进。

史料无论怎样繁多,问题无论怎样复杂,总有穷尽之一日,但是并不等于说史料发现时代过去,学问就会戛然而止。相反,发现时代还处于学问的初级阶段,所考验的主要是学人的脚力或财力。当所有学人都能平等接触所有材料之时,所考验的才是学人的智力与能力,那时一门学问便开始进入摸高探深的阶段,可以检验学人究竟有无能力恰如其分地驾驭材料,紧扣住历史的脉搏,以及以往所用材料所作解读是否恰当无误,问题意识及其解决办法是否得其所哉。

从刀耕火种到深耕细作
——民国史研究的取向

近年来被称为中国近代史的百余年中国史的研究，呈现时段和层面不断下移的趋势。其影响制约的因素大概有如下列：

1. 域外研究取向的带动。近年来，欧美各国的中国研究中，思想史、政治史、外交史等领域渐冷，新文化史和新社会史等日见兴起。

2. 创新填空的驱动。要用前人未见的材料研究前人没有做过的问题。改革开放以来，与世界的接触交流大幅度增长，各种新的观念论点涌入，原有的成见被打破，观察研究问题的视角明显改变。好比人们离开熟悉的环境进入新的陌生环境，各种新奇特事物扑面而来，应接不暇。

3. 各种新材料的大量发现，促动以新材料研究新问题。随着国门打开，文教设施改善和社会服务意识增强，尤其是新技术的日新月异，能够轻易获取的材料数量较之前迅猛增加，资料汇编架构的引导作用相应下降，同时制约也明显减少。

4. 已经前人研究过的部分相对成熟，难度较大，不易下手，难以超越。开辟新途则看似容易达成目标。

5. 新进的训练不足，误以为离得越近的历史越容易理解，而白话文阅读起来较为通顺。既然语言和辅助学科的能力不够，只能选取近代为研究范围。

6. 随着时间的推移，原来处于历史研究视域之外的时段逐渐成为研究的对象。这样一来，几乎可以同时满足上述所有条件。民国史研究大体也处于这样的状态。

其实，包括民国史在内的中国近代史各个领域，很难说哪一处哪一段已经研究到了穷尽的程度，无法继续深入扩展。与相对成熟的古代史相比，显得更加薄弱。近代史起步较晚，开始研究者较少，尤其是专攻近代史的更是少之又少。直到20世纪60年代，台湾地区成立近代史所时，仍然阻力重重。原因相当复杂，其中之一，就是质疑领军骨干的学术素养。这样的看法如今虽然有所改变，海峡两岸都依然普遍存在。

不仅如此，国共双方虽然都重视近代史，但开始主要出于论证合法性、正当性等政治考量，因此首先重视的是革命史。关于整个近代史，则主要是从革命前史的角度探究渊源，进行阐发，因此选择性较明显，架构较为固定。

由于上述因缘，研究近代史的学人，最初多从其他方面转入。民国史较长时期与现代史及革命史重叠，研究者的专业素质和学术意识多少受此制约。加之民国史的问题与时政关系紧密，禁忌和顾忌较多，许多人、事至今没有得到很好研究，可是又有一些历史上形成的结论性意见，不易改变，不宜触碰。再者，民国史的材料太多，好处是容易搜集，坏处是难以遍览，再小的题目，要想穷尽史料也难上加难。而缩短战线，则容易局限偏颇，坐井观天，把习见当作新奇，不觉其陋。

民国史研究要想走出刀耕火种的粗放形态，实现精耕细作，必须打破两难局面，进入专精与博通相济的研究状态。

前人披荆斩棘，拓荒开垦，来者理应在其基础上进行深耕细作，才有望获得丰收。如果只是不断开荒，看似开拓进取，实则形同始终采用刀耕火种的方式，再好的土地也种不熟，不可能真正走出蛮荒时代。如果把上好材料总是煮成夹生饭，食谱开发得再多也是徒劳，做不成美食。不仅如此，前人工作，往往抓住本源主干，如大事要人与文物制度。要想超越前人，应该首先能够接续前人的研究，然后再加以扩展，百尺竿头更进一步。若是一味扩张范围，不能接续前人事业，很可能舍本逐末，得不偿失。

深耕细作不是要划分畛域，株守一隅。专家的通论，只能是横通。民国史研究要想在前人的基础上更上层楼，应当学习借鉴古代史大家的治学良法，根据晚近史材料极大丰富的特点，加以调适，充分彰显其潜力。否则始终在二三十年间盘旋，视野狭隘，方法粗疏，连不连接得住也困难，遑论超越？

民国文献出版应进入统编整合的新阶段

黄侃、钱锺书等人早就指出，藏书家与研究者收书的眼界大不相同。就编辑出版文献而言，藏书和看书两方面的看法也很有些差异。研究者喜欢编辑专题性的文献汇编或资料集，不过往往自己先用，然后再公布，这样做并非不能，也不是说先用就能够用尽，对他人已成鸡肋，问题是专题性资料的取舍范围和选择标准，不免主观。如果编者视野开阔，不带成见，还能有所弥补，否则过于局促，可能漏掉或舍去极有意思的材料。而藏书一方如果也按照看书一方的办法选编成专题性资料集，因为研究不可能更加深入，所以还会等而下之。可是如果没有主题，面对浩繁的文献，又难免无从下手。如何兼具研究的视野和文献大规模整理出版的眼光，对于民国文献的编辑出版至关重要。

一、民国文献的收藏保存状况

目前所说的民国文献，其实是指民国时期的文献，而非仅仅与民国直接关联的文献。二者看似相同，严格说来，却有不小的分别。只是从文献整理出版的角度，可以一概而论，姑且不予深究。与晚清以来的文献大同小异，民国文献可以大致分为书刊报档四大类。其特点是：

1. 数量极大，几乎每一类都是历代文献总和的百倍以上。例如报纸，总数虽然只有 5 000 种左右，可是许多大报存续的时间长，版面逐渐增加，而且开本大，总的信息含量相当惊人。有时一天一种报纸的内容，就抵得上一整本古籍。

2. 保存的时限较短，且保存的条件较差。民国文献大都使用机制纸，酸度高，保存时间大概以百年计，与古籍的手工纸动辄千年以上，不可同日而语。尤其是全面抗战中期以后的印刷品，用纸极差，保存时限更加短促。民国文献又不在善本之列，长期以来，保存的条件极为有限。近年来随着社会经济的高速发展和科学技术的日新月异，得到一定的改善，但是仍然远远达不到实际需要的程度。毫不夸张地说，这些文献普遍已达毁坏的临界点，而且短期内不可能根本改变。以往这些文献有不少在限制借阅的范围，面对毁损日益严重的实情，不少收藏机构更加收紧借阅条件。可是，如果保存条件照旧，减少翻动，反而可能加剧损毁的进程。所以过往藏书楼还要专门定期雇人翻书，以免虫蛀和湿气侵蚀。

3. 收藏分散，利用不便，供需关系紧张。公共图书馆（包括大学）、档案馆或为民国文献收藏的大宗，由于借阅困难，读者抱怨连连。而博物馆、各种不对公众开放的内部图书馆、政府特殊机构、私人藏家手中也有相当数量的收藏。如果说图书馆、档案馆还只是利用不便，其他则几乎无法利用。如博物馆的纸本文献属于文物，有严格的调阅规定，即便本馆人员，也不能随便看到。而党政机关和特殊机构（如宗教、公安）的收藏，与外界基本处于隔绝状态。也就是说，民国文献中有相当部分可能在无人过目的情况下就变成废物。此类情况，各收藏机构的清代文献也曾经出现，后果难以挽回。

4. 民国时期文献的复杂性，较古籍有过之无不及。如版本问题。期刊有初版本、再版本、翻刻本、汇编本等不同，不仅版式，甚至内容也有所差别。这些差别即使非常细微，可是在研究者的深究之下，也会显示许多重要信息。包括目前重印再版的晚清民国期刊，有的就不大注意版本问题，编辑近代人物的文集，也忽视比较不同版本的重要性，而且不能采取适当的办法，不知如何解决问题。图书同样如此。毛泽东的《论持久战》，因为影响广泛，而且中国共产党利用各种途径积极传播，虽然时间不长，居然有170余种版本。即使陕甘宁边区解放社的初版本就有三种不同版式，究竟哪种才是真正的初版本，或者说三种版本的关系如何，因为收藏分散，借阅困难，无人完全过目，至今语焉不详。有的书籍因为内容不宜，长期不能借阅，使得研究相关问题的专门学人也不知其详。如姚灵犀的《采菲录》，共有五编，后来又汇集选编成四册。或者失察，误以为只有四编。凡此种种，都使得掌握民国文献的难度大为增加。

至于档案，有许多迄今为止不仅尚未整理，而且仍然处于当年封存的状态。而整理一过的档案，因为不得法，可能造成更大的混乱。在文献繁多而存放分散的情况下，只能盲人摸象，各执一偏，很难做到成竹在胸。有时即使经过整理编排，也不可轻信。如近代期刊的各种编目、篇目索引和介绍，与实际情形存在不小的差异。许多的发现，不过是因为知情者不知其重要，或是少见多怪罢了。

二、抢救性的整理出版

针对民国文献的收藏保存情况，当务之急，应当是进一步促使图书馆改变藏书楼式的取向，以馆藏为单位，以影印为主要形式，大规模照原样分类编辑出版。其他如档案馆、博物馆以及党政机关和特殊机构的收藏，也应该从国家文化建设的高度，高瞻远瞩，尽可能调整政策，以影印、再版等不同形式让外界可以利用，缓解供需双方的紧张关系。由于民国文献数量巨大，又是分散收藏，短时间很难完全再造出版。因此，在大规模整理出版的同时，应加强改善文献的保护性设施和措施，尽可能延续各类文献的寿命，等待重见天日的时机来临。当然，从技术层面和文化物种的角度考量，最有效的保护其实就是大规模再版。唯有如此，才能使文献起码不至于失传。

用什么样的方式才能多快好省地实现民国文献的大规模整理出版，

应当慎重行事。民国文献保护工程采取各自申报立项的办法，一定条件下是适当的，尤其是有利于调动收藏单位的积极性。在缺乏全面完整信息，且不能随意调配资源的情形下，如果收藏机构没有积极性，要想大规模编辑出版民国文献，几乎是不可能的事。但是图书馆、档案馆、博物馆等，工作重心在于形式，如果编辑出版专题文献，未必适合学界需求。凡是用一定后来架构整理编辑的加工，都容易造成不可逆的破坏。典型事例如 20 世纪 50 年代第一历史档案馆整理清代档案，依据后来分类，打乱档案原来的位置顺序，以致无法还原，教训极为惨痛。可是现在居然仍有仿照此类失败做法编辑整理出版档案者，令人匪夷所思。

傅斯年说，材料越生越好。此说就史料的应用而言有所偏颇，但就史料的整理出版而言，却是至理名言。以收藏机构为单位出版大型文献，仍以照馆藏的大类简单编排为宜，尽可能减少编辑加工的程序。这与古籍整理、出版资助以及出版社的主张惯例大不同，引起不小的争议，迄今为止也很难说取得了共识。可是，深度加工以增加含金量的说法，看似取法乎上，但一则没有考虑可行性，加工程度越深，越是费时费力，即使聚合举国有能力之人，也要耗费相当长的时间。就算人力能够做到，天不假以时日，届时已无可以整理之书。况且，加工越多，则出错的可能性反而加大。抢救性整理出版，原则一是要快，抢时间；二是保持原样，不能损失。主张深度加工者常常担心简单编排出版会令读者看不懂，产生困扰。实则对于读者而言，看得到比看得懂更为迫切，能够看到进馆可以看到的样子，已经足矣。至于深加工的事，待到文献大规模出版之后，再利用全社会的力量，有选择地雍容进行，既能保证质量，又有便于核对的底本，各得其便。否则，悬得过高，不切实际，一旦文献毁损，不可再生，说得再好也是有害无益。

抢救性出版，应当设法调动收藏单位的积极性。一般而言，收藏单位普遍没有尽囊而出的意愿，不肯一锅端拿出来出版，有的甚至宁可自然放坏，美其名曰不能让文献毁在我们这一代人手中，言下之意是让后人去承担不能承受之重。这样的高调，不仅是典型的懒政，而且反映心胸视野的狭隘，真正是对国家民族的祸害。当下只能是谁有意愿即出版谁家的收藏，这是唯一可行而且有效的办法，否则什么也出不了。选编一些专集，杯水车薪，敷衍而已，于收藏于利用都无济于事。

三、整合与精编相结合的新阶段

民国文献数量庞大，不可能全部出版纸质本，必须以制作电子版与出版纸质本相辅相成的方式，才能尽可能多地呈现给读者学人，并且更好地保存保护文献原本。否则，买书先要买房，就算购书的钱充足，放书的地方也不可能无限扩大。具体编辑办法分为两类，纸本方面，作为应急，最好将所有的民国文献统一规划，分别复制，在全国各地分设多家存放点，以飨好用纸本的读者。电子资源则以日本近代亚洲历史文献中心为范，有书必收，不怕重复。该中心的理念是在世界的任何地方可以同步使用相关文献。众多周知，资料的类型来源有可能影响研究的走向，如果中国没有对应的文献中心，取材势必偏于一端。中国本来有集中的制度优势，可以两条腿走路，一方面，集中人力物力，制作标准化平台，根据普查情况，掌握信息，合理配置；另一方面，各收藏机构将各馆藏按照标准和配置分别上挂，独立标名，但是可以统查，形成历史大数据。时下形形色色的所谓数据库，大都是拿国家的钱，办自己的事，仍然是封闭的系统，不能在网上查寻。诸如此类的数据库，做来何益？

深入一层考虑，纸本文献的出版，应当适时逐渐转入以精编为主的阶段。毕竟仍然有不少人习惯于阅读纸质书籍，不喜欢看电子书。而纸本文献有待整理加工之处不在少数。在电子资源日益充实，收藏机构又普遍有意大规模出版的情况下，就有了整合精编的可能性。所谓整合，就是掌握全国各处民国文献分布的情形，不仅有目，而且掌握版本、品相、缺漏等详细信息，可以依据这些信息整合每一套书、每一种报刊、每一种专题性文献、每一种文集达到完整的程度。具体实施步骤如下：

其一，在全国范围普查统计的基础上，做到基本情况胸有成竹。这是实行整合精编的前提条件。

其二，建立或指定中枢统合机构，变被动式申报为主动统筹规划，根据民国文献的普查统计设计分类大项，统一选题。选题不能单纯以图书文献或专家眼界为主导，应当兼具文献和通人的眼光，按照书中有学的观念，以大类为主。

其三，优先出版未刊稿本钞本，如日记、函电、文集等。各馆应以天下公器的态度，积极贡献馆藏文献。稿本当然仅此一份，无可替代，但有时也存在原稿和誊清之别。钞本则要比对鉴别，有的钞本所据底本，当时可能罕见，后来成了常见书，应予剔除。有的为了保险起见，一式多份。如果原稿不存，则与稿本价值相当。但誊抄过程中难免出现错漏，能够多选更好，以便将来校勘。

其四，重视书刊报的版本问题。民国文献看似不难找，但要保证好的本子却并非易事。一般而言，书刊报都是批量印制，很少出现孤本的情况，不过也不尽然，同样存在散佚的情形。近年来不断发现原来以为已佚的图书期刊，大都是孤本。有的书刊报虽然存世不少，却版本杂乱。如果讲究版本，就相当麻烦。即使像梁启超的《新民丛报》、鲁迅的《呐喊》这样的常见书刊，初版本也不易找到。目前影印出版的《新民丛报》，虽然在国内遍查底本，仍然不是初版本。

其五，根据统一选题，整合各馆文献使之尽可能完整，同时注意选择书刊报的版本、品相，以最优者统一编辑，分别注明。丛书、多卷本专书、报刊等，各馆分别大都难免有所欠缺，必须最大限度整合全国资源才有可能成为完璧。所以必须改变各馆各自为战的现状，避免重复、缺漏、质次等问题。

其六，在此基础上，研究者可以进一步编辑专题文献如文集或专门资料集等。此项工作主要应由研究者进行，最好是录入标点，也可以酌情采取单篇影印汇编成书的办法。如日本出版明治大正时期的文集，已经使用这一办法。

　　整理民国文献，即使精编，也要转变观念，不宜照搬古籍整理的成例，不必过度加工，不必担心读者看不懂（学人目前主要的困难是看不到，然后才是能否看懂。看的人越少，懂的程度越低，且看不懂很大程度也是由于见得少）。须知近代文献整理的难度或许还在古籍之上，而文献的数量百倍于古籍，保存状况也差，必须抢时间大规模进行整理出版工作。

　　在现阶段，收藏、出版、研究三方不宜过早结合，这样可能反而限制了文献的取材及适用的范围，降低了文献内在的价值。民国学界求通，如今越来越被专家治学的取径所取代，受分门别类的专门之学的制约，编排文献也难免困惑。例如林传甲的《中国文学史》和钱基博的《现代中国文学史》，现在治文学史的学人看起来就不大像是文学史，而像思想史，分类编辑文献，就会有放入思想史还是文学史的问题。

　　另外，电子版可先以扫描件呈现，等待技术改进，逐步实现文本的检索。完全依靠人工录入的方式实现全文检索，对于体量庞大的民国文献而言不大现实。作为过渡性措施，之前制作的可检索数据库，应当统一平台，分别上挂，不能像以往那样，各自为战，做成封闭式的数据库，价值有限。数据库的制作，应优先考虑使用者的体验感受，如有的数据库下载后要逐一输入各种相关信息，很不方便。这方面应当学习日本的亚洲研究文献中心，经常征询使用者的意见，不断改进。在篇目检索的基础上，可依据技术进步，向全文检索过渡。民国文献数量巨大，应当优先进入大数据时代，才能更好地发挥作用。

抗日战争研究亟待提高门槛夯实基础

近十余年来，不时参加各种名目的高层或高峰论坛。开始不大习惯，记得有一次即席发言，说是能否办一次基础论坛。在场的主客诸君都有些愕然，以为戏言。其实这虽然是句玩笑话，却是当真来说的。

姑且不论相当部分的高层或高端论坛所论似乎不够高大上，照常理，好的学问多是金字塔式的，底部坚实，才能深固不摇。所以治学之道，要将热点冷做，将冷门做热。君不见数十年来各式各样的显学，大都陆续退隐，而一旦失去光环，似乎也就没有了吸引力。这与其说是相关领域学术价值的用尽或流失，毋宁说是没有了炒作的空间，赶场、投机以及凑热闹而来者便束之高阁，甚至弃如敝屣。而学术的挑战性，恰在铅华洗尽之后的素颜。这也就是治学首要讲究基础和门槛的重要性。那种以为有的研究领域可以不学而能，妄想轻易涉足或跨越，实在是自欺欺人或天大的误会。高来高去的夸夸其谈，看似玄奥，其实不过底盘不稳的飘忽。

《抗日战争研究》，顾名思义，主要是以中国为中心视角的学问。因为其他与此相关的国家，大都不能说是以弱敌强的抗，或是不到抗的程度。创刊人为历史的亲历者，深知这场战争对于中国和中国人的深远影响。而要想研究好抗日战争，又不能仅仅站在中国的立场、以中国的视野来进行。大致原因如下：

其一，一场战争不是单方面的事情，战争的对手是研究任何战争的历史必须考察的对象。单方面单向度书写的战争史，作为特殊时期的教育是可以的，作为学术研究则显然很不足够。况且国际统一战线是决定抗战胜败的三大关键要素之一，敌我之外的友，甚至敌人的朋友未必是我们的敌人，都使得对其他各国的研究不可或缺。

其二，即使在中国一方，抗日战争也是国共合作的全面抗战，当时不免合中有分，现在仍然看法不一。所以，即便是中方的视野立场，也不那么单一。各自背后的牵涉势必影响内部的分合。按照毛泽东的论述，坚持统一战线，与坚持中国共产党对抗日战争的领导权是同一的，所以无论如何要坚持团结，避免最后分裂。

其三，由于大片国土的沦陷，以及敌后战场的开辟，中国城乡的各阶层民众大都在战争过程中切身感受到个人与国家的生死攸关，国家存亡与个人命运紧紧联系在一起。而每个人的经历，也成为抗战历史的有机组成部分。

其四，抗日战争与世界反法西斯战争密切相关，牵涉与英、美、苏乃至德、意的错综复杂关系。

其五，中国和日本之间的这场战争，除了抗日战争研究的视角，还有其他的不同视角，如中日战争研究。在国际学术领域，这样的分别因人而异，战时的对抗、对立、分歧，以不同的形式仍然延续。在这样的场合，不要说与人争胜，即使平等对话，也应该有所凭借。

凡此种种，都表明抗日战争研究绝非轻而易举之事，不可闭门造车，更不能自娱自乐。如果承认必须考察战争对手，至少敌对方关于战争的记录与我方的记录进行比勘印证，应为必不可少的程序，那么，掌握和运用日文资料的能力就是不可或缺的基本条件。这一门槛，现在恐怕连一些撰写过抗日战争专书的学人也未必都能跨越。仅仅参考翻译出版的论著文献，即使中方资料得到充分利用，也很难深入堂奥，取得精深的成果。

有两个典型事例，可见中日资料相互印证的重要性之一斑，一是田中奏折的真伪，二是美女间谍南造云子的有无。这一事一人，中国方面或信为真有，日本方面大体认为伪无。当然，关于前者，认真的学者也承认直接证据的获取有些戏剧化,更多是从后来日本行径的高度吻合来予以支持,或是觉得不能轻易否定;至于后者,中国学人也有不同意见,完全不容置疑或绘声绘色的,主要是媒体和坊间。对此,中日一些学人的意见不一,在国际会议上常常发生交锋,有人视为两国之间认识的对立,仿佛战争状态依然延续。其实,日本学者质疑或否认这一事一人,主要是因为在日本现存的所有资料中,迄今为止没有发现任何可以支撑的相关证据,就情理而言,很难采信。

诚然,战时乃至战后的日本军方和政府,都暗中进行过湮灭战争罪证的勾当,然后再以没有证据为名失口否定相关罪行。这样的掩耳盗铃只能是欲盖弥彰,使其做贼心虚的阴暗心理暴露无遗。但以强大的国家机器进行毁尸灭迹,的确在一些方面给取证造成相当的困扰。有学人研究证实,关东军和天津驻屯军的档案,无论在中国还是日本,几乎都难觅踪迹。若非有组织地布置,很难销毁得如此干净彻底。其他如慰安妇、人体实验、强制劳工等,均有类似情形。

尽管如此,罪犯要将作案痕迹完全抹去,事实上难以做到。前述的一人一事,即使中方的记载也颇多疑点。尤其是南造云子的故事,在抗战后曾被国民党的不同派系利用来作为打击异己的斗争工具,其出现和流传的时间点,显示指向并不在日方,因而很难取得公信。在未得到确证之前,坊间的口耳相传不过是茶余饭后的谈资。但若是央视之类的主流媒体也予以采信并且大加演义,就还不如抗日神剧,连娱乐和宣泄的作用也起不到。更为严重的是,在诸如此类的重大历史问题上,任何画蛇添足都会授人以柄,使自身陷于被动,唯有严肃认真的论证可以取信于天下。即使恶贯满盈的罪犯,也必须铁证如山才能铸成铁案。

举此显例旨在说明,关于抗日战争的历史事实,材料的来源及时间值得特别重视,无论怎样看似真切,都必须经过内证外证的比较参证,不能但凭己意加以取舍采信。中国史学自宋代以来就有比较考证的优良传统,善于处理头绪纷繁的线索脉络和罗生门似的各说各话,只是由于近现代史的研究起步相对较晚,而且开始的主要目的不在学术,面对浩如烟海的材料,若是任意取舍,很容易形成自圆其说的观点，却无法贯通所有材料和史事。一旦遇到较真者，势必捉襟见肘，破绽百出。

掌握日文的重要功能，除了解把握研究动向之外，主要就是整理资料，重现史事，这也是夯实抗日战争研究基础的主要内容。具体而言，有两大方面。

一方面，将中国与日本所存的日文资料互补融合。前述关东军、天津驻屯军、细菌试验、慰安妇、强制劳工等要事，虽然日本政府有组织地毁灭罪证，仓促之间毕竟难以不留印迹，可以通过其他相关的档案及资料，尽可能予以恢复重构。抗战期间，日军占领了半个中国，一朝兵败投降，狼狈归国，在各地遗留了大量档案。如果全部开放，充分利用，至少可以使得日本政府湮灭罪证的阴谋无法完全得逞。遗憾的是，这方面的工作严重滞后。由于各种制度性原因，迄今为止，日文档案的开放极为有限。相比之下，日本亚洲文献中心的开放度明显高得多，其理念是让任何研究者在世界任何地方都能无限制查阅。这样的状态，一是无法将中日两国所存日文档案相互参证，恢复历史原貌；二是造成一些负面影响，好像胜利的一方隐藏着什么见光死的秘籍，反而不如战败者能够坦然面对。对此应当充分自信，抗日战争是世界反法西斯战争的重要组成部分，中国的抗战是正义之师行正义之道，正视历史，绝不会改变历史。千万不要因为因循守成的怠惰或多此一举的杞人忧天而节外生枝，导致胜利者在学术研究领域反而处于自信不够的弱势。

另一方面，是将中文资料与日文资料对应互证。最近趁抗日战争胜利70周年纪念之机，大规模编辑出版的文献不在少数，这样密集而数量庞大的资料编辑和出版，在抗战胜利以来尚属首次，为推进抗战研究的可持续发展奠定了良好的基础。虽然在抗战过程中金毓黻等人就已经规划收集整理抗战史料，但始终进行得不太顺利。当然，迄今为止的资料编辑和出版工作，在取材选项方面，不无偏重之嫌，还留有相当广阔的空间，如沦陷区的资料等，在此不予详论。

本文可讨论的问题是，这些已刊待刊的资料主要是中文，与之对应参照的相关日文文献不多。虽然日本的亚洲文献中心提供了众多日文资料，毕竟只是日方收藏，也有条件限制，而且经过筛选取舍。如果不能用中国各机构保存的日文档案等文献予以补充，则日文资料难成完璧。没有较为完整的日文资料与中文资料对应参证，则中文资料的真伪是否难以确认，史事的全貌不易呈现。或许有人觉得委屈甚至感到愤慨，作为战争的受害方，又是胜利者，为什么所讲述的战争历史总是受到不同声音的质疑，因而常常将质疑者视为敌对方。其间不能说完全没有别有用心之人，也难免故意追逐新奇之士，但是，在学术研究领域，如果不能严格遵循必不可少的验证程序，仔细梳理各种记载，而是但凭主观好恶取舍资料和说法，无论多么义正词严，都不可避免地受到重新检验。

由于长时间没有日文资料可资利用，加上原来条件简陋，获得专业日文书籍较为困难，又不得日文档案的查阅之便，严重制约了学术界学习和使用日文的积极性；即便懂日文，也无所用处，不能在史料之海中学习和提高驾驭的能力，以至于造成目前在国际学术界相形见绌的尴尬局面。

扩而大之，牵涉抗日战争的其他各欧美国家的档案文献及其相关研究，若要掌握利用，则须学习使用英、法、俄、德、意等国文字。由于第一次世界大战欧洲损失惨重，心有余悸的战胜国大都奉行绥靖政策，在中国独力抗日的时期，英、美冷漠地袖手旁观，并未提供多少援助，美国甚至继续为日本提供重要的战略物资。除苏联外，国民政府包括桂系等地方势力，因缘战前建立的渠道，反而还能从德、意解决一些燃眉之急。战前德、法等国在华设立的研究机构，战争期间成为这些国家的一些政治异见者的避难所。通过国际反法西斯战争，形成新的大国政治格局，中国有幸进入决定战后世界命运的大国的行列，这是自鸦片战争以来，中国以重大牺牲换取的重大成果。上述情形，都显示掌握多种语言工具对于研究抗日战争极其重要。只是如果将各种语言统统作为进入研究的门槛，就未免悬得过高，导致水至清而无鱼了。毕竟工具只是门槛，真正考验史家的，还是处理材料研究史事的基本能力。而这一点具体而言，与掌握工具的多少未必成正比。

抗日战争研究 40 年的得与失

改革开放 40 多年来，由于解放思想的促动、对外交流的扩大以及海峡两岸关系的改善，原来的一些禁忌被打破，获取资料的来源和途径大幅度扩张，抗日战争研究取得了长足进展。尤其是在敌后根据地、正面战场和大后方三个主要方面，成果最为集中，进步的幅度也较为显著。

除陕甘宁边区外，分布于华北、华东的敌后根据地是中国共产党领导的八路军、新四军和其他抗日武装活动的主要区域，所以敌后根据地的研究是原来抗日战争研究的重点。近年来，在新革命史的鼓动下，这方面的研究在延续以往取径的基础上，进一步下沉到根据地基层政权建设和乡村社会的变动层面。

正面战场在相当长的时期内处于被忽略的状态，改革开放以后才逐渐得到正视。以前强调中国共产党及其领导的抗日武装在抗战中的中流砥柱作用，对于国民党和国民政府在抗日战争中的作用，从抨击安内攘外的不抵抗政策到斥责反共不抗日的行径，基本予以否定。后来则承认国军官兵对日作战的英勇，肯定一些重大战役的胜利。随着蒋介石日记的公布，对蒋介石本人以及国民党、国民政府的对日态度和抗日行为也一定程度予以认可。正面战场的研究较之前已经有了跃进式的发展。

在蒋介石、国民党和国民政府的抗日形象相当负面的情况下，大后方的研究原来主要是延续政府与民众的两极对立，揭露和批判国民党蒋介石以及官僚的贪污腐化，"前方吃紧后方紧吃"，最为形象地刻画出人们心目中大后方的画面。近年来大后方研究越来越引起各方关注，尤其是工厂、学校、文物的西迁作为全民抗战浓墨重彩的一页，战时大后方民众的生活及其广泛参与抗日活动的问题也受到关注，包括战地服务团、精神总动员、后备役兵员的训练和补充（以前仅仅从抓壮丁的角度予以描述）等课题，均有相应的研究成果，大后方民众从单纯的受苦受难变成积极的抗日救国。

尽管取得了不俗的成果，相比于抗日战争历史的丰富复杂，现有的研究仍然很不充分，可以努力的空间方向至少有下列方面：

1. 全面影响认识不足。抗日战争对于中国社会历史发展造成全方位的深远影响，从现有的研究格局看，明显不够到位。抗战时期，尤其是全面抗战期间，中华民族进行了全民总动员，广泛和深入的程度，远远超过之前的所有政治、思想、文化层面的革新和革命运动，一扫列强侵入和军阀混战带来的阴霾，极大地振奋了民族精神，对于推动中华民族和民族国家的形成，影响深远。战争造成中国经济发展格局的大改变，经济、金融内迁与下移，使得西部和乡村获得发展的机遇。而日本殖民掠夺导致许多地区资源枯竭，原有的长期发展规划被迫大幅度调整。此外，抗日战争时期，是毛泽东思想成型与发展的重要时期，也可以说是马克思主义中国化从探索到总结的时期。这方面虽然早已是关注的重点，深入不足，具体而言，包括党的领导、统一战线、群众路线、新民主主义、文艺路线等各个组成部分的渊源流变，都有值得深入探究的空间。

2. 特殊战争形式表现乏力。抗日战争集中体现为军事对抗，而战争的形式有其特殊之处。按照毛泽东《论持久战》的预想，抗战的战略应以运动战为主，阵地战和游击战为辅。作为全国抗战的指挥者，国民政府及其最高统帅蒋介石难以指挥国民革命军的正规军实行上述战法，而中国共产党对抗战的领导权必须通过坚持统一战线来实现，广大的敌后战场主要实行就全局而言是辅助性的游击战。敌后游击战以人民战争为主要形式，在抗战的相持阶段具有战略地位。可是人民战争是真正的积小胜为大胜，这样的战争形式以往的军事史乃至一般历史都很难充分展现，已有的研究成果显得相当苍白乏力，具体则过于琐碎，不可能逐一描述，概括则大同小异，不见其精彩。更为重要的是，敌后游击战的战略地位很难得到应有的体现。近年来正面战场之所以受到重视，除了弥补之前的缺失外，容易表现恐怕也是重要原因。就连以敌后游击战为主的军事对抗，学人关注的目光也集中在一些有展现力的战斗战役之上。实则诸如此类的速决战，虽为敌后游击战略所必须，毕竟是辅助，而非主要和常态。

3. 沦陷区的研究严重失位。抗日战争时期，中国的大片国土沦陷日军之手，并陆续成立了伪政权。关于沦陷区的研究，主要围绕锄奸、谍报等地下抗日活动，近年来关于伪政权的研究也有所触及。至于各地各阶层民众的生存心境等日常行为思维，研究甚少。此事涉及的人事问题较多，有的或许有一定的敏感度，因而相当长的时间里几乎成为禁区。一般而言，但凡沦陷，文献资料破坏严重，各类材料大幅度减少。残余部分，又长期封存，难以接触。为数不多的研究，又难免偏颇，不能如实。域外学人往往好在这些方面用力，多少造成被动。一方面，在国际学术交流的场合，这一领域严重缺乏对话的能力；另一方面，整个抗日战争研究出现明显缺漏，不利于全面认识抗战的历史地位和作用。

4. 存在一些空白地带。抗日战争时期，空间上大体分为沦陷区、大后方和游击区。对于游击区的研究，主要集中在中国共产党领导的军队和政权控制下的华北、华东等地。而南方不少省份，虽然很早就被日军占领，但是只能控制大城市、交通干线以及部分富庶地区，至于多数县镇，仍然处于国民政府的控制之下。如浙江省，日军占据杭嘉湖，浙东浙西仍由国民政府掌控。广东的珠江三角洲地区和潮汕被日军占领，粤北、粤西广大区域仍在国民政府的管控下。湖南、湖北、安徽、江西、广西、福建等，均有类似情形。这些地方既非沦陷区，亦非大后方，也不是中国共产党领导的敌后根据地，国民政府仍然实际行使全部或部分行政，但是随时可能受到日军和伪政权的侵袭。有的县级政权虽然落入日伪之手，但是县以下的乡镇村等，仍由国民政府的权力机构实际掌控。对此以往的研究关注很少。大后方的研究也明显呈现西南活跃西北沉闷的局面。

5. 抗战与中国社会经济发展变化的研究显著滞后。抗战初期，不少学人看到战事一方面造成东南沿海大都市经济的巨创，一方面则迫使中国经济和金融资本转向西部和农村，有可能因此而摆脱对列强的依附，走上独立发展的道路。无论动因是否如此，全面抗战的确导致中国的经济发展重心向西部和乡村大规模转移，虽然失去了大片国土的控制权，尤其是东部沿海地区的主要商埠和经济中心，中国仍然能够支持长期抗战。与此相关，战前开始的统制经济的成败得失，应当进一步深究。

6. 对战争的敌友研究不够。抗日战争的敌方是日本，友方包括苏、美、英。两大阵营的划分看似壁垒分明，可是进一步深究，则未必如此简单。敌人的朋友德、意两国，与中国关系匪浅，中国的朋友英、美、苏等国，战前战时与日本有着千丝万缕的联系。此外，抗日战争涉及世界各方，战时的复杂关系影响到史料的留存和史学的观念，需要应用不同方面的材料相互比勘印证，不能盲目偏信，更不能关起门来自说自话。有的问题，看似成果不少，可是连海外已有研究成果的掌握也不完整，进入不到应有的研究层面，只是在自设的逻辑中绕圈子。

7. 必须消除猎奇的不良心理。抗日战争为全民关注，影视作品大量涌现，其中抗战神剧备受抨击。平心而论，各国的影视都不同程度存在神剧，包括好莱坞大片。如果完全真实地展现战争的残酷和血腥，也会引起不同的声音，因为毕竟不宜于经常面向大众。可是，如果学界也受此影响，正规媒体的纪实也变成神剧，就应该引起正视。例如日本虽然历来重视对华情报的收集，但日军并不以情报战见长。关于抗日谍战，坊间不必论，学界和包括央视在内的正规媒体，也有不少神化和曲解，把故事、传闻当成信史。典型事例之一，后来因国民党内斗虚构出来的日本女间谍南造云子，几乎成了日本间谍神乎其神的代表形象。典型事例之二，关露作为中国共产党打入日伪内部人员的真实身份，战后不久已经媒体披露，并报道其回到新四军驻地的行踪，不存在继续隐瞒真实身份导致不公平对待的问题。其后半生的境遇，另有原因。关于历史认识，民众喜欢演义并无大碍，媒体一本正经讲述事实，尤其是学界研究历史，绝不能与演义相牵混，否则，造成的后果很可能是灾难性的。

8. 问题意识跟着前人的研究走，不从历史材料来，盲点不少。抗日战争的史料建设，还在战争初期，就已经有史家注意收集，并呼吁政府予以重视。不过大规模编辑出版，还是近年新出现的事情。抗战工程的实施，起步固然不易，但也可见筚路蓝缕的艰难。接下来应该加强统一规划，组织部署，既要顾及现有的状态、各自的兴趣和水准，又要具有整体性和前瞻性。应在整体架构下根据重要性、研究条件等设置课题，按照顺序逐渐实现。在解决整体性问题的同时，可选择若干重点进行深入精致的研究。

9. 若干重大问题仍然众说纷纭。抗日战争研究虽然进行多年，可是有一些基本的重大问题依然意见分歧，不易取得共识。仅举国共各一显例予以说明。关于国民政府的对日政策这一重大问题，不仅海峡两岸差异显然，就是大陆自身也有不同看法，有的指认国民政府执行不抵抗政策，有的则称为安内攘外政策。前者并非国民政府自称，但有同时期社会各方的他指。如果说是国民政府对日政策的实质，倒还有所依据，用于冠名，则国民政府从未如此说法。后者从国民党和国民政府公开言论及私下书信日记中可以找到大量证据，不过也存在如何应对内外的权衡。要想化解分歧，第一，要将中国政府的对日态度以及国民政府的对日政府的渊源流变梳理清楚；第二，不能局限于对日，必须兼顾内外各方；第三，不能只看国民政府的态度，还要全面考察社会各界的反应。

毛泽东的《论持久战》是关于抗日战争战略问题的重要论述，历来受到重视。可是，关于持久战与《论持久战》的联系及分别，《论持久战》的言说对象，《论持久战》所提出的抗日战争的军事方针，中国共产党对《论持久战》的宣传及其反响，日军和日本国家的应对，持久战的实践与问题等，还存在不少模糊认识甚至误读错解。

总体而言，抗日战争研究，和一般近现代史研究类似，仍然处于拓荒的初创期，研究较为粗放。抗日战争研究要想整体上得到提升，必须突破现有的各种局限。首先是史学训练的局限。研究抗战不能仅仅以抗日战争为研究甚至阅读范围，应该努力贯通古今中外，否则许多问题容易断章取义，甚至穿凿附会。史学训练的好坏，是做好研究的基础，必须掌握史家的所有技艺，具备史家应有的素质。如果基本训练不好，看问题简单片面，要想研究抗日战争这样复杂的问题，取得好的效果，是难以想象的。

加强一般史学训练之外，抗日战争研究是世界反法西斯战争的组成部分，涉及中外各方，必须掌握尽可能多的语言工具。战争至少是双方的事，研究战争，只有掌握双方的资料，才能掌握实情。由于时代局限，一些抗战研究者完全不会日语，只能单方面使用中文资料，这样立论难免偏颇，不能相互比勘印证，难以征信。以往条件有限，日文资料难以入手，学人没有学习日语的积极性，如今足不出户，可以坐拥书城，外文资料不再是看不看得到的问题，而是读不读得懂的问题。新进者应当作为基础门槛，要么努力学习，要么转向其他方面。抗战是世界反法西斯战争的一部分，涉及欧美亚多国，应尽可能扩展取材范围，扩大研究视野，学会从不同角度考察问题，不要轻信一方面的材料，或是将一方的记述等同于历史的整体全部。

要尽可能弥补辅助学科知识准备的短缺。所谓史学是一切学科的总汇，意为历史涉及各学科各方面，治史不能以学科为范围，但不能不掌握相关学科的方法和具备相应的意识。如研究军事、经济，若不具备相应的知识，开口就是门外文谈。抗战研究包含各个方面，需要复合型知识，才能驾驭得当。

抗日战争研究应该是开放式的，不要变成小圈子的学问。所谓开放，至少有三个层次：一是主题开放，不要变成横向的专门之专门史或纵向的断代之断代史；二是学科开放，抗日战争已经过去，当然是历史的一部分，而历史又是各个学科的总汇，不过毕竟分科已久，各有专攻，社会学、新闻学等相关学科的进入，可能带来不同的视角和观念；三是对外开放，抗日战争中国当然是主角，却涉及亚洲多国和整个世界，应聚合各方，共同探讨，以求深入扩展。时下学术界有一怪象，看似志同道合其实不过水准相近者结成山头，自娱自乐，自诩为独步天下，以瞎扯为高论。旁观者唯见其表面文章，且破绽百出。治学有如习武，无招胜有招，不能存有门户之见，否则只会等而下之。

全面抗战前持久战思想的发生衍化

《论持久战》之前,很多人如何说持久战,是理解《论持久战》与其他持久战言论联系及分别的关键。系统地把梳整理各种持久战思想的渊源流变,可为深入探究《论持久战》的历史意义和时代意义提供坚实的基础。80 年前,毛泽东撰写了《论持久战》的长文,成为系统阐述抗日战争战略方针的重要文献。关于《论持久战》的渊源、版本、作用、影响等问题,原来已有定论式的说法,近年来更引起学术界重新探究的兴趣。① 可是仔细检讨既有的论定,看似大同之下,仍有不少小异,相较于史事,更有难以贯通无碍之处。而形形色色的各种新议,由于各执一端甚至各执一偏,取材、视角和时段均未能完整覆盖,加上网络时代发声随意,不少信手拈来未经严谨专业验证的所谓新论据新论点层出不穷,质疑之声依然不绝于耳。吠影吠声之下,即使专业人士也不免将信将疑。有鉴于近代史料的繁多庞杂,应尽可能依时序详尽系统地把梳整理所有的材料与事实,避免各种随心所欲的创见和盲人摸象的偏蔽淆乱视听。依据详人所略的原则,本文着重探究持久战思想的渊源流变,显示各种相关言论在发生演化的进程中处于何种地位,为进一步讨论各种抗日持久战主张(包括国民党和国民

---

① 较为全面、严谨且进展显著的,为杨天石的《找寻真实的蒋介石:蒋介石日记解读2》(华文出版社,2010;相关内容以《国民党"持久战"思想其实有独立来源》为题,刊登于 2009 年 7 月 7 日《南方都市报》)、张卫波的《毛泽东〈论持久战〉的传播与影响》(《军事历史研究》2016 年第 3 期)。

政府方面）与《论持久战》的联系及分别、《论持久战》的言说对象和主要目的，以及《论持久战》的传播与反响奠定坚实的基础，使得完整条贯近代中国持久战问题的材料与事实成为可能。

一、持久战的缘起

近年来关于《论持久战》的争议，最为聚讼纷纭的莫过于究竟是谁最早提出持久战的概念及其战略构想。坊间和学界就此找出了不少证据，新论迭出，显示在《论持久战》之前，许多国共要人已经具有或表达过持久战的意向，甚至直接提出了持久战的概念。还有人进一步上溯，从甲午中日战争以来中外人士的言论中寻找持久战思想的蛛丝马迹，也发现了若干疑似的证据（也不乏穿凿附会之说）。照此办法，相信将来还有可能层出不穷地找出更多的信息，不断拉长和扩张近代中国持久战概念产生及衍化的时间与空间。

关于此事的探究，如果重心仅仅放在到底是谁最早提出持久战的问题，显然存在相当多的误读错解。首先应当明确，《论持久战》的作者毛泽东从未以持久战的发明者自居，不少学人已经注意到，《论持久战》开篇就声明："能胜利还是不能胜利？能速胜还是不能速胜？很多人都说持久战，但是为什么是持久战？怎样进行持久战？"[1] 既然"很多人都说持久战"，可见毛泽东不仅没有自认为提出了"持久战"的概念，而且交代得很清楚，在他之前，已经有很多人都在说。《论持久战》就是论述而非提出持久战，其中也包括审视评议前人的持久战思想言论。

这一点以往的宣传或有所含混，而受众乃至研究者也不无误解，以至于有人甚至声称《论持久战》也不是毛泽东提出的，这就大谬不然，因为持久战虽然不是毛泽东的发明，《论持久战》却毫无疑问是其创作。在很多人都说过持久战之后，毛泽东撰写《论持久战》，旨在结

---

[1] 毛泽东：《毛泽东选集》第二卷，人民出版社，1991，第439页。

合全面抗战爆发以来的经验教训,进一步探究为什么是持久战、抗日持久战的表现形式以及怎样进行持久战。只有尽可能全面了解之前不同时期不同方面的人们怎样论说持久战,各自把自认为的持久战说到什么程度,才能把握《论持久战》的不同凡响之处究竟何在。同时,还要将《论持久战》问世之初的即时反响与后来逐渐加深的认识之间的联系及分别梳理清楚,使得混为一谈所引起的种种误读错解得到正本清源。

持久战是应用广泛的军事术语,除了专门领域,还被用于形容种种久拖不决之事。在历史上,持久战的内涵外延在大体相同相近之下,也有不少的因时因地因人而异,不宜用后来的定义涵盖裁断所有史事,而应当梳理所有史事以把握其发生衍化的历史,进而认识持久战与《论持久战》的联系和区别。系统掌握《论持久战》之前形形色色的持久战思想观念的内涵外延及其渊源流变,可以更加清晰准确地认识《论持久战》的历史地位及其作用。

就此而论,应当注意分别以下各点:其一,长期战争的观念虽然与持久战大意吻合,毕竟不是完全重合,不能觉得似是,就说成全同。此节在汉语系统中尤其应当保持慎之又慎的高度自觉,否则史上世间各事无不相互关联,总有近似之点,却不可因此而彼此替代。其二,一般性的长期作战思想,与军事战略专指的持久战不宜一概而论。其三,一般性的持久战与对日持久战,同样属于虽有联系亦有分别之事。

与中文"持久战"一词对应的西文词汇较为繁复,凡是持续时间较长或拖而不决之事,都可能被译成持久战,所以早期"持久战"每每作为形容词使用。不过,持久战本来是军事用语,《论持久战》即主要是就战争的战略而言,而军事用语的使用较为严格。军事上的持久战作为一种特定的战法,与其他战法必然有着明确的分别,不能随心所欲,牵扯混淆。

在中文世界的军事领域,至少1914年已经有完整清晰的持久战论述。《浙江兵事杂志》1914年第4、5期"学术"栏连载"楚魂"的《决战与持久战》,将战斗分为决战与持久战两大类,"决战为始终决胜负之战,而持久战为非决战之一切战斗也"。包括《论持久战》在内,后来对日抗战的持久战思想,将速决战作为持久战的对应,主要是为了强调日本企图速战速决,其实严格说来,持久战就是为了避免决战,因而一般而言,以决战为持久战的对应更加贴切。

决战与持久战的意义分别,全由战斗目的而生。决战分为战略与战术两种,相应地持久战也分为战略与战术两种。战略决战的目的是歼灭敌人,使敌国降伏,所以取攻势作战。战术决战则由指挥官的意图而定。

战略持久战为指挥官根据战略计划分派部分兵力与以特别目的而行的战法,也就是分遣支队与以各种任务期达本军战斗目的的战法。所以战略的持久战不分攻击防御,其目的是在战术的必要条件下,争取时间。所派担任各种任务的支队,属于战术分兵。但凡攻击歼敌以外的战斗行为,如前卫、侧卫、收容、前哨等,均为持久战。有战略持久战目的的支队一旦与敌遭遇,也可酌情改为战术决战。否则实行步步防御,着着退守,则为战术的持久战。

依照作者的看法,日俄战争中俄军在辽阳、沙河、黑沟台及奉天的战斗,皆为战略决战;而得利寺之战,则为战术决战,目的是以部分兵力局部决胜,以利全军。至于战斗中战略战术的决战与持久战的相互转换,则依据具体情形变化多端。凡是辅助决战目的的其他战斗行为,如前卫、后卫、侧卫的警戒,为本军主力提供掩护、侦查、佯攻等,均可视为战术的持久战。以持久战为目的的部队,应酌情进行决战,因为击破敌人能够最完全达成持久战的目的。包括掩护本军退却的部队,受敌压迫时,亦可出其不意断然实施攻击。[①]

持久战的问题一直为《浙江兵事杂志》所关注,两年后,又刊发了岳璋的《持久战之本义》,针对持久战究竟是防御战还是攻击战的问题,明确回答:"以严格之意义律之,则持久战者,非攻击战,亦非防

---

① 楚魂:《决战与持久战》,《浙江兵事杂志》1914年第4期、第5期。

御战也。故各国步兵操典,咸以其与防御、攻击分别记载之。"论者指出,持久战为战术上的一种手段,因为静止的实施之时较多,所以近人每每以为防御的一种形式。实际上,"持久战并无歼灭敌兵之目的,不过为移于攻击或防御之一阶段耳。故持久战于攻击或防御时,皆能用之,不拘何时,其性质惟在求得时间之余裕,或抑止敌兵以达某目的,或趋避决战而已"。具体包括:(1)在大部队中任掩护展开的部队为达其任务时的战斗。(2)掩护比邻部队或迂回部队动作时先与敌轻战的战斗。(3)所到一地先行作战,以待增援部队到达时的战斗。(4)守候本队进出隘路时的战斗。(5)援护后方本队阵地之部队的战斗。(6)在一地为争取时间以达某要求的战斗。(7)后卫的战斗。

持久战的阵地,应与其目的一致,必须确保在所要时间内,不致引起决战。因而凡是敌能俄然接近于我,使我没有脱离战斗的余地,不得不转而决战的阵地,则不适于持久战。所以持久战的阵地,务必坚固,如含有攻击性质,则于所要时间后,不能妨碍本队的运动或协同作战。持久战在于求得所要的时间,在此期限内,只要地形没有妨碍,可以更番占领其他阵地,不必拘守一地。

持久战军队的使用,依据目的的不同而各异,但总以力避决战,以求时间的余裕,故以不使敌兵接近于我为原则,宜远距离即用火战或展开优势火力。兵力的展开,必须广大正面,使敌不能以运动容易的密集队形前进。同时,持久战为趋避决战起见,必有退却或步步防御之时,因此,展开的兵力宜小,以易于运动指挥。要留预备队,必要时用于退却、掩护及收容。由此则正面兵力以少为贵。两种看似相反的情况应审时度势,平衡协调。

总之,持久战无论积极还是消极,都有一定的度,过之则变为攻击或单纯防御。各兵种的配置,均应以此为准,如炮兵宜于远距离压制敌兵,所有火力都要迫使敌兵不使之接近,以免持久战转为决战。持久战必须完成任务,才能实现,若轻于决战,则不能达到目的,变成专守防御。若指挥官决心攻击，也是放弃持久战的性质。[①]

由此可见，持久战的概念早已有之，民初已经进入中国的正规军事思想领域。其本源应来自欧式军事思想和近代战争实践，以日俄战争为例以及岳璋引述德国步兵操典关于持久战性质转化的内容，都足以显示其思想渊源。而这样的持久战，与第一次世界大战欧洲的战争情形颇为类似，主要是一种有目的规避决战的军事观念。不过，战略性的持久战意在避免不利于我的情况下过早进入决战，通过持久战寻求敌我对比的转变等内容，则与后来中国抗战时期的持久战观念相通。

有鉴于此，有的辞典称持久战是中国人民解放军与国内外敌人斗争的重要战略指导方针，如果作为持久战的意涵之一，是可以的，但是作为持久战的全部内涵，则显然并不妥当。因为持久战并不是只有中国共产党领导的军队才使用，而且人民解放军也不会始终以持久战作为战略方针。任何战争的根本目的是决战以战胜敌人，持久战只是在局势不利于我之际，争取时间，改变敌我对比态势，以便最终战胜强敌。

不过，尽管持久战有战略与战术之分，关于持久战的探讨，很长时间主要是集中在战术层面。如祝康的《决战与持久战之研究》设定的案例，就是配合南军第一师占领 A 村的先遣支队（以步兵四营野炮二连为基干），面对兵力未详的南进之敌，作战方案之一，是占领 E 川右岸高地，持久防御，守待全师到达，并掩护其进出。其后所有的行动均依据双方态势变化，相应地采取决战或持久战战术。[②] 由此可见，虽然并无绝对的攻守之分，其作战形式仍以阵地防守为主，局部的进攻仅仅是作为防御的延伸，这与《论持久战》所主张的以运动战为主、阵地战和游击战为辅的战法相去何止道里计。

随着持久战概念的应用积久成习，也逐渐被用于形容军事以外的一般行为事实。如战事陷于僵局，被称为持久战，对外交涉、社会纷

---

① 岳璋：《持久战之本义》，《兵事杂志》1916 年第 24 期"学术"。
② 祝康：《决战与持久战之研究》，《兵事杂志》1919 年第 67 期、第 68 期。

争、议会议事久拖不决，也被指为持久战。民国时期，军阀混战，兵连祸结，天津《大公报》发表评论《持久战中之种种危机》，引"俄国大革命起因于欧战之延长，即可知无结果无办法之持久战，势非引起意外之祸变不止"，呼吁世人注意，共促当局者郑重关切，以免国家万劫不复之祸。① 所谓持久战，即战乱经久不息之谓。

二、德国的持久战军事理论及其对华影响

随着中日矛盾的不断激化，如何使得弱而大的中国能够对抗小而强的日本，始终是国人梦绕魂萦的头等大事，完善持久战的战略思想，成为有识之士共同努力的方向。

实际上，持久战主要是第一次世界大战前后形成的新战法，战后已经正式进入德国的战术教程，并很快传入中国。1929 年由民智书局出版的许崇灏译《德国联合兵种之指挥与战斗》，其底本系德国国防部1921 年至 1923 年所颁发，其中第十一章"特种情形下之战斗"的第一节就是"持久战"。该书出过多个中译本，其中若干译本又有多个版本，如 1931 年、1933 年共和书局出版的吴光杰、刘家佺译的《联合兵种之指挥与战斗》，1932 年中央陆军军官学校编译出版的《德译联合兵种之指挥与战斗》（与共和书局版完全相同），1934 年共和书局出版的吴光杰、刘家佺合译、训练总监部审定的《最新修改联合兵种之指挥与战斗》，1935 年军用图书社出版的唐天闲译《德国联合兵种之指挥与战斗》等，与之相关的还有 1936 年军用图书社出版的张贞瑞编、训练总监部审定的《联合兵种之指挥与战斗答解》（卷上）。各书关于持久战的具体内容表述为："部队指挥官所负之责对于广大正面作持久战，筹思所以运用其兵力之方式，若有特殊之战斗目的，则不必文字正式晓示于部队，各部队惟有当攻击时，鼓其彻底之决心以进取，而

---

① 《持久战中之种种危机》，《大公报》（天津）1930 年 9 月 12 日第 1 张第 2 版"社评"。

于防御时,尽其最后之力量,以坚守指定之阵地而已。"①

军事部门的教科书比较精练概括,军事专家的个人著述则更详细地总结了"一战"的经验。1932 年中央军官学校出版了德国扩亨霍斯(Von Cochenhausen)著、杜沄翻译的《军队指挥》,该书是总结第一次世界大战经验的代表作。同一底本由吴光杰译、杨杰校,中文书名也是《军队指挥》,作者名则译为德国可亨豪逊。第一次世界大战时,吴光杰曾作为中国观战武官,参观俄法和巴尔干战场。该书第十五章"特种情形下之战斗"第一种情形也是"持久战",开头借用克劳塞维茨的名言定义持久战:"其目的在牵制敌人,保持本军之实力,俟彼筋疲力竭。"也就是说,持久战是以牵制或欺骗敌军为目的的战斗形式。此种战法无须决战,应有计划地故意作局部避让,以延获时间,有时或用攻击,而常出于防御方式。持久战时时要求节省兵力,赢得时间上与局部上之利。军队不应异视持久战的攻击或防御,乃求决战的攻击或防御。对于部队而言,只有攻击和防御之别,而指挥官则须成竹在胸,按自己的意旨施行持久战或决战,决定各部队的任务。若以持久目的施行攻击,则攻击目标不必深入敌方。持久战中,步兵的使用应力求节省,在远距离尽可能利用重机枪射击。持久战需要高超的指挥技能,因其常系以少敌众,以弱敌强,其作战目的是被动的,不在求胜,且避免决战,故指挥者必具坚强意志,伟大决心,不能完全按照战术规定施行,要相机决断,这种临机措置较作战更为重要。持久战虽有防御性质,但主要目的不是占领地方,而是与敌长久相持,减少自己的损失。②

由德国军事教科书和专著衍化出来的中文军事教材为数不少,

---

① 吴光杰、刘家佺合译《德译联合兵种之指挥与战斗》,南京中央陆军军官学校,1932,第 305 – 306 页。吴光杰(1886—1970),字霖泉,安徽肥东县湖滨乡六家畈人。1907 年起,先入保定陆军幼年及速成学校。辛亥于汉口加入革命军,继而任南京临时政府陆军部军械司科员、陆军部长黄兴的副官。1912 年,由陆军部保送德国柏林工科大学及陆军炮工大学就读,1915 年秋,应德国大本营之邀,作为中国观战武官,到德法、德俄及巴尔干各战场考察。回国后历任汉阳兵工厂炮厂主任、吴淞陆军军官教导团教育长、陆军检阅使署教练处炮兵主任、南京中央军校高级教官、训练总监部军官外国语文补习所所长等职。
② 吴光杰译、杨杰校《军队指挥》,1936 年由吴光杰发行,第 368 – 369、371 – 372 页。

1932年军用图书社出版的李刚译《战术问答一千题》，以问答形式将有关书籍所涉基本战术内容加以陈述解释，其中第三篇第五章为"持久战"，所解答为："持久战者，谓欲避免决战，求得时间之余裕，或欺骗敌人等时所行之战斗。"实施持久战的时机：（1）欺骗敌人时。（2）抑留敌人时。（3）后得时间之余裕时（如后卫占领阵地，掩护本队安全退却）。持久战多借守势达成目的，但是非出于积极的行动则难以达到目的时，也往往会取攻势。①

中央陆军军官学校武汉分校1936年出版的《战术教程》，第十编《诸兵连合之运动战》第六章也是《持久战》，其"通则·要旨"在以避免决战，图得时间之余裕，或欲欺骗敌军等时施行。持久战通常立于守势，也有非取攻势，不能达到其目的者。持久战的军队部署及战斗指导，虽因目的、地形及敌方行动而有所差异，原则仍然是须控置强大的预备队，且务必避免决战。非取攻势不能达其任务时，当断然实行。若取守势，即全力保持阵地。并从攻击、防御两方面，概括论述了持久战的具体实施办法。②

谭家骏译《新军队指挥》1937年由兵学新书社出版，第十章亦为"持久战"，规定持久战之目的，要适应敌人的兵力及其行动企图、地形等情况，借防御、对限制目标攻击、佯动战及局地的战斗回避来达成。对敌或待机或进而求敌，而有与敌以损害的机会，必须充分利用，或做成类似机会。持久战紧要的是爱惜我方兵力，以可行为限，使敌蒙受极大的损害。持久的时期越长，其实行越是需要广大的地域。持久抵抗为持久战最主要的战斗法。如持久防御，应依据情况对目标攻击加以限制，如向两翼、侧面及正面的弱点而施行。为迅速把握机会，通常对下级指挥官予以采取某种程度攻势行动的自由。有变化的行动、机动力、速力、出其不意、伪装及其他蒙骗敌人者，可增大持久战的效力，掌握一时的主动，可更长久阻止敌人。持久战必须广大正面，

---

① 李刚译《战术问答一千题》，南京军用图书社，1932年印行，第213-214页。
② 《战术教程》，南京中央陆军军官学校武汉分校，1936年印行，第270-273页。

但要在负有特别困难任务的战斗焦点集结兵力弹药,其他战斗正面仅用少量兵力。①

正规军事院校多种军事教科书的使用,表明持久战的军事思想已经成为当时国防军军事教育和军事训练的必要环节,虽然一般而言持久战在其中所占的篇幅不大,内容相对比较简单,却使得这一新战法的理念在军队的军官层面得到一定程度的普及。

原原本本地输入引进之余,因应时势的需要,以及各种译本存在翻译不明和文字表述的差异等问题,有识之士试图对新型的持久战进行综合解释。1935年,宁墨公在《军事汇刊》第19期发表《对于持久战原则之说明》,全面而详细地论述了持久战的意义、目的、运用时期、时间性、运用时机、部署及指导要领、防御要旨、难点、指挥官的责任等问题,他说:"持久战者,在避免或迟延其决战,而欲得时间、地域及其战斗距离等,以达其战胜之目的者也。"并延续前人的意思,分为战略与战术两种。战略的持久战,"欲使敌立于不利之地位,或使敌不得制我于不利之地位,故暂时牺牲决战之心理,而以缠绵战局为趣旨。倘不并用战术的决战,则我之企图,易为敌人所窥破,势必陷于各个击破之惨境"。由此论及战略的持久战与战术的决战之间的辩证关系。

战略的持久战通常用于下列时期:(1)战略上某一要点始终在我领有,不使敌骤然攻陷时。(2)牵制敌军于广阔正面,阻止其战斗前进时。(3)压迫敌人于某时期,而我夺取战略的作战根据地时。

战略持久战与战略决战性质不同,后者持续攻击,前者专取守势,即使间或采用攻击动作,一旦任务完成,便仍归守势,即"持久防御"。所以战略决战是攻势作战,战略持久战则兼有攻势与守势作战。

战术的持久战,为战术上欲争取时间及其距离的胜果,避免决战。

---

① 德国国防部1936年底改正版,谭家骏编译《新军队指挥》,南京兵学新书社,1937,第146-147页。谭家骏(1883—1959),字炳勋,湖南长沙人,北京陆军大学毕业。历任湖南都督府参谋、陆大上校教官、少将教官、湘军总司令部中将参谋长、南京编遣委员会设计处中将处长、南京军事参议院参议兼军事汇刊编辑社社长。

唯敌人不欲使我达成任务，我则以小战支持，维持战斗，并无歼灭敌人的本意。也就是新战争法上所谓"自卫抗战"。若以防御达成持久目的，又称为"持久防御"。战术的决战为反复攻击，战术的持久战则攻势为佯攻，守势为阵地防御。

战术的持久战，一般多由负有某种任务的部队实行；战略的持久战，则往往无所区别。具体实施的主体包括：（1）任集中或开进等掩护的特种部队。（2）任兵站线、防御根据地及其他军事上掩护的特务队。（3）对于前卫、侧卫、后卫、前哨等以持久战为本旨的部队。（4）基于威胁或牵制等目的而出动的部队。（5）战斗中因增强的目的而续行到达的部队。

持久战的目的，是以避免决战为本旨，所以多取守势，但有时非采取积极的行动则难以达到目的，亦可进行攻击。部队指挥官没有与敌决战之意，一经接触，极端以避免正面战斗为目的。若由于敌人的重大压迫，结果陷于决战之势，从战争形式考察，似为决战，其实指挥官意在暂时排除当面的障碍，并无歼灭敌人的决心。只是为了争取时间，达到战利的结果，所以实际上仍属持久战。

持久战虽立于守势，如果时机许可，亦可暂取攻势。适用于持久战的时机有以下几种：（1）劣势一方欲以守战对抗优势一方。（2）因党略政略的关系，有所期待而不欲决战时。（3）因国际联合作战，时间尚未成熟时。（4）基于海军、空军的协同尚未一致时。（5）战略上不得已采用慢性作战时。（6）战术上处于不利地位，非延长时日，不能恢复攻击时。

持久战以获得时间的余裕而能从容应战为标准，但就战争时间的经过演绎，分为两种：一是普通持久战的时间性，意在不使敌人进入决战距离，有时亦取攻势，包括前卫战、后卫战、侧卫战、前哨战等。二是单纯持久战的时间性，以自己的生存为要旨，不必全歼敌人。不过，事实上能够如此指导者甚少，通常以步步持久防御抵抗为目的。持久防御与作战地域有关，战术分为两种。其一，步步防御，只要时间有余裕，失地亦在所不惜。其二，旨在保守地域。实施起来，或攻守兼用，为一时的持久战，或固守一地，为专守的持久战。

持久战的本质是避免决战，通常处于守势，但在下列时机亦可采用攻势：（1）回避决战时间的胜果时。（2）以掩护为目的，不得已必须取攻势时。（3）欲欺骗敌军，使其误以助攻为主攻时。（4）欲威胁佯攻以抑留敌人于一地时。（5）欲牵制敌主力使穷于应付时。

持久战为软性战斗，军队部署应采用步步防战为原则，根据《德联指挥》《昭四战术教程》及其他参考书，其方法包括展开航空兵、炮兵、骑兵等远程机动压制敌人，造成错觉；第一线少用步兵，后方配置强大预备队；制造伪装工事，实行无线电欺骗，并保证后方即时供应。指导持久战，其要在利用攻击者逐次接近时，以延期为目的施以各种谨慎的处置，及攻击者准备决战时，有固定方式的各种计划，尔后使用各种作战手段，尽可能延缓我方决战的时机，同时推进部分兵力于前方，使敌人误认为我军主力，以为有系统的抵抗，且使敌之前进步骤，非常迟缓。倘为持久防御时，若能占据控制有利的地点，足以使敌误认我军的作战方式，甚至一时做正式决战，而我占据该地的薄弱部，若于地形有利时，日间可与敌脱离，以期避免决战。具体要领：（1）散布流言或虚假情报，使敌误判。（2）指挥官对于广大正面务须运用持久作战方式，若有特殊战斗目的，意图不必告知部下，但夜间必须固守阵地。（3）多用佯攻，不必增援。（4）隐蔽地兵力宜小，开阔地稍大。（5）行动隐秘，注意防空，以防泄密。

持久防御，要由数线阵地累积的时间，获得整个抵抗计划的时间。因此，每一防御阵地，务须决定防御战斗的程度。应同时具备四个要素，即能行有利的战斗，退却容易的地域，便于占领新阵地，退却时不损害战斗力。防御方式分为一地防御、后退防御两种，前者又分为长时间和短时间两种，分别在于是否投入步兵还是仅以远程火力拒敌，以免不易脱离。后者亦即步步防御，须配置强大预备队，决定后退的时机，阵地须有能抗击敌人的地形，并预先配置所需的部队。

持久战要在能够适时变化态势，以争取时间。攻势持久战应逐段向前推进，其步骤以适切作战目的，并牵制或欺骗敌人为标准。守势持久战，则以赢得时间、消耗敌人兵力、培养我之战斗力为主旨。所以不可于时间未至之前，遗弃尺寸土地与敌人，必须坚持防线，步步退守，而又不致陷入决战的漩涡之中为要。其难点在于把握抵抗与撤退的时机，该时机视地形的强固及敌人兵力、战斗方式为转移。通常抵抗地带有开阔前地及良好易接近的掩蔽，防御正面有强固障碍物，即使薄弱劣势的部队，在敌人先头部队迫近时，亦能长时间抵抗，并且不难于日间撤退，使敌之接近步骤无计划而愈见迟缓，则我军撤退时间可以有效延长。

持久战在时间和空间上，均示弱于敌，指挥官的责任尤为重要。若有攻击企图，应限制前方攻击的目标；若持久防御，应以尔后能隐蔽撤退而毫无损害为目的，利用天然障碍，规定防御阵地的主战斗线。具体任务为：（1）攻势时避免实质性的战斗。（2）战斗正面广阔时，以大部队施行持久战，务必巩固地形。①

专业化的军事探讨之外，鉴于中日全面战争的危机日益迫近，对全社会进行国防战备宣传日显重要，持久战成为其中的重要内容。1934年起，南京中央军官学校高级教官、军校编译处处长吴光杰在"中央广播电台"主讲"国民军事常识"，每周一次，每次一小时，历时两年半，其中多次论述持久战。如讲防御战时，已将持久防御说了大概，接着又专门讲述持久战等战法。他认为："所谓持久战，就是一种缓兵之计，不论是攻击或是防御，举凡准备未妥，不能和敌人决战，同时敌人利在速战的时候，就得利用佯战，就是假意的战斗，一方面欺骗敌人以迷误他的方向或迟滞他的行动，一方面求得时间上的余暇，使我军得着充分的准备和适切的布置，好与敌人决战。这种佯战就是今天所讲的持久战。"

由于持久战要以寡敌众，以弱抗强，同时战斗目的不在求胜，所

---

① 宁墨公：《对于持久战原则之说明》，《军事汇刊》1935年第19期。宁李泰（1887—1960），字墨公，福建建宁洛阳堡柿树下人，本姓李，因过继给姑父，兼挑二姓。18岁考入福州武备学堂，后保送保定陆军军校。民初赴云南，任讲武堂少校教官。继而就读于昆明法政学校，毕业后历任安宁、楚雄县长。北伐时，任国民革命军第十四军团参谋长，后转入中央陆军军官学校教育处，任第5期至18期战术、后方勤务教官。

以必须避免与敌决战,注意攻防及转换。攻击时各部队要鼓起大勇,抱定决心,以求进取,防御时要尽全力,以绝大的毅力坚守指定的阵地。持久战的战斗方法在上述条件下运用,无论攻防,均不能按照战术规定施行,要以临机应变、巧避巧打为常法。以持久为目的的攻击,不外迷惑或牵制敌人,通常事先预定步骤,然后按步施行。指挥官对决战的地点时间要有先见之明,然后考虑敏捷的撤退,即可达到持久的目的。

担任持久战的指挥官必须具有高明的作战艺术,运用敏锐的头脑处置一切。攻击时要实行突击,以牵制敌军主力,夜间则需认清敌军前后卫,使用假攻击,切勿因小胜而妄求大胜,忘却原来的目的,以免遭遇大的失败,造成主力的溃退,被敌人各个击破。步兵要采取纵深梯次配备,以免全力过早或被迫卷入战斗,应留有余力,活动自如。要善用巧妙突击,强固侧翼警戒。如此,我军兵力虽少,不致受敌包围,以免被迫决战。若我军佯攻,敌军信以为真,实施反攻,应预先计划临时退避方法,从其他方面用兵突击,使敌不敢贸然追击而仍受牵制。待我军主力准备妥当,即行参与主力决战。

防御性的持久战不在争占地区,而是长久与敌相持,执行的部队应占领高地,巧为伪装,宽正面布置部队,保证射击视野广阔,居高临下,控制敌军。各部队尤其是炮兵和重机枪撤退时容易获得安全掩护。倘若再能布置数层防御阵地,充分利用天然及人工障碍物,则足以阻止敌军。总之,持久战的防御阵地,不仅抵抗可以持久,还要撤退便利,指挥官预先要通盘筹划撤退,以免临时部分先期撤走,产生空隙,为敌所乘。最好事前熟思于何处仅用少数兵力可以使敌损伤受阻,尽量不用预备队收复失地。有时可以攻击方式遏止敌军。

持久战无论攻击或防守,均为假意的战斗,但要将假的当作真的施行,使敌认假作真来应付,所以秘诀就是欺骗和隐匿自己的企图,用尽妙计使敌不能察知我军的兵力和目的,令敌军误认和犹疑。达成目的的办法,就是多设伪工事,到处施行假攻击,在隐蔽处节约兵力,在开阔处使用大兵力,分散配置炮兵,"一静即偃〔掩〕旗息鼓如入九渊，一动就蜂起云涌如在九天"，使敌人没有判断的标准，加以散布流言，广泛宣传，使敌人摇惑不定，以达目的。若更能于相当时机引诱敌人到不利的地区，让我军主力给予沉痛打击，导致其失败，这样的持久战就更有价值。所以持久战不仅要争取时间的余裕，更要为全军制造战胜的机会。以局部决战为坚持战略持久战的必要战术手段，与《论持久战》的主张取向上大体一致。

与持久战相关的还有村落战和森林战，森林和村落适于军队的隐蔽运动及作为准备阵地，尤以遇到空军较强的敌人更为适当，可以用较弱的兵力对付较强的敌人，适于持久战或假战，但不能作为大决战的战场，否则消耗过多兵力，徒劳无益。持久战、村落战和森林战，都是特种战斗。① 在前述德国的军事教科书以及专著中，村落战和森林战就是作为与持久战相关联的特种战斗加以论述。

值得注意的是，宁、吴二人具有特殊身份，他们都是南京中央军官学校的教官。两人均授少将衔，抗战时期参与军事机要。吴光杰有多种军事译著，除前面引述过的《军队指挥》等书外，还有《国防刍议》《步兵操典》《兵器学》《民众防空》《新时代之要塞》《英汉军语辞典》《步兵教练手册》《装甲部队》等。宁、吴二人的著述言论，表明国民政府军方对持久战已有较为全面系统的认识，其学术理据和实战经验，主要来自德国和日本，这也符合战前国民革命军主要借鉴德国、日本的军事理论和战略战术的实情。吴光杰与国民政府高层的关系尤为紧密，能够直接或间接影响决策层的认识及决心。可以断定，到1935年，持久战的军事思想以及相应的战略战术对于国民政府决策层、国民革命军乃至社会大众，都已经不再是完全陌生之事。

---

① 吴光杰：《持久战村落战森林战之研究》，《广播周报》1935年第43期"演讲"。

三、淞沪抗战与对日持久战的提出

"二十一条"之后,中日矛盾持续激化,越来越多的中国人意识到,中日两国迟早必有一战,大而弱的中国如何对付小而强的日本,才能确保国家不亡,而且能够战而胜之,成为人们苦思冥想的重大问题。1921 年,蒋百里即预见到中日战争将是持久的,认为富于侵略性的近邻日本最为危险,"我们对于敌人制胜的唯一方法,就是事事与之相反,就是他利于速战,我都用持久之方法来使他疲弊。他的武力中心放在第一线,我们都放在第二线,而且在腹地内深深的藏着,使他一时有力没用处。我断定这个办法一定可以制敌人的死命"①。这可以说是中国对日持久抗战思想的较早雏形。

"九一八"事变后,日军很快占领东北全境,进而威胁华北乃至整个中国。紧接着 1932 年"一·二八"事变,淞沪抗战爆发,日本全面侵华的野心暴露无遗。强敌压迫之下,抗击日寇的战略问题引起举国上下的广泛关注,持久战的主张很快成为朝野上下异口同声的重要选项。

"一·二八"事变发生不到一个月,《民众三日刊》就发表署名"下乘"的文章《准备对暴日作持久战》,认为侵华日军虽然战事不利,日本帝国主义者为维持其本身存在和威权起见,一定会继续对中国增兵,进一步施加压迫,而中国则不得不保种卫国。最后的胜利无疑属于理直气壮的中国,可是就日本继续增兵看,战争是持久性的。"于此我们为获得最后的胜利起见,则应当准备对暴日作持久战!"②《平旦周报》与之呼应,载文提出《自卫战与持久战》,主张"我们应

---

① 蒋百里:《世界军事大势与中国国情》,《改造》1921 年 5 月第 3 卷第 9 号。此文为蒋百里在湖南教育会的演讲,1922 年收入《裁兵计画书》第三编"附录"。蒋复璁、薛光前主编《蒋百里全集》第 4 辑,台北传记文学出版社,1971,第 159 页;谭徐锋主编《蒋百里全集》第 1 卷,北京工业大学出版社,2015,第 299 页。吴仰湘《蒋百里对中国抗战的理论探索与贡献》(《安徽史学》2006 年第 5 期)、杜继东《蒋百里的抗战救国思想与实践》(李절珠、赵庆云主编《张海鹏先生八秩初度纪念文集》,社会科学文献出版社,2018,第 247 页)等文均已论及此节。
② 下乘:《准备对暴日作持久战》(上),《民众三日刊》1932 年第 1 卷第 39 号。

当对日之压迫抗,对日之暴力战,作持久的自卫之战!"①《抗争》也发文《淞沪得失与抗日持久战》,在赞扬十九路军予敌军以重大教训,使强寇知我民族不可欺侮,一洗颟顸无耻之徒不抵抗主义之奇耻的同时,认为该军孤军奋战,放弃淞沪反而有利于长期抵抗。国人应该认识到,"此次淞沪之战,系整个中华民族与日本帝国主义长期斗争之开始,非局部战争,非一朝一夕所能决胜负。故偶胜偶进,不必得意,偶败偶退,不必气馁,吾民族日所祈求者在于长期奋斗,争得最后胜利"。十九路军退守淞沪,既非战败而退,淞沪得失于我军事上无所损其毫末。"总之,吾民族欲求生存,必须人人具坚决心,谋长期奋斗。"②

如何才能实现战略的持久战,下乘的看法是:"我们为准备作持久战,以不屈不挠的精神,使日本帝国主义者屈伏于公理、正义底下,因此,我们便要观察国际情势与敌人的情势及我们本身要注意的地方。"③也就是说,持久战能否实现,取决于国际和敌我三方面的情势变化。这与后来《论持久战》的观察分析维度基本一致。

关于国际形势,因为中国事件均与各国相关,而中日战争发生于太平洋的重要口岸上海,与各国更有重大关系,所以应注意国际情势及各国对上海事件的态度。除中日双方外,与上海事变关系最密切的是英美两国。英国自身困难,对上海事件采取观望态度;美国与日本争霸太平洋,严重冲突,唯因自身矛盾以及帝国主义列强相互间的牵制,不愿太露锋芒,出手对日干涉。其他如法、意、俄等国也以观望为主。只要日本不直接侵害各国利益,无论其对华如何凶暴,各国都依然会作壁上观。不过,上海是万国商场,每年中外贸易主要由上海输入,若战事继续扩大,各国商务衰废停滞,便会要求停战。届时中国便可以追究战争责任,要求赔偿。"假使世界还有一线光明,我们的主张是胜利的。退一万步说,各国只要求停战,不辨白谁是战祸的责

---

① 毕安:《自卫战与持久战》,《平旦周报》1932年第3、4期合刊。
② 孤军:《淞沪得失与抗日持久战》,《抗争》1932年第1卷第2期。
③ 下乘:《准备对暴日作持久战》(上),《民众三日刊》1932年第1卷第39期。

任者，那我们为民族生存的战争，保卫国土的战争，各国是无权干涉我们的行动，只有对侵略者、压迫者劝告停止袭击，于中国的光荣战争是无损害的。由此看来，国际情势是与我们对日本帝国主义者作持久战，是有利的，是胜利属于我们的。"①

与下乘对各国有所寄望不同，毕安指责一些同胞目光浅薄，正在憧憬侥冀，做着明知不可能而不得不如是想的迷梦，以为国联必会进行有效制裁，美国将采取行动，从而引发日美战争，其他各国也会出面干预，由此转由外交谈判解决冲突。此种幻想如不打破，则中国真没救了。国联不过是冰筑之山，并非能够真正有效地保障世界和平的组织，否则日本不敢无视其决议，"我们若仍以为稳靠，宁非自骗"？美国为金元帝国，资本过剩，希望开辟中国市场，担忧日本独占满洲及整个中国利益。只要日本唱门户开放之调，践利益均沾之言，则美国可能立即改变态度，与日本携手共同做宰割中国的屠夫。国联巴黎会议时以及近来两国外交官的互动，已经显露端倪。"我们欲美不协而谋我尤可以得，又怎能望它予我格外之助，始终之援？"至于外交谈判，只能解决战事发生前的交涉，战争一旦爆发，必须一面从事外交斡旋，一面勇敢不屈地武力抵御。"总之，我们不能望徒有其名的国联，作有效的制裁；我们不能望居心叵测的美国，作死力的帮助；更不能望空泛的谈判，不生实效的调解，可以减少野心如火的日人侵我之横蛮。我们只有自立自强，自救自卫，拿自己的力量，挽回自己的命运，以自己的颈血，驱散恶敌的淫氛，以自己'宁死不屈'的精神，救出自己于'只有亡'的末路"②。

敌情方面，日本统治阶级对于战事意见分歧，资产阶级一派主张经济侵略的渐进主义，封建军阀一派则主张武力压迫的急进政策，外交上姿态强硬。"九一八"事变和"一·二八"事变是日本军阀盲目的凶暴行动，不合于日本的生存以及国际情势，日本对中国的暴行，

---

① 下乘：《准备对暴日作持久战》（上），《民众三日刊》1932年第1卷第39期。
② 毕安：《自卫战与持久战》，《平旦周报》1932年第3、4期合刊。

暴露自身统治阶级的矛盾冲突。同时，日本侵华加剧了帝国主义国家之间的利益冲突和矛盾，使之处于1914年德国类似的危险地位。而日本国内的阶级矛盾也趋于激化，劳动者的觉醒将使日本处于1905年俄国的地位，国家主义的"忠君爱国"已经不能驱使民众到火线去当炮灰，这将促使帝国主义国家的崩溃。战争将加剧日本的经济困难，财政上更加捉襟见肘。种种矛盾之下，日本实在是外强中干。中国唯有坚决抵抗，作持久的战争，才能使日本帝国主义宛转垂毙，实现中国民族的解放。① 也就是说，只要对暴日作持久战，"多行不义"的日本帝国主义者就必然会"自毙"。

关于中国持久战的立意与准备，该文认为，中国民族80年来受国际帝国主义的侵略压迫，其中压迫最凶暴，剥削最残酷的，就是日本帝国主义者。因为地理接近，日本对中国的野心比其他列强更大。中国民族的解放运动，首先就要打断日本帝国主义强加的铁链。这是中国民族生死存亡的自救工作。"九一八"事变和"一·二八"事变使日本帝国主义与中国民族的斗争极端尖锐化，并非和平谈判或任何委曲求全所能阻止。日本帝国主义垂死挣扎，斗争势必扩大，值此民族生死存亡关头，要准备对日长期斗争。日本侵略中国的方式有两种，一是借暴力压迫得来的利益和不平等条约的保障，进行经济侵略，一是借强大暴力，实行领土占领，变中国为日本的殖民地。抵抗日本的侵略，也要在这两方面展开。

中国对暴日的持久战，时间不能预定，准备也要特别充分，以免"功败垂成"。经济方面，日本是工业尤其是轻工业发达的国家，商品要出口中国及南洋，为此，对日作战期间，中国全境要抵制日货，使之绝迹，南洋一带也要发动华侨抵制日货，使日本的商品无处销售，导致工厂倒闭。"九一八"事变后的四个多月里，中国南、北、中部及香港的日货进口额均大幅度减少。如果下最大决心，进行大规模的抵抗经济侵略运动，必可使日本帝国主义者对华经济侵略至于灭绝。如

---

① 下乘：《准备对暴日作持久战》（上），《民众三日刊》1932年第1卷第39期。

果长此以往，日本全国的工厂关门，工人失业，与资本家及政府的矛盾激化，导致社会动荡，士兵也不再做资产阶级的武装走狗，国外战争变成国内战争，日本帝国主义的穷途末路就要到了，再也无力压迫中国。至于抵抗经济侵略的进行程序，要有全盘的精密计划，发动各方面民众，在运输、搬运、销售各个环节禁止日货，凡违反纪律者，以通敌论罪，同时严禁各方面与日本发生经济关系，包括存款、商贸、服务等，并拒绝向日本提供及输出原料。为达此目的，须广泛宣传，使全国民众即使在穷乡僻壤也负有抵抗任务。

暴力方面，日本海陆空军数量有限，尤其是陆军，总共只有21个师，25万人，另有预备役240万人，除非全数开来中国，否则不能分配于中国的广大地面。而日军全部来华既不可行，亦无可能，日本的财力无法负担，内部矛盾及本土防守也不允许。其海空军虽强，但海军的用途有限，空军只可做威吓之用。

至于中国持久抵抗暴力的办法，作者认为，上海战争证明，中国军队的战斗力强于日军，要持久抵抗，应扩大范围，最低限度必须恢复东北的行动。因此，必须有总动员的方针，除抵制经济侵略外，要将全国现有的300余万兵力准备起来，在沿江沿海各要隘进行配备，上海方面要布置雄厚的预备军，其他如粮食筹划，弹药接济，交通整顿，都要通盘筹划。民众方面要扩大义勇军组织，集中退伍军人和知识分子，由民众组织抗日领导机关，指挥一切抗日行动。如此，则日本帝国主义的暴力便不能动摇中国民族抗日的分毫了。

在各种不利于持久抗日的因素中，中国政府的情形最令人担忧，"我们认为蒋介石、汪精卫所作所为在过去事实的表现，完全是取'不抵抗'的投降政策，企图在日本帝国主义者的怜悯下稳固他们的统治权"，东北数千里疆土作了"不抵抗"的牺牲。应由民众督促以"不抵抗"丧失国土的蒋介石、张学良等，以"罪该万死"之身督率专门制造内乱的军队收复失地，然后再听候民众的公判。在全国民众一致抗日的时候，蒋、汪、张等皆不敢说不抵抗，而说抵抗，但民众要看事实表现，欺骗的手段不能再有效力。在中国民族生死决斗的关头，不容有只图自私自利的汉奸存在。①

对于政府的担心,已经不是人们心中的隐忧,"孤军"的断言,表达了许多人的共同心声,他说:"总之,吾民族欲求生存,必须人人具坚决心,谋长期奋斗,尤须秉国者坐言起行,从速命令沿海各军,与暴日决殊死战。若秉国者仍因循不决,以不抵抗及乞怜国联为外交秘诀,一面任前线将士浴血,一面与敌人谋妥协,则我忠勇之将士虽能坚守淞沪,其结果亦徒供卖国者作馈赠品耳!吾人于今日痛定思痛之余,对人诚不愿多所责备,惟愿国人以沉勇之精神,必死之决心,继续奋斗,实行下列几事:(1)继续予十九路军以精神及物质之援助,使此忠勇卫国之将士能对敌作持久战。(2)严防政府对日外交屈服,并反对闸北划中立区,不准签订任何丧权辱国条约。(3)各地人民与军队应扩大抗日战争,继十九路军在淞沪之后,起而抵抗暴日。(4)督促政府出兵讨伐满洲伪国,收复东北失地。(5)认清上海事件系与东北事件联带而起,上海事件不能舍东北而单独解决。"这些举措,既"为长期抗日荦荦之大端,亦为中华民族谋生存之要着"②。

也有人担心十九路军孤军奋战,蔡廷锴难免成为马占山第二,重蹈其覆辙,提出应警惕如何使十九路军的精神扩大与勇气延长,也就是如何增加抗日自卫战的持久性。对此问题的概括答复是"要全国各阶级的觉悟的革命分子,成立广大的坚固的联合战线"。此说看似不错,可是详细的解释,却是解析现今流行市面的两种舶来品理论的错误。第一种是共产党的理论,包括托派和干派两类,前者认定中国是资本主义社会,主张实行无产阶级以城市为中心的暴动;后者认定中国封建经济尚占绝对优势,主张实行以农村流氓为主体的流寇式窜扰。两派理论不同,方式一贯,都是阶级斗争。其根本错误在于把殖民地里面的阶级利益置于民族利益之上。实则中国的资本主义发展和封建经济的衰落,都是由于帝国主义的经济掠夺,可见中国的命运全操于

---

① 下乘:《准备对暴日作持久战》(下),《民众三日刊》1932年第1卷第40期。
② 孤军:《淞沪得失与抗日持久战》,《抗争》1932年第1卷第2期。

帝国主义之手。唯一的出路，"是反帝国主义的政治压迫，抗帝国主义的经济侵掠。各阶级的民众，应该认定民族的利益超越阶级的利益，而坚定地认识现时最重要的斗争，是向帝国主义作拼死的抗战，在血路中去先求民族的出路"。

第二种是社会民主党的理论，"他们根本的政纲，是实行工农平民联合战线的革命"。所谓平民，即城市小资产阶级。然而孙中山说，中国只有大贫与小贫。即使有所谓资产阶级，也不过是帝国主义掠夺之下，可怜性较浅一点的殖民地的一个社会阶层。至少可以说其中必有一部分也需要革命。在此危急关头，不能笼统地把民族资产阶级排除在外。"所以，我们认定，凡维护民族利益者，不论属何阶级，我们应当联之合之；凡危害民族利益者，不论属何阶级，我们应当打之倒之！我们目前的战线，应该是所有各阶级觉悟分子的总和。"

如果说上述言论看似还有些道理，那么作者的结论就充满党派成见，他说："总之，共产党也好，社会民主党也好，他们成功之日，即民族灭亡之时。试问，民族已亡，阶级何在；民族不救，阶级何由而兴？"至于以资产阶级利益为前提的国家主义派，同此理由也应予以反对。望全国同胞"勿受邪说之迷，勿信一执之偏，共同努力于抗日之战，以共死之心，求同生之路；以共难之义，求同存之荣！然后抗日自卫之战，方克持久而得最后胜利"。

为此，作者呼吁各方军事领袖，应秉相忍为国之心，去个人旧时之嫌，不要以上海战事为十九路军一军之私斗，必须打破地方割据主义，消除派系纷争，大家同心将枪尖瞄准共同的敌人日本，这样抗日的自卫战必能持久，也必能取得最后的胜利。①

对日持久作战，要全国一致动员，无论时间多久，始终坚持抵抗到底。"日本帝国主义者在各种矛盾包围中，在暴力无所威胁中，在经济断绝关系中，如不倒毙，请将作者之头砍下，悬诸国门以谢国人。民众们！民族存亡在此一举，奋斗到底，准备作持久斗争，最后之胜

---

① 毕安：《自卫战与持久战》，《平旦周报》1932年第3、4期合刊。

利是在中国民族手上,中国民族解放就在胜利声中获得了。"① 只是成见在胸,障目蔽心,如何能够团结一致,共御强敌?

1936年绥远战事发生,《家庭周刊》以"向辰"的名义发表编者之言《希望全国同胞一致起来预备持久战》,指出绥远事件有背景,有作用,"绝不似短期所能终了的,更不是马马虎虎所能平息的"。既然战事有延长的可能,应有整个的计划,于是重提"九一八"事变时的爱国捐款倡议,呼吁全体国民每人每月捐款一角,以增厚战时经济实力,有钱则多捐,要求国民"一致起来,预备持久战"②。

这一时期各方谈论的持久战主张,对于我方主要是强调决心和意志,"愿国人毋存苟安之心,勿妄想停战议和。以最大之决心,谋持久战,则最后胜利,必属诸吾人"③。对于敌方则有所轻视,似乎只要国人一致抗战,下定决心,就会取得胜利,而对日本的强大军事实力以及抗战的艰难困苦严重估计不足,更少深究具体以什么样的方法步骤,才能战胜强敌,克服困难,获得最后的胜利。

四、中共的抗日持久战战略及其渊源

概括而论,相较于《论持久战》,全面抗战前国人持久战思想主张的渊源流变有两个显著特征。

其一,军事理论主要来自域外,在中国自身的军事训练和战争实践中缺乏相应的基础,多少有些纸上谈兵的意味,而且主要停留于战术层面,战略层面的内容过于宽泛笼统。虽然有人论及战略持久战与战术决战的相互关系,却没有深入探究具体的战法及其操作实施的步骤。

其二,不约而同地提出了对日抗战的持久战主张,认定中国抗日必须实行持久战,才能争取最后胜利,并从敌我及国际三方面分析论

---

① 下乘:《准备对暴日作持久战》(下),《民众三日刊》1932年第1卷第40期。
② 向辰:《希望全国同胞一致起来预备持久战》,《家庭周刊》1936年乙种第121期。
③ 孤军:《淞沪得失与抗日持久战》,《抗争》1932年第1卷第2期。

证了为什么是持久战以及为什么只有持久战才能战胜日本，同时提出了民族利益高于一切和全国团结抗日的重要性，反对国民党和国民政府妥协投降的"不抵抗"，至于如何实行持久战，则主要是强调正义、决心、勇气和牺牲精神等主观因素，形同口号式的宣传，缺乏具有战略全局高度的阶段划分和具体措施。有的论者还存在严重的党派偏见。

不仅如此，即使与同时期中国共产党的主张相比，包括国民党和国民政府在内，其他各方的持久战观念也存在明显差距。早在全面抗战爆发前，1935年12月23日中共中央政治局瓦窑堡会议上，就通过了《中共中央关于军事战略问题的决议》，主要针对日本侵华形势，提出党的战略方针，其中作为作战指挥的一般原则第5项明确提出："战略的持久战，战役的速决战，反对战役持久战，反对'拼消耗'。"① 这表明中共中央至此已经确定抵抗日本侵华的战争将会是持久战，并且以持久战为军事战略方针的重要原则。只是这时持久战还不是作为整体的战略方针，诸如运动战、集中兵力打歼灭战、游击战争等，都是与持久战并列的作战指挥的一般原则。

中共中央的决议，显示中国共产党领导层在即将来临的抗日战争的战略方针上，已经形成一定的共识。此后，中国共产党负责人在不同场合，以不同方式，分别阐述了对抗日战争持久性预判的理据。1936年7月16日，毛泽东与斯诺谈话，回答战争要延长多久的问题，认为主要看中国自己的力量（抗日统一战线的发展）、国际援助以及日本国内的革命，条件成熟快，战争将迅速结束，否则会延长。但日本必败、中国必胜的结果不变，只是牺牲大，要经过一个痛苦的时期。日本人民的革命，不仅可能，而且肯定，是不可避免的。②

1937年4月24日，《解放》周刊创刊号刊登洛甫（张闻天）的《迎接对日直接抗战伟大时期的到来》，称"胜利只能是持久的艰苦工作的结果，而不是他的开始。我们的前途是光明的，然而这必然是一

---

① 中央档案馆编《中共中央文件选集》第十册，中共中央党校出版社，1991，第594页。
② 中共中央文献研究室编《毛泽东文集》第一卷，人民出版社，1993，第401-402页。

个持久的战争。抗日战争不是靠少数人的冒险冲锋就能够得到胜利的。这里需要全民族的总动员，需要千百万大军的准备"①。

毛泽东的谈话和张闻天的文章，表明中国共产党领导层充分认识到抗日战争势必是一场全民族的艰苦持久战争，必须举国上下、全民动员、长期坚持，才有可能最终获胜。尤其是毛泽东在与斯诺的谈话中明确提出：

"我们的战略方针，应该是使用我们的主力在很长的变动不定的战线上作战。中国军队要胜利，必须在广阔的战场上进行高度的运动战，迅速地前进和迅速地后退，迅速地集中和迅速地分散。这就是大规模的运动战，而不是深沟高垒、层层设防、专靠防御工事的阵地战。这并不是说要放弃一切重要的军事地点，对于这些地点，只要有利，就应配置阵地战。但是转换全局的战略方针，必须是运动战。阵地战虽也必需，但是属于辅助性质的第二种的方针。在地理上，战场这样广大，我们作最有效的运动战，是可能的。日军遇到我军的猛烈活动，必得谨慎。他们的战争机构很笨重，行动很慢，效力有限。如果我们集中兵力在一个狭小的阵地上作消耗战的抵抗，将使我军失去地理上和经济组织上的有利条件，犯阿比西尼亚的错误。战争的前期，我们要避免一切大的决战，要先用运动战逐渐地破坏敌人军队的精神和战斗力。"②

此时第二次国共合作尚未实现，从全面抗战爆发后中国共产党的应对看，这样的战略方针并非仅仅是就中国共产党领导的抗日军队而言，而是面向全国所有的抗日军队及其指导者立论。此时毛泽东已经假定，中国要具有战胜日本并消灭日本帝国主义的实力，必须具备三个条件，即中国抗日统一战线的完成、国际抗日统一战线的完成、日本国内人民和日本殖民地人民的革命运动的兴起，其中中国人民的大联合是主要的。毛泽东还以红军的战争史为例，指出抗日战争中，中

---

① 《解放》1937年4月24日创刊号"论著"。目录上标题为《迎接对日直接抗战的伟大时期的到来》。
② 中共中央文献研究室编《毛泽东文集》第一卷，人民出版社，1993，第405页。

国所占的优势，比内战时红军的地位强得多。就算日本占领中国一万万至二万万人口的区域，我们离战败还很远呢，我们仍然有很大的力量同日本作战。问题的中心点还是中国全体人民团结起来，建立举国一致的抗日阵线。在回答斯诺关于中国共产党政府和红军如何与国民党军队合作共同抗日，即在必须将所有中国军队置于统一指挥下的对外战争中，红军是否同意服从最高军事委员会的军事和政治决定的问题时，毛泽东明确表示，只要这样一个委员会是真正抗日的，我们的政府将衷心服从它的决定。红军不会开进抗日军队占领的任何地区，不会采取机会主义的办法来利用任何战争局势。红军有十年革命斗争的经验，不论基地大小，都能进行战争，基地越大，能够动员的抗日力量就越强大。①

毛泽东于此所说的中国抗战的战略方针，在《论持久战》中还进一步展开论述，但从军事角度看，则大体已备。这样的军事战略和战法，既是根据敌强我弱、敌小我大的力量对比和整个国内外形势做出的战略判断，也是由红军长期实行的战略战术延伸发展而来，不仅国内其他军队不曾拥有，在世界战争史上，也罕有先例。也就是说，尽管国人早已普遍意识到中日之战将是持久战，尽管持久战的军事思想已经进入中国的军事思想和军事教育、训练领域，还是不能照本宣科地制订详细的持久战军事战略方针。尤其是中国共产党领导的军队，其战略方针主要来自革命战争的实践，是由无数鲜血和生命凝聚而成的宝贵结晶，同时也是毛泽东根据中国国情和革命战争实际灵活用兵的体现。

1935年12月，毛泽东在《论反对日本帝国主义的策略》的报告中指出："中国革命战争还是持久战，帝国主义的力量和革命发展的不平衡，规定了这个持久性。""帝国主义还是一个严重的力量，革命力量的不平衡状态是一个严重的缺点，要打倒敌人必须准备作持久战。"②

---

① 中共中央文献研究室编《毛泽东文集》第一卷，第401–404页。
② 毛泽东：《毛泽东选集》第一卷，第153页。

因而有学者据此断言，中国共产党领导人中最早提出"持久战"思想的是毛泽东。①

所谓"还是持久战"，意味着之前中国的革命战争也是持久战。1936年12月毛泽东所写《中国革命战争的战略问题》指出，中国革命战争具有四个主要特点，即经过一次大革命的政治经济不平衡的半殖民地大国，强大的敌人，弱小的红军，土地革命。这些特点，限定了中国革命战争的指导路线及其许多战略战术的原则，半殖民地大国和土地革命的特点，说明了红军可能发展并战胜敌人，强大的敌人和弱小的红军的特点，限定了红军不可能很快发展和不可能很快战胜敌人，"即是规定了战争的持久，而且如果弄得不好的话，还可能失败"。顺利条件和困难条件同时存在，是中国革命的根本规律，由此规定的战略方向，其中就包括"反对战役的持久战和战略的速决战，承认战略的持久战和战役的速决战"，以及反对游击主义而承认游击性，反对固定的作战线和阵地战，承认非固定的作战线和运动战等。

"战略的持久战，战役和战斗的速决战，这是一件事的两方面，这是国内革命战争的两个同时并重的原则，也可以适用于反对帝国主义的战争。"一旦中日全面战争爆发，就可以转而应用于中华民族的抗战。由于中国的反动势力由许多帝国主义支持，国内革命势力没有聚集到足以突破内外敌人的主要阵地以前，国际革命势力没有打破和钳制大部分国际反动势力以前，革命战争依然是持久的。这是长期战略方针。古今中外的战争，包括战役和战斗，无不要求速决，旷日持久总是认为不利。唯独中国的战争，战略上不能不以最大的忍耐对待之，不能不以持久战对待之。战役和战斗的原则相反，不是持久而是速决。局部战役和战斗的持久方针是为了主力的速决战。

比照《论持久战》的相关论述，上述论断显而易见有着高度的相似性。不过，这时毛泽东关于整个持久战过程的阶段划分只有战略退却和战略反攻两个阶段，敌我对比变化是在战略退却阶段发生，在战

---

① 杨天石：《找寻真实的蒋介石：蒋介石日记解读2》，华文出版社，2010，第72页。

略反攻阶段继续造成。

中国革命战争战略方针的确立，是红军指战员用巨大牺牲换来的宝贵经验总结，尤其是第五次反围剿失利，红军被迫进行战略大转移的惨痛教训，使得中国共产党军政领导层痛定思痛，深刻反省，确定了正确的军事指挥原则。1935年1月的遵义会议上，决定主要根据毛泽东发言的内容，委托张闻天起草《中央关于反对敌人五次"围剿"的总结的决议》。该决议后于1935年2月8日在云南威信召开的政治局会议上正式通过。正是在总结五次围剿和反围剿成败得失的基础上，对中国革命战争持久战的战略方针做了系统归纳和表述。红军战略的持久战与战役战斗的速决战，与蒋介石的围剿方针形成尖锐对立。历次围剿失败后，蒋介石及其外国军事顾问深知长驱直入的战略战术与红军在苏区内作战极端不利，"因此五次'围剿'中采用了持久战与堡垒主义的战略战术，企图逐渐消耗我们的有生力量与物质资材，紧缩我们的苏区，最后寻求我主力决战，以达到消灭我们的目的"。由于红军未能采取决战防御即攻势防御战略，集中优势兵力，在运动战中各个击破敌人，以单纯防御即专守防御和阵地战应对，"使敌人持久战与堡垒主义的战略战术达到了他的目的"。我们的战略路线是决战防御，即不是单纯防御，而是为了寻求决战的防御，为了转入反攻与进攻的防御。应以游击战与运动战相配合，在次要方面引诱钳制敌人，主力则进至适当距离，或转移到敌人侧后隐蔽集结，以寻求有利时机突击敌人。

单纯防御路线的领导者在持久战与速决战的认识上是错误的，"必须明白中国国内战争不是一个短时期的战争，而是长期的持久的战争"。在不利的条件下可以暂时退却，保存力量，在有利条件下转入反攻进攻。同时，为了进行长期的持久战，对于每一次围剿与每一个战役，必须极力争取战局之速决。战役与战斗的持久战对于我们是没有胜利前途的。因为要进行战争的持久战与战役的速决战，所以一定要给予红军以必需的休养兵力与教育训练的时间，这是争取战争胜利的必要条件。还必须反对那种把保持有生力量与保卫苏区互相对立起来的理论。只有保持有生力量,才能真正保卫苏区。在战争持久战的原则下,要反对过分估计敌人力量的保守主义和对敌人力量估计不足的冒险主义。①

遵义会议的军事总结以及《中国革命战争的战略问题》,对于国内革命战争的持久战与速决战的辩证关系,做了最好的论述,为中国共产党提出的抗日战争持久战战略方针奠定了坚实的基础。毛泽东与斯诺谈话所论述的中国的战略方针,即强调主力应在广大战线上进行大规模高度运动战,反对专守防御的阵地战;必须以运动战为主,阵地战、游击战为辅,决定战争胜负的是运动战;战争前期,尤其要避免一切大决战,反对集中兵力在狭小阵地上消耗战。凡此种种,均在全面抗战第一阶段的战事中得到充分验证。毛泽东依据红军革命战争的战略战术,结合全面抗战第一阶段战事的成败得失,在《论持久战》中进一步系统阐述了中国全民抗战的战略方针。就此而论,没有国内革命战争围剿与反围剿的浴血奋战,中国共产党就不可能提出成熟的抗日战争战略方针。

---

① 中央档案馆编《中共中央文件选集》第十册,第 454–455、460–463 页。

"自由中国"的来龙去脉

提起"自由中国",人们首先联想到的便是冷战时期在美国的支持下,台湾当局的反共宣传。然而,那一时期常常被各方痛批为专制独裁的国民党和台湾当局,未必敢于挂出"自由中国"的招牌,以免引火烧身。"自由中国"这块牌子,又似乎与中国的自由主义者关系密切。被推崇为中国自由主义领袖,后来也自称始终坚持自由主义的胡适,在1959年11月20日《自由中国》十周年纪念会上演讲,谈及《自由中国》发端的历史,就提到"可能那时我们几个人是最早用'自由中国'这个名字的"①。此说如果仅指1949年,勉强可以成立,若是放宽到整个近代中国,则严重失实。

"自由中国"的历史,的确与以《自由中国》为名的刊物密不可分。只是这并不仅仅指1949年发刊的《自由中国》。从抗战爆发到1949年,三份同样以《自由中国》为名的刊物,呈现了"自由中国"四个阶段跌宕起伏的历史。在此过程中,"自由中国"的内涵发生了根本性的变化。而与"自由中国"相关联的历史所遗留下来的一系列重大问题,值得后人深刻反省并继续努力探寻解决方案。限于篇幅,本文主要探究前两份《自由中国》,至于后一份《自由中国》与冷战思维的关系,另文详论。

---

① 胡适:《胡适日记全编》第八册,曹伯言整理,安徽教育出版社,2001,第600页。

一、牺牲个人的自由以争取中国的自由

"自由中国"并非始于1949年,早在1938年4月1日武汉保卫战的前夕,孙陵、臧云远等人就在武汉创刊了第一份以《自由中国》为名的刊物。

从创刊号刊登的1938年3月9日郭沫若专门题写的题词,可以看出这份《自由中国》的基本宗旨:"要建设自由的中国,须得每一个中国人牺牲却自己的自由。每一个中国人把自己的一切奉献给祖国的解放。中国得到自由,则每一个中国人也就得到自由了。"①

郭沫若的题词着重表达了两层意思。其一,自由中国是相对于日本帝国主义的侵略而言,必须摆脱日寇的侵略奴役,才能建设自由的中国。其二,鉴于严重的亡国危机,全体中国人应牺牲个人自由以争取国家民族的自由,因为只有打败日寇,解放祖国,才能使国家重获自由,否则毫无个人自由可言。在这样的理念下,个人自由应当服从争取国家自由的大目标,也就是说,个人自由与国家自由存在主次从属关系。

郭沫若宣称要建设自由的中国,意味着即使没有日本侵略,中国也还不能称为自由中国。这样的意涵,通过中国共产党领导人的言辞得到彰显。在郭沫若题词之前,1938年2月1日,毛泽东先为该刊题词:"一切爱国人民团结起来,为自由的中国而斗争!"②虽然毛泽东的题词没有直接点明中国原来是否已经自由,却提出一个根本性问题,即人民与自由中国的关系,只有人民团结起来,同日本侵略者斗争,才能争取到自由的中国。

---

① 《自由中国》第1号,1938年4月1日。龚济民、方仁念主编《郭沫若年谱》(天津人民出版社,1982)漏掉"却"字。
② 《自由中国》第2号,1938年5月10日。

值得注意的是，《自由中国》的主编者并没有就刊名进行阐释，除了两份题词切题外，撰写解题之文的是另一位中国共产党要人陈伯达，刊登在《自由中国》第 1 号的《争取中国的自由与创造自由的中国》，详细阐释了毛泽东和郭沫若题词的大意，同时也阐明了《自由中国》的主旨。他说：

> 中国是不自由的，要把不自由的中国变成自由的中国，必要获得中国的自由，而首先必要把中国从日寇的铁蹄之下解放出来。……在日寇的统治下，在日寇的炮火下，我们中国人是连自由的呼吸都是不可得的，哪里有自由的中国？所以，要取得自由的中国，必要首先从日寇的铁蹄之下解放出来，换句话说，首先要解放当前民族的不自由，首先要争取中国的自由，首先要打倒那使中华诸民族无法生存的日本帝国主义者！

在争取中国自由的斗争中，文化人担负着重大责任。"就是要善于应用和发挥自己所受过的文化教养，起来发聋振聩，激发千千万万同胞的觉醒，无孔不入地把争取'中国的自由'的意识贯〔灌〕输给他们，把各方面抗战的意识贯〔灌〕输给他们。没有大多数的同胞起来，我们是不能最后战胜日寇的，同时我们也不能创造自由的中国。"

创造自由的中国，意味着中国本来还不自由，必须大多数同胞觉醒奋起，而文化人的职责，就是在保卫祖国及其文化的过程中，使同胞记起民族历史上不朽的光荣，继承文化遗产，同时警戒复古守旧和盲目夸张。不要背对 20 世纪而面向古代，"不要安于浅薄，不要乐于互相标榜，而是需要深刻的智慧，远大的思想，互相督促，互相勉励，互相批评，互相分工合作——这些就是新启蒙运动的精神，必要这样，现代中国文化人才能够尽起唤醒国魂的伟大任务，才能对于创造自由的中国在文化上尽自己应尽的伟大任务"①。概言之，就是要通过新启蒙运动唤醒国民的自觉，以创造自由的中国。

在这篇文章中，陈伯达没有详细阐释新启蒙运动与创造自由中国的关系，他另外写了一篇长文《论抗日文化统一阵线》，本来准备发表在其他刊物上，因故耽搁未出，于是拿到《自由中国》第2号发表。该文分为三部分，其中第二部分专论新启蒙运动，前后两部分则讨论新启蒙运动与抗日文化统一阵线的关系。他首先指出，中国有着悠久的历史文明，但现在已经落后，日寇的侵略使得中国面临亡国灭种的危险。日寇为根本消灭中国人民的民族意识，不能不企图根本毁灭中国的文化，以便推行愚民政策，因此，中国在文化上不但要创业，迎头赶上世界先进文化，而且要守成，保卫本国的传统文化。

陈伯达接着指出，中国共产党人一直坚持继承五四新文化的精神，批判维护宗法制的旧礼教，可是日本的侵略造成严重的民族危机，使形势发生重大变化，过去批判封建教义和圣经贤传以唤起同胞自觉，现在为保卫古代文化和圣地，使中国的圣经贤传不被敌人利用为愚弄同胞的工具，"我们却愿意和一切反对日寇的同胞联合一致，而且我们正是站在这种战斗的前锋"。因为如果中国民族灭亡，中国文化即失其存在和发展的根据。今日中国的基本国是，就是一切为着抗日战争，一切服从抗日战争，"而要保卫中国文化，就必要动员全国文化界，为这抗战而服务，动员全国文化界的工作服从于抗战"②。

陈伯达指出，抗日战争的文化动员，与新启蒙运动密切相关。"新启蒙运动是保卫中国文化的运动，同时也是发展中国新文化的运动。新启蒙运动是服务于抗战的文化运动。"正如张申府所说："新启蒙运动便可作战时文化动员的主脑。"③

新启蒙运动是"一二·九"运动后被提出来的，一年后曾在北平

---

① 陈伯达:《争取中国的自由与创造自由的中国》，《自由中国》第1号，1938年4月1日，第80—81页。
② 陈伯达:《论抗日文化统一阵线》，《自由中国》第2号，1938年5月10日，第119—120页。该刊目录将文章标题写为《论抗日的文化统一阵线》。
③ 陈伯达:《论抗日文化统一阵线》，《自由中国》第2号，第120—121页。

掀起一阵风暴。罗敦伟发表于《文化建设》第3卷第10期的《新启蒙运动总批判》一文，虽然对运动提出消极的批评，也不能不承认救国文化界新启蒙运动的展开，使沉寂多年的思想界起了一些骚动。作为抗战文化的总动员，"新启蒙运动不是别的，就是要唤起我四万万五千万同胞在现阶段上之民族的自我觉醒，而这种觉醒就是关于抗日战争的觉醒"①。罗敦伟认为，今日中国思想界的立场应该是：第一，民族第一主义。第二，全民族大团结，尤其是与劳苦大众的团结。第三，新铁血主义意识形态的构成，是科学的、现实的、斗争的、抗战的民族精神。他虽然批判新启蒙运动，然而在陈伯达看来，"他所主张的立场，却正是新启蒙运动从来所主张的今日中国思想界所应采取的立场"②。陈伯达提出新启蒙运动的两大标志是：保卫祖国，开发民智，与罗敦伟的主张一致。

近代中国的启蒙与救亡，一度被认为是相互掣肘而非相辅相成。由于救亡压倒启蒙，带来一系列负面作用，影响了中国变革的进程。但在以新启蒙运动为抗战文化动员的主张者看来，救亡与启蒙不仅并行不悖，而且相互促进。启蒙非但不会妨碍救亡，而且只有启蒙才能广泛动员民众进行救亡，也只有启蒙唤醒民众，才能保证救亡走在正确的轨道上。这等于说救亡造成启蒙的需求，启蒙则保障救亡的展开。

新启蒙连接了启蒙与救亡，陈伯达认为，"新启蒙运动的精神是批判的。然而这种批判的精神，并没有违反了'抗日第一'。只有能具批判精神的，才能是真正的觉醒，也才能成为民族真正自觉的战士"。科学、现实、斗争、抗战的民族精神，需要从批判中建立和发展起来。"我们要求中国今日思想界达到抗日的统一，而批判又正是为达到这种抗日的统一。我们在思想界要检查一切有害于抗日的毒素，同时又要发展和创造一切有利于抗日的美丽之花。"③

新启蒙运动的倡导者批评罗敦伟所说"救亡图存，决不能够再来重新建立什么新的思潮"，反对将启蒙与救亡对立起来，认为要救亡图

---

①②③ 陈伯达：《论抗日文化统一阵线》，《自由中国》第2号，1938年5月10日，第121页。

存，文化上必须推动新的思潮，批判和保卫中国文化相辅相成，发展是为了保卫我们的文化，而批判是为了发展我们的文化。正因为此，"敌人毁灭中国文化的步骤，是首先要毁灭数十年来的中国新文化"①。

尽管五四新文化运动中出现过否定传统文化和道德的局部性偏激，随着抗日战争的爆发，民族存亡与历史文化紧密关联，认识已经发生了变化。陈伯达明确指出，质疑新启蒙运动反传统"完全是最大的误会"，新启蒙运动只是否认历史上有不变的文化和道德，新时代不可避免地会有新文化和新道德的出现。孙中山在"世界新道德之潮流"的演讲中，不但承认新道德的存在，而且宣称"三民主义是打破旧思想的主义"。新启蒙运动完全和孙中山站在同一立场上。②

不仅如此，历史论者承认新道德的产生与旧道德的发展存在关联。必须把旧道德的"忠孝节义""礼义廉耻""仁爱和平"等，"由服从个人的道德，转变为服从民族的，服从社会的，服从大众的道德"。一方面，每个人应当尽忠于民族和社会，合理地孝敬父母，友爱兄弟，互相劝勉，以服务于民族和社会的事业，孝敬祖宗者必会为捍卫祖国的事业效死。另一方面，每个人在民族和社会的事业前面，不是从盲从和迷信出发，而是从理智出发，发挥集体的道德，成为自觉的战士。③

照此观念，启蒙正是为了促进抗战。保卫祖国及其文化，不但要维护既有，更要发展创造，所以必须开发民智，使人民获得自由，由服从个人转而忠于民族、社会和大众，在救亡的同时创造属于人民的自由中国。所以张申府说："现在新启蒙运动不但是民主的，大众的，并且是带有民族性的。"④ 所谓民族性，指新启蒙运动既是抗战的文化动员，又具有很强的民族历史的色彩。

抗战动员要具有批判眼光，不能盲目服从，因此"新启蒙运动的工作，一方面是文化的大众化，另一方面，则应是理论的深刻化"。要

---

①② 陈伯达：《论抗日文化统一阵线》，《自由中国》第2号，第122页。
③ 陈伯达：《论抗日文化统一阵线》，《自由中国》第2号，第122-123页。
④ 陈伯达：《论抗日文化统一阵线》，《自由中国》第2号，第123页。

充实和武装全国同胞的头脑,使其能够自觉地、纵横自如地、随机应变地进行民族的大抗战,决定民族历史的前途。"新启蒙运动主张思想的大解放,主张发挥理性,反对复古、武断、独断、迷信和盲从,使民族的正当思想可以得到健全的发展,中国旧文化中最好的传统可以得到合理的阐扬,而在文化上,打开广大地扫除民族愚昧的途程。"①

以面向大众和具备批判眼光为争取自由和创造自由中国的必要条件,不仅针对旧中国的支配者,也适用于抗日战争的领导者。所以陈伯达声称历史唯物论者从来反对独断,需要理性的新发展,要求一般文化界人士和先进思想者三思,用新哲学来深刻分析抗战所必要的各方面发展以及中国社会和历史现实,与有害的思想或教条斗争,以指示中国人民的出路。

至于具体的活动方式,新启蒙运动是民族的教育运动,要联合全国的文化人、科学家、教育家、大中小学生以及一切文化机关、教育当局,进行广泛合作,普遍实施战时教育,让全体同胞尽可能学习到最低限度的战时常识,提倡通俗教育、识字、科学化、防空、防毒、防疫运动以及为抗战贡献国家的运动;普遍设立短期民众学校和乡村阅书报社,配置抗日通俗小报小书,实行小先生制;加强翻译工作,借助世界先进的科学及各种解放思想,发展中国文化;组织全国文化界,大规模创造中国的百科全书,作为现代中国民族战斗的宣言书。②这可以说是《自由中国》的行动纲领。

与启蒙运动张扬个性解放并以之为国家民族解放的基础相比较,新启蒙运动优先强调国家民族及社会大众的解放。不过,新启蒙运动并没有将个人的自由与国家民族的自由对立,而是指出二者的相互依存,即使主张个性解放优先者,也不能否认个人与国家民族的关联性。更为重要的是,新启蒙运动坚持批判理性,正是为了防止以国家民族的名义压制个人的自由。

---

① 陈伯达:《论抗日文化统一阵线》,《自由中国》第2号,第123页。
② 陈伯达:《论抗日文化统一阵线》,《自由中国》第2号,第123-125页。

二、《自由中国》的由来

关于《自由中国》的来龙去脉,陈纪滢的《记孙陵》称:"《自由中国》之名,是什么人命名的,已不可考。当时,是战区所创办,虽是抗日,但主办人脑筋中影影绰绰,未来中国,必多灾难。一个《自由中国》,也必随着时势之转移与日月的轮转,而出现于亚洲,今不幸果然。后来雷震与胡适之先生等合办《自由中国》,当然是继前者之后的滥觞。"① 陈纪滢虽然与孙陵相识甚早,《记孙陵》一文又为研究相关史事者引为重要依据,可是从上节所述事实不难看出,《自由中国》的得名与陈纪滢的揣测相去甚远,甚至截然相反。

其实,关于《自由中国》的创刊及其得名,孙陵刊登在《自由中国》1940年复刊号的《〈自由中国〉小史》一文,有比较详尽的说明。

1937年,孙陵在上海与杨朔经营了一家小出版社,希望找机会请各派作家们密切联系起来,没有误会和隔膜地为一件事情而斗争。而这时恰逢"七七事变"爆发,孙陵和杨朔商定,"两人之中一个到北方去从军,多写战地报告,一个留在上海,出一种短小精悍的小刊物。正在这时,一个令人兴奋的消息,郭沫若先生回国了。有一晚在一个四川饭铺里,约请了郭先生和沈起予、郑伯奇、周扬、洪深各位先生,商量出刊物的事,自然大家都是赞同我们的,郭先生还想了一个名字叫作《火箭》,取其一则是一种新发明的科学工具,说是可以测验天体,一则也是中国古代的武器,可以攻人的意思。改天我们又向巴金、靳以、萧乾、孟十还、曲屈夫各先生商量此事,也都一致赞同,后来又请了从东北跑出来的朋友们商谈,自然也都赞同了的"②。

不料"八一三"的炮火袭来,上海的刊物几近停刊,《文学》《文

---

① 陈纪滢:《记孙陵》,载《三十年代作家直接印象记》,台北商务印书馆,1986,第226页。此文原连载于《传记文学》第42卷第5期(1983年5月)、第6期(1983年6月),第43卷第1期(1983年7月)。

② 孙陵:《〈自由中国〉小史》,《自由中国》新1卷第1期,1940年11月20日,第165页。

季》等共同出版《烽火》旬刊,《光明》则由孙陵的出版社接办。由于经济实力有限,孙陵出版了《光明》,只得停办《火箭》。同时,孙陵等人亦觉得文学缺少行动性,渴望能够当兵参战,发起从军运动。由于一时没有机会从军,孙陵便和一个朋友去了西北,想参加游击队。然而,孙陵的朋友认为他还是去做文化工作更有用,劝其返回上海。

孙陵归来时,上海已经陷落。他和某书店签订了出版《自由中国》杂志的合同。孙陵记述道,在签约前他和王统照、巴金详细谈过办该杂志的事情,而且《自由中国》的名字,亦是某个下午巴金和芦焚来看他时想出的。当时他请巴金想刊名,巴金说想不出,孙陵称自己"想了一个《自由中国》的名子〔字〕,不过这若果是一架飞〔机〕的命名要更好些。巴金先生说这不要紧,因为这杂志带综合性,而不是纯文艺的。后来与书店老板签约时,便决定采用了《自由中国》这一个名子〔字〕"。

然而,后来刊物要在汉口出版时,书店老板不但不履行合同,反而将孙陵所存的一份合同骗去扔掉,并拿着孙陵在上海所作的《自由中国》杂志的计划出版了另一个杂志。好在这时孙陵得到了臧云远经济上的帮助,又得到郭沫若、郁达夫等人的帮助,写来文章,《自由中国》终于在各种阴谋与打击下正式出版。①

孙陵的记述清楚地显示,大武汉保卫战前夕出版的《自由中国》,与后来胡适、雷震等人以"反共"为号召的《自由中国》,除了刊名相同外,没有任何渊源联系,主旨精神也大相径庭。尤其是与后者的坚决"反共"截然相反,该刊凸显了中国共产党主张和主导的抗日文化统一阵线的基本宗旨。毛泽东的题词与陈伯达的解题专文,进一步表明《自由中国》不仅与左翼文坛关系密切,还与中国共产党领导层有着更深的联系。

《〈自由中国〉小史》虽然出自当事人之手,也不无欲言又止的隐情。据记述孙陵前期生平活动较为翔实的丘立才的《抗日时期的孙陵》

---

① 孙陵:《〈自由中国〉小史》,《自由中国》新1卷第1期,第166–167页。

一文，孙陵，原名孙钟琦，1914 年生于山东黄县，1925 年随父母前往东北，长于哈尔滨。"九一八"事变后，经萧军介绍，孙陵接办长春的《大同报》文艺副刊。① 后来因为刊发高尔基纪念专号，引起日本当局的追究，被迫转赴上海。

1936 年 10 月 1 日，孙陵抵达上海后，首先与巴金取得联系。在 11 月 13 日与巴金的见面详谈中，孙陵为找到可以指教自己的作家而激动不已。在巴金的鼓励下，孙陵决心写出日本人和汉奸们的可憎、东北人民的可爱以及自己身受的苦痛，其作品《边声》陆续发表，后改名《从东北来》出版。孙陵曾想继续读书，但巴金认为社会就是一所大学，希望孙陵"忠实地生活，热烈地爱人，爱那需要爱的，恨那摧残爱的"，并鼓励孙陵多写文章。之后，除《边声》外，孙陵陆续发表《国境线上》《伙伴》《小歌女》等作品，描写了"九一八"事变后东北人民的生活情形，其目的就是令读者"能够因读我的文章而增强他一分爱憎的信心"，以及"加重一点他抗敌的情绪"②。

1937 年春，孙陵与从哈尔滨来沪的杨朔以及孟十还等人在上海环龙路创办北雁出版社，但刚刚印出郭沫若的《北伐》等四本书，该出版社便由于抗战全面爆发而告结束。淞沪战争期间，年仅 23 岁、血气方刚的孙陵情绪激昂，"惟一愿望是把生命献给战场"。他和杨朔、孟十还、屈曲夫等人发起投笔从军运动，包括郭沫若、周扬等上海文艺界知名人士 40 多人签名响应。但茅盾和巴金认为，文艺工作者参加抗战不能只凭刀枪，主要还应以惯用的笔做武器。③

为了抗日，孙陵矢志从军。虽然得到郭沫若的帮助，但在上海却未能实现这一愿望，于是孙陵执意要到华北战场去。他一度赴济南，但未能获得韩复榘的接收，遂乘火车前往西安。到达西安后，凭郭沫

---

① 丘立才：《抗日时期的孙陵》，《中国现代文学研究丛刊》1987 年第 1 期，第 252 页。该文称：孙陵同时负责编辑《大同报》的《杂记》，因为在《杂记》上转载《北晨报》的《某国军队打靶》《乾隆雍正宫廷秘话》两则抵触日满的杂文，报社的日本人扬言要把孙陵送到宪兵队。孙陵便乘机引咎辞职，假称回哈尔滨经商。在哈尔滨安置好家人后，孙陵再次回到长春，带着两篇稿子直奔大连，乘船离开东北。然而，据孙陵本人的说法，其得咎日本人是因为编发高尔基纪念专刊。
② 丘立才：《抗日时期的孙陵》，《中国现代文学研究丛刊》1987 年第 1 期，第 253 – 255 页。
③ 丘立才：《抗日时期的孙陵》，《中国现代文学研究丛刊》1987 年第 1 期，第 254 – 255 页。

若的介绍，孙陵找到十八集团军西安办事处主任李涛，在其安排下，孙陵和十六七人徒步从咸阳出发，走了20多天后，抵达延安。①

在延安，孙陵觉得自己"是走入另一个时代，另一个社会，另一个环境了"。"马路是泥土的，然而泥土上面并不堆积着灰尘，在不整齐的各种建筑物的中间，保持住了每条清洁的大街和小巷。在这些街道上走着的，十分之九是军队、学生和机关的职员们。他们和她们都穿着同样的装束，他们和她们没有长官和士兵、老爷和小姐的分别。他们和她们穿的是同样简单的、朴质的军装，这里绝对没有烫发，没有高跟鞋，没有花边旗袍，没有长统马靴。有的是一种新的信念，新的精神，充分而且坚强地从他们和她们那矫健的面孔和步伐中间表现了出来。"在孙陵看来，"这是被压迫者的民族革命精神，一个民族走向人类繁荣阶段的开端。没有任何东西可以阻挠、妨害、压迫她的发展"②。

孙陵先后与中共中央宣传部的朱光谈了"抗日十大救国纲领""八大"等问题，表示自己愿意学习；与中共中央组织部部长李富春谈话，后者热情地称赞他在东北《大同报》勇敢地刊登纪念高尔基逝世的专号；孙陵还主动找到抗日军政大学教育长罗瑞卿，说明自己为抗日当兵不怕苦的决心；向正在办陕北公学的成仿吾表示要求入学的愿望；和同来的周扬谈了以延安为中心，从事文艺工作的问题；参加了1937年的"双十国庆节"纪念，聆听了毛泽东的演讲。

但是，最终孙陵并未留在延安。据其说法，主要是由于成仿吾告知他：延安来了2万名大学生，却连一本书也没有，在破庙里办公的陕北公学哪儿还像学校？希望其返回上海去捐书捐款，这比当兵更有贡献。因此，孙陵在延安只停留了10多天，便坐车返回西安。接待孙陵的任泊生托他分别带信给董必武、叶剑英和自己的妻子陈波儿。孙陵在汉口见了杨朔、罗烽和陈波儿，在南京见到叶剑英。后叶剑英安

---

① 丘立才：《抗日时期的孙陵》，《中国现代文学研究丛刊》1987年第1期，第255-256页。
② 孙陵：《十月十日在延安》，《七月》第2期，1937年11月1日，第54页。

排其由镇江、泰县经南通到上海,并给了他 20 块银元。

回到上海后,孙陵向郭沫若转述了成仿吾的需求。郭沫若掏钱请孙陵购置丝棉被、毛衣裤和派克钢笔转交成仿吾。孙陵又与生活书店经理徐伯昕联系,后者答应捐赠自己出版和代卖的图书,每种 1 册,价值 2 万元,由生活书店西安分店拨去。之后,孙陵再到汉口,向胡风募捐到 2 000 元。诸事办妥,孙陵决定再次前往延安。但杨朔表示,孙陵已经去过延安,这次该自己去。于是,孙陵让其带着钱、书、物去了延安。

孙陵自延安回来后,写了《十月十日在延安》(陕北通讯)(1937 年 11 月 1 日发表于胡风主办的《七月》杂志第 2 期)、《延安的公审法庭》(发表于郭沫若主办的《救亡日报》)两篇报道,后者即关于著名的黄克功案。报道称,毛泽东主持法庭公审表示"如果恋爱失败便杀人,谁还敢来延安,虽参加长征有功,但是功不抵罪,必须枪毙"。该报道在国内外引起震动。①

孙陵的上述经历使其与左翼文化人乃至中国共产党领导层建立了密切的联系,并得到有力的支持,这使得《自由中国》团结各方的理念与中共抗日统一阵线的主张相得益彰。

1938 年 4 月《自由中国》创刊之际,国民政府军事委员会政治部第三厅亦在武汉成立,郭沫若出任厅长,孙陵任其机要秘书。第三厅聚集了一大批重要的进步文化人,任职其中的茅盾、阳翰笙等人联合 97 位作家在武汉成立中华全国文艺界抗敌协会,把要求抗日的作家集合在该会的大旗下,孙陵亦为发起人之一,《中华全国文艺界抗敌协会发起趣旨》即首发于《自由中国》创刊号。可以说,《自由中国》无形中成为第三厅进步势力的代表性刊物。②

外部环境的相对宽松也增加了《自由中国》的自由度。其时,国民政府和国民党的机构大部迁往重庆,而包括中国共产党和进步文化

---

① 丘立才:《抗日时期的孙陵》,《中国现代文学研究丛刊》1987 年第 1 期,第 256 – 257 页。
② 丘立才:《抗日时期的孙陵》,《中国现代文学研究丛刊》1987 年第 1 期,第 257 – 258 页。

人的各方力量则汇聚武汉，因而武汉成为事实上的抗战首都，以及抗战文化界的中心。加之当时在武汉主持国民党宣传部的邵力子比较温和，没有实行严格的新闻文化检查，只有主持政治部的陈诚等人采取了一些压制舆论的措施，因而当时武汉言论自由的尺度较为松动。据说《自由中国》还得到当地战区主任张发奎1万元的资助。可以说，这时的武汉，是国共合作、不分党派、全面抗战的生动写照，而《自由中国》成为这幅画卷上闪亮的一笔。

武汉时期的《自由中国》共出版3期，第1号刊登的作品有成仿吾作词、吕骥作曲的《毕业上前线》，田汉的《关于写实主义》，周扬的《抗战时期的文学》，何干之的《从历史发展中看中国应走的方向》，老舍的《浴奴》，刘白羽的《在艰辛里生长》，罗烽的《娄德嘉兄弟》，艾思奇的《哲学的现状和任务》，臧云远的《中华民族在战斗着》，丁玲的《彭德怀速写》，杨朔的《西战场上》，铁弦的《上海——苦斗着的孤岛》，张申府的《哲学的必要》，碧野的《战士的母亲》，北鸥的《在敌人的后方》，悉如的《忆柳林镇》，陈伯达的《争取中国的自由与创造自由的中国》，孙陵的《国境线上》，白朗的《我踟蹰在黑暗的僻巷里》，王西彦的《料车上的家庭，义乌——金华》，湘潮的《长征的故事》。

第2号（集中讨论文艺问题和新启蒙运动）有郭沫若、老舍、张申府、潘梓年、夏衍、臧云远、郁达夫、吴奚如、北鸥的笔谈《抗战以来文艺的展望》，郁达夫的《战时的文艺作家》，陈伯达的《论抗日文化统一阵线》，老舍的《谈通俗文学》，姚雪垠的《白龙港》，李辉英的《慌乱的城池》，冰莹的《一个热烈的集会》，克夫的《国际文学中反托派反法西斯蒂的斗争》，臧云远的《海灯》，张申府的《新启蒙运动的一个应用》，艾思奇的《批评不是诡辩》，周扬的《略谈爱国主义》，北鸥的《保卫祖国的文化》，臧克家的《过武胜关》，天虚的《二十世纪的爬虫》，杨朔的《毛泽东特写》，邢桐华的《东京狱中漫忆》，潘梓年的《继承五四的光荣传统》，湘潮的《长征的故事》，郭沫若的《纪念台儿庄》。

第 3 号有郭沫若的《抗战与文化》，郁达夫的《战时的小说》，潘梓年的《目前文化运动的基本概念》，臧克家的《郑州在轰炸中》，碧野的《高原上》，黑丁的《野祭》，田涛的《突击》，李辉英的《济南——齐河——官庄》，杨朔的《木棉花》，李南桌的《"意识"与"形象"》，谢挺宇的《黑牢红流》，臧云远的《麦海上的战云》，天虚的《王疤脸和小朱》，端木蕻良的《行动的艺术》，北鸥的《创作技术和通俗化》，艾思奇的《克服自己的弱点》，章文龙的《元宵》，郭沫若、凯丰、阳翰笙、北鸥、邢桐华、孙陵分别撰写的《纪念高尔基》，覃子豪的《只有默默地战斗》，湘潮的《长征的故事》。

如此鼎盛的作者阵容，使得《自由中国》成为文化抗战统一阵线的一面旗帜，发挥着动员鼓舞民众抗日决心和信念的积极作用。田汉的《关于写实主义》批评悲观的现实主义，"似乎忘了被压迫的中华民族起来反抗侵略，争取自由独立的这一强烈的主观要求，就是判断中日战争前途时一种不容忽视的客观事实"①。何干之的《从历史发展中看中国应走的方向》则指出："中国封建社会的停滞，中国资本主义的变态发展有历史的根源的，对日抗战，对内改造的光明前途，也有历史的根据的，中国通过了抗日的艰苦奋斗中走上自由独立幸福的新中国，也是有历史的根据。"②艾思奇的《哲学的现状和任务》提出："现在需要来一个运动，哲学研究的中国化现实化的运动。"过去的哲学只是通俗化运动，将高深的哲学用通俗的词汇加以解释，这是中国化现实化的初步，但不等于中国化现实化，不适应抗战的形势。这个运动要有中心，就是辩证法和唯物论，而最重要的是实践，唯物论辩证法则是和实践最一致的哲学，"在今日的中国，它是一切以抗战的实践为依归，而绝对排斥学院式的空洞的争论"③。

《自由中国》还以活跃于全国各地的作家为通讯员，报道在各个战场工作的文艺界和作家的动向，如全国文艺工作者抗敌协会准备成立，

---

① 田汉：《关于写实主义》，《自由中国》第 1 号，第 4 页。
② 何干之：《从历史发展中看中国应走的方向》，《自由中国》第 1 号，第 17 页。
③ 艾思奇：《哲学的现状和任务》，《自由中国》第 1 号，第 47 – 48 页。

拟集合全国名作家100人，义务撰写通俗文学作品100种，专供前敌将士和各地民众阅读；茅盾主编的《文艺阵地》即将出版；巴金、靳以将来汉口；郑伯奇在西安主编综合性《救亡》周刊，曹靖华等是长期撰稿人，等等。

《自由中国》还报道了在延安等地工作的重要文化人的动向。如，周扬代理延安边区教育厅厅长。艾思奇、何干之在延安分别担任抗日军政大学第三大队主任和陕北公学新成立的高级训练班主任。丁玲则在山西前线八路军所在地组织战地服务团，并与舒群合编出版《战地》。在临汾陷落后，原在临汾民族革命大学任文艺指导员的萧军随学校撤退，萧红、端木蕻良经西安转赴延安等。①

尤其令人瞩目的是，《自由中国》刊载了一些左翼作家关于中国共产党领导人和敌后战场、八路军情况的特写，如丁玲的《彭德怀速写》，杨朔的《毛泽东特写》和《西战场上》。《毛泽东特写》生动记录了毛泽东在陕北公学毕业班的一次演讲，主要论题有两个："一是能否克服当前的困难，二是全国的团结能不能更进一步。"毛泽东预见还会出现更加困难的时期，但将来一定能够取得胜利，收复包括东三省在内的所有失地。抗战的方法是"以运动战为主，阵地战和游击战为助"，不能单纯防御，正规部队主要是运动战；游击战非常重要，但最后的决定战还是要靠正规战。日寇可以占领大城市，却无法占据全部乡村，终究会失败。全国的团结能够更进一步，只要抗日都可以联合起来。只要有牺牲的决心，一定会克服困难。② 这时正值毛泽东撰写《论持久战》前夕，由此可见其已经成竹在胸。《西战场上》记录了采访八路军总司令部的过程，生动地介绍了八路军的政治素养、军事斗争、军民关系等情况。

在全民抗战的大背景下，《自由中国》刊载展现八路军和延安的情况的文章自在情理之中，可是该刊居然还连载了"湘潮"所写《长征

---

① 《周扬代理延边区教育厅厅长》《艾思奇何干之在延安》《丁玲将到武汉来吗?》《丁玲舒群合编〈战地〉出版》《萧红端木前往延安》，《自由中国》第1号，第17、34、54、62、71页。
② 杨朔：《毛泽东特写》，《自由中国》第2号，1938年5月10日，第185－186页。

的故事》，包括《白发老叟闲话石达开》《从泸定桥到夹金山》《被遗忘了的民族——猓猓》《茅台酒》《怎样过了草地》等篇，① 告诉民众八路军的前身是一支历经艰苦卓绝的钢铁队伍。这对打破国民党和国民政府加于红军的污名化宣传起到重要作用。

当然，《自由中国》并非一党一派的喉舌，而是全民抗战的文化园地。冯玉祥于3月27日为该刊题词："自由中国创刊纪念。"② 该刊第3号刊载艾思奇的《克服自己的弱点》，编辑说明该文原是写给抗日军政大学的同学，"我们觉得他所指出的几点，正是全国青年都必须克服的弱点，所以特别在这里登出"③。而同期刊出的章文龙的诗《元宵》，是获得黄季陆在潢川首创的"文艺奖金竞赛会"第一名的作品，"日前黄先生曾邀诗歌工作者数十人开一诗歌茶话会，当场得黄先生同意，披露原作"④。这一期还有高尔基逝世二周年特辑，由郭沫若、凯丰（何克全，中共中央政治局委员，曾任中共中央宣传部长，时在武汉中共长江局工作）、阳翰笙、北鸥、邢桐华、孙陵等以《纪念高尔基》为题，分别撰写文章。⑤ 杨朔的《西战场上》记载当地人家大门上的对联"抵抗到底介石素具救亡志，战地服务丁玲真有爱国心"⑥。而冰莹的《一个热烈的集会》，记录了一次由六十六军战地服务团、第十八军团战地服务团、湖南妇女战地服务团、上海劳动妇女战地服务团、别动队、战区民众学校等八个团体，及一些乡长、区长共24人的战地服务团联合会议，中共战地服务团特别支部委员张劲夫出席此次会议。⑦ 其中丁玲的西北战地服务团，还得到毛泽东的直接支持和关心。

《自由中国》的主办者在创刊号的卷尾语《编辑室》中说："为了《自由中国》的诞生和成长，天南地北有多少朋友在关怀着它，尤其是

---

① 湘潮：《长征的故事》，《自由中国》第1号，1938年4月1日，第103－107页；《自由中国》第2号，1938年5月10日，第193－199页；《自由中国》第3号，1938年6月20日，第298－300页。
② 《自由中国》第1号，题词。
③ 艾思奇：《克服自己的弱点》，《自由中国》第3号，第280页。
④ 章文龙：《元宵》，《自由中国》第3号，第282页。
⑤ 郭沫若、凯丰、阳翰笙、北鸥、邢桐华、孙陵：《纪念高尔基》，《自由中国》第3号，第286－296页。
⑥ 杨朔：《西战场上》，《自由中国》第1号，第60页。
⑦ 冰莹：《一个热烈的集会》，《自由中国》第2号，第148页。

郭沫若和田汉先生为了《自由中国》康健的成长,曾给我们很多的帮助,茅盾先生和巴金先生答应给《自由中国》写稿,不久也可见到他们的文章。北鸥同杨朔二兄曾为《自由中国》出了很多力。我们编辑会曾议决在各地聘请编委,广州是夏衍先生,重庆是沈起予先生,西安是郑伯奇先生,肤施是周扬先生,晋南是梦回先生,晋北是刘白羽先生,徐州是北鸥,香港是杨朔。在巴黎、伦敦、纽约、莫斯科等地,同情我们为中国自由而奋斗的反侵略阵线的文化区里,我们希望着那里的呼声能在《自由中国》的园地里放送。我们已约得国内国外的朋友们为《自由中国》征稿译稿。"① 可以说,这是中国万众一心团结抗战局面一片大好的时期,也是近代中国少有的自由时期,而《自由中国》堪称中国自由度的标高。

三、略显褪色的《自由中国》复刊

《自由中国》宗旨、阵容和内容,与全民抗战的要求高度合拍,因而引起广泛反响,创刊号初版 1 万份,几天后就售罄。第二期出版后,萧梅、毕忆芳等人分别从莫斯科和纽约寄来多份文稿、照片和信,并主动要求担任义务通讯员,愿意设法在海外为该刊宣传。② 然而,由于武汉保卫战的失败,所有人员不得不紧急撤离,仅出版三期的《自由中国》也被迫停刊。

1938 年冬,响应"文章下乡""文章入伍"的号召,孙陵和臧克家、姚雪垠等以第五战区长官秘书的身份前往鄂北前线。是年年底,他们组织成立了中华全国文艺界抗敌协会宜昌襄樊分会。次年 4 月,他们三人又步行到随县前线,参加了第一次随枣会战。1939 年,孙陵任战区文化工作委员会委员兼主任秘书,另兼鄂北办事处处长,后改任第五战区政治部设计委员会委员兼主任秘书和宣传部长,与战区政

---

① 《编辑室》,《自由中国》第 1 号,封三。
② 孙陵:《〈自由中国〉小史》,《自由中国》新 1 卷第 1 期,1940 年 11 月 20 日,第 167 页。

治部主任韦永成到桂林一起全力发展后方文化工作。不久，孙陵又调长官部任机要秘书。是年秋，孙陵到达桂林，奉李宗仁之命创办前线出版社，任总编辑。他和出版社同仁提出"笔杆枪杆化，枪杆笔杆化"的口号，并于1940年1月主编出版《笔部队》杂志，大力宣传抗战，并发表了大量军人的文章，鼓励前线将士和战地青年既拿枪杆又拿笔杆。此外，孙陵还到广西兴安创办"中华文学院"，不少湖南、江西、广东等地的学生前来报考。蒋介石、李济深、柳亚子、田汉等人曾来校巡视。①

《笔部队》停刊后，孙陵开始全力复刊《自由中国》。此前在武汉时，《自由中国》第4号已经编成，且纸型亦已制好，但因当时汉口纸价太贵而寄往广州付印，然而由于广州沦陷、武汉撤退，已经编成的《自由中国》第4号的纸型全部遗失，而原稿及校样又没有保存，令孙陵十分愧疚。②

从武汉撤到襄阳后，孙陵听当地新知书店负责人说，每期《自由中国》能够卖1 000多份，有时书店自己还翻印一两版。后来孙陵到群山包围的小城均县时，一些学生亦告之每期《自由中国》有几百份的销路，非常希望《自由中国》能够复刊，可惜的是孙陵一直没有合适的时机。③孙陵到桂林后，友人王西彦亦来函劝道："桂林缺一质量相当之文艺刊物，你为什么不编一个？提起编刊物，又想到武汉的《自由中国》。"④

此外，《自由中国》虽然停办，但是中国坚持抗战的艰苦卓绝，却在国际社会赢得了"自由中国"的名声。从1939年起，关注中国抗战和远东局势的欧美人士越来越多地发表关于"自由中国"的评论，如《密勒氏评论报》第90卷第9期所载著名远东经济学者约翰·阿里斯（John Ahlers）的《自由中国在前进中》，概括叙述创造中的自由幸福

---

① 丘立才：《抗日时期的孙陵》，《中国现代文学研究丛刊》1987年第1期，第258-260页。另参见古远清：《孙陵的后半生》，《鲁迅研究月刊》2007年第12期。
②③ 孙陵：《〈自由中国〉小史》，《自由中国》新1卷第1期，第168页。
④ 王西彦：《无时不想再跑战地》，《自由中国》新1卷第1期，第174页。

新中国在经济各方面的进步,指出自由中国的经济发展还有巨大潜力。① 该文由另一位摘译者,将题目译为《一九四〇年自由中国之展望》,着重从经济发展为长期抗战提供支撑的角度,讨论自由中国的政治、经济、交通、贸易和财政问题,相信中国能够在坚持抗战的同时发展经济。② 一时间"自由中国"的报道涌现报端。蒋介石1940年国庆节发表的《告全国军民书》,也被归结为"克服一切困难坚持抗战到底,发扬先烈精神建立自由中国"③。

此时,由郭沫若主持的文化界人士慰劳南北各战地的报告会素描,亦题名为《自由中国》,描绘了各地军民无论是在前线还是在敌后,都在抗击日寇,坚守自由中国的状况。④ 太平洋战争爆发前,美国记者斯诺写的《自由中国》,对英美3年来的绥靖主义外交提出批评。斯诺指出,绥靖政策认为援助中国击败日本得不偿失,可是与战争伊始即很快投降的法国相比,此时的中国已经坚持抗战数年,并依然保有大半国土和人民,以及数百万正规军、数百万后备兵和上百万游击队。中国的抗战极具战略价值,使日本无暇协助德国大举侵略英美。美国既然实行租军法案,允诺在世界各地全力援助英国,实际上将中国与协约国联系起来,所以,反抗日本侵略的"自由中国"是美国的同盟者,因而呼吁美国必须向中国提供飞机大炮,使之能够阻止日本的侵略。⑤ "自由中国"已然成为人们对抗战中国的致敬,此时关于中国的报道和统计,大都以"自由中国"为名。

不过,由于抗战进入相持阶段,物资奇缺,复刊《自由中国》绝非易事。直到1940年秋,孙陵帮张煌编《创作》时,虽然有了稿子,但却无法出版。孙陵只得找书店帮忙,而书店提出以恢复《自由中国》为出版《创作》的条件,此举正中孙陵下怀。后来《创作》未能刊

---

① 丹忱译:《自由中国在前进中》,《时代批评》第2卷第37期,1939年12月16日,第15—16页。
② 必胜摘译《一九四〇年自由中国之展望》,《方面军》第3卷第1期周年特大号,1940年2月,第515—516页。
③ 《国庆节二十九周年纪念总裁告全国军民书》,《保安通讯月刊》第1卷第17期,1940年11月1日,第1页,特载。
④ 全民:《自由中国》,浙江《民族》第14期,1940年4月21日,第19—20页。
⑤ 埃德加·斯诺:《"自由中国"》,岱峰译,《人世间》第2卷第8期,1941年6月15日,第10—11页。

出，但部分文稿被用到复刊的《自由中国》。由于《自由中国》先前的发行人久无消息，而时在重庆的臧云远也是两年余并无音信，于是《自由中国》的发刊、出版、编辑工作均由孙陵一个人承担。孙陵曾言："虽然经济上、政治上（送审查，请登记……）、事务上、营业上（送书，开发票），大大小小的事情，以致买纸张看校样跑印刷，打包邮寄，都要自己亲自动手，但我终于把它奉献于读者前面，也总可以算是尽了做为一个人的心血，尤其在不断的警报和疾病中，和许多的苦痛和忧郁压迫着我的时候。"①

是年，孙陵与艾芜、邵荃麟等人成立"中华全国文艺界抗敌协会桂林分会"。11月20日，复刊的《自由中国》终于面世。《编后记》说："本来决定十月十日复刊的，后来又改为十九日，但因为排印一再延期，所以一直到今天才算问世了。"② 自由中国杂志社社长韦永成在新1卷第2期刊登的启事中称，"本刊自复刊号于去年十一月二十日出版后"③，当为实际的出版日期。次年4月21日，李济深为《自由中国》复刊题词："《自由中国》复刊纪念，全中国人民团结起来，万众齐心合力，建设自由中国！"④ 至1942年5月，在一年半时间，《自由中国》复刊后共出11期。作者群较武汉时期亦有所扩大，包括金龚、新波、宋云彬、黑丁、曾克、田涛、碧野、李辉英、聂绀弩、谷斯范、王亚平、司马文森、臧克家、罗烽、戈茅、罗荪、布德、雷石榆、孙陵、柳叶长青、靳以、郭沫若、张天翼、巴金、姚雪垠、黎烈文、铁弦、王西彦、李石锋、彭慧、梅林、艾芜、荃麟、曹卣、骆滨基、邹荻帆、吕亮耕、田堃、李北流、罗高、彭燕郊、李健吾、沈从文、李满红、汝龙、陈范予、一文、张白山、方敬、SM、绿原、林蒲、鲁彦、札墟、姚奔、辛代、王震寰、邹绿芷、张煌、穆旦、林林、荆有麟、高咏。

---

① 孙陵：《〈自由中国〉小史》，《自由中国》新1卷第1期，第168-169页。
② 《编后记》，《自由中国》新1卷第1期。
③ 韦永成：《自由中国社启事》，《自由中国》新1卷第2期，1941年7月15日。
④ 《自由中国》新1卷第2期，封二。

由于政治上的限制，加之战时财政紧张、物资匮乏等原因，当时办刊极度困难，《自由中国》第 2 期便脱期半年以上。虽然该期稿件于 1941 年 12 月 1 日即全部发交科学公司，但直至次年 3 月，第 2 期"尚未付排，乃取回交大同印刷所。至四月初，已将全部排竣，又因更换经理，借口未订合同，于四月十六日将本期稿件又全部退还本社。嗣与《力报》社订好承印合同，乃该社于订约后第三日，忽函告本社，该约无效，取消合同。本社为息事宁人起见，即予同意，并一面送审原稿，一面再找印刷所，于六月一日交付西南排印，卒于今日始克出版"。为了保障发行，自第 2 期起，《自由中国》社特派编辑人孙陵为发行人。① 尽管杂志社方面努力保障发行，但是因为轰炸、印刷、邮寄，以及种种意外的限制，仍然很难按时发刊，有时甚至不得不草草了事。②

《自由中国》原来是在汉口向内政部申请的登记证，1941 年 3 月，重新经由桂林市、广西省政府向内政部申请新的登记证。从 1941 年新 1 卷第 2 期开始，《自由中国》取消了作家书简一栏，而且从第 3 期起，又取消了"论坛"，③ 名义上是为了多登作品，实际上也有避免被重点审查的苦衷。在第 4 期出版时，恰值郭沫若 50 岁诞辰及创作生活 25 周年纪念，《自由中国》编者宣称："本拟加入关于各种纪念郭先生文字数篇，因仓促之间，又须送审，故不及排入，特于编后致祝贺之忱。"④ 此外，《自由中国》还利用有限的空间，刊发纪念托尔斯泰的专号，翻译苏联的文学作品，介绍其发展状况，并主要挑选鲁迅语录作为补白。

此时抗战初期的宽松环境已经不复存在，国民政府加强了言论管控，《自由中国》的自由度明显降低。最明显的变化，就是中国共产党方面的人士已经不在作者的名单之中。由于文化政策未尽合理，甚至极大地影响到作家的生活，"有时有的题材不能写作，有时写出之后不

---

① 韦永成：《自由中国社启事》，《自由中国》新 1 卷第 2 期，1941 年 7 月 15 日。
② 《编者的话》，《自由中国》新 1 卷第 5、6 期合刊，1942 年 1 月 10 日。
③ 《编后记》，《自由中国》新 1 卷第 2 期，第 102 页。
④ 《编后记》，《自由中国》新 1 卷第 4 期，1941 年 11 月 25 日。

能发表，有时发表之后不能出版，有时出版之后又受到禁止"。在稿费版税未能提高，"而合理的写作自由和出版自由尚未得到保障"的情况下，政府采取奖助金的救助措施，虽然起到一些救济贫苦的作用，可惜奖助金的管理和使用弊端丛生，结果是一些算不上贫困或并没有文艺作品的人获得奖助，而真正饥寒交迫的作家却没有份。[1] 虽然《自由中国》复刊后的作者群较武汉时期有所扩大，可是杂志从综合类逐渐变成单纯的文学性，不分党派的突出特征明显减色。尽管如此，《自由中国》最终还是被接替陈诚的政治部部长张治中下令查禁。[2]

孙陵在《自由中国》除了连载自己的长篇小说《大风雪》以及写作各期编者的话之外，还发表一些文章，记录自己的亲身经历和内心世界。在为高尔基逝世二周年特辑而写的《纪念高尔基》中，孙陵写道：

> 两年以前，当这一位世界的文学之父——马克沁姆高尔基——在地球底六分之一的自由的国土上停止了他那艰苦奋斗了一生的最后一次的呼吸，那时我正住一个最不自由的地方，敌人统制下的伪满底"首都"长春。我住在一所日本式的建筑四叠半的房间里，读着高尔基描写革命前夜的俄国资本家呈显出了崩溃的征兆和代表着那一时期的青年底苦闷和憧憬的那一部伟大的作品：《福玛·哥蒂耶夫》。那部小说里的主人们，像似我多年的朋友，他们的面目和语言，一切都为我所深悉。他说出了我内心里的苦痛和渴望，他给了我种安慰和鼓舞的力量。从这时开始，我才将一颗苦闷痛楚的心情，每时每刻，日以继夜地沉湎于他那伟大的作品之中，而使我起了一种真情的热烈的敬爱。对于这一位世界上的巨人，人类进步文化的开山，受苦难受压人们底代言人和保护者，革命的战士，所有的文学青年底导师，最伟大的最高

---

[1] 金粟：《向文艺家奖助金保管委员会进一言》，《自由中国》新 1 卷第 1 期，1940 年 11 月 20 日，第 1—2 页。
[2] 陈纪滢：《记孙陵》，载《三十年代作家直接印象记》，台北商务印书馆，1986，第 226 页。

等的真美真善的艺术家——马克沁姆高尔基。①

为了纪念高尔基，1936 年孙陵在长春任《大同报》编辑时，就曾利用职务之便，在《大同报》出版纪念专号，并刊登斯大林等人为高尔基守夜的照片，孙陵自己还写了《纪念高尔基》一文。此举招致日本宪兵、伪满特务和报社负责人密谋准备将孙陵送到关东军司令部，孙陵被迫从长春跑到上海。此后直至"八一三"事变后离开上海，孙陵一直以来随身携带的唯一财产就是这份纪念专号，直到 1937 年 10 月 9 日将其送给一位朋友，作为他日再见的信物。在孙陵的心目中，苏联是令人向往的自由国家，高尔基是自己的精神导师，因而他和苏联及中国共产党保持一致，决心消灭托匪走狗。②

在《突围记·跋》中，孙陵倾诉了自己近年来的心路历程：

> 我从哈尔滨漂到长春，从长春漂到上海，于是那伟大的日子降临了！中华儿女用热血和生命争取自由解放底战争爆发了。无数可爱的青年跑向战场，奔赴战争。我是青年之中底一个，当然我也找着机会去效命这一伟大的战争。于是我又从上海流到西北，从西北流到武汉，从武汉又流到豫鄂两省底火线上，和湘渝云贵底大后方……
>
> 在《红豆的故事》里，我描写过脱离家庭，奔向西北底那一群青年男女底忍苦耐劳，活泼可爱，充满着光明希望的那一种心情。在随枣前线上，我却又亲身经历了那伟大的战争了。正如在我写给一个当团长的信上所说："由于你底信，使我记起了那些瑰丽珍贵的回忆，像一道光华耀目的电光，它照亮了我这渺小的生命上底一段风狂雨暴之中的途程。在我这平凡而发锈的生活里，那两个月便是它在锉石上发着光辉的日子了……"

---

① 孙陵：《纪念高尔基》，《自由中国》第 3 号，1938 年 6 月 20 日，第 295 页。
② 孙陵：《纪念高尔基》，《自由中国》第 3 号，第 295-296 页。

然而，我这叶生命之舟，终于在一个南国底花季被卑污的礁石给撞坏了，我却从此又开了一个人生底眼界，便是卑污和丑恶。先前占着我底生命全部的，尽是一片美丽之光，我和别人说占据着人底生命的是真、美和爱。然而现在我却又认识了那美丽中底丑恶（也就不是真美！），真实中底欺骗（也就不是真实！）。

在昆明，我见到了丈夫在前方拼命，妻子在家里一个星期开一次跳舞大会的师长太太；在××，我也见到了抗战兴家、越打越肥的官吏……

但我不失望，黎明底黑暗，掩盖不了灿烂的朝霞。我并不洁身自守，我要像一个朋友所说的那样："做下去，但要保持自己底纯洁；尽毕生之力做去，那生之目的也许终身不可到达，但却走了一段正直的路。"这话说得不错，并且我还要像在《船》里底另一个朋友所说的那样："爱那需要爱的，恨那摧残爱的……"继续地奋斗下去，工作下去，生活下去，直到更接近于人类底光明生活的那一天。①

《自由中国》的创办人和参与者，多数按照既定的轨道，走上了他们认定代表人民追求自由的道路。然而，相当诡异的是，曾经与中国共产党同心同道的主办人孙陵竟然最终与他的同仁、同志（郭沫若致函孙陵便称之为同志）分道扬镳，走了一条截然相反的敌对道路，成为反共急先锋。

孙陵的人生转折，缘于此前和国民党及国军的密切关联。尤其是在随枣会战中，孙陵亲临前线，出没于枪林弹雨之中，多处负伤，与参战的桂系军人建立了良好关系。此后，孙陵心中自由中国的指针开始摇摆。复刊的《自由中国》即由第五战区政治部主任韦永成出任社长，社务负责人为程思远和韦赘唐，资金也由第五战区司令李宗仁提

---

① 孙陵：《〈突围记〉跋》，《自由中国》新1卷第1期，第163-164页；孙陵：《突围记》，创作出版社，1940，"跋"，第1-3页。

供。其时广西有所谓元老派与少壮派，韦永成是少壮派的领导，与李任仁的元老派不和，而后者与胡愈之、范长江、黄药眠等关系密切，也在筹备文化供应社，并试图合并自由中国出版社。不久后韦永成到重庆，致函孙陵，告知范长江为中国共产党广西负责人，在合并办社的交涉过程中，自身也难免共产党嫌疑的孙陵表示，拿了李宗仁的钱，且为广西当局所支持，不便为共产党宣传，因而与胡愈之等人交恶。①

1944年冬湘桂大撤退时，孙陵携妻带子徒步逃到贵阳，后辗转抵达重庆，由巴金介绍，在重庆中正中学任国文教师。② 8个月后，日本投降，抗战胜利，国共两党开始进一步争夺人才。据说孙陵曾和毛泽东当面讨论内战问题，并表示不同意后者的主张，又拒绝毛泽东、周恩来等人的亲自邀请。国民党中常委兼中统局局长叶秀峰得知此事，代表国民党中央邀约孙陵参加国民党并进入中统局工作，由蒋介石委任其为编审。后中统局改为党员通讯局，孙陵仍任该局编审兼上海办事处资料室主任。③

1946年，孙陵任上海《神州日报》主笔兼副刊主编，另外还主编巴金给予大力支持的《侨声报·青年学习》和《文艺工作》杂志。其实，创办《文艺工作》本来是复刊《自由中国》的权宜之计。孙陵在《文艺工作》《编者的话》中清楚说明："从去年，我们就想要把《自由中国》恢复起来，从春天请求登记，到了秋天，说是为了'节约纸张'的原因，以暂缓登记的理由延搁下来。作一点小事，也并不容易，既然'实行宪政'了，我们对文艺有些兴趣的人，办这样一个小刊物，总不能算是浪费纸张吧。现在我们把《自由中国》改名《文艺工作》，是因为这个新的名称与内容更为协调一些。假如可能，《自由中国》还是要出的，不过在内容的性质上，要和《文艺工作》略有区别，一个刊物的内容，总要能配合它的名称才好。"④ 可见《自由中国》的名

---

① 孙陵：《文奸底嘴脸》，《自由世纪》（半月刊）第6期，1949年11月16日，第16-18页。
② 丘立才：《抗日时期的孙陵》，《中国现代文学研究丛刊》1987年第1期，第260页。
③ 陈纪滢：《记孙陵》，载《三十年代作家直接印象记》，第245-246页。
④ 孙陵：《编者的话》，《文艺工作》创刊号，1948年，第144页。

目，尚为国民党和国民政府所忌惮。

《文艺工作》的作者有张君川、汪曾祺、唐湜、一文、田涛、陈占元、巴金、季羡林、王统照、靳以、邹荻帆、李岳南、臧克家、流沙、康永年、姚雪垠等。孙陵表示欢迎各种不同意见的稿件，相信真理是由各种不同意见的批评探讨和比较研究而来，不可能由一个人凭空独创，没有探讨批评，便不能说明真理，有也只是"命令"或"符咒"；没有研究比较，便不能发现真理，因为人类社会的真理，是生根在以人类生活共同需要为基础的比较研究上的。①

1947年，孙陵发起"中华文艺界反共大同盟"，但与左翼作家和进步文人如郭沫若、柳亚子等还有往来。1948年底，由于国民党在大陆战场上节节败退，孙陵只好由上海赴台湾。此时原中统局局长叶秀峰被革职，孙陵因失去靠山而失业。直至次年9月底，在穷困潦倒之际，他偷听大陆广播，听到郭沫若在里面自豪地说："我们可以这样自由自在地一边倒，倒在苏联老大哥的怀抱里……"以及其他著名文化人庆贺新政权即将诞生的发言，决心拿起文艺武器与昔日的同道进行较量。他在《自由世纪》主编黄绍祖的陪同下，找到时任国民党"中宣部"代部长的任卓宣（叶青），请其相助创办一个文艺刊物。任卓宣认为办刊尚属次要，当务之急是成立一个"全国性"的文艺团体，把文艺工作者组织起来。孙陵表示赞同，且倍感振奋，当晚即在旅舍完成任卓宣授意写的《保卫大台湾》军歌，鼓吹"保卫民族复兴的圣地，保卫人民至上的乐园"，"打倒苏联强盗，消灭共匪汉奸"，"保卫自由，保卫祖国，保卫大台湾"。此歌词被台湾文学史家称为"反共文艺"第一声，由国民党装甲兵团、国民党"中宣部"及广播公司分别请人谱曲录音，曾经在台湾广为流传。孙陵的反共事迹还引起蒋介石的关注。②

在与国民党接近的同时，孙陵与共产党的隔阂逐渐加深。他对中

---

① 孙陵：《编者的话》，《文艺工作》创刊号，第145－147页。
② 古远清：《孙陵的后半生》，《鲁迅研究月刊》2007年第12期；陈纪滢：《记孙陵》，载《三十年代作家直接印象记》，第214－219页。

国共产党领导层的一些个人言行不以为然,更重要的是,左翼文化界内部的分歧及人事纠纷,使得孙陵心生厌恶,加之冷战开始,苏联严重的政治社会问题日益暴露,令孙陵的美好向往破灭。1949年10月,孙陵在《自由世纪》发文《文奸底嘴脸》,延续抗战时期国民党的反共宣传基调,将文化界"为数可观的匪谍特务和准匪谍特务们"指为"文化汉奸",说他们正在有计划地传播精神毒菌,进行心灵破坏,动摇战斗意志;而且高级"匪谍"最好的掩护就是"文化人"和"文化活动",在军政机构和社会、教育各阶层中的准"匪谍",正是拿"文化"两字做障眼法工具。为此,他要不惜笔墨,勾出投奔"匪党""卖国求荣"的"文化汉奸"的嘴脸,并指责国民政府对于文化行政轻重倒置。他对原第三厅第五处处长胡愈之,以及范长江、宋云彬、邵荃麟、夏衍等人大加攻击,指责苏联为"赤色汉奸"的祖国,将左翼内部的矛盾,说成是对独立自由作家如巴金等人的迫害。① 该刊编辑称此文可以与郑学稼的《我所知道的陈独秀先生》对照,"一边是伟大完整的人格,一边是卑鄙无耻的恶行;一边是为理想可以牺牲一切,一边是为短利不惜卖身投靠。在忠奸不两立,是非已判明的今天,对我们实有重大的启示"②。

不久,孙陵出任《民族报》副刊主编,并竭力将此刊办成在台湾的第一个"反共"文艺阵地。他执笔的发刊词《文艺工作者底当前任务》,要"展开战斗,反击敌人",包括"渗透、潜伏"在台湾的内奸以及"打着'自由主义'的幌子的真正的自由主义敌人"。他以"反共文艺狙击手"自居,坚决反对"袖手旁观论",撰写并自费出版《论反共精神战线》,发表《严防经济匪谍》的文章,鼓吹将抓"匪谍"的行动从军界、文化界延伸到经济界。③

孙陵的疯狂举动不仅造成各种案件,助长了国民党的白色恐怖,也使自己陷入孤家寡人的境地,成为白色恐怖的牺牲品。其最重要的

---

① 孙陵:《文奸底嘴脸》,《自由世纪》(半月刊),第16-18页。
② 《编后小记》,《自由世纪》(半月刊),1949年11月16日,第18页。
③ 古远清:《孙陵的后半生》,《鲁迅研究月刊》2007年第12期。

长篇小说《大风雪》一度遭到查禁，理由是该书"立论基点，在反对政府各种措施，刻画政府官吏贪污低能，挑拨人民对政府之不满"，且所用词汇"大部分均系共匪所用"①。其实，该书反对的是伪满张景惠政府，对苏联人士和左翼文人也有所抨击影射。在悲愤、忧虑、恐惧之下，孙陵的精神抑郁，人际关系恶劣，难以维持稳定的工作。1983年6月5日，孙陵病逝于台北。孙陵眼中的另一个"自由中国"，并没有带给他真正的自由。

四、重光声中向往"自由中国"

抗战后期，"自由中国"已经成为国际社会对抗战中国的敬称。足迹几乎踏遍所有未被日军染指的"自由中国"各省的美国人威尔基，专门报道了"自由中国用什么抗战"，中国人民对于自由的向往，给他留下深刻印象。他认识到："一定不要指望中国人对于个人自由和民主政治的理想，完全和我们的一模一样。"同时承认："中国人要得到自由——在他们自己的方式中自由地管理他们的生活，以增进他们自己的福利和快乐。他们要有一个自由的亚洲。"一位中国学生来信，保证"中国——所有盟国中最勇敢最忠诚的一个——在遭逢一切患难之中从未气馁或变心过，因为我们完全了解我们是为自由与正义的神圣大业而战斗"，并建议将战争的最后一天定为全世界公众牺牲日，名曰"和平、自由、快乐节"②。

《美国地理杂志》1944年3月号刊登了《自由中国六千哩》的专文，作者约瑟芬（Josephine A. Brown）女士长期在华生活，1936年离开中国，珍珠港事件前再度来华，在中国住了两年，行程六千英里，眼见中国成为美国的同盟国，民族团结，精神面貌发生很大改变。③ 同

---

① 陈纪滢：《记孙陵》，载《三十年代作家直接印象记》，第230页。
② 刘尊棋译：《威尔基论中国抗战·自由中国用什么抗战?》，《文汇周报》第1卷第10期，1943年7月3日，第4、6页。
③ 进仁译：《自由中国六千哩》，桂林《旅行杂志》第18卷第6期，1944年6月，第53—59页。同

年，舒湮创作了大型历史剧《自由中国》，分为《浪淘沙》《醉太平》《齐天乐》三部，从一个世宦大家的故事展现甲午至抗战半个世纪中华民族的受难、抗争和复兴，结局是抗战胜利，宪政实施，重建民国，谱写中华民族争取独立自由进步的光辉史诗。①

长期浴血抗战终于迎来最后胜利，中国人民欣喜若狂，尤其是饱受煎熬的沦陷区人民仿佛一夜之间回到自由世界，憧憬着自由的生活。1945年9月20日，一份崭新的《自由中国》半月刊在上海问世，社长曹治民，发行人周浩然，内封刊登了中国电影制片厂拍摄的照片《自由中国之女战士》，《发刊词》欢呼道：

> 经过八年②的战斗与苦难，我们看到中华民族从苦难中蜕化，在战斗的养育中长成，而且终于以空前的胜利来创造了五千年历史上第一个辉煌的日子！为迎接这自由中国的空前胜利日，我们出版这一册刊物。我们没有多大的雄心或奢望；我们但愿能站在文化工作者的岗位上，为四万五千万人说一些想说的说话，为正在开始的建国工作尽一份应尽的义务。当这本刊创刊的时候，我们谨以最高的崇敬献给领导自由中国的蒋主席，以及抗战八年来为自由中国流血流汗的千千万万无名烈士们！③

在抗战胜利降临之际，《自由中国》的编者们除了庆幸重获自由，还刻骨铭心地记着全面抗战以来的惨痛，《我们追索八年的血债》大声疾呼：

> 中华民国三十四年八月十一日，……从这一个辉煌的日子起，我们重新看见真真的自由的全中国，我们看见真真的人类以空前

---

① 舒湮：《浪淘沙：自由中国第一部》，《戏剧时代》第1卷第3期戏剧节纪念特辑，1944年2月15日，第79—94页。第一部在《戏剧时代》分三期连载完。
② 编辑注：当前学界普遍认为，抗日战争应从1931年"九一八"事变算起，共经历十四年。文中的"八年"为过时说法，仅指全面抗战时期。由于文中为引用，未做修改。
③ 《发刊词》，《自由中国》（半月刊）创刊号，1945年9月20日。

的胜利所写的明日的希望！真真的人类是不会灭亡的！——而且他们将永远战胜！

现在我们正站在胜利的旗帜下，我们看见胜利的旗帜接连胜利的旗帜一直展开去在自由中国的广原。我们看见中华民族已经击退了最大的苦难，从苦难中巍巍地站立起来了。看见第一面国旗从曾经被屈辱的土地上升起来，我们有无限的激动，我们被激动得迷晕甚至禁不住流泪，我们开始以被禁锢了八年的自由的欢呼来应和四面八方的欢呼，然而我们终于沉默了。这因为我们抚摸到八年的创伤，我们永远记得那些被侮辱与被损害的日子。度过这悠长的八年，我们负担着甚至超过八十年的屈辱和苦难——那饥馑、谋杀、拷问和焚掠，那些我们相识者和不相识者的血是永远鲜明的。

如何追偿血债？概言之，就是要清偿债务，惩办战犯和汉奸。"我们当以受害者的最大的悲愤喊出我们的口号，'我们绝不赞成宽容！'"尤其是对日本侵略者帮凶的头目和鹰犬，日本宪兵队的翻译、密探、宪佐们，以及"七十六号"的恶魔，更要严厉惩处。

我们——以中国人民的立场，以一切沦陷区中受害者的资格，愿意在这里请求政府立刻执行最严厉的措施：我们请求执行"叛国者死"的铁律！我们正站在自由中国的胜利的旗帜下，我们愿意在这胜利的旗帜下更有大快人心的胜利的献祭！①

上海民众对国民政府代表的自由中国的无限期待和热切向往，透过伍硕久写的《大场机场花絮》淋漓尽致地反映出来。伍硕久写道，大场机场曾在抗战史上留下了光荣的一页，几年前，许多爱国将士在此与敌人死战到底，壮烈牺牲。抗战胜利之际，英勇的将士们又在这

---

① 《我们追索八年的血债》，《自由中国》（半月刊）创刊号，第3-4页。

里降临,带来了胜利的光芒。每一个上海人的心在跳跃,"到大场去"!连续一个星期,每天都有10余万人坐汽车、卡车、三轮车,甚至步行,清晨从几十里外赶来,欢迎盟邦空军和国军。离机场十里外的农民也携带慰劳品徒步而来。大场的居民想不到会有这一番盛况,因为这里曾是战场和轰炸区。而在上海市市长钱大钧莅沪的那天,欢迎的人更多。从上午八点到晚上七八点,各种车辆将进出口都堵塞了。伍硕久认为:"上海人在十年之前,对于国家,是非常冷淡的,谁做市长,谁的军队来沪,是没有人关心的。抗战之后,人民的思想激变了,他们期待着一个贤明的市长,渴望着优秀的军队,像兄弟一样爱护,这样的热烈,在任何国家恐怕也难见到。大场,带给了上海市民光明和幸福。"①

这一期《自由中国》还刊登了胡维明的《中美外交史话》、章榴的《伪储币的本质与整理》、秦保的《三年来上海文化界怪现状》《集中营备忘录》、钟子芒的《不知所云二题》、牟子的《检举奸商》、关山月的《"打落水狗"论及其他》、瑾琤的《"唐吉诃德"与"哈姆雷得"》、崔枋的《回顾文化荒场》、沈寂的《八月十一日》、雷星的《父子从军记》、企安的《记钱大钧先生》、居典的《V字的故事》、文献的《耕耘与收获》、雪龙的《检讨上海银钱业》、杜鲁的《在胜利的旗帜下》、丰西泽的《抗战期中的上海剧运》、凯歌的《一九四〇——五的好莱坞影片》以及《编后记》,仅仅从文章的标题也可以大致反映出,此时的《自由中国》主要是表达了对美国在反法西斯战争及其影响中国前途中发挥了重要作用的高度评价,以及期待中央派来的大员能够有所作为,要求医治战争创伤,严惩汉奸,整顿财政,迅速恢复上海的大都市地位。此外,《自由中国》半月刊的编者还出版了"自由中国文艺丛刊",第一本是杨赫文的散文集《光明前后》。②

然而,上海民众对于蒋介石领导的"自由中国"似乎期待过高,

---

① 伍硕久:《大场机场花絮》,《自由中国》(半月刊)创刊号,第25页。
② 《新书预告》,《自由中国》(半月刊)创刊号,第14页。

尽管他们并不知道前来接收的陆军第三方面军司令汤恩伯非但没有支持沦陷区人民严惩战犯、绝不宽容的呼吁，反而对日本战犯加以抚慰，还是很快就感受到了一些异样，而颇为敏感的作家、文人立刻将这些异样诉诸笔端。第2期《自由中国》便登载了多篇表达上海民众异样感心声的文章。

周浩然写于10月20日深夜的《吁应纠正的"重庆"眼光》，指出抗战把上海和重庆分隔成沦陷区和大后方，胜利后应该打成一片，但是事实却并不如理想。"在上海，除了奸伪之外，敢保证没有一个人不希望重庆来人解除他们的倒悬之苦。可是在最近，他们失望了。这种失望是多方面的，有的是必然性的——如失业群的扩大和物价的高涨，但有些却是可避免的，应该避免的。"作者着重提出："这就是重庆来人的眼光，很使上海人不满。第一，他们之中的多数对上海人，好像一律看作附逆分子，应予蔑视，应予惩罚。第二，他们之中的多数，在上海人手中的伪币二百作一，焦头烂额的时候，特别强调上海物价的低廉，夸耀他们的财富搜购物品。"有记者就上海物价暴涨一事访问了一位有权力的当局官员和一位商会的首脑，在向他们寻问平抑物价的意见和办法时，哪知那位官员却说上海物价不比重庆贵，不值得注意；而商会首脑则恨恨地说了几句"上海人"，恨不得加上"可杀"二字，还说上海人很富有。在作者看来，这是以歧视的眼光看上海物价和上海人，不顾上海的实际。该作者还指出，上海沦陷时和光复后，蒋介石通过各种渠道表达对沦陷区同胞的慰问，上海市民发狂般地欢迎重庆来人，足以表现中央关怀地方，地方欢迎中央，不料结果竟是这样，这恐怕不是最高当局的意向，亦不是上海人的希望。作者提出："不以'重庆'眼光看上海，这是每个重庆来人应持有的态度。重庆是中国的重庆，上海是中国的上海，重庆人和上海人都是中国人，重庆人未必个个忠贞，上海人不一定人人附逆，谁故意把上海歧视的，谁就不配做上海地方的事情。"①

"重庆"眼光是接收大员们的趾高气扬,受影响的不仅上海一地,所有光复地区都有相同遭遇。这不由使人对自由中国的自由度究竟如何产生疑虑。借着纪念鲁迅逝世九年祭的机会,一些上海人士纷纷表达久经奴役后重获自由的欢欣以及对追求自由的先驱者的怀念。关山月说,9 年前的 10 月 19 日,"中国失去了她的最伟大的思想界的领导者和文艺界的哺育者,最勇猛的自由真理的斗士。中国的文坛的太阳,是在九年前的这一天降落的",上海浩大的送葬队伍,表明人们热爱一个最勇猛的自由真理的斗士!卢沟桥事变使中国民族面临自由人与奴隶的考验。② 钟子芒则表示:"九年后的今日,我们的国家已经站立起来,解除奴隶的枷锁,一跃为自由解放的中国的主人,而自由、解放,也正是鲁迅先生生前所大声疾呼的。"③ 只是鲁迅大声疾呼的自由解放,锋芒所向,也包括国民政府。

上海人的疑虑不仅来自重庆来人的眼光和态度上,更重要的是制度层面的顽症。颇为世人诟病的新闻检查制度,就是其中的突出症结。

在《自由中国》的编者和作者看来,出版检查制度是畸形的产物,至多只是由于非常时期的临时需要,作为应付迫切局面而产生的制度。然而在中国,这种病态的制度却一直存在着,从专制王朝直到中华民国三十四年,"纵然各有不同的名目,而严厉的检查制度对于一切出版物们都永远像一只张大的虎口。这期间我们虽然时常听到有尊贵舆论的呼声,然而从那检查的虎口中逃出来的舆论的真价值,是可想而知的"。因此他们断言:"在检查制度存在的时候,中国并没有真真的舆论,真真的舆论要从废止出版检查制度的那一天才开始。"④ "一个真正的文明的国家,民主的国家,希望向上和一切文明国家们竞争生存

---

① 周浩然:《亟应纠正的"重庆"眼光》,《自由中国》(半月刊)第 1 卷第 2 期,1945 年 11 月 1 日,第 3 页。
② 关山月:《鲁迅先生九年祭——纪念中国文坛的太阳》,《自由中国》(半月刊)第 1 卷第 2 期,第 12 页。
③ 钟子芒:《九年——纪念鲁迅先生》,《自由中国》(半月刊)第 1 卷第 2 期,第 13 页。
④ 何家敢:《废止出版检查制度》,《自由中国》(半月刊)第 1 卷第 2 期,第 2 页。

的国家,是应该有真正的舆论的。"因此,中国不但应该有而且必须有真正的舆论。为着催促中华民国的真正的舆论诞生的目标,孙中山和许多先进的志士们半世纪前便开始不屈不挠的斗争,不断以生命作为争取真正的舆论的代价。因为舆论自由是"自由之自由",也就是其他自由的根基和保障。令人无限扼腕的是,"结果不过徒然流了许多应该被宝贵起来的血,那些血的主人并没有达到他们的目的"①。

他们还认为,经过艰苦卓绝的抗战,历尽一个民族成长的苦难,中国最终获得历史上亘古未有的国际地位。这一地位的获得不易,而要永远保持这样的地位,却是更加艰巨的工作。和欧美盟国相比,中国在各方面还非常落后。虽然中国艰苦完成了抗战,今后也许要继续以五倍或十倍的艰苦才能达到建国的目的。庆祝胜利同时便是建国的开始,而建国的繁重工作必须由全体人民来负担,"因此我们也必须有真真的舆论诞生;而废止出版检查制度便是真真的舆论诞生的最基本的条件"②。

1945年9月3日,国民政府主席蒋介石在庆祝抗战胜利典礼的致辞中声明,政府已决定克期取消新闻检查制度。另据中央社重庆9月29日电:"出版检查制度,经中央常会决议,定十月一日起废止。兹悉此项办法,已经国防最高委员会委员长核定,由国防最高委员会秘书厅分函党政机关查照办理。"如此言之凿凿,似乎新闻检查制度从10月1日起已经成为历史名词。虽然按照其中规定的六项办法,新闻检查制度在军事戒严区依旧存在,"不过我们相信这仅仅是暂时的办法,规定收复区内一切复员工作正在迅速地进行,不久以后检查制度在全中国一定将成为历史的名字的"③。

新闻检查制度的废止,对于出版界是一个值得欣喜的消息,令人产生了乐观的期待。许多先驱竭力争取而未得的废止新闻检查制度,现在却随着中国抗战的胜利而得到了。因此,出版界的从业者既认为自己是幸运者,也承认责任愈益重大,"今后的出版界假使不能有超越

---

①②③ 何家敢:《废止出版检查制度》,《自由中国》(半月刊)第1卷第2期,第2页。

前人的成绩，今后的言论界假使不能尽督促的责任，对于一切为争这一份自由而殉难的先驱者是惭愧的。我们希望出版检查制度废止了以后，中国的真正的舆论能够迅速地健全地生长起来，随时督促和推动横在我们面前的艰巨的建国的工作"①。

不过，希望某种程度上只是无望的慰藉，看惯了政坛翻云覆雨的人却对此有所保留。萧下的《风月宝鉴》就表达了人们将信将疑的心情。他说：

>"言论自由"争了多少年，到现在才稍为有点成就，想起来真是又喜又悲的事。悲的是争自由的先觉者，弃掷了许多生命和精神，到头也仅仅得到初步的"废止新闻检查"，而且暂时也止于是约言。这约言即使付诸实施，而整个的民主自由假使不得彻底，则将来的"言论"在政府看起来一定都是"违碍文字"，这是可以想见的；而已废止了的检查制度，一定会有"非官"的方式出来代替，这也是可以断言的。看九月廿六日出版的《青年日报·政治周刊》上面，就有代拟的废止新闻检查制度后对刊物的约束要点，其中有一条是责诸出版者要保证内容纯正（大意）。世界上有许多样式的"胃口"，要只能认为纯正的，看来只有"风月谈"了。写到这里，想起鲁迅《伪自由书》的《后记》，那里正保存着当时有名的"吁请海内文豪，从兹多谈风月"的这一篇自由谈编者的启事。这个教训乃文人们以无数的经验换来，经过发扬光大，多年来已经成为一条写作坦途。刚从敌伪的压迫下解放出来的上海出版界，因为正以全副精神来迎接胜利的缘故，人们仿佛这个"今夕且谈风月"的时代已经过去，其实不然，细细体味一下，显然谈风月就较谈民主来得安全。

既然前车可鉴，作者认为"风月谈"至少还得继续一个时期，而且时间不会太短。"这不是向《伪自由书》时代的回复。时代虽然划

---

① 何家敢:《废止出版检查制度》,《自由中国》（半月刊）第1卷第2期，第2页。

开，社会仍没有多大变动，所以今后的谈风月不是历史的重演，正是历史的继续。"作者还认为，中国行进的步伐滞重，都是社会性格所决定。"我们常常称道自己有一种'特别国情'，看起来不过是'特别'艰于改革罢了。"因此，作者仍然延续鲁迅的看法，战斗时代的战斗文体就是杂文，而杂文可以有寄托。①

果然，两年多以后，国民政府讨论修订1930年12月颁行的出版法，并据此停刊了南京《新民报》，被指为"中国新闻自由的丧钟"，引起国际舆论的一片哗然。因为根据该草案，政府既是上诉人，又是法官，任何报纸均没有申辩的机会，政府可以任意停刊任何报纸。而没有新闻自由就不成其为自由国家，"要是有一天中国的新闻自由丧失了，那么在中国也就没有自由了"②。

值得注意的是，这份《自由中国》半月刊的主办者的身份相当特殊。1945年8月，国民党上海市党部开始恢复潜入地下一度中断的各级组织，虹口区初为第三区党部，旋即改组为第七区党部，《自由中国》的社长曹治民即为该党部书记，《自由中国》的发行人周浩然则是该党部委员。③ 也就是说，这是一份由国民党地方党部主办的刊物，尽管拥有党派背景，也还是觉得重光与自由并不吻合。从日本的统治下解放出来，当然算是重获自由，可是光复后的国民政府未必就是现实的自由中国，要想真正获得自由，成为自由中国的一员，仍然任重而道远。

抗日烽火中诞生的《自由中国》以及战后上海光复后创办的《自由中国》，折射出国际风云变幻引发中国救亡复兴道路选择的大幅摆动。独立富强，可以说是那一时代无数中国人梦寐以求的自由境界。两次世界大战之间，资本主义和民主制遭遇重大挫折，而苏联的成功，带给中国等后发展国家无限的希望，成为人们向往自由的理想寄托，苏式社会主义道路，则提供了自由通道的重要选项。美国参加反法西

---

① 萧下：《风月宝鉴》，《自由中国》（半月刊）第1卷第2期，第16－17页。
② 《新闻自由与自由中国》，《建国杂志》第28－29期，1948年7月30日，第8页。
③ 上海市虹口区志编纂委员会编《虹口区志》，上海社会科学院出版社，1999，第631页。

斯阵营，不仅使第二次世界大战的天平发生倾斜，同时也遏制了民主制的颓势，再度显示民主制的自我调节潜力，并由此坐上自由世界领袖的宝座，因而促使自由中国的道路出现新的波动。究竟通过何种道路和形式能够获得国家及个人的自由，对于中华民族不仅仅是打败日本侵略者重获解放那样简单。第二次世界大战后中国的不同取径以两大阵营的对垒角力为背景，双方针锋相对的唇枪舌剑，固然戳到对方的痛点，却不能掩盖自身的缺陷。如何使国家、民族与个人的自由相辅相成，实现真正的民主自由，彼此都有待于取长补短，革新改进。就此而论，中华民族必须博采众长，才能与人类社会共同迈向真正的自由世界。

大学与近代中国

近代中国的大学之于全社会，影响远比世界其他国家更显重要。国民政府时期几度担任教育部长的朱家骅，先后在北京大学、中山大学和中央大学任教长校，这三所大学不仅地域上分别位居中国北、南、中部的重要位置，更具有社会旗帜性的广泛影响力。北京大学不必言，清季尤其是五四新文化运动以来，一直是中国社会最敏感的神经所在。其他两所大学，也程度不同地起到类似的作用。1944年2月25日，朱家骅在中央大学纪念周讲话时说："中央大学在学术贡献上和学生在社会成就上，都应该领导他人，起一种示范作用。中央大学不仅具有一般大学与大学生的使命，还应负起特殊的责任。"[1] 对于中山大学，他也抱有同样的期望。他在1943年8月31日《报告奉命视察中山大学经过附拟整饬办法》中写道："伏查该校自十三年创办，十五年改组以来，既为南中最高学府，亦为与本党最有深切关系之大学，所有教职员学生，在任何时期，大都能拥护中央，服从领袖。历届毕业生约数千人，今两广闽赣浙各省各部门工作干部，多出自该校，在渝党政军机关工作者亦有三百人。故该校办理良否，关系党国实钜，尤其于安定南中之前途，所关尤切。"[2] 至于中国共产党方面，重视大学较国民

---

[1] 杨仲揆：《中国现代化先驱——朱家骅传》，台北近代中国出版社，1984，第60页。
[2] 《报告奉命视察中山大学经过附拟整饬办法》，松字第244号，1943年8月31日。

党有过之无不及,解放战争时期的第二战线,大学无疑扮演了重要角色。

中国的大学所具有的这种特别重要性,当与社会政治的组织结构密切相关:主要大学均设立于大都会城市,这里本来就是政治和文化中心;科举停罢之后,大学生部分取代了士绅的角色功能;在集权体制下,学生又是具有天然组织形态的少数社会群体之一;而大学的资讯相对而言既丰富且迅捷。种种因素,使得大学不仅紧扣社会脉动,而且往往成为先锋前驱。类似情形,在其他专制或集权国家如东亚的日本、俄国以及法国,在不同的历史时期也有所表现,只是程度显然不及中国。

相比于近代中国大学的功能作用,既有的研究并不足以匹配。以往海内外关于近代中国大学的研究,大致可分为内史和类史两种,前者主要即校史,将大学的历史基本限于一校的校园之内。其中又有所分别,原来大陆学人所著的校史,着重于学生运动以及与此相关的党派活动,尤其侧重于中国共产党方面,而包括台湾在内的境外学人的著述,则着重于学校的组织、机构、人事、师资、学术成就等方面。不过,近年来新编的校史,已经渐有趋同之势。后者的研究对象包括大学(全部或分类)、大学生、大学教授等,以某一群体为类像,具体还可再细分为不同层面,而主导倾向仍在认识群体本身。

无论内史还是类史,都不可避免地涉及与社会各界各领域的关系,例如由学生运动发端而来的五四运动等近代中国的一系列以大学生为主体或主导的政治活动,震动全社会,牵涉各方面。大学的组织、人事和学术,也是整体脉络的重要一环,其影响远远超出校园。只是分门别类的分科专门界域,限制了视野,学人往往朝着学科或专史规定的方向用力,忽略了史事的整体性在其他方面的体现及其相互影响。

上述局限,近年来已经出现变化的迹象。《从学生运动到运动学生》,将学生运动置于社会各方势力的争斗之中进行考察;"四川大学的国立化",则通过一所省管大学在进入国立系统过程中上下内外各方的角逐,凸显全社会不同意识与利益的错综复杂;抗战期间国民党在大学的组织建设，则一方面延伸了国民党组织史的演变，一方面揭示了战时大学教授与国民党之间的纠葛。与以往的内史和类史有所不同，其考察对象虽然仍旧是大学，可是在研究者的理念中，大学更像是切入的角度和提纲挈领的线索，而不是分界和限制。大学成为社会的有机组成部分，大学的历史作为历史整体的一部分而展开。

以这样的眼光和视角，尽管内史和类史的成果已经相当丰富，大学与近代中国的论题还有相当广阔的扩展空间。有的问题，非跳出原有界域难以捉摸把握。如影响近代中国教育至深且远的三大枢纽，即江苏教育会主导全国教育界，浙人掌控教育部，留美师范生占据教育界要津。尤其在国民政府统一之前，包括大学在内的南北教育界的种种翻云覆雨，如北京各校教师索薪、南北各校风潮、教育经费的分配、学制演变等，背后每每有这些因素发生作用。马叙伦在近代教育界的地位，如果不从上述联系考察，很难理解学问不算高明，亦少教育理论贡献的马氏，何以能够几度历经政权更替而始终屹立不倒，与时俱进？国民政府统一后，强化集权，迁都成为重要举措，各方围绕迁都而展开的明争暗斗，仍有这些因素作用其间。随着国民政府中央集权的不断加强，这些因素的影响力有所减弱，但并未消失。而国民党内的派系斗争对于大学的影响逐渐增强。大学易长、体制升转、师资变动，甚至举办学术团体和学术刊物，背后也是各方势力彼此竞逐的暗潮汹涌。轮流担任教育部长和组织部长的CC派二陈与朱家骅的长期恶斗，导致本来就对党派政治和党化教育不以为然的各大学教授对国民政府离心离德。只是他们对于中国共产党也所知不多，因而增加了后来在新政权之下双方磨合的难度。诸如此类的问题，不胜枚举，涉及大学与近代中国的方方面面，随手拈来，都可做成具有枢纽关结性的大文章。

历史本事与历史认识之间，本来分际显然，但在分科治学和专题研究的风气驱使下，往往变得模糊不清，而且人们对于历史总是习惯于选择性记忆和解读，如陈寅恪所说："往往依其自身所遭际之时代，所居处之环境,所熏染之学说,以推测解释古人之意志。"① 时势变迁,看法难免有异。仅举一例,1917年蔡元培接掌北京大学后,有针对性地进行改造,各项举措,今人最为津津乐道的是兼容并包。而对于当时的北京大学而言,至关重要的却是另外两项。

一是调整学科设置,只办文理两科,停办法(未果)、商、工科。深受德国洪堡教育理论影响的蔡元培认为,大学应以学为基本,而文理两科主要研究学理,因此,非着重甚至只设文理两科,不能称之为大学。

二是创办研究所,大力提倡研究高深学问。大学教师不能只发讲义不求学问进步,必须有研究才能任课,以改变过去师生照本宣科地宣讲与听受的陋习。大学教书,应该达到明道的层次,不能只是授业解惑。明道者,学问大抵已入化境。而学问越是高深,能够理解的人越少。所以大学讲课,讲得好的往往不好听,好听的则往往不好,能够既好又好听,所谓雅俗共赏,老少咸宜,可遇而不可求。讲得好听可以愉悦一时,讲得好能够受用终身。老师如果没有深入的研究,教大学最多讲得好听而已。以学业尚浅的青年凭感官本能判断老师宿儒讲得好不好,真是滑天下之大稽。况且学生有心向学,只要有读书问学和思考的条件,不听课也能有所成就。顾颉刚研究孟姜女传说,就是看了两年的戏得来。当时北京大学听课的多是旁听生甚至偷听生,正式生和注册生往往缺席,却并不影响成才,毕业生质量至少不比国民政府时期严格纪律以后差。

蔡元培的主张,与时下通行的做法大异其趣,其间固然有与时俱进的需求,但也不乏放之四海而皆准的道理。后来傅斯年到欧洲留学,比较牛津大学、剑桥大学和伦敦大学,便感叹极旧之下每有极新。而金毓黻曾经断言,大学教师应能明道,才不至于误人子弟。可是,把握所有学问渊源流变的脉络,谈何容易?今日大学教师,研究则日趋

---

① 陈寅恪:《冯友兰〈中国哲学史(上册)〉审查报告》,载陈美延主编《陈寅恪集·金明馆丛稿二编》,生活·读书·新知三联书店,2001,第280-281页。

狭隘，教书则日见宽泛，长此以往，难免陷入民国时期争论读经应否的尴尬，在太炎师弟看来，不是该不该，而是配不配的问题。陈寅恪就批评国内各大学很少能够讲授中国通史甚至一代专史胜任而愉快者。至今美国名列前茅的大学，仍有坚持诸如蔡元培这样的理念者，而英国久负盛名的老牌名校，对于商学这类美国人发明、边际模糊的学科，曾经长期抵制。结局的无可奈何，固然显示存在的胜利，却未必是真理的失败。后人若一味各取所需，连以史为鉴也做不到，遑论揭示和把握规律？

有鉴于此，特辟"大学与近代中国"专栏，凡与近代中国大学相关的论文，均欢迎赐稿。题目不限，可大可小，做什么全由作者自便，本栏目所看重的，主要是怎样做。无论何种选题，都应努力回到历史现场，不受后来分科治学以及各种专门史分界先入为主的成见局限，将大学置于近代中国整体联系的脉络之中，重现史事发生演化的本相。如果仍然沿用某史某学的俗套，则势必畛域自囿，希望超越内史与类史的"大学与近代中国"的意境也就无从显现。

大学品味之人才篇

又到了一年一度的招聘时节,在被招聘一方叫作找工作。今年因为金融危机等环境因素,相关话题格外引人关注。就大学而言,保就业固然不容乐观,招聘反而相对有利。只是大学里通行的种种招聘门槛和标准,或许使其坐失获得优才的良机,却引进了一批谋职的庸人。

一般而言,大学校长主要应做两件事,一是筹款,二是请人。前者现在似乎刚好相反,找钱不易,只好转而收钱,不仅向学生收,也向教师收(名义是付给学生)。长此以往,真不知学校功能的异化伊于胡底。至于后者,包括请名师和找新人两个层面,各校不仅要量力而行,而且应体现各自的判断力与鉴赏力。名师当然有种种头衔,但也不乏名不副实的成例,而往日的荣衔与真实的水准未必匹配,况且还有光环因何而来的问题。高明的做法,自然是如美国某名校,着重请"准诺贝尔获奖人"。如此必须眼光独到,且不可过于斤斤计较,十中取一,已经相当划算,况且其他也不至于太差,总比高价请些过气的院士讲用如何献身科学,或是趋时的闻人令公众广泛知道,作为招牌花瓶更有价值。当然,这对学校评估的贡献肯定不够及时有力,当道必须在立竿见影和前程远大之间有所取舍。找新人应如当年傅斯年创办历史语言研究所,不请老师宿儒,尽用元和新脚。虽然时人不满其好用北大毕业生,其实那大多是傅斯年拒绝一般求职者的托词。傅斯年于治学取径不无成见,用人还能唯才是举。

无论请名师还是找新人，都要品味高妙，才能慧眼识珠，这大概为时下一般大学的主政者力所不逮。原因无外乎体制与见识，所以出过礼聘端茶倒水的校长助理之类的国际笑话，加之不敢相信众多并非其邀来，也无法请走的教师队伍，于是只好借助各种外在标准，名师则讲究荣衔、奖项，新人则强调出身（所谓第一学历）、发表的数量及等级、项目和奖励等。平心而论，如此做法，并非毫无道理，对于某些缺乏规则和自律，学术又没有权威性可言的侏儒化学科，也确有约束作用。可是单纯防弊，绝不可能是办好大学的必由之路。正如法律是为守法者制定，存心违法，总有漏洞可钻。世界上没有一部法律是针对目无法纪的人而设计。一味防弊的结果，只能是牺牲学术自律和权威，斯文扫地，大学难免蜕变成名利场。

通行的做法与坊间的误解不无关系。今人好引"大学不仅要有大楼，更要有大师"的名言，上述种种办法，目的无疑在于有大师。如何在没有大师的校园里生出大师，据说道路有二，即引进与培养。殊不知大师难以引进，更不可能培养。除非用时下乱贴标签的办法，否则大师为不世出的天才，可遇而不可求。至于小师培养大师，更是贻笑大方。虽然大国手往往出自二国手门下，却并非二国手教得出来。今日谈高等教育，津津乐道当年蔡元培改造北京大学，以为当校长和办大学的楷模。这固然显示现在对前贤须仰视才见，却不能证明其典范作用，至少当时各校不以北大为然者不在少数。20世纪20年代北大教师升等的标准之一，为社会影响的大小，便颇为人所诟病。与后来某名校评职称将在中央电视台出镜10分钟等于在《中国社会科学》发表一篇论文，有异曲同工之妙。令人喷饭之余，也多少明白北大的历史定位与世界上其他名校不同，渊源有自。

理想的大学并非职场或舞台，作为痴迷者的精神乐园，治学教书，都是人生的目的、乐生的方式，而非处世的手段。为大学的前途计，请人当以此为不二法则。而维系法则的基本之道，不应脱离学术的本位。当然，被请者的优劣，其实是请人一方品位高下的体现。

大学品味之高考篇

高考成为万众瞩目的焦点，应该是"文化大革命"结束，恢复高考以来的新生事物。近来却备受质疑，争议四起。自中国有大学以来，相当长的时期内，大学招生没有全国性的统考，而是各自为政，拥有较大的自主权。总体上说给考生提供了更多的机会和选择的空间，当然也带来考试和录取的种种问题或麻烦，所以胡适等有识之士希望以某种形式的统一考试作为补充。但如现在这样一考定乾坤，恐怕不是当时的初衷。

曾经作为社会公平正义的化身，给无数青年带来无限希望的高考，陷入今日进退维谷的局面，似乎重回科举考试的老路，事实上或多或少也确有比附参照的意味。例如借用所谓状元、榜眼、探花前三甲之类的指称，不仅坊间流行，媒体也普遍滥用。一些地方的中学还要张榜挂幡，将考试名列前茅或被名校录取的学生名讳大事宣扬。而地区差异，则仿佛学额的翻版。形形色色的科场案与屡禁不止的高考舞弊案，更有惊人的相似。凡此种种，依稀可见科举制的残影。当年科举不是废而是停，只不过将考试转到学校而已。但科举考试与高考全然不是一回事，前者是取士，已博得入仕的名分，后者不过进学，刚获取学习的资格。至于状元，科举考试每届（大致每三年一届）举国仅一人，而不是每年有一群；古代中国没有分科治学，当然不会有分科状元。不同层级考试的头名，更不可乱称状元，以至于弄出依据行政区划的分级状元，岂非笑话？

科举制的弊病，有识之士早已察觉，因而不断呼吁进行必要的改革，清朝的执政者也陆续对形式和内容有所调整，可惜始终不得要领。内外交困之下，最后不得不弃之如敝屣。高考要想避免重蹈覆辙，应当以史为鉴，吸取教训。

如今高考改革早已成为教育部门和社会热议的话题，只是上上下下的努力，似乎都是为了强化高考的权威、公正与重要性。这恐怕南辕北辙，适得其反。应当变换思路，另辟蹊径。科举制的前车之鉴表明，在唯一性的制度设计下，无论怎样防弊，都将防不胜防；不管如何调整，仍然无济于事。因为高考本来就不具备人们所赋予它的巨大功能作用。高考与科举的相似点之一，在于被举国上下视为实现社会垂直流动的唯一途径。科举的确在相当长的时期内，可以让士农工商改变身份。不过有资料显示，现在乡村或城市里低下阶层的子女上大学的比例逐渐降低，高考在这方面的作用，也呈现不断减弱的趋势。

另一方面，根据近年对各国著名大学学生学籍的研究，中国迄今为止仍然是教育公平度最高的国家。这一结论令多数人感到意外，因而质疑研究本身是否公正。实际上，研究者取材广泛，方法相当严谨，未能触及的部分，恰是何以教育公平的程度与国民的感觉不成正比。中国人对于教育公平的要求远较他国为高，而且认为政府与学校必须对此负全责。越是企图完善高考的制度设计，高考所带来的负面影响就会愈加凸显。反之，如果高考不再承担其根本不可能担负的社会责任，其负面影响反而相应减小。当务之急，应是尝试用其他不同形式分解过度集中于高考一身的功能指标，使之由决定变为参照。

高考处境尴尬的一大关键，在于人们内心的矛盾，一方面以为用一把尺子来衡量所有考生显得公平公正，另一方面又质疑能否用一把尺子衡量所有的考生，尽管这把尺子已经做了因地制宜的调整。平心而论，以中国地域之大，人口之多，尺度无论怎样制作，都无法适用于千差万别的众多考生。况且，标准化就是平庸化。在不同形式的综合平衡之下，天才和偏才将一概被扼杀。近代中国高考史上，一些严重偏科的考生，因为没有刚性的分数限制，通过弹性的法定程序进入大学，后来成为著名学者，至今还被人们津津乐道。在给考生自我选择的权力的同时，应该给大学更多的测试和挑选学生的权限。在招生问题上，大学不应只是高考被动的承接者，只能按照高考的分数（无论出题还是改卷，大学教师的参与度都相当低），由高到低逐次录取。说到底，大学是大学师生的共同事业，大学教师最知道什么样的学生可教。大学不应为中学教育的好坏负责，而新生能否尽快适应大学，却可以检验中学教学的水准。让大学引领社会，而不是被社会牵着鼻子走，中学乃至小学的基础教育改革才能有的放矢，目标明确。当然，这样做的前提是，大学必须尽快提高自己的公信力和自主性。

大学品味之择业篇

高考与科举，都是千军万马过独木桥，一旦过去，就可以改变人生。所以俗称鲤鱼跳龙门。只不过后者主要是为了做官（当然也有其他利益考量），前者一般而言则是为了就业。

将上大学与谋职业挂钩，至少不是大学发源的初衷。相反，欧洲的古老大学开始主要是为不必找工作的人开设的。大学毕业容易找到工作，应是后来发展演化出来的副产品。近代中国人引进大学时，看重的是它能够培养专才，可以做事。民国时期，学生毕业即失业的抱怨，是社会对政府普遍失望的反映，使得青年容易走上反叛的道路，同时也强化了大学毕业必须保证就业的公论。

20世纪，美国的教育出现精英主义（如白璧德）与平民主义（如杜威）的分别，而祖述杜威的胡适到20世纪40年代仍主张中国应当集中力量办好5~10所大学，与老师的主张大相径庭。精英教育时代，大学与社会需求比较容易控制，没有很大的矛盾冲突，这样的平衡在快速扩招之后即被打破。扩招的本意应是进一步提高国民素质，可是在全社会的广泛期许下，不知不觉地演变成为更多的人提供就业训练和择业机会。让读大学的人在就业方面享有一定的优势，似乎成了办大学、上大学和供人读大学等各方面的普遍理念追求。教育部门、大学本身乃至全社会，都把就业率当成衡量教育水准的重要尺度。不少人将大学毕业生就业难归咎于扩招之后专业设置不对口，试图按照社会需求设置专业来解决问题。殊不知这样做非但不能保障就业,反而会使大学存在的价值荡然无存,扼杀大学的生机。

大学不同于一般技术学院或职业院校。后者在后发展国家经济起飞阶段可以测量的指标性贡献,往往比前者更大,毕业生就业更容易,甚至起薪点也更高。但这绝不意味着大学应该朝着那样的方向改变。大学存在的价值,在于能够超越不断波动的社会需求变化,探究较长期影响人类社会和自然界的重大问题。大学教师如果没有这种超越精神,就不可能坚持学术独立和高深研究的取向。大学如果没有学术可言,混同于其他,势必沦为社会的赘物。王国维早就断言,强调有用无用的人是不知学。同样道理,大学的学科和专业设置不应被动顺应社会需求,一方面要坚持教育和学术的发展规律,以引导社会;一方面大学的学科和专业设置不能太过趋时,否则容易过时。所谓极旧之下每有极新,越是好的大学,越能够与现实保持一定距离,而保留那些无用之为大用的学科和专业。一味由市场无形之手推动的社会需求,其实相当盲目。这些年不少新设专业的冷热随供求关系大幅度波动,一些炙手可热的专业不数年就人满为患,毕业生成为无人问津的滞销品。如此恶性循环,昭示大学的学科和专业设置如果随波逐流,最终大学势必成为牺牲品。

以谋职业的态度选择专业,被牺牲的还有一代又一代的莘莘学子。今日高考的变态情形之一,在于考试成为目的。考生将全副精力放在应试之上,对于至关重要的填写志愿,反而大都茫然,只能依赖于家长或老师。而他们的选择,大体是根据考生的成绩+学校的排行+专业的冷热,再做综合权衡。至于考生本人的爱好以及所报学校具体专业的水准,这两项理应优先考虑的因素,反而最不受重视或重视程度严重不足。之所以如此,据说是因为考生大都未成年,需要监护人越俎代庖。诚然,处于少年到青年的临界点,普遍是幻想多于实际,加之中学的引导不当,专业选择未必得其所哉。但从小立志、长大有成的先例甚多,偏科的怪才成就大事业也屡见不鲜。若以从前包办婚姻的态度包办报志愿,希望考生先结婚再恋爱,难免事与愿违。学习首先要有兴趣，无趣则无味，无味则无心。须知上大学不是继续读高四至高七，学习方式要由被动接受灌输变成主动探索，没有强烈的求知欲望，很难实现脱胎换骨的转变。况且，学校的排行和专业的冷热，往往由莫名其妙的人根据不伦不类的标准做出，除了人所共知的事实，就是误导众生的笑话。以此为指引，恰如日暮时分盲人骑瞎马行险道，危乎殆哉！

读完大学当然要工作，但读大学不仅仅是为了找工作，不要将大学当成职业训练所。否则，迟早有一天中国会徒有大学之名而无其实，那时的问题就不仅是学无所用，而是无处求学了。

大学与大师

大学与大师,已成流行小说的标题,用这样的题目作文,难免流俗。不过,本篇立意并非谈论大学如何培养大师或为何还没有培养出大师,反而想深究一下大学怎么会与大师扯上关系以及如何扯上关系,其中有多少误解和扭曲。

将大学与大师联系到一起,肇始者应是梅贻琦。1931年底,他由清华留美学生监督回国就任清华大学校长,在就职演说中,为了强调一个大学之所以为大学,全在于有没有好教授,仿孟子故国说,提出:"所谓大学者,非谓有大楼之谓也,有大师之谓也。"此说当时未必引起广泛反响,而近年来却反复征引,到处流传,作为大学教育今不如昔的铁证。可是不知不觉间,意思有了不小的改变。人们普遍质疑在大学的重点建设热潮中,只见大楼起,不见大师出。殊不知梅贻琦的大学有大师,所指是要聘请好的师资,而从未赋予大学以培养大师的责任。在梅贻琦说那番话的时代,大学不要说培养大师,连能否出真学问,在堪称大师的章太炎等人看来,也还大成问题。学问之事,在野则盛,在朝则衰,而近代中国的大学,官办(国立省立)者无非庙堂之学,私立者大行妾妇之道。况且大学不过是人生中的学习阶段,即使拿到博士学位(民国时期还没有),至多只是奠定基础,就算潜质优越,前程无限,距离大师也还相当遥远。所以梅贻琦自己说办大学的两个目的,一是研究学术,二是造就人才,这是合情合理之论。若提出要培养大师，便成妄言。

此说从梅贻琦长校的清华大学本身就能找到见证。清华开办国学研究院，从全国各处招收来的学生大都已经学有所成，相对于刚刚升大的清华本科生，功力不止深了一层，又得到几位名师的亲炙，足以成家者甚多，帮助清华大学一举摘掉无学的恶名。可是不要说毕业之际，就算功成名就之时，其中有哪一位敢以大师自居？国学院出身的姜亮夫就承认，直到晚年，他还是不懂陈寅恪当年所讲的内容。后来陈寅恪继续任教于清华大学的历史、国文两系，其在历史系开设的课程，因为程度太深，学生难以承受，不得不一再降低难度。让大学培养大师，多少有些天方夜谭的味道。时下一些名校的大师班，以及虽然没有贴上标签，却宣称以培养大师为宗旨的种种宏伟计划，若非自欺欺人，就是愚不可及，或是别有所图。翩然一只云中鹤，飞来飞去宰相衙，口是心非，图的当然还是名利与权势。

换一角度看，清华国学院所请的梁启超、王国维、陈寅恪等，虽然各有长短，当时已被公认为大师。在近代中国，如果这几位不能当之无愧，可以候选的也就屈指可数。梅贻琦敢于宣称大学要有大师，显然与他们响亮的名头不无关系。其余包括首席国立北京大学在内，都缺少如此充沛的底气。不过这几位大师都没有大学的学历，也很难说是由大学培养的。梁启超只读过学海堂和万木草堂，王国维海内外的学历也很低，陈寅恪读过欧美多家名校却不取文凭，甚至没有注册，且从不称引师说。他以朱熹为楷模，可以取珠还椟，不能数典忘祖。梁启超、王国维等过世后，清华国学院拟聘的几位大家，如章太炎、柳诒徵等，也都不是大学出身。而拿不到全美最容易拿的哥伦比亚大学博士文凭的胡适，被认为是有资格的受聘者，他敢于就任北京大学教授，而婉拒清华国学院导师的礼聘，不无自知之明。

进一步追究，即使是有大师的一方面，梅贻琦长校时的清华大学也不无可议。几位导师中硕果仅存的陈寅恪（赵元任和李济相继离校），因主持系务的蒋廷黻主张社会科学化的新史学，力挺雷海宗，实际上逐渐被边缘化。为他撑住台子的似乎并非清华的德政，而是他本人的学术声名和人脉关系。至于雷海宗，如今也有被捧为大师之势，毕竟略逊不止一筹。其对学生的影响，层级越低则越大，待到进入高深研究阶段，则不免褪色。抗战时期清华和北大、南开组成西南联大，如今成为人们津津乐道的艰难困苦中培养大师的典范，可是从钱锺书《围城》所描写的三闾大学的各色人等，至少他的眼中这里不仅没有大师，良师也为数不多。而且他本人的遭遇即显示潜在的大师在清华大学同样不能被预测和善待。钱锺书是否大师，或许还有争议，但是，如果连他能否成为大师也未可预料，清华大学又如何能够自产自销"大师"？又如何当得起"大学要有大师"这样的理念呢？

　　大学未必能够造就大师，大师或许可以成就大学。如此解读，虽不中，亦不远。

问题与主义
——近代中国的知识与制度转型栏目解说

今年是五四运动90周年，本期栏目并非赶场做纪念史学，所谓问题与主义，要谈的不是五四时期那场著名论战，而是借由此标题讨论近代中国至关重要的两大问题。中国近代史上，凡重大问题皆有各种主义参与其间，而各种主义的历史，也基本都是影响深远的重要问题。就此而论，问题与主义可以说是一事两面，而不像当年争论者所以为的那样非此即彼。本期栏目所选两篇海外学人的论文，刚好可以作为讨论问题与主义的范例。

"主义"一词，在近代中国历史上出现频率或许不是最高，却属于最为重要的一类。有系统而影响重大的思想，才能称为主义。而近代中国以主义相称者，为数甚多。今日学人研究，乃至学位论文选题，名目繁多的主义自然成为瞩目的对象。

检阅大量关于近代中国形形色色的主义的论著，觉得对于"主义"的认定及其研究方法，大有可议之处。概言之，究竟是研究"主义"的历史，还是用"主义"去指称相关史事，两种取径做法看似大同小异，其实南辕北辙。而一般研究者似乎并未加以区分，结果往往陷入愈有条理系统，则去事实真相愈远的境地而不自觉。

近代中国的各种主义，大都来自域外，其中不仅有西学东学之分，还有不同宗师流派之别。高举同一旗号的国人，渊源各异，师承有别，取法自然有所不同。其间的分别，在旁观者看来，以为无足轻重，当事人却固执己见，甚至你死我活。在"砍头不要紧，只要主义真"的时代，那的确是生死攸关的头等大事，不容后来人以"我认为"的轻描淡写至于模糊混淆。

有鉴于此，近代中国的各种"主义"，其内涵外延未必有如今日的公认，其发生和因时因地因人而异的衍化，正是史学研究的重要内容。不以后来的主观概念指称前事，而是严格依照时间空间联系的顺序，探求"主义"实在的轨迹，将"主义"还原为历史事实，则是史学研究应当遵循的基本原则。

然而，放眼为数甚多关于近代中国林林总总的"主义"研究，做法取径大都相异甚至相反，不是探究"主义"的发生（包括引进传播）及其演化的历史进程，而是以后出的定义为预设的前提，再去指认自以为是的史事。这样做看似简单明了，易为今人所接受，实则强前人以就我，以自己的主观为前人的本意，用后设的框架剪裁历史。所谓历史研究，至多不过是对历史的看法。如果历史的本相尚且不能如实展现，则其看法大都不免凿空逞臆，断章取义，以偏概全。作为史学研究，怎样看固然因人而异，但无论怎样看，都必须提供何以如此看的经过验证的凭据，以及证明的过程，并且能够八面受敌式的贯通，而不仅仅是简单地以不知为无有的自圆其说。

试举一例，近年来海内外普遍关注近代中国的"自由主义"，且好用自由主义指认一批主张自由的知识分子。但凡同行或弟子问及，一定告以慎用，且屡屡有所争辩。自由主义之于近代中国，的确至关重要，可是自由主义具体何时进入中国，来源有哪些，有无派别，主张如何，究竟谁可以算作自由主义者，迄今为止，并无像样的研究成果可供参考。研究者大都将上述复杂问题作为不言而喻的前提，一上来就划定对象，滔滔不绝，仿佛空中楼阁。他们所指称的自由主义者，大都未经自认，有的甚至对自由主义明显表示过不以为然；有的开始拒不接受，后来随着时代的变化，才逐渐承认。在被指称为"自由主义知识分子"的群体当中，更是立场态度明显千差万别，有的甚至有条件地拥护独裁专制，其"自由主义知识分子"的身份究竟如何认定，令人疑窦丛生。而另一方面，在近代不同历史时期高揭自由大旗，大声疾呼鼓吹自由乃至自由主义的人士，因为名不见经传，又往往不在研究者的视野之内或是干脆视而不见。

尤其令人难以苟同的是，多数争辩者判定自由主义者的依据，竟然是其人主张自由，以此为自由主义者的重要定义。殊不知主张自由与自由主义之间，相去何止道里计。照此论点，则欧美多数国家的国民，都成了当然的自由主义者，岂非笑话？或许正因为自由主义不易讨论，所以关于民族主义、个人主义、社会主义等，都不乏学术佳作，自由主义则是例外，所谓定义，也大都只能根据经验材料自行归纳。而诸如此类的后来归纳，已经剔除了具体生动的史事，将千姿百态的个别变成似是而非的类像。其假定历史可以不顾时空联系存在的共同性，只不过是自欺欺人。史学与社会科学取向的重要分别，正是见异与求同。据此考察，则历史上实在的自由主义和自由主义者，都是千人千面，很难一视同仁。由见异的进程可以把握求同的所以然，而不能用求同的态度重新组装历史。

傅斯年研治性命古训问题，取法中外前贤，用语言学解释思想史的问题，包含语学的观点和历史的观点两方面："两者同其重要。用语学的观点，所以识性命诸字之原，用历史的观点，所以疏性论历来之变。思想非静止之物，静止则无思想已耳。故虽后学之仪范典型，弟子之承奉师说，其无微变者鲜矣，况公然标异者乎？前如程、朱，后如戴、阮，皆以古儒家义为一固定不移之物，不知分解其变动，乃昌言曰'求其是'，庸讵知所谓是者，相对之词非绝对之词，一时之准非永久之准乎？在此事上，朱子犹胜于戴、阮，朱子论性颇能寻其演变，戴氏则但有一是非矣（朱子著书中，不足征其历史的观点，然据《语类》所记，知其差能用历史方法。清代朴学家中惠栋、钱大昕诸氏较有历史观点，而钱氏尤长于此。若戴氏一派，最不知别时代之差，'求其是'三字误等不少。盖'求其古'尚可借以探流变，'求其是'则师心自用者多矣）。故戴氏所标榜者孟子字义也，而不知彼之陈义绝与孟子远也。所尊者许、郑也，而不察许、郑之性论，上与孔、孟无涉，下反与宋儒有缘也。戴氏、阮氏不能就历史的观点疏说《论语》《孟子》,斯不辨二子性说之绝异,不能为程、朱二层性说推其渊源,斯不知程、朱在儒家思想史上之地位。阮氏以威仪为明德之正,戴氏以训诂为义理之全,何其陋也!"①

求其是与求其古,恰是前述两种取径做法的写照。进一步看,二者本来相通,缘着求其古之道,才有可能求其是。否则,"以明清放浪之才人,而谈商周邃古之朴学,其所著书,几何不为金圣叹胸中独具之古本,转欲以之留赠后人,焉得不为古人痛哭耶"②。

此节不仅古史研究至关重要,研治晚近历史同样不容忽视,甚至缘于史料繁多、史事庞杂而更加值得重视。尽管时代相近,语言相似,但要理解前人形似而实不同的本意,绝非易事。况且正因为用语含义因时因地因人而异的微妙变化,了解同情很难,似是而非则易。此类观念史事大别为三:其一,自称;其二,他指;其三,后认。虽然一切概念均为后出,层累叠加往往是自然过程而非有意作伪,可是不仅容易流于散漫,更为重要的是,在后来的定义之下,很可能将历史上实有的自称与他指排斥于范围之外,而将有意不以此为然甚至明确表示异议和反对者强行拉入,以己意剪裁史事,强事实以就我,造成历史认知的紊乱。所以,要依照时间和逻辑顺序勾勒自称和他指的脉络,分别历史意义和诠释意义,才能因缘历史把握概念的复杂内涵。只是要时时处处保持高度自觉,相当困难,高明如钱穆,已经清楚分别历史意见和时代意见,可是具体到中国历代政治制度,还是泛用"中央"与"地方"的外来后出概念而不自觉,所论与历史本事尚有一层隔膜。③

川尻文彦教授研究近代中国思想史,用功甚勤,所获亦多。近年来,功力显著增进,表现之一,即取径做法,愈趋正轨。尤其在各种

---

① 傅斯年:《性命古训辨证》,载欧阳哲生主编《傅斯年全集》第2卷,湖南教育出版社,2003,第505-509页。
② 陈寅恪:《刘叔雅庄子补正序》,载陈美延主编《陈寅恪集·金明馆丛稿二编》,生活·读书·新知三联书店,2001,第258页。
③ 钱穆:《中国历代政治得失》,生活·读书·新知三联书店,2001,第6页。

主义的探讨方面，开始或不免后认的痕迹，后来则逐渐领悟把握，自觉回到历史现场探寻观念事物发生及衍化的规则。其关于"传统思想"也是近代新创之说，典型地体现认识的辩证。本篇围绕20世纪初梁启超通过明治日本思想界接受英国的功利主义（梁氏称之为乐利主义），进一步展开西方、明治日本与中国思想界影响、承接、选择、排拒的复杂纠葛，现在中国人一般以贬义和负面眼光看待的功利主义，在当时不同国度、不同人物乃至同一人物的不同时期，呈现内涵、反映各异的情形，单从译名的不同即可窥见态度的差异。取舍之间，中、东、西之别不仅仅是新旧之分，翻译其实是不同文化之间的重新选择和解读。由各种思想轨迹的分合交错展现出来的历史进程，远较后来借定义指称的丰富多彩。

梁启超研究，历来受到海内外学术界的重视，研究程度相对较为深入，近年来进展尤为显著。即使如此，仍有许多悬而未决的问题。或者说，相比于梁启超本身的复杂，认识仍有简单化之嫌。不少著述或隐或显地将梁启超一概而论，没有因时因地而异的变化，梁启超的年龄阅历增长与其言行的时空条件差异，全然不在考虑之列。有的虽然注意及此，其心目中的梁启超，仍是固定平面的影像，见实事而不见活人。诸如此类的符号化，极大地妨碍研究者接近研究对象，所论难免隔膜。知人才能论事，要达到知其然亦知其所以然的境界，还有广阔的努力空间。而要做到前后左右贯通无碍，对于学人的智慧功力，是极大的考验。

石川祯浩教授的《晚清"睡狮"形象探源》，在前人研究的基础上，揭示"睡狮"形象出自梁启超之手的种种因缘及其发展演化的脉络，进一步否定了此前已经被人质疑的拿破仑说，并且找到曾纪泽到梁启超之间的证据联系，从而坐实了前人的揣测。此文与石川教授撰写的黄帝形象等其他论文，构成其关于近代中国民族主义建构过程中象征符号解读的重要组成部分。这类问题的发现，稍加留意，或许不难，但是认真研判，则非有广泛阅读和细密求证作为支撑，不易成功。这也体现了他所在的京都大学人文科学研究所长期的学术传统。

深一层讨论,"睡狮"说的探源还有一定的空间,例如梁启超何以选择用"睡狮"来取代"佛兰金仙之怪物",是否与中国人的习惯(如佛教故事、民间舞狮习俗)以及梁启超本人的文化传承有关。"狮在华夏"的历史相当久远,但狮并非华夏所产,如果没有经历从西域狰狞异兽到华夏瑞兽的流变(其间佛教传播的影响作用甚大),很难想象这一外来贡品会变成国人普遍自认的民族象征,取得近乎于龙的地位。① 更值得探究的是,"睡狮"的具体传播过程如何展开,其在众多作为民族图腾的形象中脱颖而出的历史,实际如何发生,与龙等其他形象的关系如何等等。当然,还有拿破仑说究竟起于何时何人,怎样流传并取代实际发明人;如果梁启超的魅力能够增大"睡狮"的影响,何以反而被拿破仑"窃取"了发明权等等。要深入认识诸如此类的问题,视野还须更加扩展,显然不止梁启超的个人魅力超强可以解释的那样简单。

由此可以进而探讨更具普遍性的问题。20世纪80年代迄今,关于近代中国民族主义的研究日益展开,其中受所谓符号学和文化符号学的影响,偶像、崇拜、塑造、象征等概念及其相应方法被大量借用,石川祯浩教授称引的费约翰(John Fitzgerald)《唤醒中国——国民革命中的政治、文化与阶级》一书,虽然不是最早,影响却相当大。海外不必论,仿效取法的国内新锐亦为数不少。不过,看过相关著作或与相关学人谈论,总有削足适履的感觉(包括方法和事实两方面,详情在此不必论),怀疑究竟是近代的民族主义者太过能动,还是现在的研究者太过主观,因而将此类现象称之为近代史研究中的"古史辨倾向"。

《古史辨》反对将古史与神话混同,由疑伪书而疑伪史,固有其致疑的依据,但是过度发挥到以为一切古书都是人为作伪,一切古史都是层累叠加,则事实上古书古史不可一概而论,有此印象,反而是

---

① 蔡鸿生:《狮在华夏:一个跨文化现象的历史考察》,载王宾、比松主编《狮在华夏:文化双向认识的策略问题》,中山大学出版社,1993,第135-149页。

因为用来看待古书古史的态度太过一律。但凡真实的历史都不可能过于整齐，过于整齐则一定是用了后设的尺度重新裁剪。正所谓先入为主，就难免看朱成碧。20世纪30年代初，陈寅恪借审查冯友兰《中国哲学史（上册）》之机，批评盛极一时的《古史辨》，他说：

> 以中国今日之考据学，已足辨别古书之真伪。然真伪者，不过相对问题，而最要在能审定伪材料之时代及作者，而利用之。盖伪材料亦有时与真材料同一可贵。如某种伪材料，若迳认为其所依托之时代及作者之真产物，固不可也。但能考其作伪时代及作者，即据以说明此时代及作者之思想，则变为一真材料矣。中国古代史之材料，如儒家及诸子等经典，皆非一时代一作者之产物。昔人笼统认为一人一时之作，其误固不俟论。今人能知其非一人一时之所作，而不知以纵贯之眼光，视为一种学术之丛书，或一宗传灯之语录，而断断致辩于其横切方面。此亦缺乏史学之通识所致。①

民族主义的各种宣传鼓动形式，当然有其明确目的，只是形式各异，目标有别，大浪淘沙，结果都是历史的选择，而不仅仅是主观故意的兑现。或者说，是由来源不同、去向各异、错综复杂的主观故意交集合力而成。否则，历史都由少数人预先设定，变成阴谋论主导，很难征实取信。陈寅恪所写《莲花色尼出家因缘跋》，专门指出佛教教义故事存在与中国传统伦理观念不相容之处，后来逐渐被同化。但亦有分别，无君无父之说，开始尚有高僧大德，公然辩护，只有男女性交诸教义，则大抵噤默不置，故为删削。② 佛法无边，在传播过程中尚且受制于不同民族的历史文化传统，何况俗世的思想？

现在中国的民族认识，主要是近代受西方民族主义思想影响的结

---

① 陈寅恪：《冯友兰〈中国哲学史（上册）〉审查报告》，载陈美延主编《陈寅恪集·金明馆丛稿二编》，生活·读书·新知三联书店，2001，第280页。
② 陈美延主编《陈寅恪集·寒柳堂集》，生活·读书·新知三联书店，2001，第169-175页。

果,中华民族、汉族、少数民族等,都是清季以来的新出概念,与中国固有的种族文化观念,相去甚远,但也有渊源和牵连。其间确有所谓重构问题,只是这样的重构,仍有其内在凭借,并非单纯取法域外。而其指向,则有那一时代的政治诉求,与今日学人背后各自不同的意识,并不一致。以此指认中国历史上的人事,往往似是而非。域外学人以其民族理论衡量感到百般困惑,也在情理之中。看待近代中国的民族主义问题,应首先体验历史,而不是加入后来的成见。其实,近代中国的民族主义起过相当积极正面的作用,不必如今日谈起,往往自觉矮人三分。而尽管经历法西斯主义的极端,发达国家内部至今仍是民族主义占据主导(而自认为普世),对外批判民族主义者,或许不过边缘。结果后发展国家对其主流无从影响,对其旁支又难以招架,进退失据。只有各自先行解决内部问题,再矛头对外,才能避免双重标准。

《古史辨》因为偏于一端,振聋发聩,小夫下士,广泛共鸣,影响颇大,流弊匪浅。陈寅恪对于近代史学期许甚高,而对一味疑古,否定民族历史文化,则不以为然。近年来关于近代中国民族主义的研究,本能也有批判的价值取向,这样预设的前提和《古史辨》不无近似,多少妨碍持论者将民族主义当作客观的历史事实,探讨发生演化的本事,并将其作为口诛笔伐的箭垛,以今日的价值观念做出评判。这样倒上去的解构,难免陷入《古史辨》的前车覆辙。若能以史学的通识,重现观念事物生成及其衍化的历史,则问题意识的聪明可以转化为治史的高明。就此而论,顾颉刚《孟姜女的传说》、钱穆《先秦诸子系年》、杨树达《论语疏证》、傅斯年《性命古训辨证》、梁方仲《一条鞭法》、严耕望《唐代交通图考》等,研究对象各异,方法相应变通,而取径做法,大体相近。后来学人仔细揣摩,功力可以精进,不以有色眼镜读史,则历史的画面将会更加丰富多彩。

比较与比附
——法制史研究的取径

受域外学术的影响和内在变化的驱动，近年来法制史研究渐呈活跃态势，无论文献的整理出版还是研究著述的发表，在各专史或各学史的领域都显得相当突出。只是认真检讨起来，不无可以进一步考究之处。其大有三：第一，在整体观照和具体操作层面，都存在混淆比较与比附的状况，这也是各类专史学史的通病；第二，受前一项的影响，大都难免做什么只看什么的先入为主，而预设的范围界定其实是后来观念的作用；第三，误以为案卷即为事实，或者说仅仅凭借案卷来重建事实，很少考虑如何才能将案件还原为本事。

今人的法制史研究，无论问题意识还是基本架构，大都因缘西学东学而来，与中国固有的社会历史文化不相契合。大处着眼，能否用现在所谓法制的观念看待中国历代的律法及刑名，本身就是未经证实的问题。习惯法成文法或大陆法系英美法系之类的分别，与中国实情已经相去甚远，更不用说细分为民法刑法等等。凡此种种，今日习惯于分科治学者大都习以为常，甚至视为天经地义，即使了解史事较多之后偶感不适，也只能在框架之内略作调整，若是跳出框架，则势必陷入失语状态。因为那一套知识系统已经先验地规定了人们的思维和表述的方式，孙猴子本事再大，难逃如来掌中。

熟悉域外中国研究状况的余英时教授曾经断言："我可以负责地说一句：20世纪以来，中国学人有关中国学术的著作，其最有价值的都是最少以西方观念作比附的。如果治中国史者先有外国框框，则势必不能细心体会中国史籍的'本意'，而是把它当报纸一样的翻检，从字面上找自己所需要的东西。"① 作者客居大洋彼岸，各种论述，因为对象的分别，不免有重心的转移，这番话相信是对所谓读书种子语重心长说的肺腑之言，值得认真揣摩。尤其是什么叫作以西方观念作比附，外国框框究竟体现于哪些方面，要落实到具体认知和操作层面，颇费思量。

继中体西用之后，中国实际上进入用夷变夏的时期。近代学人认为，与西洋学问进行比较，是使得缺少条理系统的中国学问能够进入轨道的重要凭借，在这样的观念主导下，挟洋自重，渐成风气。清季民初治学的二途之一，便是"求中国隐僻之书，以比附西方最新之说"②。汉文以字为独立单位，具有非逻辑性，容易望文生义，使用者思维认识遂好譬喻。所以中国人喜欢平行推理，"它既非演绎的，亦非归纳的，而是类比的"③。晚清至五四运动时期，东西对比相当时兴，国人对于在欧洲并不视为学术正轨的斯本格勒的文化类型学颇有共鸣，以至于今日学人认为在事实联系与平行比较之间形成第三种比较研究，背后都是文化习性使然。而比较与比附究竟如何分别，要想拿捏得当，确是难乎其难之事。

胡适所著《中国哲学史大纲》，被誉为树立了近代学术典范，按照作者自己的说法，就是用西洋的哲学作比较参证的材料，而且主张必须借用别系的哲学作解释演述的工具，才能贯通整理中国哲学史的史料。胡适反对西学中源说的种种附会，认为"最浅陋的是用'附会'来代替'比较'"。可是他举出的"一有了比较，竟不须解释，自然明白了"的例证，同样令人感到有附会之嫌。例如他用西洋文法术语解古文古音，在陈寅恪看来正是穿凿附会之混沌怪物；至于用西洋议会制度和高等教育制度来理解中国的御史制度及书院的性质与价值，更是流弊无穷。就连《中国哲学史大纲》也被金岳霖指为"兼论中西学

---

① 余英时：《论士衡史》，上海文艺出版社，1999，第459页。
② 胡朴安：《论今人治学之弊》，上海《民国日报·国学周刊》第14期，1923年8月8日。
③ 朱乔森编《朱自清全集·日记编》第九卷，江苏教育出版社，1997，第456–457页。

说的时候，就不免牵强附会"，"总不会是一本好的哲学史"①。阅读近代学人的学术评论，各种与附（傅）会相关的词汇，如穿凿附会、牵强附会、格义附会等，出现的频率相当高，不仅可见问题的泛滥，也可知各人对于比较与比附理解把握的混乱。

近代学人之所以要以西学为比附，是因为他们已经不易把握古人思想学说的系统，而西学为先进发达的典范，于是认为古人并无系统，"我们要编成系统，古人的著作没有可依傍的"，只有依傍西洋，才能构成适当的形式，重建中国学问的系统。②清季民国时期，从梁启超、刘师培到胡适，都曾经努力依照西学的分科体系重新梳理解释中国的固有学问，以求融会贯通，形成具有头绪条理的学说体系。胡适的《〈国学季刊〉发刊宣言》所提出的国学研究的理想系统，就是在中国文化史的架构下整理成包含民族、语言文字、经济、政治、国际交通、思想学术、宗教、文艺、风俗、制度等十大专史在内的总系统。而要达到这样系统的整理，必须用比较的研究来帮助国学的材料的整理与解释。③

问题在于，中国的社会历史文化并非依照这样的架构发生及演化，用后来的系统部勒古代的材料，不仅有削足适履之嫌，也容易曲解中国史籍的本意。一方面，造成归类的不当混淆，以为前人就有此范围界定；另一方面，用了后来的观念认识前事本意，容易导致文本史事的误读错解。正如张荫麟批评冯友兰的《儒家对于婚丧祭礼之理论》所说的那样："以现代自觉的统系比附古代断片的思想，此乃近今治中国思想史者之通病。此种比附，实预断一无法证明之大前提，即谓凡古人之思想皆有自觉的统系及一致的组织。然从思想发达之历程观之，此实极晚近之事也。在不与原来之断片思想冲突之范围内，每可构成数多种统系。以统系化之方法治古代思想，适足以愈治而愈棼耳。"④

---

① 金岳霖：《冯友兰〈中国哲学史（上册）〉审查报告》，载冯友兰《中国哲学史》，上海书店，1990年影印，附录第1-8页。
② 欧阳哲生编《胡适文集》第6卷，北京大学出版社，1998，第155、182页。
③ 《国学季刊》第1期，1923年1月。
④ 张荫麟：《评冯友兰〈儒家对于婚丧祭礼之理论〉》，《大公报·文学副刊》1928年7月9日。

陈寅恪还从晋朝清谈之士好以内典与外书互相比附，探寻格义附会的渊源，讥讽时人依傍自炫的西学时装，不过是过气的陈货。诸如此类的系统、分科、方法、概念，作为方便形式，或有不得已而为之的苦衷，若是作为预设前提，现成架构，甚至论证目标，则势必差之毫厘谬以千里。

今人所谓法制史，大抵也有先入为主的成见，即司法与行政分立的现实影响。诸如此类的看法，自清季以来已经存在，并在内外官改制时造成朝野上下极大的困惑。有清一代，前期集王朝体制之大成，后期应千古未有之大变局，二者立意截然不同。而且清朝设制，旨在避免君权与相权等其他权力相争或受后者的约束，因而有实权的往往没有正式体制，一旦立制，又几近形同虚设。大清律例无疑是正式法律文本，可是律条简要，与会典事例相辅相成，也有不相吻合之处。况且，制定律条，大都在实事之后，也会掺杂后来观念，未必如实反映当时的本事。尤其重要的是，皇帝的上谕实际上有着绝对权威，同样具有律法效力，往往成为则例的依据。

礼法关系，清季改制时凸显，当政者试图在二者之间进行优劣取舍。实则中国为伦理社会，律法条文的拟定，深受礼制的影响制约。改制之前，无所谓司法行政之分，府州县官的主要政务，一是刑名，一是钱粮。作为政务要项的审案，不仅要秉承律法，还要揣摩上意，甚至要顾及人情世故。各地官员判案，既要依法，也需讲礼。离开礼制，很难理解相关律法的立意、文本乃至断案的行事。今人每每指责科举正途出身的官员不谙世事，缺乏行政能力，其实科考取士要在选拔正人君子，以便树立道德楷模，驾驭深谙办事途则但也容易为非作歹的幕友胥吏。若以刑名为政务要项，便以专职司法干吏为准则，审视衡量正印官的能力作为，岂非南辕北辙？

由此可见，以后来的法制史观念，并不能限定与法制相关的史事，因为前人并无此说，更不会按照这样的分科行事。即使存在形似而实不同的言行，其本意也不能用后出的观念来解读。如果研究者事先预定读书甚至找材料的范围，将目光局限于所谓律法类书籍，既不能找到所需的材料，更无法读懂古人的本意。历代的图书分类，都是以后来的观念条理先前的著述，即以时代意见规定历史意见，即使清季以来袭用西学成法，欧美各国的分类归属也是大相径庭。因此，开启时空通道的钥匙或许并不在后来分类归纳所限的文献之中。只有放眼读书，才有可能寻觅资料的线索，把握问题的范围，读懂文献的意思。这也正是书中有学，但书并不就是学之意。以今日的观念，要恰当理解清季改制过程中律法令的分别与联系，亦非轻而易举。虽然分科治学分门治史在今日已成常态，做什么只看什么，仍是相当危险的事，用外来系统条理本国材料，结果往往是系统有了，前人的本意却被抹杀殆尽。要想明白前人设制的立意，必须超越律法藩篱，深入礼的各个层面。当然，对于礼的理解把握，也要避免为后来的成见所囿。

　　清季改制，面对司法权从行政分离的前景，督抚们的表现前恭后倨。学人对此多以保守官僚对抗近代三权分立的政治体制加以解释，实际上赞成立宪的大员如张之洞等人，反而对行省的司法权从督抚手中分出抗拒最力。其理由即若州县不审判，则爱民、亲民之实政皆无所施，以此求治，未见其可。① 而督抚们之所以前后反复，原因却是先行改制的京师部院乘机大肆集权，使得督抚已经实际掌控的兵权财权面临丧失殆尽的危险，不甘大权旁落，必须借故发难。只有不受后来的"法制"观念的局限，才能得其所哉地认识清楚前因后果。

　　问题还不仅如此而已。今人好以案卷为研究凭据，甚至以刑案来观察常态社会。殊不知在礼法社会中，诉诸词讼的一般而言都是例外。一地好讼，意味着民风不正。直到20世纪40年代，从事律师职业者仍感到中国百姓还认为只有坏人才会打官司。惹上官非，是一件相当不名誉的事情。司法案卷或许可见社会变态，至于常情，则须小心求证。以案卷为材料，与其他形式的史料相同，应当加以验证，不能假定案卷所记即为事实。从现实经验看，案件描述与事实往往有较大出入，能够再现百分之五十的实情，已属难能可贵。即使铁证如山的定

---

① 苑书义、孙华峰、李秉新主编《张之洞全集》第11册，河北人民出版社，1998，第9560页。

谳，要想还原事件的全过程和各层面，也是戛戛乎其难。就此而论，考据如老吏断狱，只是形式上类似，治史的目的，决不仅仅限于定性。

案卷经过办案人之手，即使犯人的供词和证人的证言，也难免受了刑讼惯例的制导和办案环境的左右，未必合乎事情的本相，反映各自的本意。办案者的记录或归纳，固然有官场的套话或职业性的行话，分析理解案情，更少不了推理揣度，加之牵扯各方上下其手，编造改窜的成分所在多有。况且当事人还有利害各异的立场关联，罗生门的现象在所难免。若有不同时期的复审重审，通过比较，往往可以发现各种隐情。更为重要的是，必须广泛搜集和利用书信、日记、报道、口述等各种相关的非刑案文献，设法将案件还原为事实。只是案件所涉人员，大都升斗小民，缺少个人主动的记录，他人又少有采访等形式的补充，即使司法与行政分立之后，有了刑侦、检调、律师、法官各方面的相互制约，单靠法律文书要想还原事件真相，也几乎不大可能。晚清以来，报纸等公共媒体大量涌现，勇于承担社会监督责任，开始介入重大案件，使得官官相护、只手遮天的情形有所改变，最为典型的案例如坊间所称"杨乃武与小白菜案"，在报馆的追踪采访报道和官场内部错综复杂的矛盾作用下，真相终于得以大白于天下（也还有其他曲折）。这样的事例可遇而不可求，却提示人们不可轻信案卷的记录，而要将案例还原为事实。

更有进者，近代报刊多有党团政派立场，关于同一事件的报道评论，往往掺杂利害意见，众说纷纭，媒体的介入，未必能使事情真相变得容易澄清，有时还会适得其反，令各方势力通过各种渠道施加影响，使得案情更加扑朔迷离。如何抽丝剥茧，逐渐近真，一方面比较各方说法，不断接近事情的真相；一方面因缘各方的态度有别，进而考察各方与此事的关系各异，将所谓法制史转化为一般历史的研究，以法制问题为线索脉络，而不以法制史为范围，由社会的变态而见常情，还有相当广阔的扩展空间。就此而论，考据何止老吏断狱那样简单？

文本·教义·教史·信众
——中国宗教史研究的内外相济

近代以来的宗教研究,大体分属教内教外两界。由于各自有所偏重和主张,要想同时得到双方的认可,十分难得。梁漱溟、梁启超开始分别在北京大学和清华大学讲佛学(梁漱溟主讲的印度哲学,其实仍是佛学),当真正懂行的钢和泰来后,显示由不同文字的文本比较探求经典本义的东方学正途,两人自知不能继续望文生义地瞎猜附会,只好放弃或退出。而能够得到僧俗两界认可的陈寅恪、汤用彤等人的宗教研究,主要在教史和文本方面,基本不及教义(近年的研究表明,汤用彤的佛教史研究教内人士于教义方面并不以为然)。抗日战争期间,因为条件局限,陈寅恪在被迫无奈地放弃东方学的同时,还公开声明隔于教义,教史研究也不得不束之高阁。他说:

> 寅恪昔年略治佛道二家之学,然于道教仅取以供史事之补正,于佛教亦止比较原文与诸译本字句之异同,至其微言大义之所在,则未能言之也。后读许地山先生所著佛道二教史论文,关于教义本体俱有精深之评述,心服之余,弥用自愧,遂捐弃故技,不敢复谈此事矣。①

---

① 陈寅恪:《论许地山先生宗教史之学》,载陈美延主编《陈寅恪集·金明馆丛稿二编》,生活·读书·新知三联书店,2001,第360页。

话虽如此，不谈教义绝非无心之失或不能之过，学术重心转移也未必是因为不能言及教义本体。教义涉及终极关怀，往往有理智尽处的问题，信仰就不能客观，不信则难免隔膜。况且中国文化的主导是非宗教化，主要来自域外的各种宗教，所赖以生成的社会文化与中土迥异，入华之后，不能不有所调适改造。除了改变与中土礼俗人情相冲突的禁忌规则，还有因缘外教而来的自创宗派。不由教史和文本比较入手，很难梳理把握教义的渊源流变，也就无法领悟其本义和变异。欧洲文化以基督教神学为核心中枢，而神学的基础也是语言与文本的比较研究，由此演化出来各种思想学术的分支，一如经学的附庸蔚为大国。到20世纪80年代，美国大学中的一些老派学者还会告诫来学的新进，单靠英文是难以深入学问堂奥的，要想免于方家的门外文谈之讥，必须以拉丁文为基础。

神学研究以语言文本的比较考证为根底，与经学的取径办法大同小异。历史上儒家治经与佛教譬喻体例虽实不同，毕竟形似，因而二者可以相通。关于此节，近代佛学史上有名的故事是欧阳渐治俱舍学，三年不成，后于沪上见到沈曾植，沈告以不要治俱舍学，而要治俱舍宗。欧阳渐回到南京，寻找俱舍前后各书以及同时他家诸书读之，结果三个月就灿然明白俱舍之义。这一典型事例显示，即使近代佛学界的高人，也不能直面文本领悟内典的精义，必须前后左右比较研读，才能异同自见，大义顿显。① 这也是文本比较和教史研究之于领悟教义不可或缺的道理所在。而高僧的合本子注和大儒的长编考异，都为解读经典的正途良法。历代高僧大德不少，相比较而言，不像欧洲中世纪的教会那样完全垄断知识。德行之外，大儒的知识水准总体看仍在高僧之上。至少两汉以前和唐宋以后，抛开神秘色彩，不世出的通人还是集中于凡间的儒学。

宗教毕竟要关怀生者当下理智尽处的心灵空白，而跨文化传通一

---

① 蒙文通：《治学杂语》，载蒙默主编《蒙文通学记（增补本）》，生活·读书·新知三联书店，2006，第3页。

般而言就是误会，忠实保持原意和本相，往往未必能够深入人心，以致流行。尽管经典的来源和教派的发端存在种种层累叠加的可疑争议，神学在欧洲中世纪的垄断地位确是毋庸置疑的事实。反之，《古史辨》挖地三尺刨了祖坟，却忽略了经史对于两汉以下的笼罩并给予合理的认识及解释。后来在西式学堂和新学知识体系中无处安身的经学，国人于努力熔中西于一炉之初曾经有过对应神学的尝试，只是经学规范了凡间纲常伦理的关系秩序，为伦理社会提供了必不可少的道德支撑，一般并不管升天与来世，因而这样的对应最终还是被放弃。

经学为缺少终极关怀的中国思想学术文化的核心，恰如神学为欧洲思想学术文化的中枢一样。可是纲常伦理依附于王朝体制，非经过改造调适，不能适用于转型后的社会。而在危若累卵的情势下，清季民初人们普遍倾向于舍中而就西，各式各样的调适论多被认为是缓不济急。康有为等人主张创立国教，鼓吹多时，不能得法。鼓吹新文化的胡适明知文艺复兴从找古本开始，经典的考究以语言文本为基础，神学与经学大同小异，可是天性远离信仰，因而仍然坐视经学退出历史舞台的大势所趋甚至推波助澜。道德支撑的缺失导致社会失范，其他各式各样的替代之方事实证明都不足以补缺，而要重建道德又左右为难，进退失据，成为革命之后社会建设所面临的一大难题。

一般而言，宗教与语言，为文化的两大要项。可是研究中国的问题，就颇费思量。中国文化整体上本质上的非宗教性，不仅体现于中国历史上神权至上的时期为数甚少，而且东西方各式各样的宗教陆续入华之后，往往呈现非宗教化的趋向。佛教入华与中土思想文化融合形成禅宗、新道教和新儒学，为中古思想演变的一大要事因缘。禅宗盛极一时，以致有十寺九禅之说。可是禅宗的即心是佛，见性即佛，使得佛（信仰偶像）、法（经典）、僧（神职戒律）三大要项变得可有可无，反而导致佛教盛极而衰。以至于到了晚清，不得不礼失求诸野，借助日本以图再度复兴。

诚然，各教入华，也对华夏文化影响深远，其中尤以佛教为最。或谓道教是中国式的宗教，其实道教那一大群神仙和一大堆典籍，都是在佛教的影响之下，仿照佛教的谱系重新排了座次，编了系统，然后新道教才具有了宗教的样子。尽管如此，在主要关怀来世的正教看来，追求肉身成仙的道教似乎还是在亦正亦邪之间。鲁迅说"中国根柢全在道教"①，撇开学界各自解读的正负意涵，可以说点到了理解中国宗教乃至文化的一大关键。正因为有了信神如神在的秉性，道教也较少排他和独占，较多兼容和并存，既能充分吸收输入外来学说，又不忘本来民族之地位，被陈寅恪许为"道教之真精神"②。宋代新儒家正是以外书比附内典而成。基于中国文化兼容并包的特性，20世纪20年代就有人预言将来回、耶两教必有极大冲突，应以中国的儒家文化居间缓冲调节，以免世界陷入万劫不复的巨灾大难而不可自拔。③

另一方面，没有宗教精神，缺少原罪意识，如果再脱离道德的约束，追求现世的国人难免无限放任。我死后哪怕洪水滔天在基督的世界简直就是恶魔的咒语，而在中国，死后如何并非人人必须关注的问题，至少来生不如现世那般重要。研究中国人的精神世界，哪怕对象是相当虔诚的信徒，全从教会的视角看，只能得其一面甚至徒具皮相。

所以，即使就传教史而言，目前的研究主要也是集中于教会史，关注对象主要是教会及其神职人员。由于资料的限制，一般信众很难进入研究者的视野。进言之，研究信众不易，研究信众的精神世界更难。中国历史上信奉各种宗教的信徒为数众多，尤其是那些儒释道耶，照单全收，见佛就拜的泛信众，其心灵世界恐怕很难从单一宗教的教义和行事记录加以解读。晚清以来，日本人眼见清国人泛神似的天地君亲师崇拜，将主张教化的儒学也称之为儒教。儒学的教化能否被认为是宗教，争议一定不小。但也提醒关注者注意，当指认某人在特定宗教信仰之下的精神世界时，如何确证其只是受到某一特定神灵的护佑，而不会恩泽其他菩萨的雨露，实在是相当纠结的事。

---

① 鲁迅：《1918年8月20日致许寿裳》，载《鲁迅全集》第十一卷，人民文学出版社，1981，第353页。
② 陈寅恪：《冯友兰〈中国哲学史（下册）〉审查报告》，载陈美延编《陈寅恪集·金明馆丛稿二编》，第285页。
③ 桑兵：《排日移民法案与孙中山的大亚洲主义演讲》，《中山大学学报（社会科学版）》2006年第6期。

如此言说，还是假定该信徒的精神世界为宗教所占据和笼罩，更加令人困扰的，则是中国人的宗教信仰与俗世生活很难截然分开。早期天主教入华倍感棘手的问题之一，就是教民们依然继续他们的祖先崇拜。从教会的立场看，这等于是不愿将全部身心奉献给上帝。僵持的结果，实际上教会只能采取默认的态度。面对诸如此类的凡心未了，尘缘依旧，如果研究信众的精神世界，不能不兼顾其他各教的影响。扩而大之，关注道德的作用，至多只能说是信众心灵中受到特定宗教浸染的层面部分，而且在其他因素缺失的情况下，也很难对特定宗教的作用影响恰如其分地加以认定。所以，研究人神分界模糊的中国人的信仰，不能脱离其俗世的生活，一味寻找宗教的印记。否则，一旦加入其他因素，势必陷入罗生门式的各自表述而无所适从。

　　这样的分别不仅存在于个人身上，对于整个国家民族的集体意识同样至关重要。就个人而言，清季革命，经学备受冲击，佛教和阳明学的复兴，相当程度上是革命者需要道德支撑的补充。因《苏报》案入狱的革命军马前卒邹容，便在狱中向同案获刑的狱友章太炎学佛，以坚定信念，抵抗孤寂。就国家而论，民主制度的理念以宗教伦理为本，既然人性本恶，权力更是万恶，恶人掌权，必定胡作非为，因此要分权制衡。而相信人性本善的中国则坚持内圣才能外王，权力当然也要分，也要制，但主要是针对臣子下属的，目的是确保帝王的权威至高无上，不可动摇。无论人们如何批判挞伐，文化观念的差异无疑会影响中外的政治建制及其运作的取向。

　　有鉴于此，研治中国的宗教史，应当内外相济，才能整体之下把握具体。不仅要分清僧俗，也不至于在各路神灵面前混淆了属于彼此的信众。

《教育公报汇编》解说

清季以来,教育始终被各界公认为救亡振兴的不二法门,成为社会关注的重心。虽然"教育"一词是新出,概念的内涵外延值得进一步考究,本来却并非如今日分门别类的所谓分科专门画地为牢的凭借。晚清民国处于社会中心位置的教育,确实据有举足轻重的地位,不能以后来教育史的眼界来范围。当时办教育的人对此高度自觉,从来不将所办教育事业简单地视为仅仅教书育人。

随着研究视野的扩展,分科分类的人为限制逐渐破除,原来作为教育研究的资料,不仅研究教育史的学人要看,研究一般历史的学人同样要看。曾经作为历史中心的教育,在相关历史的研究中理应安置在得其所哉的适当位置。

晚清民国时期,由于中西新旧缠绕纠葛、国家权力式微等原因,作为新兴传媒的报刊,创办来得相对容易。外国人士引领风气,政府、民间(包括团体、机构、个人)竞相办报办刊,仅凭一己之力办刊的情形不止一端,或连续举办数种,或独力包办一种。这使得报刊的数量大幅度激增。到1949年,全国总共累积兴办的报刊达4万种,其中报4 000余种,刊3.6万余种。① 多数报刊存在时间短暂,有的刚刚创刊即告终结,能够长期坚持的比例有限。

---

① 桑兵:《晚近史的史料边际与史学的整体性:兼论相关史料的编辑出版》,《历史研究》2008年第4期。

与数量庞大极不相称，由于使用机器造纸等原因，报刊保存的状况远不如古籍，多数毁损严重，已到临界点。同时收藏情况相当凌乱，没有任何机构能够系统地保存各种报刊，同一报刊分别存于多家机构乃至个人之手的情形相当普遍。而随着研究时段的下移，报刊作为新类型研究资料的重要性日益凸显。收藏保存与利用的矛盾势必越来越突出。

　　要想解决上述矛盾，理想的途径，当然是在权威机构的主导下，整合全国的资源，有系统地分门别类加以编排，然后调动各方面力量，逐步有序地用各种形式出版。这样的取法乎上滞碍难行，而又时不我待，退而求其次，只能由各家出版机构将就各自可获得的资源，陆续编辑出版。这样做虽然难免一定的重复或不成完璧等诸多遗憾，却是切实可行。否则陈义再高，也无法挽救正在加速毁损的近代报刊。

　　近代期刊，大致可分为官办、民办以及外资三类，教育类刊物也不例外。官办一类，在清季多称"官报"，属于教育类的如学部的《学部官报》，各省则直隶、湖北、河南、云南、四川、湖南、吉林、浙江、江西、甘肃、陕西、贵州等地先后创办了教育官报或学务官报，主办编辑机构多为各该省的学务处、学务公所或提学使司，只有《云南教育官报》由该省教育会编辑，《甘肃教育官报》由兰州官报书局编辑。另外，四川学务处编辑出版的刊物名为《四川学报》。[①]

　　民国以后，各级政府及其机构所办刊物大都改称"公报"，成为公布法律、法令、命令、决议等官方文件的政府机关刊物。[②] 1913 年，湖北、湖南、贵州等省分别创办了《教育厅公报》或《教育公报》，1914 年以后，山东、广西、江苏等省陆续创办各该省的《教育公报》。同年，北京的民国政府教育部创刊《教育公报》，"既仿公报之体例，又有杂志之精神"，作为"公布文告之机关，发展教育之嚆矢"。此后，各级政府教育部门的机关刊物，虽然间有使用其他名称者，多数以

[①] 张小平、陈新段、史复洋：《辛亥革命时期的教育期刊简介》，载丁守和主编《辛亥革命时期期刊介绍》第五集，人民出版社，1987，第 547–578 页。

[②] 陈新段、史复洋：《近代公报类期刊简介》，载丁守和主编《辛亥革命时期期刊介绍》第五集，人民出版社，1987，第 579–602 页。

"教育公报"为名，先后断断续续创办的同类刊物为数甚多，不少省份的教育公报不止一种。中央及各省政府教育部门外，一些区县层级的政府教育部门也纷纷创刊教育公报。抗日战争期间，各种政权并存分立，不同区域的教育公报则各自为政。本编所收教育公报，省一级的覆盖较为完整（当然还有一省多刊的余地），至于各个时期所谓中央政权的教育公报，有待于进一步补充。而省以下各级政府的教育公报，虽已间有收录，还可以另行汇编出版。

就以往的近现代教育史以及相关研究而言，清季关注新式教育的引进和学制的建立，较为重视官报。民国以后，研究重心转移，更加重视教育团体、教育机构或教育家所办教育刊物，以及相关档案，相比之下，对于各级政府的教育公报，未免视为官样文章，多少存了轻视甚至忽视之心。其实，善于治史者，只要解读运用得当，各种资料均有其无可替代的价值。而对政府方面的研究较为粗疏，正是以往的薄弱环节。即使法律、法令、命令、决议等，亦可显示时空转移下的变换演化。导致忽视的原因之一，是各地收藏分散，不能物以类聚，形成概念。能够将教育公报大规模汇编出版，正是解开症结的必由之路。

当然，研治教育史乃至整体历史，仅仅依赖公报一类的资料，难免单一偏颇之嫌。仅就教育类刊物而论，清季的学报、学务官报或教育官报，也应归类出版，而数量更为巨大的民办教育刊物，尤其有进一步分类出版的必要。只是这两类刊物收集不易，求全更难。况且，即使掌握所有教育类刊物，还必须与档案、文集、书信、日记、年谱等资料比勘互证，进而从实事求是、信而有征进入以实证虚的境界。否则，轻信资料，以眼见为信史，至多不过看到表面，难免落入前人彀中。诸如民初江苏教育会影响全国教育界，浙江人掌控教育部，留美师范生占据教育行政要津等理解近代教育以及整体历史的关键因素，都难以查知。这样，所见资料纵然极多，实际作用也无非表面文章。反之，善用史料者，由常见正史官书亦可见真历史，而且是力透纸背的真历史。

教育统计解说

近代以来被称为统计的实事，中国古已有之，作为掌控社会的重要依据，土地、人口、赋税、出产乃至于贸易的各项数量指标，一直是朝廷官府认真办理的重要政务。只是中国的数字观念似乎两歧，一方面，数与量之间未必完全吻合，前者更多地体现指向性（如乾嘉朴学重术数然），未必如后来统计学的要求，因而相对于实际，反而不免模糊笼统。各种奏报史书关于战争的描述，就很让研究者茫然，三百大钱九二串之类的习俗，也令来华外人莫名其妙。另一方面，明代的各项统计数字又精细到令人匪夷所思的程度，以至于明眼人绝不会当真，成为公开谎言似的账面游戏。这样的情形延续到晚清，常常引起国际纠纷，当时银钱关系错综复杂，不仅银有多种，银钱比价千差万别，衡量同一种银的权重也不划一。对外交涉，赔款借贷之事甚多，如何衡量，大有周旋弄巧的余地，而让域外的谈判对手在穷于应付之余，暗生鄙夷轻视之心。

清季新政时期，受列强尤其是明治日本的影响，各种门类的社会统计层出不穷，主持统计者也由官府扩展到报馆、邮政、海关、学术机构、各级职能部门、在华外国机构或人士乃至对中国抱有野心的列强军政情报单位等方面，其中被视为国家兴衰强弱关键的教育事业的相关统计，尤为朝野上下所瞩目。一地一类的教育统计开展甚早，学部成立后，教育统计成为一大要务，不数年，便有了由学部总务司主持编制的全国性的《光绪三十三年份第一次教育统计图表》问世，涵盖之广泛，内容之详尽，远非前代所谓统计可以比拟。此后每年公布一次，直至清亡。

民国政府延续了清季教育统计的模式程序，且不断加以完善扩充，全国性全方位的统计之外，各地各级分门别类的教育统计也日益程式化，还先后创办了多种统计杂志，留下了大量的数据，为后来的研究者提供了丰富的凭借。由此可以深入认识的，并不仅仅限于所谓教育，而是牵涉全社会的各个层面，善用者从不同的角度，能够找到判断其他领域情形状况的相关指标。可以说，在所有近代中国的社会统计中，教育统计的丰富与重要即使不能称最，也是名列前茅。

不过，数量如此庞大、作用如此重要的教育统计，各公私收藏却相当零星分散，例如清季的三次教育统计图表，各大图书馆很少保存完璧。后来海内外陆续影印再版，称引者才渐次增多。至于其他为数众多的相关统计，连长期浸淫该领域的资深学人，也大都未能一窥庐山真面。将各种教育统计搜集汇编，尽管不易完整，已是嘉惠学林，功莫大焉。日后陆续搜寻增补编辑，一编在手，等于遍游尽览世界各家公私收藏，将指日可待。

省却舟车劳顿和令人困扰的烦琐规定的限制，看得到的问题大体解决，不过对于学人而言，接下来面临的问题可能更加考验智慧和学识。人人可见，奇货可居的秘籍便失效，随心所欲的乱解亦不能，读得懂的问题反而更形重要。尽管近代中国的各种统计以东西列强的模式为准，又学习了统计学的方法，可是中国原有的习俗惯例，仍然发生作用，如果简单地将统计数字当作信史，以为论据，则很容易为其所误导。相关的现成事例，一是清季学务统计的各项数字显示新式学堂发展迅速，数量激增；二是有学人将民初北京政府各部职员与清季各部职员的履历表对照，得出平均新式学历大幅度提升的结论。其实清季三次教育统计图表的相关数字不相吻合，每次图表本身的各项数字，相互也难以对应。犹如研究清代识字率的海外学人，将州县和府、省的方志记载统计加以比对，发觉相去甚远一样。

如果说清季学务统计的问题出在如何统计以及如何编制统计表的过程中，那么进一步的问题就是统计出来的数字与实际情形是否吻合。研究表明，大量的所谓学堂，只不过是学塾书院的改头换面，甚至只是挂了块招牌而已。而民初袁世凯政府强调官员的学历出身，京师一带又聚集了数十万"高等游民"，法政学堂如雨后春笋般涌现，短期内新式学历的普及提升，所体现的其实是文凭的泛滥而非素质的提高。社会进步至今，统计方面诸如此类似曾相识的问题，似乎依然并不罕见。

有鉴于此，或者根本怀疑中国历史研究中统计资料的利用价值。诚然，历史很难用简单量化来说明或展现，计量史学即使有用，现阶段适用的范围对象和层面也相当有限。如果不放在人事体制的脉络之中，很容易变成数字游戏，做强古人以就我的解读，看起来头头是道，实际上离题万里。然而，任何材料本身都无所谓对错，关键在于使用者利用得恰当与否。只要拿捏把握材料的指向得当，用于适得其所，则所有材料都有其应有价值，甚至伪材料亦可见真历史。

利用教育统计首先至少应下两方面功夫：其一，以统计数字为凭借，进行多层面的验证，如将不同来源、范围的统计相互核对印证，用实证个案研究对统计的准确度做出评估等。其二，将统计进行的历史进程本身作为研究对象，重现各地区各层级各类统计具体实施过程的所有史事的发生演化，研究的重心不在于统计的结果，而在于统计如何展开的各个层面，如由何种机构及人员主持和操作，统计的规程和实行之间的联系与分别，不同层级和地区因时因地因人而异的情形等等。由此获得的多方面丰富信息，其价值相对于统计结果的数字有过之无不及。迄今为止，前一方面的验证已有学人着力，取向大概不错，具体方式尚有可议；后一方面则鲜有顾及，大有扩展的余地，当然难度也颇高。就好像方志彼此不能对应，为学界所周知，而草率者大都依然照用，审慎者也很难重新梳理方志编撰全过程的各个环节。

统计有方便之利，如果不能善用，也可能反受其害，尤其是那些尽信书的懒人。试举一例，清季整理印行的教育统计图表，只有光绪三十三年份、三十四年份以及宣统元年份三次，或者不察，误将报刊上发表的第二次教育统计图表数字认作 1910 年的统计数。学术研究中，此类失误，在所难免，难以理解的倒是，此事早经指正，而后来者茫然无视，争相引用，以讹传讹，误导世人。传述前人已知尚且不能，遑论研究？如此，则不但误己，而且害人。或者不知其详，将图表内各项数字进行印证，试图找出其合理合规，看似认真严谨，其实不过是认认真真的表面文章。

此外，清季民国，受日本国民教育理念的影响，确立统一的高标准，而中国地广人众，差异极大，国民教育的强制推行，备受争议。清季持不同意见者，多被指为顽固守旧，而民国时乡村教育实践者对国民教育的批判，理据与前不无重合。单从国民教育的统计看，成绩斐然，可是依据另外的统计，直到 20 世纪 40 年代后期，中国各地还有至少数十万所谓私塾。考虑到政府对这些指斥为低水平的教育机构一贯持压制取缔态度，则不能不反省国民教育的普遍适用性，以及坚持高标准的因噎废食是否取舍得当。由此可见，利用统计的利害得失，全以使用者的一念之差为转移，应当慎之又慎。否则，未得其便，先受其害，就得不偿失了。

"学报"解说

物以类聚。"学报"是否为一类,本来不无可议。因为在此一总名之下,实际上涵盖了林林总总从形式到内容相去甚远的刊物。加上其中有的读作"学报",似有破句之嫌,更加令人迟疑。不过,集合概念往往后出,必须经过一定程度的简约化,用集合概念指认故物解读前事,只要尽可能名实相符,一般而言并无大碍。可是作为历史研究,着重见异,所有被约化的实事要完全涵盖,则难免捉襟见肘。对此不得不然的情形,只能退而求其次。若以无法归纳为准则,则永无可以类聚的事物,也就谈不上以类相从。当然,名词与其指称的实际物事,究竟以何者为据,也是名物的一大麻烦。

中国本来也有以学为名的人文物事,尤其清代以来,辨章学术,考镜源流,经学、史学之外,如汉学、宋学、经古文学、经今文学等,逐渐成形。依门类、时代、取法乃至地域而得名的种种"学",日趋通行。可是,令各种"学"大行其道的,还是清季的"学战"以及随之而来日趋天经地义的学界的分科治学和学堂的分科教学。名目繁多的"学报"层出不穷,就是最好的佐证。

仔细分别,各式各样的"学报"也并非完全杂乱无章,无迹可寻。大致可以分为以下几类:

其一,由学战而生,如《强学报》《新学报》《实学报》等。前者为强学会上海分会的机关刊物,可以看作戊戌时期学会蜂起的表征;

其次则由上海的新学会和算学会编辑，提倡算学、政学、医学、博物等各种新学。后者的政治倾向与前两种或有所分别，也要讲究天学、地学、人学、物学。其所谓学，虽有新、实等分别，大体较为笼统。诸如此类的还有《通学报》《正学报》以及来华外国人士所办《新学月报》等。强学会主张强学，开办于1896年1月的《强学报》，应是目前所知中国最早以学名报的刊物。1906年江西广丰的《劝学报》、山西的《明义学报》、1907年河南开封的《与舍学报》、北京的《震旦学报》，立场各异，但都主张提倡新旧学问。这一类的"学"，后来有向着"文化"演化的趋势。

其二，以分门别类的分科之学为名。这类刊物最早的应是1897年5月创办于上海的《农学报》，以及同年7月创刊于浙江温州的《算学报》。后来这一类型的学报成为所有"学报"的大宗，日益细分化的各种学科，几乎都有各自的学报。本编所收录范围较宽的如理科、人文科学、社会科学、文理、文哲、工程等，稍具体的如财政、医药、地理、会计、法政、教育、经济、考政、生物、新闻、史学、考古、心理等，乃至更加具体的归纳、牙科、农业经济、译学等，大概属于现在一、二、三级学科或大学科的划分。

这一类的学报，如今大多改名为什么什么研究，大概是为了强调其专门精深的水准和程度，与早期的笼统相区别，以免误解为一般性的介绍文字，被指为无学。而在清季，称为"学报"，本身就是有学的象征，所以1907年1月至2月，在上海和日本东京分别出版了两家同名刊物，刊名就直截了当地标为《学报》。只不过后一种主要是记录留日学生各种日常学习活动，不一定是某种学术。1902年北京曾办过《白话学报》。1920年浙江永嘉新学会、1945年重庆的两份同名《新学报》，1947年的《现代学报》，一定程度上还以综合的形式反映"学"的笼罩，不过已成例外。有的分类一度流行，逐渐少用，如戊戌前后多与艺学相对的政学，1902年上海曾经创刊《政学报》，北京有《政学征信录》，1906年北京创刊《政学新报》，1911年汉口有《政学日报》。其含义逐渐与政法学趋同，较原来的政学大幅收窄。如1910年天津的《北洋政学旬报》，就由《北洋法政学报》扩充而来。到了民国时期，1920年在美国的中国政学社还创办过《政学丛刊》。后来政学成为政治派系的名称，反而与学无涉了。

其三，以地域为名。中国原有以地分学的说法，1897年4月发刊于湖南长沙的《湘学新报》，本意是强调新，同年11月，改名为《湘学报》，内容虽无变化，名称却向着地域方向倾斜。接踵而起的有《岭学报》《蜀学报》等。这与晚近学人好以地域分学风学派的时趋相辅相成。这类学报后来有向下级地方蔓延之势，如《瓯学报》《晋阳学报》《昌州学报》《兴宁学报》《增城学报》等。但有时容易和一些实为大学学报的刊物混淆，所以逐渐弃用。与此相关的是"国学报"或《中国学报》《东方学报》，虽然不仅地域，还包括种族文化，其实是要与万国或世界相区别。而《新世界学报》要以世界的新学问来新中国，看似无疆，内里还是以国为界的。

其四，因缘新式教育而来。这一类较为复杂，还可以进一步细分为：（1）清季各省学务机构的官报。清季各省所办教育官报，在学部、提学使司和学务公所建制后，多称教育官报或学务官报，但在此前的学务处时期，也有少数省份一度叫作学报，如湖北、湖南、四川学务处的《湖北学报》《湖南学报》《四川学报》，天津北洋官报总局的《北洋学报》。（2）新式教育理念下的分层分类学报，如蒙学报、小学报、普通学报。其中最早创办的应是1897年上海的《蒙学报》，1905年江苏吴县办过同名刊物，以刊登教科书为主。1913年，北京也编辑发行过同名周刊。其他同类者还有叫《蒙养学报》《蒙学术报》《蒙学画报》的。中学以上，着重分科教学，反而没有这样笼统的学报。（3）各学校尤其是各大学的学报。中国开办近代大学较晚，办大学学报的历史更短。有的实为学报性质，但开始并不以学报为名，如1906年东吴大学堂的《东吴月报》，1909年金陵大学的《金陵光》。一些专门学堂、中学甚至小学，也举办过自己的刊物，同样大都不以学报为名，如上海的《浦东中学校杂志》《石梅公校杂志》、无锡《无锡竞志女学杂志》、澳门的《灌根年报》、广州的《法政丛刊》等。当然，也有少数例外，如 1908 年 6 月上海的《万有学报》，应为理科专修学校的校报。同年杭州的《惠兴女学报》，则为杭州惠兴女学的校刊。

进入民国，北洋大学、岭南大学、北京大学等校所办综合性学术刊物，还是称为季刊或月刊。较早叫学报的，是 1914 年私立武昌中华大学的《光华学报》，其后有 1915 年的《清华学报》，1919 年北京的《中国大学学报》和东吴大学的《东吴学报》。大学以下的各级各类学校，如中学、师范等，所办刊物开始还是叫杂志、专刊的多，叫学报的少，后来略有变化。而一些学校的校友会组织所办刊物，却标名为"学报"，如 1914 年南开学校敬业乐群会的《敬业学报》，1917 年上海澄衷学校校友会的《澄衷学报》等。国民政府时期，大学所办学术刊物日渐增多，而且多以学报命名，似乎学报有成为大学学术刊物专属名称之势，以至于一些大学干脆省去"大学"，迳以校名加学报。如此一来，很容易混淆学报的地域与大学归属，如《浙江学报》《华中学报》《西北学报》《珠海学报》《广州学报》等，所以后来用地名加学报以表示一方学术的渐少。这似乎显示，大学在与地方争胜时处于强势，可是并不能消除误以为《中山学报》（抗战期间迁到坪石的中山大学农学院主办）甚至中山大学为中山县所办之类的尴尬。

其五，学会、研究会及宗教团体组织和特殊人群的刊物。上述几类学报当中，不少即是各种团体组织的机关刊物。有的学报，仅仅从名称很难判断其归属，背后则往往有特定团体，如 1908 年北京庚申学会的《庚申学报》，1915 年湖南长沙船山学社的《船山学报》等。而工商学报、女学报以及留学生的学报，有的单纯是教育类或学科类刊物，有的则还有为某一群体代言或成为某一类人发言园地的立意取向。1898 年创刊的上海《工商学报》，虽然规定论说须关涉工商学业，宗旨却是振兴商业，收回利权，内容多为介绍中外工商业的情形。从 1898 年上海中国女学会创办的《女学报》开始，各种女学报都是一方面提倡女学，一方面促进女权。此外，清季革命党人为了便于开展宣传，也以学报为名，甚至附属于某一学校，如上海的《锐进学报》《克复学报》等。

凡此种种，可见若以"学报"相从，大体可以反映晚清以来"学"在中国的形态、进程及演变。以上仅就"学报"名称立论，至于内容，则涉及广泛，绝不仅仅限于学的一面，识者自可各取所需。晚清民国时期出版发行的报刊总共约有4万种，即使分类再版，要将名目繁多、数量惊人的各种"学报"一网打尽，除非以国家的名义，变成政府行为，否则还是难于上青天。不得已，只能希望公私收藏的单位个人，尽囊贡献，虽然不免重复甚至浪费，持之以恒，可成完璧，终究胜于无缘得见庐山真面。这比那些高调空谈者更加能够救近代文献于水火之中，而造福于学界、世间及后世。

近代广东学术因缘

一地的学术传承及学风流变,自有其渊源因由。近代中国的社会变迁虽然天翻地覆、脱胎换骨,学术思想也随着各种东学西学新知的大量输入而旧貌换新颜,内里仍然深受固有理路脉络的影响制约。

就全国范围而言,历史上广东学术大都处于旁支地位。嘉道以降,迄于今日,广东学术经历三次高峰期,即学海堂时期、抗日战争前的国民政府时期(尤其20世纪20—30年代之交)、中华人民共和国成立前后。形成高峰的基本条件,一是南人北上与北人南下,二是大帅加大儒。

今人讲论广东学术文化,好以广东人为脉络,往往将并无联系而且高下相去甚远的同籍学人拉扯到一起。若是貌似尊重而胡乱搭配,依然有辱高明。① 如果讲究地域文化,则依据有二,一为籍贯,一为居处。若依前说,凡籍隶广东,均为岭南文化的承载者。若据后说,凡生活于岭南之人,便可能参与岭南文化的传衍。南人北上与北人南下,为探究近代广东学术文化渊源流变的两大人脉要素。陈寅恪所谓将来唯有南学,主要即指20世纪30年代初聚集北平的广东籍学人。

中国自南北朝以后已有讲究地域与学术文化的关系,如南学北学;

---

① 当年有人对于广东方面将陈寅恪与容庚相匹配,就极不以为然。详见杨树达:《积微翁回忆录》,上海古籍出版社,1986,第331页。照此标准,各大学校史或各地方志乱编谱系乱排座次者恐怕不在少数。

宋代以后又按地域、宗师讲论学派。只是大都后认，且未必褒扬。而中国为文化集合体，以文野为判，不重血缘种族，亡国亡天下之说，超越政权和地域。所以历代以文化立国，化民成俗，并不强调后来看重的地域性，文野之判，实为倡导融合。清代做官避籍及科考等防止冒籍，反而刺激地域自觉。清季东西两洋的民族主义和地方自治思想涌入，政治上的各省独立说，教育上的乡土教科书，社会上的各种联谊团体，从不同方面刺激构建所谓地方文化。学术领域则是地缘与宗师互为表里。

因缘来粤为官入幕的浙人较多，岭南学术文化，历来与浙江学术传衍关系匪浅。刘成禺《世载堂杂忆·岭南学派述略》记明以后粤学与浙学的渊源纠葛：明代以陈白沙广宗（弟子湛若水传播），王阳明浙宗为盛，直至清代禁止讲学兴文字狱，"其中四百年间，天下学统，未有盛于二宗者"①。后薛侃引王学入粤，浙宗与粤宗相互激荡，盛衰消长。全祖望讲学端溪书院，欲融合粤、浙两宗，复倡王学。嘉道时阮元引朴学入粤，江浙学人陆续南来。江藩与方东树之争，本意未必如后人所见，旨在争辩汉宋的正邪是非高下，但是对粤人调和沟通汉宋的汉宋兼采或不分汉宋取向，确有深远影响。

章太炎等人批评民国时的大学不出学问，强调学术在野则盛，在朝则衰。而清代学术正统多为方镇之学，大帅的见识品味，常常造成一地学术文化的兴衰及其影响的广狭。前后有阮元、张之洞两位大员的倡导推进，学海堂可以说是近代广东在全国学术文化地位最高、辐射最广的时期（当然其中也不免偏蔽）。② 不过，尽管岭南学术凭借两大儒陈澧、朱次琦声望日隆，其门生弟子（包括再传弟子）广布各地和张之洞等大员的推重而日益张大声势，江浙学人仍然具有心理优越，始终不弃学术正统的主导地位。他们讥讽陈澧等人的不分汉宋是因为分不清汉宋，指服膺陈澧的张之洞为乡愿之学，甚至同为革新党，且

---

① 刘成禺：《世载堂杂忆》，钱实甫点校，中华书局，1960，第270－278页。该书亲历与耳食杂陈，难登上乘之列，两宗之说也不免后见。但此说仍然略有见地。
② 桑兵：《近代中国学术的地缘与流派》，《历史研究》1999年第3期。

不排斥公羊学的江浙人士也要振兴浙学,以抵制康有为的"南海伪学"。可见,即使在阮元、张之洞两大前后护法的羽翼提携之下,辐射广泛的岭南学术还是独树一帜尚有余力,号令天下则底蕴不足。

20世纪20年代后期和中华人民共和国成立前后,广东再度适逢北人南下(包括原来北上的广东籍学人)和大帅有识的良机,学术地位迅速崛起。可惜前一次为时短暂,南下学人不久便纷纷北上或转移江浙等地,后一次大环境不相适应,虽有大儒一柱擎天式的坚守,未能实现转移世道人心的理想抱负。① 而失去南下学人的助力,广东学术逐渐陷入低潮。作为广东指标性学术机关的中山大学抗战期间辗转迁徙,损失巨大,尤其缺少合适的教授。1944年底,自小学一年级即在中山大学、时任地理学系主任的吴尚时应校长之邀为集训的新生训话,痛心疾首地坦言:"中山大学是七等野鸡大学。"② 如果仅仅囿于籍贯,将学术明道变成自娱自乐,则天地间何贵乎多一地域文化?

海通以来,广东得风气之先,社会发展之余,衣食足而知荣辱,其他方面的期望渐高,尤其希望在学术文化方面有所提升,于全国名列前茅,甚至引领风气,因而曾经先后三次提出建立全国第三学术中心的要求。其实京师、江浙和岭南,本是近代中国学术发展演化的三大地缘。只不过前两处挟政治、经济重心的威势且历史积淀深厚,地位相对稳固,而粤人不过侥幸占得先机,必须奋力相争,以免不进则退。20世纪20年代中期,日本退还庚款,成立"对支文化事业委员会",在北京设人文科学研究所,在上海设自然科学研究所。其时广东与北方政治分立,相关各学术文化团体机构联名要求在广东成立第三研究所,即应用科学研究所,以便形成第三学术中心。20世纪60年代和90年代,粤省的有关部门社团又先后酝酿将建设第三学术中心之事

---

① 陈寅恪曾针对时势说:"欧阳永叔少学韩昌黎之文,晚撰五代史记,作义儿冯道诸传,贬斥势利,尊崇气节,遂一匡五代之浇漓,返之淳正。故天水一朝之文化,竟为我民族遗留之瑰宝。孰谓空文于治道学术无裨益耶?"(陈寅恪:《赠蒋秉南序》,载陈美延主编《陈寅恪集·寒柳堂集》,生活·读书·新知三联书店,2001,第182页。)
② 1945年6月27日吴尚时致朱家骅函。作者自称因为与中山大学有数十年因缘,才敢于如此说话,而不至于被指为恶意攻击。

提上议程，可惜主客观条件尚不具备，均未能如愿以偿。从目前情形看，要达到这一目标显然路漫漫其修远兮，并不能因为改以文化产业和流行文化为主导，宣称建成文化大省便真的大功告成。而且条件的改善固然重要，更值得反省的是办法和取径是否得当。不然的话，用力越多，收效却是反其道而行之，花钱想证明自己有文化，结果自曝其短，反而授人以的确没有文化的口实，贻笑大方之余，就只好变换文化的内涵外延，自欺欺人了。

除三次高峰期相对适宜外，岭南的整体氛围，于超越实用、启迪人类智慧和民族精神的小众式学术文化发展或有所不宜，这也是造成广东学人每每须离粤北上，才有大成的重要原因。近代各地收藏取向的差异，可见品味分别之一斑：京师好善本，沪上珍字画，岭南则重玉器古泉。陈寅恪早年批评中国人唯重实用，不究虚理：

> 其长处短处均在此。长处，即修齐治平之旨。短处，即实事之利害得失，观察过明，而乏精深远大之思。故昔则士子群习八股，以得功名富贵；而学德之士，终属极少数。今则凡留学生，皆学工程、实业，其希慕富贵、不肯用力学问之意则一。而不知实业以科学为根本。不揣其本，而治其末，只成下等之工匠。境遇学理，略有变迁，则其技不复能用，所谓最实用者，乃适成为最不实用。至若天理人事之学，精神博奥者，亘万古，横九垓，而不变。凡时凡地，均可用之。而救国经世，尤必以精神之学问（谓形而上之学）为根基。乃吾国留学生不知研究，且鄙弃之，不自伤其愚陋，皆由偏重实用积习未改之故。此后若中国之实业发达，生计优裕，财源浚辟，则中国人经商营业之长技，可得其用；而中国人当可为世界之富商。然若冀中国人以学问、美术等之造诣胜人，则决难必也。……尤有说者，专趋实用者，则乏远虑，利己营私，而难以团结，谋长久之公益。即人事一方，亦有不足。今人误谓中国过重虚理，专谋以功利机械之事输入，而不图精神之救药，势必至人欲横流，道义沦丧，即求其输诚爱国，且不能

得。西国前史,陈迹昭著,可为比鉴也。①

此言于岭南学术文化尤具针对意义。单纯讲应用,无基础则无根本,不能高屋建瓴,则难以提纲挈领。时势转移,炙手可热须臾间变成弃如敝屣,诸如此类的故事,稍有经验者大都记忆犹新。

要想占据制高点,大帅与大儒应相得益彰。大儒的有无只能听天命,大帅的作为则可尽人事,要有眼界,有品位,有判断力和鉴赏力。否则,高明即使立在当面,也是咫尺天涯,端着金饭碗沿门托钵,所称引者难免欺世盗名的骗子大盗。学术高峰须由大儒构建,大儒往往可遇而不可求,唯有当政者高瞻远瞩,慧眼识人,礼遇上宾,慕名而来的名士良师才可能如过江之鲫。阮元和张之洞的学养虽然遭人质疑诟病,其见识的确非同一般。当然,位高权重也有两面,弊端之一,是养成假手食客的学术蟊贼;弊端之二,如果乱树标的,别择不当,不免反受其害。若竟然奉江湖术士为学林祭酒,则榜样的副作用同样威力无穷。曾几何时,广州也曾重金礼聘号称无所不能的大师,其领域及学养据说享誉世界,只是学界几乎无人知晓。如今其人了无踪影,其学也早已灰飞烟灭,唯有百万银钱着实没了下落,令人不胜唏嘘。抚今追昔,历史的经验值得注意,真是至理名言。在没有原罪意识,死后大都不怕洪水滔天的国度,道德约束和历史衡鉴更加不可或缺。

---

① 吴宓:《吴宓日记》第 2 册,吴学昭整理,生活·读书·新知三联书店,1998,第 100 – 102 页。

包容与融合
——珠海、澳门与近代中西文化交流

按照一些学科的定义，文化的两大要素是语言和宗教。人类历史上的文化交流因语言而发生的多，而文化冲突多与宗教相关。不同民族和宗教信仰的人群因交流而发生冲突，在相当长的时间里被解读为文明的冲突，俨然有进步与落后的差别，后来又称之为文化的冲突，尤其是明显带有宗教和种族色彩。文化与文明的异同，晚清以来一度令国人相当困扰，至今仍有不少人用心辨析。实则这是明治日本法德两大文化派分歧的流波，强作解人，未免可笑。

文化差异多而相聚近，往往容易发生矛盾。当今世界上，几大文化交汇处，耶路撒冷俨然是冲突的中心，伊斯坦布尔表面平静，实际上暗潮汹涌。这似乎加深了人们文化冲突的印象。不过，仔细分别，导致冲突的大都是政治和利益，虽然不能说与文化无关，至少很难概称为文化或文明冲突。

澳门—珠海的历史，提供了一种另外的文化接触样式，不同民族、宗教、习俗和语言，可以共存，不仅相安，而且共荣。当然，这并不是说在多元文化汇聚的过程中，没有摩擦乃至冲突，而是文化差异并不一定导致冲突，或者说即使出现冲突，也可以成为相互接受以致互补的契机。

这种情形未必是例外，同时也提供了对中国文化的另一种解读。中国很早就以文言分离的形式将千差万别的语言包容，以文化集合的方式，将不同人群融合起来（即以文化而不是以血统来取舍区分），使各种宗教并存于同一屋檐下,而让信众各取所需,并使得文化整体不由宗教主导。应该说,当西方文化东来之际(所谓西方与东方,都只存在于彼此的心中,不一定实有),在澳门—珠海这一点上,遇到的是一个对别样的文化不同的处理态度和方式,只不过在文明冲突的进化论解读下,后来更加注重西方文化的新,而很少认真检讨中国文化的异(夷夏之辨别有深意,而且在官与民的角度看各不相同)。或者说,更多的是将二者的不同理解成新旧差别。

"天下为公"的天下,后来指的便是文化,所以有亡国与亡天下之别,国为私,为政治权力,天下为公,为文化的文野之判。中国人为文化集合体,以文化的高下为区分,不以种族血统为分界。天下为公而致大同,不仅汉化,亦可胡化。

还在20世纪20年代,在讨论与孙中山大亚洲主义有关的问题时,就有人预见到在白种人的种族歧视之下,基督教与伊斯兰教的广泛冲突甚至战争难以避免,希望中日相互提携,发展壮大,以便在基督教与伊斯兰教的冲突中扮演缓冲或制衡的角色。这样的想法当时看来未免异想天开,如今的世界,似乎应验了预言,全球化的准则本身并不是全球性的,恐怖主义与恐惧主义恶性循环,所谓冤冤相报何时了。人类或许到了应该重新思考如何才能更好地共同生存的时间节点,以交流代替冲突,以互利代替牺牲,这或许是探讨澳门—珠海在人类文化交流史上与众不同的意义所在。中国本来就是世界的一部分,理应成为建构世界的文化物种的重要凭借选项。

任何学术问题要想深入持久,首先必须有充足丰富的资料作为依据,澳门—珠海乃至香山和珠江三角洲、广东、整个中国,资料繁多,今日学人所知,不过其中少数。珠澳文化论坛已决定要持续开展,吸引海内外学人广泛参与,前提之一,就是大量出版相关资料,并且放宽眼界,以此为人类各种文化交流的枢纽,而不仅仅是西方冲击东方的桥头堡。以此为世界的一部分,而非与世界的关联处。在此基础上,珠澳文化论坛,可以不断举行,在座的各位以及其他所有对此抱有兴致的学人,可以常常聚首,如同历史上的澳门、珠海实际发生的那样,相互交流、沟通、理解,以致和谐共荣。

古今一贯的书院、学堂、学校
——纪念时务学堂120周年

湖南大学在中国大学乃至教育、文化史上，具有相当特殊的地位，其中之一就是，这里可以说是唯一一所直接连接古代、近代和现代教学机构的大学。用教育的眼光看，书院、学堂、学校恰好是古代、近代和现代三个阶段的体现。尽管一些教育史将清代以前的学校，即国子监和府州县学，附会于近代西式教育系统，其实传统社会的学校反而游离于这一脉络之外。因为晚清以前省并非地方层级，学校的功能又不仅是教育，所以清代改制，建立新的学制系统，根据康有为等人的建议，是以书院的系统层级为凭借，以免引发学官教谕们的抵制。如今国内不少大学将自己的校史与传统书院或近代学堂相连接，可是多数是祖述，中间多有转折和断裂，只能说有所联系，很难说是一脉相承。而湖南大学无论从物质文化还是非物质文化看，都是古今一贯的典型体现。放眼世界，这样的大学也并不多见。因此，湖南大学在继承传统、沟通古今、面向未来方面，可以发挥更加重要的作用，也能够为中国教育文化的传承提供典型范例。为此，湖南大学应该用好岳麓书院和时务学堂这两块牌子，进一步提升学术地位。

时务学堂与变法维新的关系，一直是近代史研究的重要内容。戊戌时期的湖南，有小日本、小法兰西之称，时务学堂不仅会聚了一批广东、湖南的维新人士，成为湖南维新事业的重要据点，而且培养了一批高水平的学生，后来在各方面发挥了重要作用。不过，相比于时务学堂的重要性，已有成果仍然存在不小的发展空间，有待于进一步研究。主要从以下各方面努力，其一，编辑完整的时务学堂文献汇编：（1）时务学堂所有的规制、讲稿、教材、课卷；（2）时务学堂与各方关系，包括湖南当政各方（如江标日记等）、康有为及各地维新派、士绅（如欧阳中鹄等）、当时及事后的反对势力等，力求全方位呈现时务学堂的作用与影响；（3）时务学堂师生的文集、书信、日记、回忆录；（4）时务学堂研究论著汇编。其二，加强研究，重点关注：（1）时务学堂内部的异同分合；（2）时务学堂与湖南官绅的关系；（3）时务学堂与湖南各地社会各界的关系；（4）时务学堂与外省各地各界的关系；（5）时务学堂师生后来的走向及其作用等。

湖南在中国学术思想文化脉络中处于何种地位，是一个值得深思玩味的问题。今日谈思想学术文化，喜欢以地域为视角，这固然为当地所好，但也难免局限偏狭。岳麓书院、时务学堂都存在于今天的湖南，前者作为四大书院之一，代表中国学术思想文化的高峰，这样的学术标高，既不能随处可见，也不是代代都有。后者是一所（也可以说是唯一的一所）专门培养维新人才的新式学堂，是康门师弟与湖南赞同变法的官绅合作的产物，与设于上海负责宣传鼓吹的《时务报》相辅相成，成为维新势力的主要养成和舆论机构。二者无论人事还是影响，都无法以地域为范围。姑且不论湘学或湖湘文化的所指能指的历史意见与时代意见并不完全吻合，今人所说的湘学或湖湘文化，与湘学或湖湘文化的指称发生衍化的历史，以及历史上湖南的学术思想文化的演进三者均有分别联系，将岳麓书院和时务学堂完全归入湘学或湖湘文化的脉络，未必能够凸显其地位，反而可能局限其意义。叶德辉就始终自称吴人，不屑与湘学为伍。章太炎也说湘学很难讲。湘中二王（王闿运、王先谦）的学术影响，都不限于湖南，甚至主要不在湖南。有鉴于此，应当将岳麓书院以下一脉相承的思想学术文化，放到整个中国思想学术文化古往今来的脉络之中，才能充分显示其价值和意义。

《梁启超年谱长编》注释本中文版序

《梁启超年谱长编》日文注释本的翻译出版，为当代中日学术交流的一大幸事。主持其事的狭间直树教授指示撰写译本序言，因为与此事颇有前缘，又仍在继续从事康梁的研究，对于长编体例也有所思考，所以欣然领命，并借机表达一下相关想法。

1993年过访京都时，由京大人文科学研究所前辈学者岛田虔次教授倡导的《梁启超年谱长编》集众式注释工作已经进行有年，当时有幸看到部分文稿，对于所取得的进展及所达到的程度大感惊异。其时因为试写孙中山传记，正在重新解读庚子勤王前后的文献和史事，《梁启超年谱长编》是所凭借的重要文本，由于在此之前曾经走了大段弯路，深知要想完全弄清楚其中的人与事，各种繁难与艰辛，未曾身体力行者恐怕难以想象，因而对参与注释者的努力用功大感佩服。在注释工作接近尾声时，又蒙狭间直树教授邀请，前往参与补充讨论，得以深入了解其事的渊源以及严谨细致的工作程序。那种十余年如一日的坚守忍耐，以及一字一句必深究来龙去脉的认真执着，令人感动不已。以中国从事近现代史研究者的人数之众，如果都能秉此精神，取法得当，且持之以恒，所有文献的注解工作应该大都不必由国外同行劳神费力。

关于《梁启超年谱长编》的取材编撰和各种版本的流变，俞国林《梁任公著作在中华书局出版始末》、欧阳哲生《梁任公先生年谱长编

（初稿）·整理说明》、夏晓虹《〈梁任公先生年谱长编初稿〉材源考》等文章已经详细说明，为阅读使用《梁启超年谱长编》者必须参考，否则很可能因为忽略相关问题而导致应用失当。在此基础上，还有一些问题可以进一步申论。

在中国近现代史领域，《梁启超年谱长编》的特色鲜明，史料价值极高，可谓有口皆碑。记得读研究生入学之初，业师陈锡祺先生就指示阅读油印本的《梁任公先生年谱长编初稿》，并略述其渊源。后来治学范围渐广，而上海人民出版社以油印本为底本整理出版的《梁启超年谱长编》，始终是最重要的征引文献之一。该书显著的特色，就是大量征引相关各人的来往函札，可以毫不夸张地说，这些数以千计的来往函札构成了长编的主体，相比之下，其余文献只能起到勾连点缀的作用。

以书信为主体，在编年体的发展演化史上可谓别开生面，其长处是较为完整地保留了大量今人特别看重的第一手资料，这也是该书引用率极高的重要原因。由此带来的问题则是其中涉及诸多人事信息，一般读者固然莫名所以，专业人士也大都难知其详，使用起来不免有些隔膜滞碍。注释本全面而细致的工作，大幅度弥补了相关缺憾，便于引用者深入解读文本，探知史事。正因为此，本来为了方便日本研究者的注释，反而让以中文为母语的研究者感到迫切需求，希望能够翻译出版。正是在中国学人不约而同的要求下，狭间直树教授才勉为其难地应允将日文注释本译成中文在中国出版。不难想见，回译本将会提供极大的便利，从而推动相关研究的进一步深入展开。

深入与提高，恰是一事两面。如果说《梁启超年谱长编》日文注释本的出版，会显著提升日本学术界相关研究的水准，新的研究必须在新的平台上展开，那么中文回译本的出版，应当产生同样的效果。若是新的研究继续在原来的低水平徘徊，在学术发展进程中只能是令人遗憾的不入流。

凡事利弊相倚，尽管注释的价值极高，很大程度弥补了《梁启超年谱长编》（以下简称《长编》）的不足，《长编》本身仍然存在难以克服的偏蔽。主要体现在三方面，其一，编撰加工的错误。《长编》所依据的资料，包括6 000封信札电稿，有相当部分为手抄件，在编辑过程中，先是依据这些资料编成22册资料汇编（或称长编之长编），再依据资料汇编编成墨笔钞本，进而将该钞本刻制油印成12本《长编》（初稿），其间每一个环节的辗转誊抄，都产生了不少的错漏。这些错漏如果仅仅是字句问题，一般而言倒还简单（尽管按照识一字成活一片的原则，也有一字之混的情况），可是如果将收发信札的人以及时间弄错，就会影响到资料的解读和史事的判断。近年来学人陆续核对考订出一些错误，可见问题相当严重。如有的信件时间居然连年份也错了，若不是学人深入研究，予以订正，即使专业人士甚至直接研究相关问题者也是一头雾水。《梁启超年谱长编》的日译同仁在大量增加注释的同时，对于其中的一些错误也进行了仔细的校正，从而避免了以讹传讹，使得相关研究的基础更加牢靠。当然，由于所依据的函札底本大都未能发现，要想完全改正，还有待于相关研究的不断深入。

其二，签注带来的问题。《长编》（初稿）编成，曾经广泛邀请依然在世的梁启超的同门同道等当事人各就其亲历亲闻之人事进行签注。此举无疑有益于解读文本和史事，尤其是梁启超喜欢从事政治活动，而政治总有一些不能见光的隐秘，若非亲历者予以揭示，旁观者和后来人只能是雾里看花，一片朦胧。然而问题是，虽然已经时过境迁，这些同门同道总有一些秘事隐情不愿为外人道，在签注过程中，强行删去了相关资料，或是在长函中删节部分关键信息，或者干脆略去全函，千方百计湮没事实证据。例如庚子勤王前后梁启超等人言革，与孙中山一派多有联系，而目前《长编》当中涉及其事的信函，相关部分均被删除干净。再如康有为保皇会曾经大力进行暗杀活动，对象不仅包括清朝太后、各级官员和刘学洵之类的大绅，锋芒也指向孙中山甚至反叛的同门同道。而《长编》中这些情节几乎全然不见踪影。

那么，这些资料是否存在？《长编》的编撰者能否接触到这些资料？答案是肯定的。中国社会科学院近代史研究所开始编写《中国民国史》之初，曾经从北京中华书局抄出部分信件，有学人辗转获取抄件，撰写发表了相关论文。由此可知，一些函件的关键之处遭到删节，一些重要信函干脆被排除在外。当然，究竟是从签注前的稿本（即长编之长编）抄出，还是见到原抄件甚至原稿，不得而知。此外，有一部分相关资料保存在大陆或流落到台湾，稍加比对，即可发现端倪。历史上发生过的事实大都会留下痕迹，要想完全毁尸灭迹，谈何容易？只要治法得宜，终会水落石出，大白于天下。在此之前，对于任何所谓一手资料都不可轻易采信。

其三，编纂取材的局限。根据夏晓虹的研究，按照丁文江的设想，本来是仿照伦纳德·赫胥黎（Leonard Huxley）为其父托马斯·亨利·赫胥黎（Thomas Henry Huxley）所作《赫胥黎传记》（*The Life and Letters of Thomas Henry Huxley*）的体例，内容方面多采原料，尤以信件为主。只是碍于梁启超家人一定要做《年谱》的意愿，只得先做一个《长编》，敷衍供给材料的诸位，以后再好好地做一本白话的"Life and Letters"（生平和书简）。所以丁文江指示具体编辑的赵丰田："本谱要有自己的特点，即以梁的来往信札为主，其他一般资料少用"①。《梁任公先生年谱长编例言》则声称："本书所用材料虽以信件为主，但以其离集单行，故凡信件中所无而著述中所有者，亦酌量采录。其信件中所有而著述中亦有者，或一并录入，俾相互发明，或仅列其目供读者参考，借求不失年谱之价值。"②

由此可见，丁文江本来并不想编撰《年谱》和《长编》；其以信札为主的本意，其实是做白话本的生平和书简；兼采其他资料，不过是消极地使得该书看起来像年谱而已。这也说明，以信札为主虽然是《梁启超年谱长编》的显著特色，却并不是年谱和长编体例的上佳之作。甚至可以说，正是因为过于倚重所搜集到的信件作为凭借，长编的性能反而未能得到充分展示。

---

① 赵丰田：《前言》，载《梁启超年谱长编》，上海人民出版社，1983，前言第3页。
② 《梁任公先生年谱长编例言》，《梁任公先生年谱长编（初稿）》，例言1页。本文有关梁启超年谱长编的编撰过程，主要参见夏晓虹《〈梁任公先生年谱长编初稿〉材源考》，《中国文化》2016年第1期。

《梁启超年谱长编》注释本中文版序

编年体是中国史学的重要史法之一,可是在西学的冲击下,包括梁启超在内的近代学人,对于将编年体应用于史料极大丰富的近代研究,多少有些轻视,看得太过容易。而对长编考异法极为重视且与域外正统的比较研究相互融会的陈寅恪等人,碍于家世关系,治学又不以近代史为范围。此外,关于长编的性质,学人也有不同意见。一般而言,长编为编年的变体,开始只是编年史的准备,与资料长编大体一致。或以为长编即为初稿,所以长编初稿的题目实为不通,便是基于此而立论。

不过,由于清代以来的史料大幅度扩张,导致治史的繁难,长编考异之法与比较研究相融合,有可能脱出一般编年体的局限,在近现代研究领域形成新的变体甚至衍生出一种变相的新体。具体到《梁启超年谱长编》的编撰,须增强下列各点。

1. 不仅要记载谱主的言行,更要将谱主置于所经历史发展的整体脉络之中,作为中轴枢纽,依时序贯通勾连所有的人事,尽力扩展而不脱离主轴。也就是说,不能单一以谱主为视角,所有关联者都应该依据与谱主言论行事的关联性成为相关历史叙述的要角,从前后左右的不同视角多维度梳理事实联系,进而揭示表象背后的内在关联。

2. 要达到上述目的,显然不能仅仅应用单一类型的材料,而要尽可能竭泽而渔地搜集各种类型材料,并将所有史料融会贯通,并据以呈现史事,解读相关各人言行的本意。同时,长编不是简单的资料编排,应避免仅仅依照时间先后秩序将材料和史事加以罗列堆砌。

3. 展现比勘材料以呈现史事详情的过程,使得所有材料与史事回归历史本来的时空位置,防止以外来后出架构进行剪裁取舍。治史首要,在以材料还原史事,可是即使当事人当时主观有意忠实记录的直接材料,相对于本事的全部也只能各说一面,或某一面的一部分,难免出现罗生门式的言人人殊。就此而论,史料不能简单地从类型上判断真伪,所谓直接间接、一手二手,严格说来要在相互比勘的过程中,通过与本事和实情的繁复印证才能逐渐具体呈现。

有鉴于此,首先应将目前所掌握的长编各种版本进行对勘,订正错误，比较异同，设法还原被删除的材料和史事，同时进一步搜寻编撰《梁启超年谱长编》6 000封函电其余部分的下落，再将近年来陆续披露的各种康门师弟资料汇集一处，广泛搜集耙梳书刊报档里的材料，尤其是各种行事的记录。在此基础上，以集众的方式按照长编的体例重新编撰一部新的《梁启超年谱长编》或《康梁合谱长编》，可望接续京都大学人文科学研究所以狭间直树教授为首的团队的工作，百尺竿头更进一步。

征引文献

一、报刊

《保安通讯月刊》
《北京大学月刊》
《大公报》（天津）
《方面军》
《改造》
《公正周报》
《广播周报》
《国学季刊》
《家庭周刊》
《建国杂志》
《解放》
《军事汇刊》
《抗争》
《旅行杂志》（桂林）
《每周评论》
《民报》
《民国日报》（上海）

《民众三日刊》
《平旦周报》
《清议报》
《人世间》
《申报》
《时代批评》
《时务报》
《思想与时代》
《文汇周报》
《文史杂志》
《文艺工作》
《戏剧时代》
《新教育》
《新民丛报》
《学衡》
《燕京学报》
《浙江兵事杂志》
《浙江潮》
《制言半月刊》
《中国旬报》
《自由世纪》（半月刊）
《自由中国》（1938年）
《自由中国》（1945年）

二、一般文献

1. 贺昌群：《贺昌群文集》，商务印书馆，2003。
2. 黄侃：《黄侃日记》，江苏教育出版社，2001。
3. 李大钊：《李大钊文集》，人民出版社，1984。
4. 鲁迅：《鲁迅全集》，人民文学出版社，1981。

| 征引文献

5. 毛泽东：《毛泽东选集》，人民出版社，1991。
6. 《孙文和华侨——纪念孙中山先生诞生130周年国际学术讨论会论文集》，东京汲古书院，1999（中文版1997年由神户孙中山纪念会印刷，非卖品）。
7. 王国维：《王国维遗书》，上海书店出版社，2011。
8. 谢觉哉：《谢觉哉日记》，人民出版社，1984。
9. 徐世昌：《徐世昌日记》手稿本，未刊。
10. 梁启超：《饮冰室合集》，中华书局，1989。
11. 《战术教程》，中央陆军军官学校武汉分校，1936年印行。
12. 张元济：《张元济日记》，商务印书馆，1981。
13. 章太炎：《章太炎全集》第四集，上海人民出版社，1985。
14. 《报告奉命视察中山大学经过附拟整饬办法》，松字第244号，1943年8月31日。
15. 1945年6月27日吴尚时致朱家骅函。
16. 白纯：《鸦片战争前后的汉奸问题初探》，《南京政治学院学报》2000年第3期。
17. 陈范予：《陈范予日记》，坂井洋史整理，学林出版社，1997。
18. 胡适：《胡适日记全编》，曹伯言整理，安徽教育出版社，2001。
19. 曹汝霖：《一生之回忆》，香港春秋出版社，1966。
20. 陈纪滢：《记孙陵》，《传记文学》第42卷第5期（1983年5月）、第6期（1983年6月），第43卷第1期（1983年7月）。
21. 陈纪滢：《记孙陵》，载《三十年代作家直接印象记》，台北商务印书馆，1986。
22. 陈美延主编《陈寅恪集·寒柳堂集》，生活·读书·新知三联书店，2001。
23. 陈美延主编《陈寅恪集·金明馆丛稿二编》，生活·读书·新知三联书店，2001。
24. 陈以爱：《"五四"前后的蔡元培与南北学界》，载吕芳上主编《论民国时期领导精英》，香港商务印书馆，2009。

25. 陈以爱:《五四运动期间江苏省教育会的角色》,中国社会科学院近代史研究所主办"纪念五四运动90周年学术研讨会"论文。
26. 谭家骏编译《新军队指挥》(德国国防部1936年底改正版),南京兵学新书社,1937。
27. 丁守和主编《辛亥革命时期期刊介绍》第五集,人民出版社,1987。
28. 丁文江、赵丰田主编《梁启超年谱长编》,上海人民出版社,1983。
29. 杜继东:《蒋百里的抗战救国思想与实践》,载李细珠、赵庆云主编《张海鹏先生八秩初度纪念文集》,社会科学文献出版社,2018。
30. 法本义弘:《支那文化杂考》,东京国民社,1943。
31. 费孝通:《师承·补课·治学》,生活·读书·新知三联书店,2001。
32. 冯友兰:《中国哲学史》,上海书店,1990年影印版。
33. 高平叔、王世儒编注《蔡元培书信集》,浙江教育出版社,2000。
34. 高平叔主编《蔡元培全集》第2卷,中华书局,1984。
35. 高平叔主编《蔡元培年谱长编》中,人民出版社,1996。
36. 古远清:《孙陵的后半生》,《鲁迅研究月刊》2007年第12期。
37. 故宫博物院明清档案部编《清末筹备立宪档案史料》,中华书局,1979。
38. 顾颉刚:《古史辨》,上海古籍出版社,1982。
39. 顾颉刚:《顾颉刚日记》第一卷,台北联经出版事业股份有限公司,2007。
40. 关晓红:《清季外官改制的地方困扰》,《近代史研究》2010年第5期。
41. 广东省社会科学院历史研究室、中国社会科学院近代史研究所中华民国史研究室、中山大学历史系孙中山研究室合编《孙中山全集》第一卷,中华书局,1981。

42. 广东省孙中山研究会主编《"孙中山与亚洲"国际学术讨论会论文集》，中山大学出版社，1994。
43. 黄炎培：《黄炎培日记》第 2 卷（1918.2—1927.7），中华职业教育社出品，中国社会科学院近代史研究所整理，华文出版社，2008。
44. 黄宇和：《三十岁前的孙中山：翠亨、檀岛、香港 1866—1895》，生活·读书·新知三联书店，2012。
45. 蒋复璁、薛光前主编《蒋百里全集》第 4 辑，台北传记文学出版社，1971。
46. 蒋絧裳主编《浙江高等学堂年谱》，1957 年油印本。
47. 蒋梦麟：《西潮》，辽宁教育出版社，1997。
48. 蒋维乔：《蒋维乔日记》，中华书局，2014。
49. 金毓黻：《静晤室日记》，辽沈书社，1993。
50. 来新夏：《我看国学》，《中国文化》2007 年春季号第 24 期。
51. 李刚译《战术问答一千题》，南京军用图书社，1932 年印行。
52. 任达：《新政革命与日本：中国，1898—1912》，李仲贤译，江苏人民出版社，1998。
53. 林家有、李明主编《孙中山与世界》，吉林人民出版社，2004。
54. 刘成禺：《世载堂杂忆》，钱实甫点校，中华书局，1960。
55. 卢晓衡主编《海峡两岸社科交流参考》，经济管理出版社，2000。
56. 鲁迅博物馆藏《周作人日记》，大象出版社，1996。
57. 鲁迅：《鲁迅全集》，人民文学出版社，2005。
58. 吕顺长：《康有仪与其塾师山本宪》，《浙江外国语学院学报》2013 年第 1 期。
59. 蒙默主编《蒙文通学记（增补本）》，生活·读书·新知三联书店，2006。
60. 欧阳哲生主编《胡适文集》，北京大学出版社，1998。
61. 欧阳哲生主编《傅斯年全集》，湖南教育出版社，2003。

62. 浦江清：《清华园日记　西行日记（增补本）》，生活·读书·新知三联书店，1999。
63. 戚学民：《〈戊戌政变记〉的主题及其与时事的关系》，《近代史研究》2001 年第 6 期。
64. 钱穆：《钱宾四先生全集（25）：现代中国学术论衡》，台北联经出版事业有限公司，1998。
65. 钱穆：《新亚学报发刊词》，《新亚学报》1955 年第 1 期。
66. 钱穆：《中国历代政治得失》，生活·读书·新知三联书店，2001。
67. 丘立才：《抗日时期的孙陵》，《中国现代文学研究丛刊》1987 年第 1 期。
68. 桑兵：《傅斯年"史学只是史料学"再析》，《近代史研究》2007 年第 5 期。收入桑兵：《晚清民国的学人与学术》，中华书局，2008。
69. 桑兵：《黄金十年与新政革命——评介〈中国，1898—1912：新政革命与日本〉》，《燕京学报》1998 年新 4 期。
70. 桑兵：《近代中国学术的地缘与流派》，《历史研究》1999 年第 3 期。
71. 桑兵：《抗战时期国民党对北平文教界的组织活动》，《中国文化》2007 年春季号第 24 期。
72. 桑兵：《马裕藻与 1934 年北大国文系教授解聘风波》，《近代史研究》2016 年第 3 期。
73. 桑兵：《排日移民法案与孙中山的大亚洲主义演讲》，《中山大学学报（社会科学版）》2006 年第 6 期。
74. 桑兵：《晚近史的史料边际与史学的整体性——兼论相关史料的编辑出版》，《历史研究》2008 年第 4 期。
75. 桑兵：《晚清民国的国学研究》，上海古籍出版社，2001。
76. 桑兵：《文与言的分与合——重估五四时期的白话文》，《社会科学战线》2010 年第 10 期。
77. 桑兵：《新文化运动的缘起》，《澳门理工学报》2015 年第 4 期。

78. 山本宪:《梅崖先生年谱》,大阪松村末吉昭和六年印刷发行(非卖品)。
79. 上海市虹口区志编纂委员会编《虹口区志》,上海社会科学院出版社,1999。
80. 上海图书馆编《汪康年师友书札》一,上海古籍出版社,1986。
81. 孙陵:《突围记》,创作出版社,1940。
82. 孙文逸仙稿《支那保全分割合论》,《东邦协会会报》1901年12月20日第82号。
83. 谭徐峰主编《蒋百里全集》第1卷,北京工业大学出版社,2015。
84. 汤志钧编《章太炎年谱长编(增订本)》上册,中华书局,2013。
85. 唐文权:《关于〈革命军〉的借资移植问题》,《中国文化》研究集刊第5辑,复旦大学出版社,1987。
86. 藤谷浩悦:《戊戌变法与东亚会》,《史峰》1989年3月31日第2号。
87. 童书业:《童书业史籍考证论集》下,童教英整理,中华书局,2005。
88. 王宾、比松主编《狮在华夏:文化双向认识的策略问题》,中山大学出版社,1993。
89. 王汎森、潘光哲、吴政上主编《傅斯年遗札》第一卷,社会科学文献出版社,2015。
90. 王汎森:《中国近代思想与学术的系谱》,河北教育出版社,2001。
91. 王瑞成:《晚清的基点——1840—1843年的汉奸恐慌》,中国社会科学出版社,2012。
92. 王学珍、郭建荣主编《北京大学史料》第二卷·二,1912—1937,北京大学出版社,2000。
93. 王学庄:《〈驱满酋必先杀汉奸论〉作者辨》,载近代史资料编辑部编《近代史资料》总88号,中国社会科学出版社,1996。
94. 吴光杰、刘家佺合译《德译联合兵种之指挥与战斗》,南京中央陆军军官学校,1932。

95. 吴光杰译、杨杰校《德译军队指挥》，1936年由吴光杰发行。
96. 吴宓：《吴宓日记》第2册，吴学昭整理，生活·读书·新知三联书店，1998。
97. 吴密：《民族和国家的边缘——清代"汉奸"名实关系及其变迁》，中国人民大学博士学位论文，2011。
98. 吴仰湘：《蒋百里对中国抗战的理论探索与贡献》，《安徽史学》2006年第5期。
99. 狭间直树：《关于孙文的〈支那保全分割合论〉》，《民国档案》2001年第4期。
100. 狭间直树：《梁启超〈戊戌政变记〉成书考》，《近代史研究》1997年第4期。
101. 夏晓虹主编《追忆梁启超》，上海人民出版社，1991。
102. 徐志摩：《徐志摩未刊日记》（外四种），虞坤林整理，北京图书馆出版社，2003。
103. 许宝蘅：《许宝蘅日记》第2册，许恪儒整理，中华书局，2010。
104. 杨昌济：《达化斋日记》校订本，湖南人民出版社，1981。
105. 杨树达：《积微翁回忆录》，上海古籍出版社，1986。
106. 杨天石：《国民党"持久战"思想其实有独立来源》，《南方都市报》2009年7月7日。
107. 杨天石：《找寻真实的蒋介石：蒋介石日记解读2》，华文出版社，2010。
108. 杨天石主编《钱玄同日记（整理本）》上册，北京大学出版社，2014。
109. 杨仲揆：《中国现代化先驱——朱家骅传》，近代中国出版社，1984。
110. 余绍宋：《余绍宋日记》，北京图书馆出版社，2003。
111. 余英时：《论士衡史》，上海文艺出版社，1999。
112. 苑书义、孙华峰、李秉新主编《张之洞全集》，河北人民出版社，1998。

113. 张海鹏:《追求集:近代中国历史进程的探索》,社会科学文献出版社,1998。
114. 张卫波:《毛泽东〈论持久战〉的传播与影响》,《军事历史研究》2016年第3期。
115. 张枬、王忍之主编《辛亥革命前十年间时论选集》,生活·读书·新知三联书店,1960。
116. 章含之、白吉庵主编《章士钊全集》第1卷,文汇出版社,2000。
117. 章开沅、刘望龄、严昌洪、罗福惠、朱英编著《国内外辛亥革命史研究综览》,湖北教育出版社,1991。
118. 中共中央文献研究室编《毛泽东文集》第1卷,人民出版社,1993。
119. 中国蔡元培研究会编《蔡元培全集》第16卷,浙江教育出版社,1998。
120. 吴虞:《吴虞日记》上册,中国革命博物馆整理,荣孟源审校,四川人民出版社,1984。
121. 中国国家博物馆编《郑孝胥日记》第三册,劳祖德整理,中华书局,1993。
122. 中国社会科学院近代史研究所编《白坚武日记》,杜春和、耿来金整理,江苏古籍出版社,1992。
123. 中国社会科学院近代史研究所中华民国史组编《胡适来往书信选》,中华书局,1979。
124. 中国史学会主编《中国近代史资料丛刊·戊戌变法》,上海人民出版社,1958。
125. 中国史学会主编《中国近代史资料丛刊·辛亥革命》,上海人民出版社,1956。
126. 中山大学历史系孙中山研究室、广东省社会科学院历史研究所、中国社会科学院近代史研究所中华民国史研究室合编《孙中山全集》第六卷,中华书局,1985。

127. 中央档案馆编《中共中央文件选集》，中共中央党校出版社，1991。
128. 朱乔森编《朱自清全集·日记编》第9卷，江苏教育出版社，1997。
129. 朱维铮编《周予同经学史论著选集（增订本）》，上海人民出版社，1996。
130. 朱希祖：《朱希祖日记》上册，中华书局，2012。

桑兵主要学术著述

一、专著

1. 《晚清学堂学生与社会变迁》，台北稻禾出版社，1991；学林出版社，1995；广西师范大学出版社，2007。
2. 《清末新知识界的社团与活动》，生活·读书·新知三联书店，1995；北京师范大学出版社，2014。
3. 《国学与汉学——近代中外学界交往录》，浙江人民出版社，1999；中国人民大学出版社，2010。
4. 《孙中山的活动与思想》，中山大学出版社，2001；北京师范大学出版社，2015。
5. 《晚清民国的国学研究》，上海古籍出版社，2001；北京师范大学出版社，2014。
6. 《庚子勤王与晚清政局》，北京大学出版社，2004，2015年第二版。
7. 《晚清民国的学人与学术》，中华书局，2008。
8. 《治学的门径与取法——晚清民国研究的史料与史学》，社会科学文献出版社，2014。
9. 《交流与对抗：近代中日关系史论》，广西师范大学出版社，2015。
10. 《走进共和：日记所见政权更替时期亲历者的心路历程》，北京师范大学出版社，2016。

11. 《历史的本色：近代中国的政治、社会与文化》，广西师范大学出版社，2016。
12. 《学术江湖：晚清民国的学人与学风》，广西师范大学出版社，2017。
13. 《旭日残阳：清帝退位与接收清朝》，广西师范大学出版社，2018。

二、主编

1. "近代中国的知识与制度转型丛书"，生活·读书·新知三联书店，2004年至今；社会科学文献出版社，2013年至今。已出30余部。
2. 《先因后创与不破不立：近代中国学术流派研究》，生活·读书·新知三联书店，2007。
3. 《近代中国的知识与制度转型》，经济科学出版社，2013。
4. 《清代稿钞本》第一至八编，共400册，广东人民出版社，2007—2015。
5. 《辛亥革命稀见文献汇编》，共45册，国家图书馆出版社，2011。
6. 《国家图书馆藏清代档案文献汇编》第一、二辑，共200册，国家图书馆出版社，2012、2017。
7. 《各方致孙中山函电汇编》，社会科学文献出版社，2012。
8. 《民国稿抄本》第一、二辑，50册，广东人民出版社，2017、2018。
9. 《孙中山史事编年》1~12卷，中华书局，2017。

三、编辑

1. 《戴季陶辛亥文集》，香港中文大学出版社，1991。
2. 《戴季陶集》，华中师范大学出版社，1990。
3. 《近代中国学术批评》，中华书局，2008。
4. 《近代中国学术思想》，中华书局，2008。
5. 《国学的历史》，国家图书馆出版社，2010。
6. 《读书法》，人民出版社，2014。
7. 《戴季陶卷》，中国人民大学出版社，2014。

四、主要论文

(一)《中国社会科学》(含英文版 Social Sciences in China)

1. 《教学需求与学风转变——近代大学史学教育的社会科学化》,2001年第4期。
2. 《近代中国比较研究史管窥——陈寅恪〈与刘叔雅论国文试题书〉解析》,2003年第1期。
3. "The Study of Traditional Chinese Learning and Western Learning in the Late Qing Dynasty and Republic of China Period," Winter1998.
4. "Paul Pelliot and Academic Circles in Modern China," Spring1999.
5. 《从眼光向下回到历史现场——社会学人类学对近代中国史学的影响》,2005年第1期。
6. 《中国思想学术史上的道统与派分》,2006年第3期。

(二)《历史研究》

1. 《清末兴学热潮与社会变迁》,1989年第6期。
2. 《庚子保皇会的勤王谋略及其失败》,1993年第1期。
3. 《甲午战后台湾内渡官绅与庚子勤王运动》,1995年第6期。
4. 《陈寅恪与清华研究院》,1998年第4期。
5. 《近代中国学术的地缘与流派》,1999年第3期。
6. 《东方考古学协会述论》,2000年第5期。
7. 《近代学术转承:从国学到东方学——傅斯年〈历史语言研究所工作之旨趣〉解析》,2001年第3期。
8. 《章太炎晚年北游讲学的文化象征》,2002年第4期。
9. 《横看成岭侧成峰——学术视差与胡适的学术地位》,2003年第5期。
10. 《万变不离其宗》,2004年第4期。
11. 《20世纪前半期的中国史学会》,2004年第5期。
12. 《民国学界的老辈》,2005年第6期。

13. 《晚近史的史料边际与史学的整体性——兼论相关史料的编辑出版》，2008年第4期。

(三)《近代史研究》

1. 《信仰的理想主义与策略的实用主义——论孙中山的政治性格特征》，1987年第3期。
2. 《1905—1912年的国内学生群体与中国近代化》，1989年第5期。
3. 《清末城镇社会结构变化与商民罢市》，1990年第5期。
4. 《清末民初传播业的民间化与社会变迁》，1991年第6期。
5. 《孙中山与传统文化三题》，1995年第3期。
6. 《近代中国女性史研究散论》，1996年第3期。
7. 《胡适与国际汉学界》，1999年第1期。
8. 《近代日本留华学生》，1999年第3期。
9. 《厦门大学国学院风波》，2000年第5期。
10. 《陈炯明事变前后的胡适与孙中山》，2001年第3期。
11. 《世界主义与民族主义——孙中山对新文化派的回应》，2003年第2期。
12. 《据俄运动与中等社会的自觉》，2004年第5期。
13. 《"兴亚会"与戊戌庚子间的中日民间结盟》，2006年第3期。
14. 《傅斯年"史学只是史料学"再析》，2007年第5期。
15. 《以通史的眼光撰写和阅读近代史》，2007年第5期。
16. 《金毓黻与南北学风的分合》，2008年第5期。
17. 《中国近现代史的贯通与滞碍》，2010年第2期。
18. 《民初"自由"报刊的自由观》，2010年第6期。
19. 《民国学人宋代研究的取向及纠结》，2011年第6期。
20. 《康梁并称的缘起与流变》，2013年第2期。
21. 《接收清朝与组建民国》（上），2014年第1期。
22. 《接收清朝与组建民国》（下），2014年第2期。
23. 《辛亥国事共济会与国民会议》，2015年第2期。

24. 《马裕藻与 1934 年北大国文系教授解聘风波》，2016 年第 3 期。
25. 《袁世凯〈请速定大计折〉与清帝退位》，2017 年第 6 期。
26. 《自由中国的来龙去脉》，2018 年第 6 期。
27. 《国学形态下的经学——近代中国学术转型的纠结》，2019 年第 6 期。

（四）《学术研究》

1. 《1948 年中山大学易长与国民党的派系之争》，2008 年第 1 期。
2. 《解释一词即是作一部文化史》，2009 年第 12 期。
3. 《近代广东学术因缘》，2010 年第 7 期。
4. 《近代"中国哲学"发源》，2010 年第 11 期。
5. 《华洋变形的不同世界》，2011 年第 3 期。
6. 《康有为的不变与梁启超的善变——史料解读与史事探究》，2011 年第 11 期。
7. 《科举、学校到学堂与中西学之争》，2012 年第 3 期。
8. 《大众时代的小众读书法》，2013 年第 12 期。
9. 《"北洋军阀"词语再检讨与民国北京政府》，2014 年第 9 期。
10. 《循名责实与集二千年于一线——名词概念研究的偏向及其途辙》，2015 年第 3 期。
11. 《华南概念的生成演化与区域研究的检讨》，2015 年第 7 期。
12. 《列强与南北议和的政争》，2016 年第 7 期。
13. 《晚清民国的学人与学风》，2017 年第 1 期。
14. 《政权鼎革与法统承继——围绕清帝退位的南北相争》，2018 年第 1 期。
15. 《辛亥时期国体政体的意涵与辨析》，2019 年第 1 期。
16. 《晚晴民国知识人的知识》，2020 年第 1 期。

（五）《中山大学学报（社会科学版）》

1. 《晚清民国的知识与制度转型》，2004 年第 6 期。
2. 《排日移民法案与孙中山的大亚洲主义演讲》，2006 年第 5 期。

3. 《近代中国国字号事物的命运》，2009 年第 1 期。
4. 《问题与主义》，2009 年第 5 期。
5. 《分科的学史与分科的历史》，2010 年第 4 期。
6. 《近代学术的清学纠结》，2010 年第 6 期。
7. 《比较与比附——法制史研究的取径》，2011 年第 2 期。
8. 《辛亥革命研究的整体性》，2011 年第 5 期。
9. 《中国的"民族"与"边疆"问题》，2012 年第 6 期。
10. 《治学的门径与取法——晚清民国研究的史料与史学》，2014 年第 1 期。
11. 《文本・教义・教史・信众——中国宗教史研究的内外相济》，2015 年第 2 期。
12. 《教会学校与西体中用》，2015 年第 2 期。
13. 《留欧前后傅斯年学术观念的变化及其因缘》，2016 年第 1 期。
14. 《孙中山研究亟需注意版本问题》，2016 年第 6 期。
15. 《北京大学与新文化运动》，2017 年第 5 期。
16. 《辛亥康有为的虚君共和论》，2018 年第 4 期。
17. 《鼓与呼：〈论持久战〉的舆论攻势》，2019 年第 6 期。

（六）《史学月刊》

1. 《近代中国的新史学及其流变》，2007 年第 11 期。
2. 《国民党在大学校园的派系斗争》，2010 年第 12 期。
3. 《辛亥南北议和与国民会议》，2015 年第 4 期。
4. 《民元孙中山北上与逊清皇室的交往——兼论清皇族的归属选择》，2017 年第 1 期。
5. 《梁启超与共和观念的初兴》，2018 年第 1 期。
6. 《理学与经学的联系及分别》，2020 年第 5 期。

（七）《社会科学战线》

1. 《"了解之同情"与陈寅恪的治史方法》，2008 年第 10 期。

2. 《文与言的分与合——重估五四时期的白话文》, 2010 年第 10 期。
3. 《解读孙中山大亚洲主义演讲的真意》, 2015 年第 1 期。
4. 《辛亥前十年间汉奸指称的转义与泛用》, 2017 年第 1 期。
5. 《关键年代的小历史——1919 年的事件与日常》, 2018 年第 1 期。
6. 《经学与经学史的联系及分别》, 2019 年第 11 期。
7. 《〈论持久战〉的言说对象》, 2020 年第 7 期。

(八)《广东社会科学》

1. 《中西文化关系的隐与显》, 2011 年第 4 期。
2. 《两岸辛亥革命与孙中山研究交流的回顾与展望》, 2016 年第 3 期。
3. 《辛亥时期的惩办汉奸与南北统一》, 2017 年第 2 期。
4. 《从梁启超到孙中山:清季共和先驱的易位》, 2018 年第 1 期。

(九)《抗日战争研究》

1. 《近代中日关系研究的史料与史学》, 2013 年第 4 期。
2. 《抗日战争研究亟待提高门槛夯实基础》, 2016 年第 1 期。
3. 《全面抗战前持久战思想的发生与衍化》, 2018 年第 3 期。
4. 《如何提升史学论文的文字表现力》, 2020 年第 2 期。

(十)《文史哲》

1. 《盲人摸象与成竹在胸:分科治学下学术的细碎化与整体性》, 2008 年第 1 期。
2. 《陈寅恪的西学》, 2011 年第 6 期。

(十一)《学术月刊》

1. 《天地人生大舞台——京剧名伶田际云与清季的维新革命》, 2006 年第 5 期。
2. 《盖棺论定"论"难定:张之洞之死的舆论反应》, 2007 年第 8 期。
3. 《〈论持久战〉的各方反响》, 2019 年第 9 期。

4.《〈新青年〉与新文化运动》,2020 年第 5 期。

(十二)《南京大学学报(哲学·人文科学·社会科学)》

1.《超越发现时代的民国史研究》,2013 年第 1 期。
2.《从北洋军阀史到北京政府时期的民国史》,2014 年第 3 期。

(十三)《华中师范大学学报(人文社会科学版)》

1.《走进新时代:进入民国之共和元年——日记所见亲历者的心路历程》,2012 年第 1 期。
2.《辛亥首义之区的汉奸问题》,2017 年第 2 期。

(十四)《中国文化》

1.《抗战时期国民党对北平文教界的组织活动》,2007 年春季号第 24 期。
2.《求其是与求其古:傅斯年〈性命古训辨证〉的方法启示》,2009 年春季号第 29 期。

(十五)《澳门理工学报(人文社会科学版)》

1.《新文化运动的缘起》,2015 年第 4 期。
2.《〈自由中国〉与冷战思维——以胡适为视角》,2018 年第 3 期。

(十六)《中华文史论丛》

1.《陈寅恪与中国近代史研究》,2000 年第 62 辑。
2.《先锋与本体的冲突——壬寅浔溪公学第二次风潮述论》,2001 年第 3 辑。
3.《辛亥革命的再认识》,2011 年第 3 期。

(十七)其他刊物

1.《胡适与孙中山——以新文化运动与国民革命为中心》,台北《国立国父纪念馆馆刊》2001 年第 6 期。

2. 《妇女解放·女性主义·性别研究——妇女研究与近代中国》，京都桔女子大学女性研究所纪要第 13 号，2004 年。

3. 《辛亥革命研究的整体性问题》，《社会科学》2011 年第 2 期。

4. 《南浔·湖社与国民党——南浔与近代中国之二》，日本京都大学人文科学研究所《东方学报》第 85 期。

5. 《进入民国之山雨欲来——日记所见亲历者的心路历程》，《杭州师范大学学报（社会科学版）》2013 年第 2 期。

6. 《清季变政与日本》，《江汉论坛》2012 年第 5 期；裴京汉主编《东亚史上的辛亥革命》，2013 年。

7. 《辛亥光复各省的防奸锄奸——以沪军都督府为中心》，《华东师范大学学报（哲学社会科学版）》2017 年第 2 期。

8. 《清季革保论战与共和观念的演进》，《浙江学刊》2017 年第 4 期。

9. 《倾听历史：从史料史观之分到史论之合》，《武汉大学学报（哲学社会科学版）》2018 年第 3 期。

10. 《留日浙籍学生与近代中国》，《西北大学学报（哲学社会科学版）》2018 年第 3 期。

11. 《长编考异法与编年体的演进》，《武汉大学学报（哲学社会科学版）》2019 年第 4 期。

12. 《章太炎学问的境界与限度》，《杭州师范大学学报（社会科学版）》2020 年第 4 期。

13. 《思想如何成为历史》，《华东师范大学学报（哲学社会科学版）》2020 年第 2 期。

（十八）论文集

1. 《1890—1930 年代日本在华大众传播业》，载山田辰雄编《日中关系的 150 年——相互依存、竞存、敌对》，东京东方书店，1994 年。

2. 《近代中国研究の史料と史学》，载饭岛涉、久保亨、村田雄二郎编《シリズ20 世纪中国史》4，《现代中国と历史学》，东京大学出版会,2009。
3. 《日记内外的历史——作为史料的日记解读》,载吕芳上主编《蒋中正日记与民国史研究》上册,台北世界大同出版有限公司,2011。
4. 《辛亥革命時期の知識と制度の転換》,载辛亥革命百周年纪念论集编集委员会编《辛亥革命》,东京岩波书店,2012。
5. 《民国开国的歧见、新说与本相》,载《近代国家的形塑:中华民国建国一百年国际学术讨论会论文集》上册,台北"国史馆",2013。

 学术中国文丛

策 划：黄红丽　　主　编：张　江

文学卷

陈思和：《走在复旦的支路上》
曹顺庆：《中国比较文学话语建构》
吴承学：《近古文章与文体学研究》
王一川：《修辞论美学述略》
张福贵：《走向历史的深处》
陈晓明：《纯文学的困境与拓路》
孙　郁：《新旧文学的话语维度》
王　尧：《如何现实，怎样思想》
袁毓林：《认知科学背景上的汉语语法研究》
程章灿：《走进古典的过程》

历史学卷

桑　兵：《历史研究的碎与通》
阎步克：《爵秩品阶：权势金字塔的结构原理》
朱　英：《近代中国商人与商会》
张国刚：《大唐气象：制度、家庭与社会新论》

李剑鸣:《美国社会和政治史管窥》
霍　巍:《吐蕃与高原丝绸之路》
荣新江:《丝绸之路与中古中国》
韩东育:《学理日本》
黄　洋:《古希腊史散论》
包伟民:《两宋社会与读史心路》

哲学卷

俞吾金:《思想史视域中的马克思哲学》
吴晓明:《马克思哲学与当代中国》
杨　耕:《多维视野中的马克思》
倪梁康:《意识现象学的理会与践行》
杨国荣:《史与思:面向具体的存在》
万俊人:《他山问石:西方伦理学摄义》
孙周兴:《哲思的迷局:从现代哲学到当代艺术》
朱　菁:《认知、意志与行动》
王中江:《道之然和道之真》
韩水法:《未来之思》